普通高等学校应用型教材·金融

保险原理与实务

（第五版）

INSURANCE PRINCIPLES
AND PRACTICE

马宜斐　段文军　主　编

中国人民大学出版社
·北京·

图书在版编目（CIP）数据

保险原理与实务 / 马宜斐，段文军主编 . -- 5 版.
北京：中国人民大学出版社，2024. 11. --（普通高等学校应用型教材）. -- ISBN 978-7-300-33123-2
Ⅰ. F840
中国国家版本馆 CIP 数据核字第 2024TJ9745 号

普通高等学校应用型教材 · 金融
保险原理与实务（第五版）
马宜斐　段文军　主　编
Baoxian Yuanli yu Shiwu

出版发行	中国人民大学出版社		
社　　址	北京中关村大街 31 号	邮政编码	100080
电　　话	010－62511242（总编室）		010－62511770（质管部）
	010－82501766（邮购部）		010－62514148（门市部）
	010－62515195（发行公司）		010－62515275（盗版举报）
网　　址	http://www. crup. com. cn		
经　　销	新华书店		
印　　刷	北京昌联印刷有限公司	版　　次	2007 年 8 月第 1 版
开　　本	787 mm×1092 mm　1/16		2024 年 11 月第 5 版
印　　张	19. 25	印　　次	2024 年 11 月第 1 次印刷
字　　数	453 000	定　　价	45. 00 元

出版说明

随着金融成为现代经济运行的核心，社会对金融教育和人才培养提出了更高的要求：分层培养人才。既要着力培养研究型人才，又要着力培养大批应用型人才，这已是共识。许多非研究型院校师生反映，市场上现有的金融学教材大多重理论轻实践，重国际化轻中国化。根据这些院校的特点和培养目标，他们认为在教材内容上不仅要包含本领域的基本理论问题，让学生对基本概念、基本原理有完整的掌握，而且要包含本领域的基本实践问题，让学生掌握一定的实务操作方法，以应对未来工作的挑战。本着这一要求，由李小牧教授和李嘉珊教授牵头，中国人民大学出版社组织中国人民大学、西安交通大学、北京第二外国语学院、北京外国语大学、首都经济贸易大学、对外经济贸易大学、北京工商大学等若干所学校以及国家外汇管理局、保险公司、证券公司、商业银行等的专家，设计和推出了“普通高等学校应用型教材·金融”系列。本套教材突出了以下三点：

第一，所列课程完全根据教育部“高等教育面向21世纪教学内容和课程体系改革计划”编写。

第二，根据应用型人才培养目标，教材强化了各项业务的操作规程和实践做法，通过对案例的分析和点评让学生对实务操作有一个真切的体验。

第三，压缩教材的篇幅，学习资料、练习题等相关内容可以通过网络获取，从而减轻了学生负担。

这里需要说明的是，出于对应用型人才培养探索的要求，出版社并没有提出过分严格的要求，只是在教材的定位、篇幅、编写体例上提出了一些原则性建议，具体编写工作则实行主编负责制，由各位主编和作者全权处理各教材的编写工作，并对各自的内容负责。

教材的出版凝结了所有参编专家、教授的辛劳和智慧，在此一并表示感谢。

真诚地期待广大教师、学生和其他读者的批评和意见。

中国人民大学出版社

第五版前言

保险业与生俱来的损失补偿与风险管理功能，一直是人类社会发展和社会保障的安全卫士。党的二十大报告为我国保险业下一阶段的发展指引了方向、勾勒出发展前景。保险是我国人民群众增强获得感、幸福感和安全感的重要金融载体和社会管理媒介，还将对我国人民群众未来“更加充实、更有保障、更可持续”的幸福生活继续发挥重要作用。我国未来发展面临的一系列困难和问题都需要保险发挥自身优势，帮助党和国家解决相关的风险分摊问题。新时代新征程中国共产党的使命任务也是保险行业的使命任务。

感谢读者的支持和编辑的坚持，本书终于完成了此次修订。这次修订在每一章增加了思政内容。保险学专业人才的培养既离不开保险基本运行原理知识的教授，也离不开思想政治意识层面的正面引导。多年来，我国保险学专业的发展历程和革新变化蕴含着丰富的思政元素，为培养德才兼备的高质量保险学专业人才奠定了良好基础。保险学专业知识与立德树人授课目标相贯通，这样才能在传道授业解惑的过程中，既提高学生的专业素养和技能，又培养学生主动践行社会主义核心价值观的优良品质，为向国家输送更多优质的保险学专业人才汇聚力量。

同时，此次修订还增加了现实中的保险判例，这些发生在实践中的纠纷有助于我们理解概念原理，反思理论上不清晰或仍是空白的点在哪里，从而更好地在实践中防患于未然，在理论上弥补更新。

最后，我本人也做了三年的保险咨询，实现了理论和实践的融合，在此次修订中也把实践和理论不一致的地方做了标注和说明。

再次感谢读者的认可，受编者水平限制，本书难免有不当之处，若发现，欢迎联系mayifei@bisu. edu. cn。

第一版前言

和谐社会的基本特征是诚信友爱、团结互助，一方有难、八方支援，保险是一种市场化的社会互助机制，人人为我、我为人人，同时保险也是把个体的风险和损失分散到全体投保人身上的一种制度安排，与和谐社会的本质特征是一致的。正如《国务院关于保险业改革发展的若干意见》所提及的，保险作为一种市场化的风险转移机制、社会互助机制和社会管理机制，具有经济补偿、资金融通和社会管理功能，与和谐社会有着天然的紧密联系，可以在和谐社会建设中发挥积极作用。

然而，我国保险业各个岗位人才的供需比例约为1∶4，供需处于严重失衡状态。如果与美国相比，这种情况则更加明显。数据显示，我国保险从业人员占全国人口的比例不到美国的十分之一，而且从业人员的专业化水平偏低。本教材的编写目的是提高在校大学生及保险从业人员在理论知识和实务操作方面的竞争力。

本教材涵盖保险的核心领域，包含保险知识、政策和实务的新观念，注重理论性、知识性和实务性相结合。教材练习形式多样，既涉及对知识点的理解，也涉及对实务的分析。

本教材共13章，主要包括风险与保险、保险的起源及发展与作用、保险的基本原则、保险合同、财产保险、人身保险、责任保险、信用保证保险、再保险、保险市场、保险经营、保险投资和保险监管等内容，有助于读者对保险理论和实务有较为系统的了解。本教材不同于其他教材的地方在于轻理论、重实务，以实务解释理论，是一线教师常年教学的经验积累。本教材虽然是针对金融专业的学生而编写的，但由于内容具有普遍性，因而对从事或准备从事保险业的人员和学生来说也非常有参考价值。

由于编者的水平、经验和时间有限，书中难免有不妥之处，欢迎读者批评指正。

目录

第 1 章 风险与保险 …… 1

第一节 风险与风险管理 …… 1
第二节 保险概述 …… 4
第三节 保险的分类 …… 8
第四节 风险管理与保险 …… 13

第 2 章 保险的起源、发展与作用 …… 17

第一节 保险的起源与发展 …… 17
第二节 保险的职能与作用 …… 24

第 3 章 保险的基本原则 …… 29

第一节 最大诚信原则 …… 29
第二节 可保利益原则 …… 41
第三节 近因原则 …… 49
第四节 损失补偿原则 …… 54
第五节 损失补偿原则的派生原则 …… 58

第 4 章 保险合同 …… 69

第一节 保险合同概述 …… 69
第二节 保险合同的主体、客体与内容 …… 79
第三节 保险合同的订立、生效与履行 …… 85
第四节 保险合同的变更与终止 …… 88
第五节 保险合同的争议处理 …… 91

第 5 章 财产保险 …… 99
第一节 财产保险概述 …… 99
第二节 火灾保险 …… 102
第三节 运输工具保险 …… 107
第四节 货物运输保险 …… 113
第五节 工程保险 …… 119

第 6 章 人身保险 …… 126
第一节 人身保险概述 …… 126
第二节 人寿保险 …… 132
第三节 意外伤害保险 …… 138
第四节 健康保险 …… 142

第 7 章 责任保险 …… 151
第一节 责任保险概述 …… 151
第二节 公众责任保险 …… 156
第三节 产品责任保险 …… 160
第四节 雇主责任保险 …… 163
第五节 职业责任保险 …… 166

第 8 章 信用保证保险 …… 171
第一节 信用保证保险概述 …… 171
第二节 信用保险 …… 173
第三节 保证保险 …… 178

第 9 章 再保险 …… 184
第一节 再保险及其作用 …… 184
第二节 再保险的种类 …… 189
第三节 再保险的组织形式与合同内容 …… 197

第 10 章 保险市场 …… 205
第一节 保险市场的概念、构成、特征与模式 …… 205
第二节 保险市场的组织形式 …… 209
第三节 保险市场的供给与需求 …… 218

第 11 章 保险经营 …… 227
第一节 保险经营的特征与原则 …… 227
第二节 保险费率的厘定 …… 231
第三节 保险展业 …… 241
第四节 核保与承保 …… 247
第五节 保险防灾防损 …… 250
第六节 保险理赔 …… 253

第 12 章 保险投资 …… 261
第一节 保险投资及其意义 …… 261
第二节 保险投资资金的来源与特点 …… 263
第三节 保险投资的原则、形式与策略 …… 267
第四节 保险投资的组织模式 …… 270

第 13 章 保险监管 …… 276
第一节 保险监管概述 …… 276
第二节 保险监管体系与监管内容 …… 280

参考文献 …… 292

第1章

风险与保险

学习目标

- 了解风险的基本含义及分类
- 掌握保险的定义及基本构成要素
- 从保险与类似制度的比较中理解保险的性质
- 不同的分类方式产生不同的保险种类，了解每种保险的特点
- 理解管理风险的方法和可保风险的条件

第一节 风险与风险管理

一、风险的定义

风险（risk）的基本含义是损失的不确定性（uncertainty）。这种不确定性表现在：发生与否不确定、发生时间不确定、损害对象不确定、发生状况不确定以及损害程度不确定。比如，英国自然科学家目前在详尽分析了气候变化引起的全球气温上升之后得出结论：未来200年间，洪水、森林大火和干旱等灾害将更加常见。但是自然灾害什么时候发生、具有什么性质、最终的损害程度有多大等都是不确定的。

风险具有客观性、损害性、偶然性、可测定性和发展性等特点。客观性是指风险的发生有客观原因，是不以人的意志为转移的。损害性是指风险的发生必然造成一定的经济损失或产生特殊的经济需要，例如产生医疗、生活费用等经济需要。偶然性是指风险的发生时间和损害程度具有偶然性。可测定性是指作为一种随机现象，风险的发生服从某种概率分布。比如死亡对于个体而言具有偶然性，但是通过对某一地区人群的各年龄段死亡率的长期观察和统计可以准确得出该地区各年龄段稳定的死亡率。发展性是指风险发生的领域

随着人类活动的丰富不断扩展。

风险一般由风险因素、风险事故和损失三部分构成。风险因素是指引发风险或在风险发生时致使损失增加的潜在条件。比如，夏天在茂密的森林地区，湿度降低，气温升高，风速增大，发生火灾的可能性就增大。湿度/气温/风速只是发生火灾的潜在条件，即使具备这些潜在条件，也未必真的发生火灾，但是发生火灾的概率增大了。因此，保险公司很关注风险因素的多少和强度。风险因素一般包括实质性风险因素、道德风险因素和心理风险因素三种。实质性风险因素是指有形的并能直接影响事件的物理功能的风险因素。比如，物体的位置、构造、使用情况等都是实质性风险因素。道德风险因素是指鼓励投保人故意招致损失的因素。通常，当一个人能从损失的发生中获益时，道德风险就存在了。心理风险因素是指由于心理上的一种不认真、不谨慎的态度而招致风险的因素。风险事故是指风险发生的直接原因。损失是指由自然灾害或意外事故造成的经济价值的减少、灭失以及额外费用的增加。损失通常包括财产损失、经济利益损失、责任损失和费用损失等。

二、风险的分类

（一）静态风险和动态风险

风险按所产生的环境分类，可分为静态风险和动态风险。静态风险是指自然力的不规则变动或人们行为的错误或失当所导致的风险，即在任何社会经济条件下都不可避免的风险。动态风险是指由社会经济或政治的变动所导致的风险。比如人口老龄化、消费者偏好的转移、技术进步、产业组织效率的提高等都有可能引发风险。静态风险与动态风险的区别见表1-1。

表1-1　静态风险和动态风险的区别

项目	静态风险	动态风险
损失	无论对个体还是对社会都是纯粹损失	对部分个体可能有损失，但从社会总体上看不一定有损失
影响范围	少数个体	比较广泛，往往会带来连锁反应
发生特点	有规律，服从概率分布	无规律可循
性质	纯粹风险	纯粹风险和投机风险

（二）纯粹风险和投机风险

风险按性质分类，可分为纯粹风险和投机风险。纯粹风险是指那些只有损失机会而无获利可能的风险；投机风险是指那些既有损失机会又有获利可能的风险。比如自然灾害和意外事故，以及人的生老病死等，均属于纯粹风险；股票投资则属于投机风险。

（三）财产风险、责任风险、信用风险和人身风险

风险按对象分类，可分为财产风险、责任风险、信用风险和人身风险。财产风险是指一切有形财产损毁、灭失或贬值的风险。例如运输中的货物有遭到雨水浸泡、损毁或贬值

的风险，但因市场价格下跌产生的财产贬值不属于财产风险。责任风险是指个人或团体因行为上的疏忽或过失，造成他人的财产损失或人身伤亡，依照法律、合同或道义应负经济赔偿责任的风险。比如厂家生产和销售有缺陷的产品给消费者带来损害就属于责任风险。信用风险是指在经济交往中，权利人与义务人之间由于一方的违约或违法行为给对方造成经济损失的风险。人身风险是指可能导致个体伤残、死亡或丧失劳动能力的风险，如疾病、意外事故、自然灾害等。这些风险都会造成经济收入的减少或支出的增加，影响本人及其相关亲属经济生活的稳定。

三、风险管理

风险管理是指人们对各种风险的认识、控制和处理的主动行为。风险管理的目标是以最小的成本获得最大的安全保障，或者将风险控制在最低的水平。与风险有关的成本包括：(1) 损失控制成本。当我们不知道未来会发生什么时，我们就需要制订应急计划，而这就会引致成本。比如医院为了防止供电设施发生意外而备有备用发电机。备用发电机是资产的重置，是附加成本。(2) 机会损失成本。如果企业不进行损失控制，而将金钱用于其他经济活动所产生的收益就是机会损失成本。比如医院配置备用发电机所发生的成本如果用于增加病床，那么所产生的经济收益就是配置备用发电机的机会损失成本。(3) 心理成本。未来损失的不确定性会引起担忧和焦虑。(4) 损失融资成本。这是指损失发生后为了恢复正常的生产经营，企业因融资而产生的财务成本。(5) 实际损失成本。这是指实际损失的金额。进行风险管理的目的是降低与风险有关的成本。

进行风险管理的基本程序是：确定目标→风险识别→风险度量→风险评价→风险管理技术的选择→风险管理评价。风险管理是一个决策过程，最根本的目标应着重于风险与收益之间的平衡。风险经理通常运用以下方法识别风险：(1) 保险代理人、保险经纪人以及风险管理顾问的建议。(2) 保险单汇编。(3) 财务报表分析。(4) 流程图分析。(5) 与其他部门的交流。(6) 对组织设备及运营状况的检查。(7) 对损失历史资料的回顾与分析等。风险度量必须从损失频率和损失幅度这两个特征来描述风险。风险评价旨在确定可以自担的损失水平。可供选择的风险管理技术主要有5种（见本章第四节）。风险管理评价主要是对风险管理效益与风险管理目标的差距进行分析。

专栏 1-1

海因里希的事故法则

美国安全工程师海因里希（Heinrich）统计了55万起机械事故，其中死亡或重伤事故1 666起，轻伤48 334起，其余则为无伤害事故，从而得出一个重要结论，即在机械事故中，死亡或重伤、轻伤和无伤害事故的比例为1∶29∶300，国际上把这一法则称为事故法则。这个法则说明，在机械生产过程中，每发生330起意外事故，会有300起未产生人员伤害，有29起造成人员轻伤，有1起导致人员死亡或重伤。对于不同的生产过程和不同类型的事故，上述比例关系不一定完全相同，但这个统计规律说明了在进行同一项活动时，无数次意外事故必然导致重大伤亡事故的发生。而要防止重大伤亡事故的发生必须减少和消除无伤害事故，要重视事故的苗子和未遂事故，否则终会酿成大祸。

海因里希的工业安全理论是这一时期的代表性理论。海因里希认为，人的不安全行为、物的不安全状态是导致事故的直接原因，企业事故预防工作的重心就是消除人的不安全行为和物的不安全状态。海因里希的研究说明大多数工业伤害事故都是由工人的不安全行为引起的。即使一些工业伤害事故是由物的不安全状态引起的，物的不安全状态的产生也是由工人的缺点、错误造成的。因此，海因里希的理论把工业伤害事故归因于工人，而人的缺点来源于遗传因素和人员成长的社会环境。

这个理论对保险业影响很大，保险业内人士常说：财产本身没有风险，风险来自跟它相关的人。

第二节 保险概述

一、保险的定义

迄今为止对保险尚无一致的定义。保险起初在英语中是“safeguard against loss in return for regular payment”，即以缴付保险费为代价来取得损失补偿，这样的说法作为保险的定义并不完善。现代保险学者一般从经济和法律两个方面来解释保险。从经济的角度来说，保险是分摊意外损失的一种财务安排。当损失风险被转移给保险组织，保险组织集中了大量同质的风险，所以能借助大数法则来准确预见损失金额，并据此厘定保险费率，通过收取保险费来补偿少数被保险人遭受的意外损失。因此，少数不幸的被保险人的损失由包括受损者在内的所有被保险人分担。从法律的角度来讲，保险是一方同意补偿另一方损失的合同安排，同意补偿损失的一方是保险人，被赔偿损失的另一方是被保险人。保险合同主要是保险单，通过购买保险单可把损失风险转移给保险人。

从两个方面对保险进行定义的好处在于，它至少揭示了保险的三个最基本的特点：

（1）就分摊损失而言，保险具有互助性质。

（2）保险必须由双方签订合同，保险是一种合同行为。

（3）保险的目的是对损失进行经济补偿，这也是保险合同的主要内容。

《中华人民共和国保险法》（以下简称《保险法》）第二条规定：保险是指投保人根据合同约定，向保险人支付保险费，保险人对于合同约定的可能发生的事故因其发生所造成的财产损失承担赔偿保险金责任，或者当被保险人死亡、伤残、疾病或者达到合同约定的年龄、期限等条件时承担给付保险金责任的商业保险行为。《保险法》所称的保险是指商业保险。

二、保险的基本要素

保险作为一种经济损失补偿方式，其基本要素有：

（1）存在特定风险事故。保险之所以产生并不断发展和完善，就在于它具有补偿风险事故所造成损失的功能，没有风险，保险也就失去了存在的意义。风险是保险存在的前提条件，但保险人并非对任何风险都会承保，只有对特定的风险，保险人才予以承保。

（2）结合多数经济单位。保险以多数经济单位的结合为必要条件，通过集合危险实现其补偿职能，即由多数人参加保险，分担少数人的损失。对于“多数”一般没有具体规定，参加保险的经济单位越多，保险资金越雄厚，赔偿损失的能力越强，每个经济单位分摊的损失就相应越少，最少的经济单位也必须满足保险资金与保险金支出总额保持平衡，实现收支平衡。多数经济单位一般以两种方式结合：一是直接结合，即在一定范围内，处在同类危险中的多数经济单位为一致的利益组成保险结合体；二是间接组合，即由第三者充当保险经营主体，使处在同类危险中的多数经济单位通过缴纳保险费的方式，由保险经营主体促成其结合。

（3）合理计算保险费率。保险的费率即保险的价格。如果费率定得过高，就会增加投保人的负担，从而失去保险的保障意义；如果费率定得过低，则无法对被保险人的损失提供可靠的足额补偿，同样也会失去保险的保障意义。因此，保险费率必须进行合理计算。一般商品的价格制定要依据“成本＋平均利润”的原则，保险的价格制定也要依据这一原则。但由于保险是经营风险的，其价格制定还要依据概率论、大数法则的原理。

（4）建立保险基金。保险基金是仅用于补偿或给付由自然灾害、意外事故和人生自然规律所致的经济损失以及人身损害的专项货币基金。保险基金是通过商业保险形式建立起来的后备基金，主要来源于开业资本金和保险费。保险基金的来源具有分散性和广泛性，保险基金具有退还性、专项性、增值性以及赔付责任的长期性等特点。财产保险的保险基金表现为未到期责任准备金、赔款准备金、总准备金和其他准备金几种形式；人身保险的保险基金主要以未到期责任准备金形式存在。可见，不建立保险基金，就没有保险的补偿和给付，也就没有保险。

三、保险学说

在国际上，保险学界对保险理论的研究结论因各自的研究角度不同而形成了保险理论研究的多元化。目前综观各家学说，一般分为损失说、非损失说和二元说三大流派。

（一）损失说

损失说是以处理损失作为保险核心内容的一种学说，可分为损失赔偿说、损失分担说、风险转嫁说和人格保险说四种分支学说。

（1）损失赔偿说。该学说的代表人物是英国学者马歇尔（Marshall）和德国学者马修斯（Masius）。该学说认为保险是一种损失赔偿合同。该学说排除人身保险，当被保险人发生财产损失时，便可获得合同项下约定的赔偿金额。

（2）损失分担说。该学说的代表人物是德国学者瓦格纳（Wagner）。该学说强调的是在损失赔偿中，多数人互相合作、共同分摊损失，并以此来解释各种保险现象。该学说着眼于事后损失处理。

（3）风险转嫁说。该学说的代表人物是美国学者威利特（Willett）和霍伯纳（Huebner）。该学说是从风险管理的角度来阐述保险的本质，认为保险是一种风险转嫁机制，个人或企业可借此以支付一定的成本为条件将在日常生活和经济活动中可能遭遇的各种风险转嫁出去。

风险转嫁说的观点至今仍广泛运用于风险管理和保险领域。由于新的风险随着科学技术的发展而不断涌现，这可能带来巨大的损失，使个别单位或个人根本无法独自承担这种损失，只能将这种风险转嫁出去，以减少风险损失负担。为了经营的稳定，就连保险人也需要将其承保的风险以再保险的形式予以转嫁。

（4）人格保险说。该学说认为人的生命价值与财产价值一样可以用货币来衡量，认为人类所具有的各种精神与力量可以产生金钱价值，如健康、技能、经验、判断力、创造力等。因此，人寿保险既然以保障生命价值为目的，就可以与财产保险相提并论。

（二）非损失说

非损失说是不以处理损失作为保险核心内容的学说，可分为技术说、欲望满足说、共同准备财产说、相互金融说四种主要分支学说。

（1）技术说。该学说的代表人物为意大利学者维万特（Vivante）。该学说强调保险的计算基础，特别是保险在技术方面的特性。其理论依据是：保险基金的建立和保险费的收取标准，是通过计算损失的概率来确定的。该学说认为保险是将处于具有同等发生概率的同类风险下的多数个人或单位集中起来，测出事故发生的概率，根据概率计算保险费率，当事故发生时，支付一定的保险金额。

（2）欲望满足说。该学说又称需要说，其代表人物为意大利学者戈比（Gobbi）、德国学者马内斯（Manes）。该学说的核心是以保险能够满足经济需要和金钱欲望来解释保险的性质，认为投保人缴付少量保险费，而在发生灾害事故后获得部分或全部损失补偿，由于保险费缴付与赔偿金额严重不等，由此可以满足人们的经济需要和金钱欲望。

（3）共同准备财产说。该学说认为，保险是为了保障社会经济生活的稳定，将多数经济单位集合起来根据大数法则建立共同资金池的制度。

（4）相互金融说。该学说的代表人物是日本的米谷隆三和酒井正三郎。该学说认为保险只不过是一种建立在互助合作基础上的金融机构，与银行和信用社一样，都起着融通资金的作用。

总之，非损失说的各种释义的特点是企图完全抛开“损失”的概念，然而“无风险，无保险”，风险即损失的可能性，可见“无损失，无保险”。

（三）二元说

二元说又称择一说。该学说的代表人物是德国学者埃伦伯格（Ehrenberg）和英国学者巴倍基。该学说认为，财产保险与人身保险具有不同的性质，应将财产保险与人身保险分别定义：财产保险合同是以损失赔偿作为目的的合同；人身保险合同是以给付一定金额为目的的合同。此种见解为许多国家的保险法所采用。例如我国保险法就对人身保险和财产保险分别定义。但是，也有很多学者认为，财产保险和人身保险之间具有共性，应当对它们做出统一的解释和定义。

综上所述，各种学说都是从某一侧面进行定义。相对而言，损失说比较流行。《不列颠百科全书》第15版将修改后的保险定义为："保险是处理风险的一种方法。一方面，保险人向投保人收取费用；另一方面，一旦被保险人在规定期限内发生意外而蒙受损失，保险人得按契约予以经济赔偿或提供劳务。"按此定义，保险应具有以下几个要素：(1) 保险的本质是一种经济制度；(2) 保险的目标是分散风险；(3) 保险的功能是赔偿损失；(4) 保险的基础是合理分担。

四、保险的特征

保险的基本特征主要有经济性、互助性、契约性、科学性。下面通过将保险与赌博、储蓄、保证、慈善等做对比来阐述保险的特征。

(一) 保险与赌博

保险与赌博二者同属于由偶然事件引起的经济行为，但二者存在本质上的区别（见表1-2）。

表1-2 保险与赌博的区别

项目	目的	手段	结果	对标的的要求	风险性质
保险	互助共济、求得经济生活的安定	以大数法则作为计算风险损失的科学依据	风险的转移或减少	投保人必须对保险标的具有保险利益	纯粹风险
赌博	欺诈坑骗、图谋暴利	完全以偶然性为前提	风险的创造与增加	没有要求	投机风险

(二) 保险与储蓄

保险与储蓄都是为将来的经济需要进行资金积累的形式，但二者存在区别（见表1-3）。

(三) 保险与保证

保证的种类甚多，最普通的保证是对买卖及债务的保证。它们与保险都是对将来偶然事件所致损失的补偿，但具有下列区别：(1) 保险是多数经济单位的集合组织；保证仅为个人间法律关系的约束。(2) 保险因投保人的投保而生效，并不依附于他人的行为而生效；保证则依附于他人的行为而发挥效力。因而，保险合同为独立合同，而保证合同为从属合同。(3) 保险合同成立后，保险人于保险事故发生时赔付保险金。保证合同成立后，在特定的风险事故发生时，就买卖保证而言，仅卖方需履行一定的义务，并无对价关系；就债务保证而言，仅保证人负责代偿债务的给付，债权人不做任何对等给付。(4) 保险基于合理的计算，由共同准备财产形成；保证并无任何精确的计算，仅出于当事人当时心理上或主观上的确信，或有特别的准备财产，但仅为当事人的个人行为。

表 1-3 保险与储蓄的区别

项目	支付的条件	计算技术要求	财产准备的性质	行为性质
保险	只有当保险事故发生时，被保险人才能领取保险金，支付是不确定的	以严格的数理计算为基础	多数经济单位所形成的共同准备财产，由保险人统一运用，只能用于预定的损失补偿或保险金给付，不得随意使用，被保险人一般无权干涉	互助共济的行为，是自力与他力的结合
储蓄	存款人可获得本金，并且随着时间的推移可领取利息，支付是确定的	不需要特殊的计算技术	单独形成的准备财产，其所有权归存款人，存款人可以随意提取使用	个人行为，无求于他人

（四）保险与慈善

保险与慈善均为对经济生活不安定的一种补救行为，其目的均为努力使社会生活正常和稳定。二者的区别在于：（1）保险实行的是有偿的经济保障；慈善实行的是无偿的经济帮助。前者有偿，后者无偿。（2）保险当事人地位的确定基于双方一定的权利和义务关系；慈善的授受双方无对等义务可言，不具有一定的权利和义务关系。（3）保险机构是具有互助合作性质的经济实体；慈善机构则是依靠社会资助的事业机构。（4）保险行为受保险合同的约束；慈善事业是根据社会救济政策履行职责。（5）保险共同准备财产的形成基于数学计算；慈善则大都为无准备财产，即使有准备财产也是出资人的自愿行为。

第三节 保险的分类

一、保险的理论分类

保险种类（types of insurance）是根据不同的标准划分的，国际上并无严格的分类规定。以下仅介绍几种主要的分类方法。

（一）按自愿实施方式的不同，保险可分为自愿保险和法定保险

自愿保险（voluntary insurance）是保险人和投保人在自愿原则基础上通过签订保险合同而建立保险关系的一种保险，如企业财产保险、车辆损失保险等。法定保险（compulsory insurance）又称强制保险，是以国家的有关法律法规为依据而建立保险关系的一种保险。它是通过法律法规强制实行的，如我国的机动车交通事故责任强制保险和旅行社责任保险等。自愿保险与法定保险的区别见表 1-4。

表1-4 自愿保险与法定保险的区别

项目	范围和约束力	保险费和保险金额的确定标准	责任产生的条件	支付保险费和赔款的时间
自愿保险	是否投保完全由投保人自愿决定	由投保人自行选定	保险责任在保险合同成立时产生	在赔款方面有一定的限制
法定保险	具有强制性和全面性，凡属法令规定范围内的保险对象，不论投保人是否愿意，都必须投保	保险费和保险金额一般根据国家规定的统一标准确定	保险责任是自动产生的，凡属法令规定范围内的保险对象，不论是否履行投保手续，保险责任自动产生	有一定的限制

（二）按保险标的的不同，保险可分为财产保险和人身保险

财产保险（property insurance）是以物质财产及有关利益作为保险标的的一种保险。财产分为有形财产与无形财产，如厂房、机械设备、运输工具、产成品为有形财产，预期利益、权益、责任、信用为无形财产。前者属于物质财产，后者属于有关利益。当被保险财产遭受保险责任范围内的损失时，由保险人提供经济补偿。人身保险（personal insurance）是以人的寿命和身体为保险标的并以其年老、伤残、疾病、死亡等人身风险为保险事故的一种保险。当被保险人遭遇保险事故时，由保险人根据保险合同给付一定的保险金。人身保险包括人寿保险（life insurance）、健康保险（health insurance）和意外伤害保险（accidental injury insurance）。

（三）按保险保障范围的不同，保险可分为财产损失保险、信用保证保险、责任保险和人身保险

财产损失保险（property loss insurance）是以物质财产及有关利益为保险标的的一种保险。这是一种狭义的财产保险。财产损失保险可分为火灾保险（含团体火灾保险、家庭财产保险）、运输工具保险、货物运输保险、工程保险等。其中，运输工具保险可分为机动车辆保险、船舶保险、飞机保险；工程保险可分为建筑工程保险、安装工程保险、机器损坏保险、船舶工程保险、科技工程保险等。

信用保证保险是以义务人（被保证人）的信用为保险标的的一种财产保险，它保障的是被保证人遵守合同。根据投保人的不同，信用保证保险可分为信用保险和保证保险。信用保险（credit insurance）是保险人根据权利人的要求担保义务人（被保证人）信用的保险，即权利人投保他人信用的保险，包括国内商业信用保险、出口信用保险、投资保险。保证保险（guarantee insurance）是义务人（被保证人）根据权利人的要求，要求保险人向权利人担保自身信用的保险，包括诚实保证保险和确实保证保险，即义务人（被保证人）投保自身信用的保险。

责任保险（liability insurance）是以被保险人对第三者依法应负的赔偿责任为保险标的的保险。责任保险包括第三者责任保险和单独的责任保险，后者可分为公众责任保险、雇主责任保险、产品责任保险、职业责任保险和保赔保险。凡法律规定的对他人遭受的损害负有民事赔偿责任者，均可投保责任保险。

人身保险是以人的寿命和身体为保险标的的保险，因此我国将人寿保险、健康保险和意外伤害保险归为人身保险。但在保险公司的实际经营中，健康保险和意外伤害保险与人寿保险有很多本质的不同。

（四）按经营目的的不同，保险可分为营利性保险和非营利性保险

营利性保险（proprietary insurance）是以营利为目的的保险，是商业性保险；非营利性保险（non-proprietary insurance）是不以营利为目的的保险。按经营主体不同、是否带有强制性，非营利性保险可分为社会保险、政策性保险、相互保险和合作保险。

（1）社会保险和政策性保险。社会保险是国家通过立法在社会劳动者暂时或永久丧失劳动能力或失业时向其提供一定的物质帮助以保障其基本生活的一种社会保障制度。政策性保险是政府为了实施某项经济政策而实施的一种非营利性的自愿保险。

社会保险和政策性保险的经营主体是政府或政府委托的机构，二者都是为了实施国家的某项政策，其区别见表 1－5。

表 1－5　社会保险与政策性保险的区别

项目	性质	保险标的	例子
社会保险	强制性	人身	失业保险
政策性保险	非强制性	一般是财产	出口信用保险

（2）相互保险（mutual insurance）和合作保险（cooperative insurance）。相互保险是参加保险的成员之间相互提供保险的制度。其组织形式有相互保险公司（mutual insurance company）和相互保险社（mutual insurance association）。相互保险和合作保险均为非营利性保险，法律性质相同，均由非营利性法人经营；投保人相同，投保人即为社员；决策机构相同，均为社员大会或社员代表大会；责任损益的归属相同，均为社员。二者的区别见表 1－6。

表 1－6　相互保险与合作保险的区别

项目	经营资金的来源	适用的条款	社员与组织的关系	保险费形式	保险关系的取得
相互保险	基金	公司法及保险法的规定	相互保险公司与社员之间的关系随保险关系的终止而解除	有的采用固定保险费制，有的采用赋课式保险费制	保险关系与社员关系基于保险合同而同时取得，即：有保险关系，必有社员关系；有社员关系，必有保险关系
合作保险	基金和股金	保险法及保险合作社的各项规定	社员与保险合作社之间的关系是永久的	采用固定保险费制	有保险关系，必有社员关系；但有社员关系，未必有保险关系

（五）按保险政策的不同，保险可分为社会保险和商业保险

社会保险（social insurance）是国家通过立法在社会劳动者暂时或永久丧失劳动能力或失业时向其提供一定的物质帮助以保障其基本生活的一种社会保障制度。它是国家通

过立法在劳动者遭受生育、年老、疾病、死亡、伤残、失业等风险时向其提供基本的生活保障，由法律规定的将某些社会风险转移给政府或某一社会组织的一种风险管理措施。

商业保险（commercial insurance）是投保人根据合同约定，向保险人支付保险费，保险人对于合同约定的可能发生的事故所造成的财产损失承担赔偿保险金责任，或者当被保险人死亡、伤残、疾病或者达到合同约定的年龄、期限时承担给付保险金责任的保险。它是一种合同关系，通过投保人与保险人签订保险合同而建立保险关系。一方面，投保人根据保险合同负有向保险人支付保险费的义务；另一方面，保险人在保险事故发生时负有赔偿或给付保险金的义务。

（六）按业务承担方式的不同，保险可分为原保险、再保险、重复保险和共同保险

（1）原保险（original insurance）。原保险是投保人与保险人签订保险合同，构成投保人与保险人权利与义务关系的保险，又称直接保险（direct insurance）。它由投保人与保险人之间直接签订保险合同形成保险关系，即保险需求者将风险转嫁给保险人。这种风险转嫁方式是投保人对原始风险的纵向转嫁，是第一次风险转嫁。

（2）再保险（reinsurance）。再保险是一方保险人将所承保的部分或全部风险转嫁给另一方保险人承担的保险，即对保险人的保险，又称分保。分出保险业务的保险人称为分出人；分入保险业务的保险人称为分入人。它是保险人将保险业务以保险形式部分或全部转移给其他保险人的行为。这种风险转嫁方式是原保险人对所承保风险的纵向转嫁，是第二次风险转嫁。

（3）重复保险（double insurance）。《保险法》第五十六条规定：重复保险是指投保人对同一保险标的、同一保险利益、同一保险事故分别与两个以上保险人订立保险合同，且保险金额总和超过保险价值的保险。

构成重复保险的条件为：1）保险标的相同。若标的不同，则几个保险合同彼此之间便没有任何关系。2）保险利益相同。保险标的与保险利益之间的关系存在着不同的情形：或是保险利益完全相同，或是同一保险标的有着数个不同的利益，等等。基于同一保险标的的不同保险利益订立不同的保险合同，不构成重复保险。3）保险事故相同。若保险事故不同，则各自均为单保险合同。4）与两个以上保险人签订保险合同。一是有两个以上保险人；二是有两个以上保险合同，以区别于共同保险或联合保险。在有关数个合同的主体上，投保人是同一个人，而保险人是两个以上不同的保险人。5）保险期间相同。即便存在多个保险人，若保险金额之和不超过保险价值，也只是共同保险。

重复保险的情况比较复杂，多数情况是投保人以善良的内心状态进行重复保险，如海洋货物运输保险合同常常是既与发货方所在地的保险公司签订，又与收货方所在地的保险公司签订，但是也不排除有些投保人为获得两倍以上赔偿而恶意签订多份保险合同。正是鉴于这一缘故，《保险法》第五十六条明确规定：重复保险的各保险人赔偿保险金的总和不得超过保险价值。有些国家甚至不承认重复保险合同的法律效力。

（4）共同保险。共同保险是由两个以上保险人同时联合直接承保同一保险标的、同一保险利益、同一保险事故而保险金额之和不超过保险价值的保险，简称共保。在发生赔偿

责任时赔偿按照各保险人承保的保险金额比例分摊。这种风险转嫁方式是保险人对原始风险的横向转嫁，仍属于风险的第一次转嫁。

重复保险与共同保险的相同点在于二者均存在数个保险人。二者的区别在于：重复保险的保险金额之和超过保险价值，共同保险的保险金额之和不超过保险价值；重复保险存在数个保险合同，共同保险只有一个保险合同（见表1-7）。

表1-7　重复保险与共同保险的区别

项目	保险金额	保险合同个数
重复保险	保险金额之和超过保险价值	多个保险合同
共同保险	保险金额之和不超过保险价值	一个保险合同

（七）按所承保风险的不同，保险可分为单一风险保险和综合风险保险

单一风险保险是在保险合同中只规定对某一种风险造成的损失承担保险责任的保险。如地震保险只对地震灾害负有赔偿责任。综合风险保险是指在保险合同中规定对数种风险造成的损失承担保险责任的保险。如我国企业财产保险的保险责任就包括火灾、爆炸、冰雹、雷击、洪水等造成的损失。

（八）按保障主体的不同，保险可分为团体保险和个人保险

团体保险是以集体名义使用一个总合同向成员提供的保险，如机关、团体、企业等单位按集体投保方式，为员工个人向保险人集体办理投保手续所建立的保险关系。个人保险是以个人名义向保险人投保的家庭财产保险和人身保险。

此外，按经营主体的不同，保险可分为国营保险、私营保险、合营保险，或者公营保险、民营保险和合营保险；按保险期限的不同，保险可分为长期保险、短期保险；按投保主体的不同，保险可分为企业保险和个人保险；等等。

二、保险的法律分类

各国理论分类、实用分类和法定分类差异较大，分类标准不统一，导致保险的分类不统一。如美国的法律将保险分为财产和意外保险、人寿和健康保险两大类；日本的法律将保险分为损害保险和生命保险两大类；中国的法律将保险分为财产保险和人身保险两大类。

《保险法》将商业保险分为财产保险和人身保险两大类。《保险法》第九十五条规定：财产保险业务，包括财产损失保险、责任保险、信用保险、保证保险等保险业务；人身保险业务，包括人寿保险、健康保险、意外伤害保险等保险业务。保险公司还可以经营国务院保险监督管理机构批准的与保险有关的其他业务。

保险人不得兼营人身保险业务和财产保险业务。但是，经营财产保险业务的保险公司经国务院保险监督管理机构批准，可以经营短期健康保险业务和意外伤害保险业务。

三、保险形变

保险形变是保险形态变化的简称，分为狭义和广义两种。狭义的财产保险形变是对原有险种进行修改、增删等，以满足客户需要，只是对原有险种的修改完善，变化较小；广义的财产保险形变是设计、构造出满足客户需要的新险种，即更新换代，产生新险种。发生保险形变的原因在于：适应保险市场营销、满足客户的需要；满足保险公司提高竞争力的需要。对于新险种而言，产品的设计在合法条件下一般应当同时达到无争议或争议少、销量大，并有一定的盈利性。例如，人寿保险先后经历了储蓄型、保障型，现在已逐步演化到以投资型为主的寿险产品阶段。

第四节 风险管理与保险

一、风险管理技术

（一）风险避免

风险避免即设法回避损失发生的可能性。这是一种最简单、最常用和最彻底的处理风险的方法。风险避免的实质就是放弃和终止某项计划的实施，停止或改变正在从事的有风险的活动。比如，建立一个新的化工厂会给周围环境造成严重的污染，取消这一建厂计划就能避免污染周围环境的风险。风险避免具有消极防御的性质。但事实上，并不是所有的风险都能避免和应该避免，风险避免这种方法的可行性是有限的。同时，在一定条件下，避免一种风险又会产生新的风险。该方法通常是在风险损失特别大而又没有转移风险的有效途径，或风险所致损失与承担风险的可能收益相比前者大于后者的情况下采用。

（二）风险自留

风险自留是经济单位自己承担由风险事故造成的损失，而资金来源于自身（包括向别人或其他组织借款）的一种最常见的风险融资方法。风险自留的具体措施包括：（1）将损失摊入经营成本；（2）建立意外损失基金；（3）借款；（4）设立专业自保公司。风险自留有主动和被动之分。主动自留风险是指在充分掌握某些风险发生规律的情况下，有意识、有计划地利用自己的财力补偿风险损失的方法，例如提存风险基金。被动自留风险是一种消极的风险管理方法。例如，当不知道风险存在，或者由于预测失误或粗心大意而导致损失时，只能自己承担后果。

风险自留主要适用于下列情况：（1）在处理风险的其他方法不可取的情况下，风险自留是最后的方法。（2）对于损失程度并不严重的风险，自留是最经济的方法。（3）在损失能够较为精确预测的情况下，自留也是一种适宜的方法。风险自留这种风险管理方法对企业的管理水平提出了更高的要求。

（三）风险预防

风险预防是指在风险损失发生前为了消除或减少可能引起损失的各种因素而采取的处理风险的具体措施。进行风险预防主要在于通过消除或减少风险因素来达到降低损失发生概率的目的。风险预防措施可分为：(1) 工程物理法，是指损失预防侧重于风险单位的物质因素的一种方法。比如，防火结构设计、防盗装置设置等。(2) 人类行为法，是指损失预防侧重于对人们的行为教育的一种方法。例如，职业安全教育、消防教育等。风险预防通常是在损失发生概率高且损失幅度低时采用。

（四）风险抑制

风险抑制是指在损失发生时或之后为降低损失幅度而采取的各项措施。例如安装自动喷淋系统和火灾警报器等。风险预防和风险抑制是不论采用何种风险管理技术都应该实施的。比如通过投保这种方式转移风险，如果不采取风险预防和风险抑制措施，得到的赔偿额就会大大减少，甚至没有。

（五）风险转嫁

风险转嫁是指某一单位或个人为避免承担风险损失，有意识地将损失或与损失有关的财务后果转嫁给另一单位或个人承担的一种风险管理方式。风险转嫁方式主要有两种，即保险转嫁和非保险转嫁。保险转嫁是指向保险公司投保，以交纳保险费为代价，将风险转嫁给保险人承担。当发生风险损失时，保险人按照合同约定的责任给予经济补偿。非保险转嫁又具体分为两种方式：一是出让转嫁；二是合同转嫁。

在现实生活中，究竟哪一种方式最为合理，要根据风险的不同特征并结合行为主体本身所处的环境和条件而定。对于那些出险概率大且损失金额大或者虽然出险概率很小但损失金额巨大的风险，宜采用风险转嫁的方式。

专栏 1-2

出让转嫁一般适用于投机风险。比如，当预测股市行情下跌时，赶快出让手中的股票，从而把股票跌价的损失风险转嫁出去。合同转嫁适用于企业将具有风险的生产经营活动承包给对方，并在合同中明确规定由对方承担风险损失的赔偿责任。比如，通过承包合同，建设单位可以将建筑、安装工程中的一部分风险转嫁给施工单位等。

二、可保风险的条件

可保风险是指可被保险公司接受的风险，或可以向保险公司转嫁的风险。保险公司承保风险是有条件的，应满足以下几个要求：

(1) 风险是纯粹的。纯粹风险即仅有损失机会而无获利可能的风险。例如，火灾风险只有给人的生命、财产带来损害的可能，而绝无带来利益的可能。而投机风险则不然，它既有损失的可能，又有获利的机会。

（2）风险是偶然的。风险的偶然性是对个体而言的。比如被盗抢在日常生活中并不罕见，但具体到某个人身上则是偶然的。偶然性包括两层含义：一是风险的发生具有可能性；二是风险的发生具有不确定性，即发生的对象、时间、地点、原因和损失程度等都是不确定的。比如，某人患了绝症，诊断书显示他的生命期不会超过1年。在这种情况下他就不能向保险公司投保死亡保险，因为在可预见的时间内死亡对他来说已是必然的。

（3）风险是意外的。风险的意外性包括两层含义：一是风险的发生或风险损害后果的扩展都不是投保人的故意行为。投保人故意引发风险事故或扩大风险损害后果均为道德风险，保险人是不予赔偿的。二是风险的发生是不可预知的，可预知的风险往往带有必然性。比如不适航的海轮出海出险的可能性很大，因而被认为是可预知的，保险人就不承保。

（4）必须有大量标的均有遭受损失的可能性。对于某一风险，必须是大量标的均有遭受损失的可能性，但实际出险的标的仅为少数才可以投保。有可能遭受损失的标的越多，保险公司的经营越稳健。只有这样的风险，才能计算出合理的保险费率，让投保人付得起保险费，保险人也能建立起相应的赔付基金，从而实现保险的“千家万户帮一家”的宗旨。如果某种风险只是一个或少数几个个体所具有，就不符合保险大数法则的基础，保险人承保这类风险的风险很大。

（5）风险应有导致重大或比较重大损失的可能性。风险的发生有导致重大或比较重大损失的可能性，人们才会有对保险的需求。如果导致损失的可能性局限于轻微损失的范围，人们就不需要通过保险来获得保障，因为从经济角度来讲这不划算。

中国实践

地震时彰显我国政府担当

目前在我国没有地震保险，而且根据可保风险的定义很多保险条款将地震风险排除在外，但是考虑到地震对生产生活产生的巨大影响，如何妥善解决这一风险一直受到党和政府的高度关注。目前的做法是政府提供更多的财政支持，同时我国保险公司也没有因为除外责任拒绝赔付。比如2008年5月12日，中国四川省发生8.0级地震，受灾地区波及四川、甘肃、陕西、重庆等多个省市，死亡人数超过6.8万。此外，仅四川省便有14 207个工业企业受灾，国际巨灾风险模型公司AIR估计，财产损失保守估计超过1 400亿元。面对如此巨额的财产损失，除了踊跃自发的捐款外，各大保险公司纷纷启动应急预案，建立“绿色通道”处理灾后赔付事项。截至6月10日，保险业共接到地震相关保险报案24.9万件，初步核实，被保险人死亡1.63万人，伤残2 440人，被保险房屋倒塌14.5万间，已付赔款2.95亿元，较6月9日增加641.2万元。其中，人身保险已赔付1.65亿元，财产保险已赔付1.29亿元。在理赔中，保险公司基本上都应赔尽赔，并提供快速理赔等服务，其中包括无保单受理、放宽身份要求、取消定点医院等限制。新华人寿还做出对此次地震灾害受伤客户的医疗保险金规定不受补偿原则限制的决定，即在政府对地震灾害受伤客户免除所有医疗费用的情况下，仍按照伤情判断给予一定金额的慰问金；

治疗结束后，完全按照保险合同给付标准理算给付。

当然，这次地震也提醒我们相关巨灾风险的保险研究应成为我国保险业探讨的重要内容。

本章小结

风险的基本含义是损失的不确定性。与风险相关的两个术语是风险因素和风险事故。风险可分为静态风险和动态风险、纯粹风险和投机风险等。现代保险学者一般从经济和法律两个角度来解释保险。保险学说一般分为损失说、非损失说和二元说三大流派。保险有理论分类和法律分类两大分类形式。保险经营的风险是可保风险。可保风险必须满足特定条件。

练习题

一、名词解释

1. 风险
2. 风险因素
3. 风险事故
4. 可保风险
5. 纯粹风险
6. 投机风险
7. 静态风险
8. 动态风险
9. 共同保险
10. 重复保险
11. 团体保险
12. 再保险
13. 社会保险
14. 政策性保险

二、问答题

1. 保险与储蓄有哪些区别？
2. 管理风险的方法主要有哪些？
3. 保险的基本要素有哪些？
4. 风险管理的基本程序是怎样的？

即学即练

第2章

保险的起源、发展与作用

学习目标

- 了解保险的起源
- 掌握目前保险业发展的趋势和专业术语
- 理解保险的职能和作用

第一节 保险的起源与发展

这一节将首先介绍海上保险的起源与发展。海上保险是最古老的保险，近代保险是从海上保险发展而来的，后来随经济发展而脱离原始形态。接着将介绍历史较为悠久的火灾保险和人身保险的发展史，其他险种的历史不长，一般都是在第二次世界大战后迅速发展起来的，我们将在其他章节介绍。

一、海上保险的起源与发展

（一）共同海损分摊原则是海上保险的萌芽

公元前2000年，地中海一带就有了广泛的海上贸易活动。为使航海船舶免于倾覆，最有效的解救办法就是抛弃海上货物，以减轻船舶的载重量。而为了就被抛弃的货物能从其他受益方获得补偿，当时的航海商提出了一个共同遵循的原则："一人为众，众为一人。"该原则后来为公元前916年的《罗地安海商法》所采用，并正式规定为"凡因减轻船舶载重投弃大海的货物，如为全体利益而损失的，须由全体来分摊"。这就是著名的"共同海损分摊原则"。这一分摊原则至今仍为各国海商法所采用。由于该原则最早体现了海上保险分摊损失、互助共济的要求，因而被视为海上保险的萌芽。

（二）船舶抵押贷款是海上保险的初级形式

在公元前 800 年至公元前 700 年期间，船舶抵押贷款（bottomry）就已在地中海的一些城市特别是在希腊的雅典广泛流行。船舶抵押贷款最初起源于船舶航行在外急需用款时，船长以船舶和船上货物向当地商人抵押贷款。具体操作是：如果船舶安全到达目的地，则本息均需偿还；如果船舶中途沉没，则债权即告消灭。由于当时的航海风险很大，且债主承担了保证船舶航行安全的风险，故船舶抵押贷款利息高出一般贷款利息很多。可以看出，如果船舶中途沉没，“债权即告消灭”意味着借款人所借的款项无须偿还，该贷款实质上相当于海上保险中预先支付的损失赔款；船舶抵押贷款利息高于一般贷款利息，高出的部分实质上等于海上保险的保险费；此项贷款中的借款人、贷款人以及用于抵押的船舶，实质上与海上保险中的被保险人、保险人以及保险标的相同。可见，船舶抵押贷款是海上保险的初级形式。

（三）现代海上保险的发展

（1）意大利是现代海上保险的发源地。在 14 世纪中期，繁荣的意大利北部出现了类似现代形式的海上保险。意大利的伦巴第商人在 1250 年左右开始经营海上保险。起初海上保险采用口头缔约，后来出现了书面合同。现在世界上发现的最古老的保险单是一个名叫乔治·勒克维伦的热那亚商人在 1347 年 10 月 23 日开立的一张承保从热那亚到马乔卡的船舶航行风险的保险单，这张保险单现在仍保存在热那亚国立博物馆。当地人将该保险单称为 polizza，传入英国后被称为 policy，一直沿用至今，传入我国后被译为保险单。

（2）英国海上保险的发展。在美洲新大陆被发现之后，英国的对外贸易迅速发展，保险的中心逐渐转移到英国。1568 年 12 月 22 日经伦敦市市长批准开设了第一家皇家交易所，为海上保险提供了交易场所。1554 年英国商人从国王那里获得特许，组织贸易公司垄断经营海外业务，从此对外贸易及海上保险开始由英国商人自己经营，海上保险的一些法令和制度也相继得以制定及建立。英国政府于 1720 年批准“皇家交易”及“伦敦”两家保险公司享有经营海上保险业务的独占权，其他公司或合伙组织均不得经营海上保险业务。

1871 年在英国成立的劳合社（Lloyd’s），是从 1688 年由爱德华·劳埃德（Edward Lloyd）所开设的劳埃德咖啡馆（Lloyd’s Coffee House）演变发展而来的。1691 年劳埃德咖啡馆从伦敦塔街迁至伦巴第街，不久成为船舶、货物和海上保险交易中心。劳埃德咖啡馆在 1696 年创立了每周发行两次的《劳埃德新闻》（*Lloyd’s News*）。劳合社不仅在英国保险业的发展史上占有重要地位，也是目前世界上最大的保险垄断组织之一。劳合社本身不是保险公司，不直接承保业务，而是一个类似交易所的保险市场。20 世纪初，劳合社仅有 600 多名成员，但到 1988 年底劳合社的注册成员已达 32 433 名，其中大部分是英国人；之后出现逐步减少的趋势，到 2000 年底劳合社有成员 4 171 名，并形成了 200 多个承保组合。劳合社保险市场的承保业务包括水险、非水险、航空保险、汽车保险等，其中最有影响力的是海上保险业务。据统计，在全世界远洋船舶的保险业务中有 80%直接或间接同劳合社有关。另外，可在劳合社保险市场投保的非水险范围也非常广泛，除了不包括水险、寿险等业务外，凡是被保险人享有保险利益的保险标的，几乎都可以在该市场投保。

1884 年英国伦敦经营海上保险业务的承保人成立了公会组织“伦敦保险协会”，这个组织在水险条款的标准化方面做了大量工作。它所制定的保险条款在国际保险市场上获得了广泛应用。1906 年英国制定了《海上保险法》，这个保险法是参照各国商业习惯和判例制定的。长期以来它对资本主义各国的保险立法有着深刻的影响，直至现在它仍然是世界上最权威的一部海上保险法典。

二、火灾保险的起源与发展

火灾保险始于德国。1591 年德国汉堡市的造酒业成立了火灾合作社，1676 年，由 46 个相互保险组织合并成立了汉堡火灾保险社，之后发展为第一个公营保险公司——汉堡保险局。但这只是原始的火灾保险，现代的火灾保险制度则起源于英国。

1666 年 9 月 2 日英国伦敦大火的发生，促成了次年英国第一家火灾保险商行的设立。这场火灾持续了 4 天，使伦敦约 80%的部分被毁，财产损失在 1 000 万英镑以上。次年一位牙科医生尼古拉斯·巴蓬（Nicholas Barbon）独资开办了一个专门承保火险的营业所，开创了私营火灾保险的先例，并于 1680 年创立了拥有 4 万英镑资本金的火灾保险公司。保险费是根据房屋的租金和结构计算的，砖石建筑的费率定为 2.5%，木屋的费率定为 5%。这种差别费率的方法沿用至今，因而巴蓬被称为“现代火灾保险之父”。

现代保险业比较发达的国家都是工业化国家。世界上最早的股份制保险公司是 1710 年由英国的查尔斯·波文创办的“太阳保险公司”，它的承保范围从不动产扩大到动产，是英国迄今仍存在的最古老的保险公司之一。美国的第一个保险公司是 1752 年由本杰明·富兰克林在费城创办的火灾保险社。

三、人身保险的起源与发展

人身保险起源于海上保险。15 世纪末奴隶贩子将奴隶作为货物投保海上保险。由于这是以人的生命和身体作为海上保险的保险标的，故而人身保险被认为起源于此。17 世纪中叶，意大利银行家洛伦佐·佟蒂（Lorenzo Tonti）设计了《联合养老保险法》（又称《佟蒂法》）。1689 年，法国的路易十四将《佟蒂法》用于筹集战争经费并获得成功。《佟蒂法》是养老年金的一种起源，它要求每人缴纳 300 法国法郎，规定在一定时期后开始每年支付利息，把认购人按年龄分为 14 个群体，对年龄高的群体多付利息。在认购人死亡之后，利息总额在该群体生存者中平均分配；若该群体认购人全部死亡，就停止付息。由于这种方法不偿还本金，并引起了相互残杀，后被禁止，但《佟蒂法》引起了人们对生命统计研究的重视。因而，人身保险的创始人应首推洛伦佐·佟蒂。

英国数学家、天文学家埃德蒙·哈雷（Edmond Halley）博士于 1693 年根据德国布雷斯劳市 1687—1691 年间的市民按年龄分类的死亡统计资料，用数学方法编制了世界上第一张生命表。该生命表为保险费的计算提供了数理依据，从而奠定了现代人寿保险的数理基础。1762 年由英国人辛浦逊和道森发起的人寿及遗属公平保险社，首次将生命表用于计算人寿保险的费率，这标志着现代人寿保险的开始。

四、世界保险业的发展现状、特点与趋势

（一）世界保险业的发展现状

1. 保险费收入

根据国际保险监督官协会（IAIS）的数据，2021 年全球保险市场规模达到了 5.8 万亿美元，较 2020 年增长 5.1%，当时预计 2022 年全球保险费收入同比增长 4.8%，达到 6.78 万亿美元。这表明全球保险市场以稳定的速度增长，并且对经济发展起到重要支撑作用。其中亚太地区保险市场快速崛起备受关注，2021 年亚太地区保险市场规模达到 1.8 万亿美元，尤其是我国保险市场的发展迅速。根据我国有关部门的数据，2021 年我国保险市场总保险费达到 6 961 亿美元，相比 2012 年的 2 454 亿美元增长了 184%，近十年的年均复合增速为 12.3%。而全球主要经济体的保险费收入仅由 2012 年的 4.2 万亿美元增加到 2021 年的 5.8 万亿美元，年均复合增速仅为 3%。我国保险费收入全球占比由 2012 年的 5.9%提高到 2021 年的 12.9%，保险费规模由 2012 年的全球排名第 4，陆续赶超英国和日本，排在全球第 2 位。

2011—2019 年，全球保险细分市场非寿险业务和寿险业务整体均呈上涨趋势，2018 年以前全球寿险业务份额一直高于非寿险业务份额，之后被非寿险业务反超，2021 年非寿险业务份额为 54.9%。2021 年我国寿险保险费收入为 3 655 亿美元，相比 2012 年的 1 412 亿美元增长了 159%。我国寿险保险费收入全球占比由 2012 年的 5.9%提高到 2021 年的 13.9%。我国寿险保险费规模由 2012 年的全球排名第 5，陆续超过法国、英国和日本，排在全球第 2 位。2021 年我国非寿险保险费收入为 3 307 亿美元，相比 2012 年的 1 043 亿美元增长了 217%。我国非寿险保险费收入全球占比由 2012 年的 5.8%提高到 2021 年的 12.0%。我国非寿险保险费规模由 2012 年的全球排名第 5，陆续超过英国、德国和日本，排在全球第 2 位。

基于 2005—2021 年期间全球 30 个主要经济体样本展开实证分析，结果显示，人均收入每提高 1%，寿险业务增长 1.05%，非寿险业务增长 0.87%。由此可以看出，寿险业务的增长收入弹性超过 1，非寿险业务的增长收入弹性小于 1。

2. 保险深度

保险深度是保险费收入占国内生产总值（GDP）的比重。它反映了一个经济体的保险业在整个国民经济中的地位。其计算公式为：

$$\text{保险深度}=\frac{\text{保险费收入}}{\text{国内生产总值}}$$

2011—2021 年，全球保险深度呈波动上涨趋势，在 2020 年达到 7.24%的顶峰，2021 年小幅下降到 6.71%，当时预计 2022 年会回升至 6.77%。近十年间，全球保险深度始终徘徊在 6.5%左右。中国保险深度由 2012 年的 2.9%逐渐提高到 2021 年的 3.9%。

中国保险深度与全球保险深度的差距先逐渐缩小，之后有增大的趋势。总体来看，中国保险深度波动性大，未来有较大的提升空间。

3. 保险密度

保险密度是指按全国人口计算的平均保险费金额。它反映一国国民受到保险保障的平

均程度。其计算公式为：

$$保险密度=\frac{保险费收入}{人口总数}$$

近年来，世界保险业发展迅速，保险密度由2012年的889美元/人上升到2021年的1 064美元/人，累计提高近20%。中国保险密度由2012年的181美元/人提高到2021年的493美元/人（见表2-1），累计提高超过了170%。

表2-1　2021年全球部分经济体的保险费收入及保险密度、保险深度

序号	经济体	保险费收入（亿美元）	保险密度（美元/人）	保险深度（%）
1	美国	18 519	5 580	8.1
2	中国	6 961	493	3.9
3	日本	4 036	3 211	8.2
4	英国	3 991	5 928	12.5
5	法国	2 964	4 391	10.1
6	德国	2 758	3 317	6.5
7	韩国	1 930	3 730	10.7
8	意大利	1 925	3 259	9.2
9	加拿大	1 613	4 217	8.1
10	印度	1 270	91	4.0
11	荷兰	930	5 303	9.1
12	西班牙	736	1 555	5.2
13	澳大利亚	726	2 820	4.7
14	爱尔兰	647	12 867	13.0
15	巴西	621	290	3.9
16	瑞士	578	6 645	7.1
17	南非	512	853	12.2
18	瑞典	480	4 604	7.6
19	比利时	443	3 821	7.4
20	墨西哥	322	247	2.5
21	泰国	276	395	5.5
22	挪威	262	4 836	5.4
23	俄罗斯	233	162	1.3
24	以色列	225	2 406	4.7
25	奥地利	222	2 477	4.7

续表

序号	经济体	保险费收入（亿美元）	保险密度（美元/人）	保险深度（%）
26	印度尼西亚	194	70	1.6
27	波兰	171	452	2.5
28	阿根廷	109	238	2.2
29	土耳其	105	124	1.3
30	尼日利亚	16	7	0.4

资料来源：13个精算师，https://zhuanlan.zhihu.com/p/576676380。

（二）世界保险业的发展特点

从最近几年世界保险业的发展情况来看，可以发现以下四个方面的特征：

（1）业务线上化。现代保险业由传统的线下业务逐渐转向线上业务，实现了业务的全流程电子化处理。客户可以通过互联网、移动终端等多种渠道进行投保、索赔、查询等操作，大大提高了业务处理效率和提升了客户体验。

（2）产品个性化。现代保险业针对不同的客户群体和市场需求，开发出更加个性化和差异化的保险产品，甚至突破了传统保险业的经营范围。比如美国“9·11”事件之后的恐怖袭击险。

（3）服务智能化。现代保险业利用人工智能、大数据等技术手段，实现了对客户服务的智能化升级。例如通过智能客服系统实现24小时在线服务，通过大数据分析实现风险预警和精准定价，通过人工智能技术实现快速的理赔处理等。

（4）竞争激烈化。现代保险业的竞争日益激烈，各大保险公司都在加大创新力度，提高服务质量，争夺市场份额。同时，随着监管政策的不断加强，保险公司也需要不断增强合规意识和风险控制能力，确保业务的可持续发展。

（三）世界保险业的发展趋势

综观现代保险业的发展，可以发现其大体呈现出以下趋势：

1. 保险市场自由化

这是适应市场经济发展、满足投保人及被保险人的客观要求而采取的必要政策。主要体现在以下几个方面：

（1）放松费率管制，使费率成为市场营销的一种策略。过高的保险费率必然损害被保险人的利益，使保险公司获得不合理的利润。适度地放松费率管制对保险公司参与竞争十分有利。除具有地域性的业务仍采用管制费率之外，凡是具有国际性的业务，其费率的厘定都尽可能自由化。

（2）保险服务自由化。由于保险意识提高，消费者对保险产品的需求在内容和形式上都有很大的变化。保险公司为了满足消费者的保险需求，必须开发新险种，为消费者服务。这就要求放松对保险产品的管制，准许保险公司开辟新的保险服务领域。这包括：开发新险种、开辟新的保险领域；混业经营，即财险公司可以经营人身保险业务，寿险公司可以经营财产保险业务，这既是为了适应投保人的需要，也是为了降低营业费用；银行业务和保险业务相互融通。银行保险（bancassurance，简称“银保”）发源于 19 世纪的欧洲，目前欧洲仍是银行保险最发达的地区。申银万国的研究报告显示：就通过银行销售的寿险保险费收入占当年新单保险费收入的比例而言，美国为 30%，法国为 70%，其他欧洲国家为 20%到 60%不等。

随着全球金融一体化浪潮的出现，美国政府于 1999 年 11 月颁布了确立银行业、保险业、证券业之间参股和业务渗透合法性的《金融服务现代化法案》，日本在 1999 年实施了旨在实现金融一体化的改革方案。

银保业务融通的出现有深层次原因：客户金融消费需求的综合化，使银保业务的融通具有了必要性；网络技术的发展，为银保业务的融通提供了技术基础；金融监管技术的完善，为银保业务的融通提供了制度基础；金融市场上的竞争不断激化，银行业和保险业出于维护各自利益的需要，纷纷把业务扩展到对方的领域，以致出现了目前这种愈演愈烈的金融渗透和日益明显的相互融通的发展趋势。同时，银保业务融通可以实现优势互补、降低成本，从而提高各自的竞争力。银保业务融通的手段和常见方式有：相互合作、购并、独资设立子公司。

（3）放松对保险公司设立的限制。这既是为了增加市场主体和促进市场竞争，也是为了适应国际经济一体化的要求。

2. 保险业务国际化

一方面，国际贸易的发展为保险业务国际化创造了机会；另一方面，随着科学技术的发展，保险价值巨大，如核电站、卫星、航天飞机等，这些保险标的都是国内保险公司难以承保的，必然需要在国际市场上寻求保险保障，如中国太平洋保险公司曾经承保的澳星发射 16 亿美元保额，在国际市场上分保了 97%。

3. 从业人员专业化

由于保险业是专业性和技术性较强的行业，为了参与市场竞争和增加市场份额，除了降低费率，关键在于承保技术的创新和理赔技术的提高。因此，要求保险从业人员具有较高的专业水平，并经常接受专业培训。尤其是对高级管理人员有学历和资历的要求；对高级管理人员和核保、理赔及财务人员要经常进行专业培训；保险代理人和保险经纪人等从业人员要经过专业考试并取得资格证书和执业证书后才能开展业务。

4. 保险管理现代化

现代社会是信息社会，保险公司为了及时掌握市场信息，要求设备和管理人员的现代化，设备的电脑化、网络化。这既是为了提高承保水平，也是为了防止保险欺诈，更是为了适应保额巨型化的需要。其好处在于节约了大量的人工，增强了业务竞争力，提高了科学管理水平。

5. 展业领域广泛化

保险业是伴随着人类科学技术水平的提高而发展起来的朝阳产业。它蓬勃发展的趋势表现在如下方面：保险服务领域不断扩大；再保险业务领域不断拓展；利用投资方式扩大保险业对国民经济有重要的影响。

6. 组织形式多样化

为了适应现代保险业不断发展的需要，世界各国都根据本国经济的特点，分别采取了符合国情的保险组织形式。这些组织形式既有国营保险公司，又有私营保险公司；既有公私合营的保险公司，又有合作形式的保险组织；此外，还有一些专业自保机构。

7. 保险业务规模化

由于保险业务的巨型化，同时出于满足竞争的需要，在国际上保险业出现了一股并购浪潮。加拿大互动金融集团（Intact Financial Group）通过并购巩固龙头地位：2002 年公司收购苏黎世北美加拿大分公司（Zurich North AmericaCanada），市场份额由 12%提升至 15%；2004 年公司收购安联加拿大分公司（Allianz of Canada），保险费规模扩张接近 20%；2011 年公司收购安盛加拿大分公司（AXA Canada），保险费规模扩张 40%以上；2012—2019 年公司又先后收购 6 个保险公司和 1 个维修服务公司。截至 2019 年末公司在加拿大财险市场的市场份额为 17%，高出第二名 8 个百分点，处于绝对的龙头地位。英国励正（Legal & General）通过并购拓展全球养老金业务。公司在 20 世纪 30 年代通过收购纽约大都会人寿（MetLife）的养老金业务进入美国市场，之后持续收购荷兰、法国等国家的寿险公司拓展全球业务。

中国保险公司也有很多成功并购的例子。2003—2011 年中国平安通过三次收购银行实现综合金融协同，集团为银行贡献零售客户资源，以银行为首的集团内企业可以解决部分保险资金配置问题。2016 年中国平安收购汽车之家，公司在取得丰厚财务回报的同时也获得了汽车生态关键的流量入口和内容工厂。2020 年中国人寿整合万达信息，为万达信息提供了未来三年上限为 42.5 亿元的关联交易额度，万达信息也填补了中国人寿在互联网健康管理领域的空白。

第二节 保险的职能与作用

职能和作用是两个既有联系又有区别的概念。一般而言，职能是事物本质的体现，而作用是在职能履行过程中的具体效果。

一、保险的职能

我国保险界对保险的职能持有不同的认识，有单一职能论、双重职能论、多重职能论。从多重职能论来看，保险的职能分为基本职能和派生职能。

（一）保险的基本职能

保险的基本职能是保险的原始与固有职能。保险的基本职能有两个：经济补偿职能和给付保险金职能。前者是在发生保险事故造成损失时，根据保险合同按所保标的的实际损失数额在保险金额范围内给予赔偿，这是财产保险的基本职能；后者是在保险事故发生时保险人根据保险合同约定的保险金额进行给付，这是人身保险的职能。

（二）保险的派生职能

保险的派生职能是在基本职能的基础上产生的职能。保险的派生职能包括防灾防损职能和融资职能。

（1）保险的防灾防损职能。防灾防损是风险管理的重要内容。而保险经营的是风险，因此，保险本身也是风险管理的一项重要内容。而保险对风险的管理，体现在防灾防损工作上。保险的防灾防损工作的最大特点就在于积极主动地参与、配合防灾防损主管部门开展防灾防损工作。保险的防灾防损工作体现为：从承保到理赔履行社会责任；增加保险经营的收益；增强投保人的风险管理意识，从而促使其加强防灾防损工作。

从国外经验来看，保险的防灾防损职能随着保险业务的发展越来越受到重视。美国财产和意外保险公司资助了"全国安全委员会""承保人实验所""公路安全保险协会"等防损组织和研究机构。人寿保险公司也资助了医学院、医药和保健研究项目。一些大型保险公司配备了大批工程技术人员来调查意外事故的产生原因并开展防损工作。由于保险公司加强了防损工作、有严格的法规约束，再加上道路和汽车安全设计的改进，大多数汽车驾驶人变得谨慎起来，美国每百万辆汽车造成的车祸死亡率每年都在下降。

（2）保险的融资职能。保险的融资职能是指保险人参与社会资金融通。保险的融资职能体现在两个方面：一方面是具有筹资职能；另一方面是通过购买有价证券、购买不动产等投资方式体现投资职能。

二、保险的作用

保险的作用是保险职能在具体工作中的体现，主要表现在宏观和微观两个方面。

（一）保险的宏观作用

保险的宏观作用是指保险对全社会和整个国民经济所产生的经济效应。

（1）保险有利于国民经济持续稳定地发展。由于保险具有经济补偿和给付保险金的职能，任何单位只要缴纳了保险费，一旦发生保险事故，便可得到保险人提供的经济补偿，消除因自然灾害和意外事故造成经济损失引起企业生产经营中断的可能，从而保证国民经济向既定目标持续稳定地发展。

（2）保险有利于科学技术的推广应用。任何一项科学技术的产生和应用，既可能带来巨大的物质财富，也可能遭遇各种风险事故而造成经济损失。尤其是现代高科技的产生和应用，虽然克服了传统生产技术的许多缺点和风险，但也会产生一些新的危险；损失频率虽然可能大幅下降，但损失一旦发生，其幅度将是巨大的，远非发明者所能承受。保险为科学技术的推广应用提供了经济保证，加快了新技术的开发利用。如现代卫星技术的应用，如果没有卫星保险，卫星制造商和发射商都将受到很大的限制。

（3）保险有利于社会稳定。保险人是专业的风险管理部门，在被保险人由于风险事故遭受财产损失和人身伤亡时履行经济补偿或给付保险金职能。只要财产损失和人身伤亡属于保险责任范围，保险人就会通过履行经济补偿和给付保险金的职能使被保险人在最短的时间内恢复生产和经营，从而解除人们在经济上的各种后顾之忧，保障人们正常的经济生活，促进经济社会稳定。

（4）保险有利于对外贸易和国际经济交往，促进国际收支平衡。保险是对外贸易和国际经济交往中不可缺少的环节。在当今国际贸易和经济交往中，有无保险直接影响到一个国家的形象和信誉。保险不仅可以促进对外贸易，增加资本输出或外资引进，使国际经济交往得到保障，而且可以带来巨额的无形贸易净收入，成为国家积累外汇资金的重要来源。

（二）保险的微观作用

商业保险的微观作用是指保险作为经济单位或个人管理风险的财务手段所产生的经济效应。从一般意义上说，保险的微观作用表现在以下几个方面：

（1）保险有利于企业及时恢复经营和稳定收入。任何性质的企业，在经营中都可能遭受自然灾害和意外事故的损害，造成经济损失，重大的损失甚至会影响企业的正常生产和经营。保险作为分散风险的中介，每个经济单位都可通过向保险人交付保险费的方式转嫁风险，一旦遭受保险责任范围内的损失，便可及时得到保险人相应的经济补偿，从而及时购买受损的生产资料，保证经营连续不断地进行，同时也可减少利润损失等间接损失。

（2）保险有利于企业加强经济核算。每个企业都面临风险造成损失的可能，一旦发生风险事故，必然影响企业的经济核算，甚至使其经营活动中断。通过参加保险，企业可以将难以预测的巨灾和巨额损失转化为固定的、少量的保险费支出，并将其列入营业费用，这样便可分摊损失成本，保证经营稳定，加强经济核算，从而准确反映企业经营成果。

（3）保险有利于促进企业加强风险管理。保险公司作为经营风险的特殊企业，在经营中积累了丰富的风险管理经验，为提供风险管理咨询和技术服务创造了有利条件。保险公司促进企业加强风险管理主要体现在保险经营活动中，包括：通过订立合同的方式明确双方当事人对防灾防损负有的责任，促使企业加强风险管理；指导企业的防灾防损工作；通过费率差异，促进企业减少风险事故；从保险费收入中提取一定的防灾基金，促进全社会风险管理工作的开展。

（4）保险有利于保障人民生活的安定。通过保险保障人民生活的安定主要体现在两个方面：一是通过与人民生活密切相关的险种来稳定人民生活。通过家庭财产保险保障人们的家庭财产安全；通过人身保险解决人们因生、老、病、死、伤、残等人身风险面临的经济困难；通过责任保险履行因民事损害造成的依法对受害者应负的赔偿责任。二是通过一般财产保险和信用保险来保障生产经营的正常进行。保险人通过各种保险对被保险人遭受的财产风险或人身风险提供赔偿或给付保险金，从而稳定经营、保障人民生活的安定。

（5）保险有利于提高企业和个人信用。在市场经济条件下，每个企业或个体均有遭受责任风险和信用风险的可能，通过购买责任保险可就处于保险责任范围内的损失取得经济保障；通过购买保证保险可就义务人的信用风险获得经济保障。因此，企业和个人因购买保险提高了偿债能力，也就提高了自身的信用。

中国实践

保险业为抗击新冠疫情发挥了社会“稳定器”作用

全国政协经济委员会委员、原中国保监会副主席周延礼在接受中新网记者专访时指出，面对新冠疫情冲击，中国保险业发挥了社会“稳定器”作用，并在稳定外贸中发挥了独特作用。疫情暴发后，保险业通过捐赠保险、扩大保险责任、开发专属产品、提供便捷理赔服务等方式，全力参与抗疫。据统计，截至2020年2月28日，保险业捐款捐物达3.48亿元，捐赠风险保额达15.7万亿元，在专属保险赔付方面共赔付案件逾9万件，累计赔付金额1.1亿元；保险业还通过扩大保险责任支持抗疫，共有68个财产保险公司开发了600多款包含新冠相关风险的保险产品，70个人身保险公司在不增加保费的前提下，把1 210款产品的责任范围扩展到新冠疫情，惠及大量保单持有人。保险公司还通过信用保险、保证保险等为中小微企业获得银行贷款提供增信支持。据了解，保险机构累计支持70多万个企业获得贷款1 000多亿元。随着疫情在中国境内基本得到控制，企业陆续复工复产，保险业也适时研发复工防疫保险。比如，当时海南银保监局引领辖内保险业推出“海南省复工复产企业疫情防控综合保险”，重点保障企业因政府疫情防控要求进行封闭或隔离所导致的产品损失、员工工资及隔离费用的支出。在外贸方面，小微外贸企业受疫情冲击很大。政策性出口信用保险是国际通行的贸易促进工具，也是中国法定的三大贸易促进工具之一。这一国家信用支撑下的“逆周期”政策工具，在疫情防控的形势下具有独特而有效的作用。2020年3月初，中国出口信用保险公司专门出台了有关发挥出口信用保险作用的意见，相关措施为支持外贸企业复工复产、稳住外贸基本盘提供了有力支持。

本章小结

海上保险是一种最古老的保险，近代保险是从海上保险发展而来的。火灾保险是财产保险的前身。人身保险起源于海上保险。回顾历史有助于加深对现代保险制度的认识和对现代保险业发展趋势的了解。保险的基本职能包括经济补偿职能和给付保险金职能。保险的派生职能包括防灾防损职能和融资职能。保险的作用可分为宏观和微观两个方面。

练习题

一、名词解释

1. 保险深度　　2. 保险密度　　3. 共同海损分摊原则

二、问答题

1. 保险的宏观作用有哪些?
2. 保险的微观作用有哪些?

即学即练

第3章

保险的基本原则

学习目标

- 理解最大诚信原则
- 解释重要事实及其证明方法
- 区分明示保证和默示保证
- 理解弃权与禁止反言
- 理解可保利益及其性质
- 明确财产保险和人身保险的可保利益
- 识别近因
- 明确实际现金价值及其确定方法
- 理解代位追偿的含义及作用
- 明确重复保险及其分摊方法

在保险的发展进程中逐渐形成了一系列为人们所公认的基本原则。这些原则是开展保险活动的基本准则，贯穿于保险业务全过程，是保险双方均要遵守的。坚持和贯彻保险基本原则，有利于维护保险双方的合法权益，更好地发挥保险的职能和作用，保证保险业的有序发展，保障社会经济生活的安定。

第一节 最大诚信原则

一、最大诚信原则的产生、含义及形成原因

（一）最大诚信原则的产生

对于合同双方来说，诚信是指任何一方当事人均不得隐瞒欺诈，都必须善意地、全面

地履行自己的义务。诚信原则起源于罗马法。在罗马法的诚信契约中，债务人不仅要遵守契约条款，更重要的是要依照内心的诚实观念履行契约所规定的义务。

最大诚信原则最早起源于海上保险。在海上保险中，保险人在与投保人签订保险合同时往往远离船舶和货物所在地，保险人一般难以对保险财产进行实地查勘，仅能凭投保人提供的资料决定是否予以承保或以何种条件承保，所以特别要求投保人诚实可靠，后来将此作为订立和履行保险合同的一个重要原则。很多国家还对其以法律形式加以确认。如1906年英国的《海上保险法》规定：海上保险合同是一份建立在最大诚信原则基础上的合同，如果合同的任何一方不遵守最大诚信原则，另一方可以主张合同无效。我国《保险法》第五条规定：保险活动当事人行使权利、履行义务应当遵循诚实信用原则。

（二）最大诚信原则的含义

诚信即坦诚、守信用。诚信是世界各国立法对民事、商事活动的基本要求。具体来说，就是一方当事人对另一方当事人不得隐瞒、欺骗，做到诚实；任何一方当事人都应善意地、全面地履行自己的义务，做到守信用。由于保险经营活动的特殊性，对诚信的要求更为严格，要求做到最大诚信，即保险双方当事人在订立与履行保险合同的整个过程中要做到最大限度的诚实守信。

最大诚信原则可表述为：保险合同当事人在订立保险合同时及在合同的有效期内应依法向对方提供有可能影响对方的缔约决定及提出的缔约条件的全部实质性重要事实；同时绝对信守合同订立时的约定与承诺。否则，受到损害的一方可以此为由宣布合同无效或不履行合同的约定义务或责任，还可就受到的损失要求对方予以赔偿。

（三）最大诚信原则的形成原因

（1）这是由保险经营的特殊性决定的。保险经营是一种特殊的劳务活动，一方面是因为保险的经营以风险的存在为前提，保险人对可保风险提供保险保障的承诺，因此，对保险人而言，风险的性质和大小直接决定保险人是否承保及保险费率的高低；另一方面，保险标的具有广泛性和复杂性，投保人对保险标的的危险情况最为了解，因此，保险人只能根据投保人的介绍和叙述来确定是否承保并确定保险费率。另外，最大诚信原则最早起源于海上保险，在保险双方签订保险合同时，保险人往往远离船舶和货物所在地，一般不能对保险标的进行实地勘查，仅仅依靠投保人提供的信息来决定是否承保和怎样承保。因此，特别要求投保人诚实可信，要求投保人基于最大诚信原则履行告知与保证的义务。

（2）保险合同属于附合合同，保险条款一般由保险人单方面事先拟定，具有较强的专业性和技术性，一般的投保人不易理解和掌握，这就要求保险人也遵守最大诚信原则，将保险合同的主要内容告知投保人。《保险法》第十七条规定：订立保险合同，采用保险人提供的格式条款的，保险人向投保人提供的投保单应当附格式条款，保险人应当向投保人说明合同的内容。第十七条同时规定：对保险合同中免除保险人责任的条款，保险人在订立合同时应当在投保单、保险单或者其他保险凭证上做出足以引起投保人注意的提示，并对该条款的内容以书面或者口头形式向投保人做出明确说明；未作提示或者明确说明的，该条款不产生效力。

（3）这也是由保险本身所具有的不确定性决定的。保险人所承保的保险标的发生保险事故是不确定的，而对有些险种来说，投保人购买保险仅仅支付了较少的保险费，当保险标的发生保险事故时，被保险人所能获得的赔偿或给付金额却是保险费的数十倍甚至数百倍。因此，如果投保人不遵守最大诚信原则，保险人可能将无法长久地经营，最终也会给对其他投保人或被保险人的保险赔偿或给付带来困难，造成损失无法弥补、合同无法履行的局面。

二、最大诚信原则的基本内容

最大诚信原则的基本内容包括告知、保证、弃权与禁止反言。早期的保险合同及有关法律规定中的告知与保证是对投保人与被保险人的约束，现代保险合同及有关法律规定中的告知与保证则是对投保人、被保险人和保险人的共同约束。弃权与禁止反言的规定主要是约束保险人。

（一）告知

1. 告知的定义

告知（declaration）在保险中又称如实告知。从理论上讲，告知分为广义告知和狭义告知两种。广义告知是指在保险合同订立时，投保人必须就保险标的的危险状态等有关事项向保险人进行口头或书面陈述，以及在合同订立后，投保人将保险标的的危险状态变更、增加或保险事故的发生通知保险人；而狭义告知仅指投保人在保险合同订立时将保险标的的重要事实向保险人进行口头或书面陈述。事实上，在保险实务中所称的告知一般是指狭义告知。保险合同订立后保险标的的危险状态变更、增加或保险事故发生时的告知，一般称为通知。

2. 重要事实

（1）重要事实的含义。依据1906年英国《海上保险法》第18条的规定，投保人不告知的或不实告知的是否为重要事实，取决于该事实是否会对一个谨慎的保险人决定是否承保或确定保险费率的判断产生影响。在这里，判断重要事实的标准有两个：第一，是否会对保险人接受投保即与投保人达成保险合同产生影响；第二，是否会对保险人按何种费率收取保险费产生影响。在判断一个事实是否为重要事实时，只要有一个问题的答案是肯定的，这个事实就是重要事实。

世界各国保险法在决定一个事实是否属于重要事实时基本上都采用了与1906年英国《海上保险法》相同的标准。例如，《中华人民共和国海商法》（以下简称《海商法》）规定：重要事实是指有关影响保险人据以确定保险费率或是否同意承保的重要情况。《保险法》对重要事实的定义是足以影响保险人决定是否同意承保或提高保险费率的事实。

一个事实是否构成重要事实，即是否足以影响保险人接受投保，确定合理的保险费率，进而达成保险合同，并不取决于投保人自己认为它是否重要，不以投保人的主观意志为转移，通常也不以某个特定保险人的看法为标准，而是以一个合理谨慎的保险人在这种情况下是否会受到影响为标准。换句话说，标准为在这种情况下大多数保险人会怎样做，是接受投保还是拒绝投保，或者是收取什么样的费率。这种标准也称“客观合理的保险人标准”，它较为重视客观，以大多数保险人的立场来衡量一个事实的重要性。不过，在美国的一些保险判例中也有使用所谓“主观个别保险人标准”的，这种标准强调保险人作为具体当事人的主观看法。

（2）两种证明重要事实的方法。虽然我们有了判断重要事实的两个标准，但要运用这两个标准来判断一个事实是否重要仍然不是一件容易的事情。一个事实是否会对保险人的承保决定和保险费率的确定产生影响，不是法律问题，而是事实问题。作为一个事实问题，十个人可能会有十种各不相同的看法，即从不同的角度可以得出不同的结论。这不仅增加了保险人和投保人之间产生争议的可能性，而且给法庭判定一个事实是否重要带来了困难。于是，人们需要有能证明事实的重要性的明确方法。

美国的保险法中有两种证明重要事实的方法：风险增加法和影响损失法。

1）风险增加法（increase-of-risk statutes）。这是一种使用较为普遍的方法。按照这种方法，一个事实要成为重要事实必须引起承保风险的增加。纽约州保险法规定：除非保险人如了解到不实告知的事实会导致其拒绝达成（保险）合同，否则不能被看作是对重要事实的不实告知。在确定重要性时，（法庭）允许以保险人签订合同时是会接受抑或拒绝类似风险的习惯做法作为证据。马萨诸塞州保险法规定：除非不实告知增加了损失风险，否则不能被视为对重要事实的不实告知。使用这种方法，如果投保汽车保险，家中有一个20岁的青年人与投保人共开一辆车，而投保人告诉保险人家中没有25岁以下的人开车，由于汽车保险人按习惯做法对年轻、单身驾车人收取较高的保险费，显然，投保人所告知的事实增加或严重影响了保险人承保的风险，构成了不实告知。

2）影响损失法（contribute-to-loss statutes）。这是一种比较极端的方法，它的使用不如风险增加法广泛。该方法通常规定，不论事实本身的重要性如何，如果这种不实告知在本质上并未造成承保财产损失的增加或导致其灭失，就不能使保险合同失效。

一般来说，重要事实主要有：超出事物正常状态的事实、有关道德风险的情况、保险人所负责任较大的事实、有关投保人本人的情况、保险合同有效期内风险情况发生变化的事实等。

3. 告知的内容

告知是保险双方的义务。对投保人来说，通常称为如实告知义务；对保险人来说，通常称为说明义务。

从理论上讲，投保人必须告知的内容有五类：

（1）合同订立时根据保险人的询问，对已知或应知的与保险标的及其风险有关的重要事实做如实回答。

（2）在保险合同有效期内，若保险标的风险程度增加，应及时通知保险人。

（3）事故发生后应及时通知保险人。

（4）重复保险的投保人应将重复保险的有关情况告知保险人。

（5）保险标的转让时，应通知保险人，经保险人同意变更合同后保险人继续承保。

投保人无须告知的重要事实包括：

（1）众人皆知的法律常识。例如，海洛因是法律禁止贩卖和使用的。

（2）保险人理应知道的常识。如重大国际、国内事件，珠宝比木材对小偷更有吸引力，癌症、艾滋病是当前致死率极高的疾病等。

（3）风险减少的事实。如在企业财产保险中，投保人在保险期限内增加消防设备，在盗窃保险单下，投保人在保险期限内安装了防盗门窗等。

（4）保险单明示保证条款规定的内容。

（5）保险人能够从投保人提供的情况中发现的事实。例如续保时，投保人声称其损失赔付记录可从保险人掌握的案卷中查阅，若保险人未查阅，不得认为投保人违反告知义务。

（6）保险人表示不需要知道的事实。

4. 告知的时间

（1）订立保险合同时的告知。投保人在投保时，必须按要求将与保险标的有关的实质性重要事实告知保险人，陈述不得有遗漏、隐瞒或欺诈。告知可以是关于一项事实，也可以是关于一项希望或相信会发生的事实，这种告知的目的在于让保险人了解保险标的的现实风险和潜在风险。

（2）保险合同存续期间的告知。在保险合同存续期间，由于客观原因、投保人或被保险人的主观原因致使保险标的风险增加的，必须及时告知保险人。根据英国判例法的规定，这种增加的风险必须是长久和惯常的，对于暂时增加的风险，一般可不告知，保险人如有被告知暂时风险的希望，必须用明示条款写明。保险人可以根据风险增加程度确定是否继续承保或增加保险费。如在船舶保险中，船舶转借、出租、变更航行区域将使风险增加，投保人如果不及时履行如实告知义务，对于由保险事故导致的损失，保险人可以拒绝赔偿。

（3）保险事故发生后的告知。保险事故发生后，被保险人必须如实上报所受损失，提供的各种单证必须真实可靠。如果被保险人虚报损失，或者涂改、伪造单证等，保险人有权拒赔或减少赔款数额，已赔付的款项可以追回。

5. 告知的方式

（1）投保人的告知方式。从各国保险立法来看，投保人的告知方式一般分为以下两种，即无限告知和询问回答告知。

1）无限告知。又称客观告知，如果法律或保险人对告知的内容没有确定性的规定，投保人应将保险标的的所有危险状况及相关重要事实如实告知保险人。

2）询问回答告知。又称主观告知，是指投保人只需对保险人询问的问题如实告知，对询问以外的问题投保人无须告知。

目前，很多国家的保险立法采用询问回答告知的方式。我国的保险立法也一样。《保险法》第十六条规定：订立保险合同，保险人就保险标的或者被保险人的有关情况提出询问的，投保人应当如实告知。《保险法》第二十一条规定：投保人、被保险人或者受益人知道保险事故发生后，应当及时通知保险人。

以上讨论的仅是狭义来说的投保人的告知方式，未涉及被保险人的告知方式。

（2）保险人的告知方式。保险人的告知方式也可分为两种：明确列明与明确说明。

明确列明是指保险人只需将保险的主要内容明确列在保险合同当中，即视为已告知投保人。明确说明是指不仅应将保险的主要内容明确列在保险合同当中，还需对投保人做出明确提示，并加以适当、正确的解释。在国际上，通常只要求保险人做到明确列明保险的主要内容，而我国为了更好地保护被保险人的利益，则要求保险人做到向投保人明确说明保险的主要条款和责任免除内容。

（二）保证

1. 保证的定义与性质

保险中的保证（warranty）起源于海上保险。在1906年英国《海上保险法》中，第33条到第41条规定了有关保证的定义、种类、内容和法律后果等事项，由此可以看出保证在保险中的重要性。

保险中的保证是指在保险合同中以书面文字或法律规定的形式使投保人或被保险人承诺某一事实状态存在或不存在或者持续存在或不存在，或者做出某种行为或不做出某种行为的保险条款。

保险合同中的保证不同于商品买卖合同中的保证（或称为担保）。虽然这两种保证在英文中都称为warranty，二者却有本质的不同。商品买卖合同中的保证是附属于该合同的主要目的——买卖的一种承诺，一方违反保证，另一方可以要求损害赔偿，而不是终止合同。例如，许多国家的法律都规定，制造商应保证其产品的安全和质量。当产品本身出现质量问题时，消费者有权要求制造商免费修理或更换。与此不同，当投保人或被保险人违反保险保证时，保险人可以解除保险合同，但无权要求损害赔偿。

在保险合同中，保证与告知不同。不实告知所涉及的必须是重要事实，而保证的事项本身不一定重要，但被推定为是重要的，投保人或被保险人履行保证的义务贯穿于整个保险合同有效期内，保证是保险合同的一部分，保证必须是书面的。

在保险合同中，保证条款不同于其他一般保险条款。保险合同包含各种各样的条款，例如，申明条款、保险条件条款、保险费条款、承保风险条款、除外责任条款等。某些保险条款的违反并不能给予保险人终止保险合同或完全解除保险责任的权利。如果发生了损失，造成损失的原因既包括承保风险，也包括除外责任，保险人就不能拒绝被保险人的全部损失赔偿请求，在能够明确区分不同原因所造成的损失的前提下，保险人只能拒绝除外风险所造成的损失。若投保人或被保险人违反保证，则可能面临保险人终止整个保险合同或拒绝任何损害赔偿请求。

在保险合同中，保险人要求投保人或被保险人做出某种保证，其目的在于控制风险，确保保险标的及其周围环境处于良好状态。

2. 保证的构成

保险保证必须是书面的，保证作为保险合同中最重要的条款可以记载于保险单中的任何部分，因为保证必须是保险合同的一部分。除了在海上保险合同中存在默示保证即法定保证外，其他保险合同均不存在默示保证。我国《保险法》中没有任何关于保证、保证的履行、违反保证的后果等方面的规定。即使是在海上保险法中，大陆法国家也不存在保证的概念。

对于保险合同中保证的措辞，并没有统一的要求。保险合同可以使用“保证”或“投保人/被保险人保证”的字样，也可以不使用这种字样，并不需要特殊的措辞或条款格式才构成保证。保险合同中构成保证的条款必须以文字明确表示，投保人或被保险人同意其申明事实的真实性或所做承诺的履行是保险合同订立或保险人承担保险责任的基础。

3. 保证的种类

保证有不同的分类方法，可以分为以下几种：

(1) 根据保证事项是否已存在，保证可分为确认保证和承诺保证。

1) 确认保证（affirmative warranty）。又称事实保证，指投保人或被保险人对过去或现在某一特定事实存在或不存在的保证。确认保证要求对过去或投保时的事实做出如实陈述，而不是对该事实以后的发展情况做保证。例如，在投保人身保险时，投保人保证被保险人健康状况良好；在投保火灾保险时，投保人保证所保房屋安装有报警装置等。这种保证只是对过去或投保时的特定事实的保证，不包括对该事实继续存续的保证。

2) 承诺保证（promissory warranty）。它是指投保人或被保险人保证某种状况不仅存在于保险合同订立之时，而且将持续存在于整个保险期间，或者保证在保险期间做出某种行为或不做出某种行为。例如，家庭财产保险单规定投保人或被保险人不得在家中放置危险物品；盗窃险保险单规定投保人或被保险人在承保处所有保安 24 小时值班。这些都属于承诺保证。

(2) 根据保证存在的形式，保证可分为明示保证和默示保证两种。

1) 明示保证（express warranty）。它是指以文字的形式载明于保险合同的约定事项或保险合同的保证条款。例如，机动车辆保险条款中的“被保险人应当做好保险车辆的维护、保养工作，使保险车辆保持正常技术状态”，即为明示保证。明示保证是保证的重要表现形式。

2) 默示保证（implied warranty）。这是一种国际惯例，是习惯上或社会公认的投保人或被保险人应在保险实践中遵守的规则，而不载明于保险合同。默示保证的内容通常是以往法庭判决的结果，是保险实践经验的总结。默示保证在海上保险中运用得比较多，如海上保险的默示保证有三项：保险船舶必须有适航能力；要按规定的或习惯的航线航行；必须从事合法的运输业务。

默示保证与明示保证具有同等的法律效力，投保人或被保险人都必须严格遵守。保证与告知都是对投保人或被保险人诚信的要求，但二者还是有区别的。告知强调的是诚实，对有关保险标的的重要事实如实申报；保证则强调守信，恪守诺言，言行一致，许诺的事项与事实一致。所以，保证对投保人或被保险人的要求比告知更为严格。此外，告知的目的在于使保险人能够正确估计其所承担的风险；保证的目的则在于控制风险。

（三）弃权与禁止反言

1. 弃权

(1) 弃权的含义。弃权是指保险合同的一方当事人放弃其在保险合同中可以主张的某项权利，通常是指保险人放弃保险合同的解除权与抗辩权。例如，某寿险公司出具的寿险保险单规定，如果被保险人参军或参加武警部队，保险公司可以宣布保险单无效。恰巧的是，在保险期间一个被保险人参加了武警部队，并且在一次围剿毒贩的行动中牺牲了。保险公司得知这一情况后，给保险单受益人——被保险人的父母写了一封信，信中说被保险人为国捐躯，本公司放弃以其参加武警部队而死亡为由的抗辩。不久，保险公司又给保险单受益人发出了一封信，告知后者公司改变了立场，宣布该保险单无效。在这种情况下，受益人提起了诉讼，法庭判决保险公司的第一封信构成了保险人对抗辩权利和宣布保险单无效权利的明示放弃，因而不得重新主张这一权利。《保险法》第十六条规定：保险人在合同订立时已经知道投保人未如实告知的情况的，保险人不得解除合同；发生保险事故的，保险人应当承担赔偿或者给付保险金的责任。

（2）弃权的条件。构成保险人的弃权必须具备两个要件：首先，保险人须有弃权的意思表示，无论是明示的还是默示的；其次，保险人必须知道投保人或被保险人有违背约定义务的情形及因此享有抗辩权或解约权。

对于默示的意思表示，可以从保险人的行为中推断。如果保险人知道投保人或被保险人有违背约定义务的情形而做出下列行为，一般被视为弃权或默示弃权：

第一，在投保人有违背按期缴纳保险费或其他约定义务的情形时，保险人原本应解除合同，但是，如果保险人已知此种情形却仍旧收受补缴的保险费，则证明保险人有继续维持合同的意思表示，因此，其本应享有的合同解除权、终止权及其他抗辩权均视为弃权。

第二，在保险事故发生后，保险人明知有拒绝赔付的抗辩权，但仍要求投保人或被保险人提出损失证明，因而增加投保人在时间及金钱上的负担的，视为保险人弃权。

第三，保险人明知投保人或被保险人的损失证明有纰漏和不实之处，但仍无条件予以接受的，则可视为是对纰漏和不实之处抗辩权的放弃。

第四，在保险事故发生后，保险单持有人（投保人、被保险人或受益人）应于约定或法定期限内通知保险人，但如逾期通知保险人仍表示接受的，则认为是对逾期通知抗辩权的放弃。

第五，保险人在得知投保人违背约定义务后仍保持沉默的，即视为弃权。具体来说，财产保险的投保人申请变更保险合同，保险人在接到申请后经过一定期限不做出意见表示的，视为承诺；保险人于损失发生前已知投保人有违背按期缴纳保险费以外的约定义务的，应在一定期限内解除或终止合同，如在一定期限内未做任何表示，其沉默视为弃权。

2. 禁止反言

（1）禁止反言的含义。禁止反言的法律术语起源于英国习惯法。这个法律原则旨在防止人们随便改变主意损害他方。禁止反言也称禁止抗辩或禁止反悔，是指合同一方既已放弃其在合同中的某项权利，日后不得再向另一方主张这种权利。从法律意义上解释，若一个人对他人所做的陈述已被他人合理地相信，则允许这个人推翻过去所做的陈述将会是不公正的。

在保险实践中，禁止反言主要用于约束保险人，是指保险人对某个事实向投保人或被保险人所做的错误陈述为投保人或被保险人所合理依赖，以至如果允许保险人不受该陈述的约束将损害投保人或被保险人的权益，保险人只能受其所陈述事实的约束，失去反悔权利的情况。例如，在投保人即被保险人的情况下，被保险人打电话给他的汽车保险代理人要求延期缴付保险费，代理人答复他保险公司对缴付保险费有 10 天的宽限期，而实际上保险公司没有这项规定。如果被保险人在所谓的宽限期内发生车祸，保险公司不能以被保险人没有按时缴付保险费为由拒绝赔偿损失。这是因为被保险人已合理地相信代理人的陈述，保险公司要对代理人的行为负责，不能随便改变代理人的主意去损害被保险人的利益。

（2）禁止反言的构成条件。根据上述定义，要构成保险人的禁止反言需要符合三个条件：第一，保险人一方，包括保险代理人，对一项重要事实的错误陈述；第二，投保人或被保险人对该项陈述的合理依赖；第三，如果该项陈述不具有法律约束力，将会给投保人或被保险人造成损害。例如，在投保人即被保险人的情形下，被保险人为位于租用土地上的一栋房屋投保火险，并向保险代理人做了如实告知。保险代理人接受了他的投保，向其出具了火险保险单，并通知被保险人该保险单完全承保了他的房屋。但是，保险单条款明确规定：如果房屋是建造在租用的土地上，该保险单无效。被保险人拿到保险单后，在未阅读的情况下将其与其他重要文件放在了一起。房屋失火被烧毁后，保险公司拒绝赔偿。此时，被保险人才知道保险单上载有这样的条款。这个例子包含了禁止反言的全部要素：保险人通过其代理人向被保险人做了错误的陈述；被保险人接受了保险单，并未阅读而是合理地依赖了保险代理人的陈述；如果允许保险人利用保险单条款抗辩会给被保险人造成损害。因此，保险人被禁止拒绝承担保险责任，失去了对被保险人的抗辩权利。

弃权与禁止反言在人寿保险中有特殊的时间规定，保险人只能在合同订立之后一定期限内（通常为2年）以投保人或被保险人告知不实或隐瞒为由解除合同，超过规定期限没有解除合同的视为保险人已经放弃该权利，不得再以此为由解除合同。

弃权与禁止反言的规定可以约束保险人的行为，它要求保险人为自身的行为及代理人的行为负责，同时也维护了被保险人的权益，有利于保险双方权利与义务关系的平衡。

三、违反最大诚信原则的法律后果

（一）违反告知义务的法律后果

由于保险合同双方当事人均有告知的义务，所以任何一方违反告知义务都将承担法律后果。

1. 投保人违反告知义务的法律后果

在保险业务中，投保人在订立保险合同或整个保险合同存续期间，未将重要事实如实告知保险人，即构成违反告知义务。投保人违反告知义务有四种情形：一是漏报。由于疏忽、过失而未告知，或者对于重要事实误认为不重要而未告知。二是误告。由于对重要事实认识的局限性，包括不知道、了解不全面或不准确而导致，并非故意欺骗。三是隐瞒。即投保人对会影响保险人决定是否承保或影响承保条件的已知或应知的事实没有如实告知或仅部分告知。四是欺诈。即投保人怀有不良企图，故意做不实告知，如在未发生保险事故时谎称发生保险事故。对于违反告知义务的法律后果，各国保险法的规定不尽相同，主要分为保险合同无效和保险人有权解除保险合同两种。

（1）保险合同无效。这种规定的立法依据是，履行告知义务是保险合同生效的要件，违反告知义务等于保险合同失去了存在的基础，因而保险合同应当自始无效。由于这种规定过于严格刻板，对任何告知义务的违反均可导致合同无效，与现代保险业的发展情况不相适应，因而目前世界上采取这种规定的国家很少，仅有比利时、荷兰等少数国家采用。一般现行保险法仅对故意违反告知义务采取此种规定。

（2）保险人有权解除保险合同。所谓有权解除保险合同，是指在投保人违反告知义务时，保险人可以解除合同。这是法律赋予保险人的一项权利。保险人有权解除的合同，在法律上称为“可解除合同”，它与无效合同不同。无效合同是指合同虽然已经成立，但因欠缺合同生效要件，因此被确认为无效。无效合同不具有法律约束力，不受法律保护。无效合同自始无效。

需要强调的是，保险人并非可以随意以“告知不实”为由解除合同或拒赔，保险人必须就如下两个要件举证才能为之。

第一，投保人须有告知不实的事实。具体包括有意隐瞒、欺诈或过失遗漏（如以营业车冒充非营业车，虚报年龄，隐瞒健康不佳的状况等），或者在合同履行期间保险标的风险增加而不及时告知保险人。此类事实必须是与被保险的财产、生命或责任有关的重要事实，例如在财产保险中遗漏了被保险建筑物的性质、结构或是否面临特别风险。

第二，这种事实必须影响了保险人对保险标的风险的估计。比如，单位甲把投保车损险的车辆转租给个人乙，投保车辆由乙经营时风险性比作为单位用车的风险性大，如不告知保险人，则影响保险人对投保车辆风险的估计。

只有“告知不实”同时满足上述两个要件，保险人才能够解除合同或拒赔，否则不得擅自解除合同或拒赔。

《保险法》第十六条、第二十一条和第二十七条都对投保人违反如实告知义务的后果做了具体规定。

> **第十六条** 投保人故意或者因重大过失未履行前款规定的如实告知义务，足以影响保险人决定是否同意承保或者提高保险费率的，保险人有权解除合同。
>
> 前款规定的合同解除权，自保险人知道有解除事由之日起，超过三十日不行使而消灭。自合同成立之日起超过二年的，保险人不得解除合同；发生保险事故的，保险人应当承担赔偿或者给付保险金的责任。
>
> 投保人故意不履行如实告知义务的，保险人对于合同解除前发生的保险事故，不承担赔偿或者给付保险金的责任，并不退还保险费。
>
> 投保人因重大过失未履行如实告知义务，对保险事故的发生有严重影响的，保险人对于合同解除前发生的保险事故，不承担赔偿或者给付保险金的责任，但应当退还保险费。
>
> 保险人在合同订立时已经知道投保人未如实告知的情况的，保险人不得解除合同；发生保险事故的，保险人应当承担赔偿或者给付保险金的责任。
>
> **第二十一条** 投保人、被保险人或者受益人知道保险事故发生后，应当及时通知保险人。故意或者因重大过失未及时通知，致使保险事故的性质、原因、损失程度等难以确定的，保险人对无法确定的部分，不承担赔偿或者给付保险金的责任，但保险人通过其他途径已经及时知道或者应当及时知道保险事故发生的除外。
>
> **第二十七条** 未发生保险事故，被保险人或者受益人谎称发生了保险事故，向保险人提出赔偿或者给付保险金请求的，保险人有权解除合同，并不退还保险费。
>
> 投保人、被保险人故意制造保险事故的，保险人有权解除合同，不承担赔偿或者给付保险金的责任；除本法第四十三条规定外，不退还保险费。

保险事故发生后，投保人、被保险人或者受益人以伪造、变造的有关证明、资料或者其他证据，编造虚假的事故原因或者夸大损失程度的，保险人对其虚报的部分不承担赔偿或者给付保险金的责任。

投保人、被保险人或者受益人有前三款规定行为之一，致使保险人支付保险金或者支出费用的，应当退回或者赔偿。

2. 保险人未尽到说明义务的法律后果

（1）对于保险人来说，保险合同规定有保险人责任免除条款的，若保险人在订立合同时未履行责任免除说明义务，该保险合同责任免除条款无效，即自保险合同成立时起不对投保人产生效力。保险人在承保时务必加以重视，严格遵守，避免产生不必要的分歧。

（2）保险公司及其工作人员在保险业务中隐瞒与保险合同有关的重要情况，欺骗投保人、被保险人或受益人，或者拒不履行保险合同约定的赔偿或给付保险金的义务，构成犯罪的，依法追究刑事责任；不构成犯罪的，按《保险法》的规定，由保险监督管理机构对保险公司处以 5 万元以上 30 万元以下的罚款，对有违法行为的工作人员，给予处分，并处以 1 万元以下的罚款。

（3）保险公司及其工作人员阻碍投保人履行如实告知义务，或者诱导其不履行如实告知义务的，或者承诺给予投保人、被保险人或受益人非法保险费回扣或其他利益的，由保险监督管理机构按《保险法》责令改正，对保险公司处以 5 万元以上 30 万元以下的罚款。

（二）违反保证义务的法律后果

因大多数保证属于明示保证，在保险合同中已用条款形式列明，而且保证的事项均为重要事项，所以判定被保险人是否违反保证义务相对容易。但是，从保险惯例来看，对被保险人违反保证义务而对保险合同造成的影响却做出了十分严格的规定。

（1）保证的事项均假定为重要事项，保险人只要证明保证已被破坏即可。

（2）无论是故意还是无意违反保证，对保险合同的影响都是一致的。

（3）即使违反保证的事实更有利于保险人，保险人也能以违反保证为由使合同无效。

从违反保证的后果来看，一旦被保险人违反保证的事项，合同即告无效，而且保险人一般不需要退还保险费。

案例分析

最大诚信原则：保险标的危险程度增加应及时通知保险人

（一）案情简介

2021 年 8 月 2 日，新加坡 A 公司与卖方某医药保健品进出口公司（以下简称 B 公司）签订了编号为 A—0522 号的成交确认书。根据合同规定，由卖方向 A 公司销售虫草 300 千克，货物由中国口岸空运到新加坡，并由卖方负责投保，合同总额为 24.6 万美元。随后 A 公司即按合同要求以电汇方式把货款汇给卖方，卖方即于 2021 年 8 月 12 日在广州把 300 千克虫草交付 D 公司承运，并由 D 公司出具了编号为 WF0714

号、从广州至新加坡的全程空运单。同时，卖方向保险公司办理了货物的投保手续，保险公司出具了货物航空运输保险单，保险金额为 26.84 万美元，运输方式为空运，投保险种为航空运输一切险，起运地为广州，目的地为新加坡，赔付地为新加坡。卖方把背书后的保险单连同发票、装箱单、全程空运单等全套单据送交 A 公司，从而使 A 公司成为上述保险单的合法受益人。上述 300 千克虫草于 2021 年 8 月 21 日在广州海关报关出口，经海关查验，证实箱内货物为虫草。8 月 23 日，A 公司在新加坡机场仓库提货时，发现上述 300 千克虫草全部被盗，A 公司通知了保险公司在新加坡的保险代理人到场查验，证实货物在运输途中被盗。货损发生后，A 公司凭保险单及其他文件向保险公司索赔，保险公司以本案涉及的损失是由发货人在事先未通知自己的情况下擅自改变运输路线和运输方式引起的，属于保险除外责任为由拒赔。A 公司与保险公司发生争议。A 公司依据 2022 年 5 月 11 日签订的仲裁协议于 2022 年 8 月 15 日向中国国际贸易仲裁委员会提起仲裁。

（二）对本案的分析

本案的争议焦点在于投保人在事先未通知保险人的情况下，擅自变更运输路线和运输方式造成保险标的被盗是否属于保险除外责任。

本案中，D 公司出具的空运单标明的起运地为广州，目的地为新加坡。该空运单注明的空运单号为 297-60161323，空运航班号为 C1665。经仲裁庭查证，C1665 是由香港特区飞往新加坡的中华航空公司的航班号，297-60161323 号空运单是中华航空公司出具的空运单。中华航空公司没有在广州起降的航班。中国海关出口转关运输申报单、出境汽车载货清单均表明，保险合同项下的货物是在广州由汽车运输出关，而不是由空运出关；货物是由广州经皇岗口岸运至香港特区。中华航空公司空运单所附的详细货单也注明货物是由汽车运抵香港特区的。B 公司委托代办报关手续的中国南方航空公司下属的运输公司的证据证明：B 公司交付的虫草共 15 箱，重量为 394.5 千克。而中华航空公司出具的空运单却注明：B 公司交付的虫草为 15 箱，重量为 314.00 千克。

以上事实表明，保险单上约定的由广州空运至新加坡的运输方式和路线被改为由广州陆运至香港特区，再由香港特区空运至新加坡。由于交付陆运和交付空运时重量不同，说明货物是在广州出关后在陆运途中被盗的。

保险人出具的保险单已明确约定，货物装载工具是飞机，路线是广州至新加坡。保险单没有约定可以陆空联运，也没有约定可以从广州以外的口岸开始空运。发货人在事先未通知保险人的情况下擅自改变运输方式和路线，已经严重违反了保险人在保险单上的约定。这种运输方式和路线的改变增加了运输环节，导致货物在运输途中的风险大大增加。依据航空运输货物保险条款的规定，由发货人责任引起的损失属于保险除外责任，保险人不负赔偿责任。《中华人民共和国财产保险合同条例》规定：保险标的如果变更用途或者增加危险程度，投保方应及时通知保险方，在需要增加保险费时，应当按规定补交保险费。投保方如不履行此项义务，由此引起保险事故造成的损失，保险方不负赔偿责任。本案保险标的的运输方式和路线被改变，极大地增加了发生事故的危险程度，投保方或其委托负责运输的公司应及时通知保险方。但它们均未履行此项义务。因此，对于改变运输方式和路线所引起的保险事故造成的损失，保险人不负赔偿责任。《保险法》第五十二条规定：在合同有效期内，保险标的的危险程度显著增加的，被保险人应当按照合同约定及时通知保险人，保险人可以按照合同约定增加保险费或者解除合同。被保险人未履行前款规定的通知义务的，因保险标的的危险程度显著增加而发生的保险事故，保险人不承担赔偿保险金责任。应该说，这项法律规定正是对类似本案的大量司法实践的总结，它是以法律形式贯彻诚信原则的具体体现，是参与保险活动必须遵守的原则之一。

第二节 可保利益原则

一、可保利益及其构成条件

（一）可保利益的定义与性质

1. 可保利益的定义

可保利益（insurable interest），又称保险利益，是指投保人或被保险人对保险标的所具有的法律上承认的利益。它体现了投保人或被保险人与保险标的之间经济上的利害关系。

衡量投保人或被保险人对保险标的是否具有可保利益的标志，是看投保人或被保险人是否因保险标的的损害或丧失而遭受经济上的损失，即当保险标的安全时，投保人或被保险人可以从中获益，反之，当保险标的受损时，投保人或被保险人必然会遭受经济损失，则投保人或被保险人对该保险标的具有可保利益。

在这里，需要注意的是保险标的与可保利益之间的关系。可保利益是建立在保险标的之上的，而不是保险标的本身。保险标的是可保利益产生的前提，可保利益体现的是保险标的与投保人或被保险人的经济利益关系。

2. 可保利益的性质

（1）可保利益是保险合同的客体。保险标的是作为保险对象的财产及有关利益，或者人的生命和身体。保险标的是保险合同必须载明的内容，但保险并不能保证保险标的本身不会发生危险，投保的目的在于在保险标的遭受损失后得到经济补偿。投保人或被保险人要求保险人予以保障的是其对保险标的的经济利益，保险合同保障的也是投保人或被保险人对保险标的所具有的利益，即可保利益。

（2）可保利益并非保险合同的利益。可保利益体现了投保人或被保险人与保险标的之间存在的利益关系。该关系在保险合同签订前已经存在或已有存在的条件，投保人与保险人签订保险合同的目的在于保障这一利益的安全。保险合同的利益是指在保险合同生效后取得的利益，是保险权益，如受益人在保险事故发生后得到的保险金等。保险权益在一定条件下可以由权利人自由转让，如寿险合同的投保人和被保险人可经保险人批准认可，自由变更受益人。

（二）可保利益的构成条件

保险合同的成立以可保利益的存在为前提，因此，对可保利益的确定十分重要。对保险标的的利益并非都可作为可保利益，某一利益要作为可保利益应符合下列条件：

（1）可保利益应为合法的利益。对保险标的所具有的利益要为法律所承认。只有在法律上可以主张的合法利益才能受到国家法律的保护，因此，可保利益必须是符合法律规定的、符合社会公共秩序的、为法律所认可的利益。例如，在财产保险中，对保险标的的所有权、占有权、使用权、收益权等，必须是依照法律法规、有效合同等合法取得、合法享有的利益，因违反法律规定或损害社会公共利益而产生的利益，不能作为可保利益。例如，因偷税漏税、盗窃、走私、贪污等非法行为所得的利益不得作为可保利益而投保，如果投保人为不受法律认可的利益投保，则保险合同无效。

（2）可保利益应为确定的利益。可保利益必须是一种确定的利益，是对保险标的在客观上或事实上已经存在或可以确定的利益。这种利益是可以用货币估价的、客观存在的利益，不是当事人主观臆断的利益。这种客观存在的确定利益包括现有利益和期待利益。现有利益是指在客观上或事实上已经存在的经济利益；期待利益是指在客观上或事实上虽尚未存在，但根据法律法规、有效合同的约定等可以确定在未来某一时期将会产生的经济利益。在投保时，现有利益和期待利益均可作为确定保险金额的依据；但在受损索赔时，期待利益必须已成为现实利益才属于索赔范围，保险人的赔偿或给付以实际损失的可保利益为限。

（3）可保利益应为经济上的利益。所谓经济上的利益，就是指对保险标的的利益必须是可以通过货币计量的利益。因为保险是通过货币形式的经济补偿或保险金给付来实现其职能的，因此，投保人或被保险人的利益必须能够用货币来计量，否则保险人的承保和补偿就难以进行。因为购买保险的目的是补偿损失，若损失不能以货币计量，则无法计算损失额度，也就无法理赔，保险补偿也就无从实现。

二、可保利益原则的含义与作用

（一）可保利益原则的含义

可保利益原则可以表述为：一般而言，对人身保险来说，投保人的可保利益只需要在合同生效时存在。如果可保利益在购买保险时存在，在被保险人死亡时已经不存在，那么这个寿险合同仍然是一个有效的、可以强制执行的合同；对一般财产保险来说，被保险人必须在订立保险合同时和损失发生时均对保险标的具有可保利益。

《保险法》第十二条规定：人身保险的投保人在保险合同订立时，对被保险人应当具有保险利益。第三十一条规定：订立合同时，投保人对被保险人不具有保险利益的，合同无效。第十二条还规定：财产保险的被保险人在保险事故发生时，对保险标的应当具有保险利益。这基本上采取了 1984 年《澳大利亚保险法》的立场。但是，需要注意的是，这两部保险法均未明文规定投保人在投保时不需要具有可保利益。在投保人订立保险合同时，可以已经具有可保利益，即拥有所有权或占有权，也可以仅仅具有“真实期待利益”。

（二）可保利益原则的作用

（1）防止将保险变成赌博。保险不是赌博，若以无可保利益的他人财产或人身作为标的来投保，那就是一种赌博。这种情况在16世纪末17世纪初曾盛行一时。17世纪中叶，英国政府颁布禁止具有赌博性质的保险的法律，规定投保人或被保险人在投保和索赔时一定要对保险标的具有可保利益，即有利害关系，否则法律不予承认，从而有效地防止了赌博性质保险行为的发生。

（2）防止道德风险的发生。保险赔偿或者保险金给付以保险标的遭受损失或保险事件的发生为前提条件，如果投保人或被保险人对保险标的无可保利益，那么若该保险标的受损，对投保人或被保险人来说不仅没有遭受损失，相反还可以获得保险赔款或保险金，这样就可能诱发投保人或被保险人为谋取保险赔款或保险金而故意破坏保险标的的道德风险。如果具有可保利益，即投保人或被保险人在保险标的上具有经济利益，这种经济利益因保险标的受损而受损、因保险标的存在而继续享有，那么投保人或被保险人就会关心保险标的的安危，认真做好防险工作，使其避免遭受损害。即使有故意行为发生，被保险人充其量也只能获得原有的利益，因为可保利益是保险保障的最高额度，保险人只会在这个额度内根据实际损失进行赔偿，因此也无利可图。在人身保险方面，可保利益的存在更为必要。如果投保人可以以任何人的死亡为条件而获取保险金，道德风险发生的后果是不堪设想的。

（3）限制保险赔付的额度。保险的宗旨是补偿被保险人在保险标的发生保险事故时遭受的经济损失，不允许获得额外的利益。以可保利益作为保险保障的最高额度，既能保证被保险人获得足够的、充分的补偿，又能满足被保险人不会因保险而获得额外利益的要求。投保人依据可保利益投保，保险人依据可保利益确定是否承保，并在相应额度内进行保险赔付。因此，可保利益原则为投保人确定了保险保障的最高额度，同时为保险人进行保险赔付提供了科学依据。

三、各类保险的可保利益

由于各类保险所承保的风险不同，因而在保险合同的订立以及履行过程中对可保利益原则的运用也不尽相同。

（一）财产保险的可保利益

（1）财产所有人的可保利益。财产所有人对其财产具有可保利益，包括这一财产为个人所有和与他人共有的情形。如果财产并不为某个人所独有，财产共同所有人的可保利益仅限于每个所有人对该财产所享有的份额。这种可保利益包括现有利益和期待利益。

（2）债权人的可保利益。债权人因债权债务关系对财产有利害关系，故对财产具有可保利益。如在抵押关系中，债务人将自己的财产抵押给债权人作为清偿债务的担保，这里抵押人为债务人，抵押权人为债权人。抵押权人在其债权不能获得清偿时，可以依法将抵押财产变卖，并从中优先受偿。因此，抵押权人即债权人对抵押财产具有经济上的利害关系，即具有可保利益。又如在留置关系中，债务人将自己的财产交给债权人，债权人在债务清偿之前有权留置合法占有的财产，直到债务人清偿债务，之后再返还。如果债务人超过一定期限仍不清偿债务，债权人有权变卖留置物，并从中优先受偿。所以，债权人对其合法留置的财产具有经济利害关系，即具有可保利益。

（3）财产受托人或保管人的可保利益。财产的受托人或保管人对所保管的财产具有可保利益，这种可保利益来自法律责任。如果受托人或保管人对某项财产的安全负有责任，那么，如果该财产受损，他就要负法律责任，所以他对该项财产就具有可保利益。例如，旅店对住客的行李、修理部对委托人的财物需承担法律责任，所以受托人或保管人（即旅店和修理部）对这些行李、财物具有可保利益。

（4）合同产生的可保利益。由于合同关系，当事人一方或双方对合同标的具有可保利益。例如，租房合同订明，承租人在承租前一次性交付房租，如果房屋毁损，租金不予退还。这样，承租人对可能发生的房屋火灾造成的租金损失具有可保利益。

（二）责任保险的可保利益

被保险人在生产经营、业务活动以及日常生活中因疏忽或过失造成他人人身伤亡或财产损失，应按照法律规定对受害人承担经济赔偿责任。有时被保险人虽无过失或疏忽，但按法律规定仍需要对受害人遭受的损害负经济赔偿责任。这些责任一旦产生，便会给被保险人带来经济上的损失，因此被保险人对此也具有可保利益。例如，根据劳动法或雇佣合同的规定，雇主对雇员在工作中遭受的意外伤害需要承担赔偿责任，因此，雇主对雇员在工作中的人身安全具有可保利益。又如，根据民法的有关规定，产品的制造商、销售商、修理商等对因其制造、销售、修理的产品有缺陷而造成消费者的人身伤亡或财产损失依法应承担的经济赔偿责任具有可保利益。

（三）信用保险和保证保险的可保利益

信用保险和保证保险的保险标的是一种信用行为。在经济合同中因义务人不履行合同义务，致使权利人受到经济损失，可以通过投保信用保险和保证保险由保险人承担经济赔偿责任。在这里保险人承担的是一种信用风险，权利人或义务人对这种信用具有可保利益。

信用保险是权利人要求保险人担保对方（义务人）信用的保险。一旦义务人不履行义务，就会造成权利人的经济损失，因而权利人对义务人的信用具有可保利益。

保证保险是义务人根据权利人的请求，要求保险人担保自身信用的保险。一旦义务人不履行义务，致使权利人受到损失，由义务人的担保人（保险人）负责赔偿。因而义务人对请求保险人保证自身信用具有可保利益。

（四）人身保险的可保利益

人身保险的可保利益的依据比较复杂，并受法律的影响较大，在保险实务中需以相关的法律作为依据。

人身保险的可保利益取决于投保人与被保险人之间的关系，一般要区分以下几种情况：

（1）投保人对自己的生命或身体具有可保利益。投保人以自己为被保险人，以本人的生命或身体作为保险标的，无疑是具有可保利益的，因为每个人的生命及身体对他本人来说都是至关重要的。

（2）投保人对有亲属、血缘关系的人是否具有可保利益取决于法律规定。亲属、血缘关系主要是指配偶、父母、子女、兄弟姐妹、祖父母、孙子女等。这些成员往往处于同一个家庭，在经济上、生活上、感情上有密切联系。但要确定这种关系是否具有可保利益，还需要有法律依据。至于亲属关系范围有多大，有些国家只限于近亲属；有些国家的法律规定，除有亲属关系外，还需要有经济上的互助利益。当然，对在同一家庭中共同生活的近亲属，一般认为相互之间存在可保利益。

（3）投保人对承担法定义务的人具有可保利益。人身保险的可保利益所指的利害关系包括赡养、收养等法定义务。如收养人与被收养人之间虽然没有血缘关系，但收养关系依法成立后，当事人之间即需尽到法定义务，因此彼此具有可保利益。

（4）对有合同关系或其他债务关系的人具有可保利益。债权人利益的实现有赖于债务人履行义务，债务人的生死安危影响到债权人的切身利益，因此，债权人对债务人具有可保利益。但债权人的生死安危与债务人并无利害关系，不影响债务人对债务的履行，因此债务人对债权人无可保利益。同时，因债权而引起的可保利益仅限于实际利益，超出债权部分则无可保利益。

（5）投保人对其他与之有合法经济关系的人具有可保利益。如某合伙人与其他合伙人、公司法人与其董事和职员、财产所有人与财产管理人、破产债权人与破产管理人存在各种合法的经济关系，因此前者对后者具有可保利益。

投保人以他人为被保险人投保人身保险，原则上必须具有可保利益，但各国法律规定不同。有些国家规定，只要具有可保利益，即可订立合同；有些国家规定，不论是否具有可保利益，只要被保险人同意即可；有些国家规定，两个条件均需具备，既要求投保人对被保险人具有可保利益，又要求征得被保险人的同意。

在实务中，当投保人以他人的生命或身体投保时，各国对可保利益的确定有不同的规定。如英美法系国家基本上采取“利益主义”原则，即以投保人与被保险人之间是否存在经济利益关系为判断依据，如果存在，则具有可保利益。而大陆法系国家通常采用“同意主义”原则，即无论投保人与被保险人之间有无利益关系，只要被保险人同意，则具有可保利益。另外，还有一些国家采取“利益和同意相结合”原则，即投保人与被保险人之间具有经济利益关系或其他利益关系，或投保人与被保险人之间虽没有利益关系，但只要被保险人同意，也被视为具有可保利益。《保险法》第三十一条规定，投保人对下列人员具有保险利益：本人；配偶、子女、父母；前项以外与投保人有抚养、赡养或者扶养关系的家庭其他成员、近亲属；与投保人有劳动关系的劳动者。除前款规定外，被保险人同意投保人为其订立保险合同，视为投保人对被保险人具有可保利益。在实际操作中，要求投保人与被保险人之间存在合法的经济利益关系，保险金额必须在投保人对保险标的所具有的可保利益限度内，当投保包含死亡责任的险种时，往往要征得被保险人的书面同意。因此，我国实行的是“利益和同意相结合”原则。

四、可保利益的适用时限

可保利益是在保险实践中必须坚持的，但在财产保险和人身保险中，可保利益的适用时限却有所不同。

（一）财产保险

财产保险不仅要求投保人在投保时对保险标的具有可保利益，而且要求可保利益在保险有效期内始终存在，特别是在发生保险事故时，被保险人对保险标的必须具有可保利益。如果投保人或被保险人在订立保险合同时具有可保利益，但在保险合同履行过程中失去了可保利益，则保险合同随之失效，保险人不承担经济赔偿责任。但根据国际惯例，在海上保险中对可保利益的要求有所例外，即不要求投保人在订立保险合同时具有可保利益，只要求被保险人在保险标的遭受损失时具有可保利益，否则就不能取得保险赔偿。这是由于海上保险的利益方比较多，经济关系复杂，保险合同经常随物权的转移而转让，保险标的不受被保险人控制。而财产保险的目的是补偿被保险人所遭受的经济损失，所以海上保险只要求被保险人在保险标的受损时具有可保利益。

（二）人身保险

人身保险着重强调投保人在订立保险合同时对被保险人必须具有可保利益，即可保利益只需要在合同生效时存在，保险合同生效后，就不再追究投保人对被保险人的可保利益问题。对人身保险来说，如果可保利益在购买保险时存在，在被保险人死亡时可保利益已经不存在，那么这个人身保险合同仍然是一个有效的、可以强制执行的合同。

人身保险中的可保利益原则要求投保人在人身保险合同生效时具有可保利益，主要是由三个因素决定的：(1) 人身保险常常是为亲属和配偶投保的。家庭关系的存在一般不随着时间的流逝而改变，例如，父母与子女的关系。所以，一般情况下，购买人身保险时的可保利益是基于家庭关系，通常这种关系在死亡时依然存在。另外，如果是稳定的婚姻关系，就有理由使用相同的原则，一方配偶作为另一方配偶的受益人。(2) 大部分人身保险既作为保险，又作为投资。仅仅要求投保人在人身保险合同生效时具有可保利益，可以使这种投资具有流动性。如果要求投保人在被保险人死亡时具有可保利益，就会限制资产的可转让性，进而降低其作为投资的价值。(3) 既要保证合同自由，又要保证合同承诺的履行，使两者在人身保险交易中得到统一。一方面需要具有可保利益，以避免赌博性合同，把人身保险变成赌博，并刺激谋杀；另一方面，人身保险合同是一种长期合同，在合同有效期内，保险人由于保险单所有人或受益人的可保利益停止而拒绝履行承诺的做法是不公平的。正是基于以上理由，人身保险不要求投保人在被保险人死亡时具有可保利益。

对可保利益进行时间规定的意义在于以下两个方面：

(1) 体现了补偿性保险和给付性保险的区别。财产保险是补偿性保险，损失补偿原则是财产保险的基本原则。如果发生损失时被保险人没有可保利益，即与保险标的之间没有经济上的利害关系，保险标的的灭失便不是被保险人的损失，而是他人的损失，那么被保险人获得赔偿则会违反损失补偿原则。而且，可保利益限制了被保险人可以获得补偿的程度。因此，被保险人必须在损失发生时具有可保利益。

人身保险不是补偿性保险，而是给付性保险。订立保险合同时要求具有可保利益，不仅是为了防止赌博，更重要的是为了保证被保险人的生命安全。在人身保险中，保险人通常不是以可保利益而是按照订立保险合同时双方约定的金额给付受益人。

（2）决定了保险单是否可自由转让。人身保险要求投保人在订立保险合同时具有可保利益，海洋货物运输保险要求被保险人在损失发生时具有可保利益。这就是说，在人身保险中人身伤亡发生时的保险单所有人不需要和投保人是同一个人；在海洋货物运输保险中订立保险合同的人和损失发生时的被保险人也不需要是同一个人。因此，人身保险保险单和海洋货物运输保险保险单并不需要经保险人的同意，就可以自由转让。

一般财产保险要求被保险人于订立保险合同时和损失发生时都具有可保利益，但只有在被保险人不变的情况下才能符合这种要求。所以，一般财产保险的保险单是不可以自由转让的，除非经过保险人的书面同意。

五、可保利益的消灭和转移

在财产保险方面，保险标的消灭，可保利益随之消灭；在人身保险方面，被保险人因人身保险合同免除责任的原因死亡，如在保险合同生效两年内自杀、因刑事犯罪被处决等，均构成可保利益的消灭。

（一）财产保险可保利益的转移

财产保险可保利益的转移基本上分为三种情况：

（1）让与。除海洋货物运输保险以外的财产保险通常要求，如果投保人或被保险人未经保险人同意或批注将保险标的转移给他人，则保险合同的效力终止。不过，这一规定侧重于要求保险标的获得者办理批注手续，并未排除保险标的可保利益随保险标的的让与而转移的情形。

（2）继承。国际上大多数国家的保险立法规定：在财产保险中投保人或被保险人死亡，其继承人自动具有所继承财产的可保利益，保险合同继续有效直至合同期满。

（3）破产。在财产保险中，被保险人破产，可保利益转移给破产管理人或债权人。但各国法律通常规定一个期限，在此期限内保险合同继续有效。若这一期限届满，破产管理人或债权人应与保险人解除保险合同。

（二）人身保险可保利益的转移

人身保险可保利益的转移亦可分为三种情况：

（1）让与。人身保险的保险标的是人的身体、生命，是不能转让的，因此，人身保险不存在因保险标的转让而发生的可保利益转移问题。

（2）继承。被保险人死亡，如属死亡保险、两全保险，保险人即承担保险金给付责任，保险合同终止；如属其他人身保险，或被保险人因免除责任的原因死亡，保险标的消失，保险公司终止其责任，不存在可保利益的转移问题。投保人死亡，而且投保人与被保险人不是同一人，如果人身保险合同为特定的人身关系而订立，如亲属关系、抚养关系，可保利益不得转移；如果人身保险合同因一般利害关系而订立，如债权债务关系，则该人身保险合同仍可作为继承人的利益继续存在。

（3）破产。投保人的破产对人身保险合同没有什么影响。被保险人破产对人身保险合同也不产生可保利益的转移问题。不过，对某些人身保险合同，如被保险人为投保人的债权人或扶养人，则当被保险人破产时，根据保险责任范围，可能发生保险金的给付责任。

案例分析

保险利益原则

（一）案情简介

2021年4月24日，某县甲公司为一水电站的建设项目投保了建筑安装工程保险。保险金额为4 000万元，免赔率为10%。保险期限自保险单签发之日起共两年。2021年6月20日，甲公司因故将建设中的水电站资产所有权转让给了乙公司，但甲公司继续作为水电站的施工承包单位，同时甲乙双方约定共同承担水电站的风险。后来乙公司又向另一个保险公司投保了企业财产保险。这时，甲已及时将保险标的转让的事实通知了承保的保险公司。在达成续保协议前，2021年7月6日下午，该县突发洪灾，并以高于设计水位7米的水头袭击了水电站，水电站严重受损。根据受损情况，甲向承保建筑安装工程保险的保险公司提出了2 000万元的赔偿要求，保险公司经研究后，做出拒绝赔偿的决定。甲公司对此决定不服，经当事人双方反复协商不成，甲公司向法院起诉，要求保险公司承担赔偿责任。

在法院一审过程中，这个保险公司坚持认为：保险人不应该承担保险责任，理由是：

第一，洪灾发生时，因为甲公司已将该水电站工程项目所有权转让给乙公司，甲公司已丧失对保险标的的保险利益，所以在此情况下甲公司已无财产损失可言。

第二，该水电站已被投保企业财产保险，并已经生效，说明水电站工程已经竣工且投入正常的生产运行，建筑安装工程保险责任已终止。

甲公司则认为保险公司应当负赔偿责任，理由是：

第一，自己仍然是该水电站的施工承包单位，所以并没有丧失对保险标的的保险利益。

第二，在双方签订的转让协议中，双方约定了共同承担风险，在保险标的受损时，甲公司也要承担后果。

第三，不能把乙公司投保企业财产保险的行为推定为该水电站工程已竣工。事实上水电站出险时，尚未进行竣工验收，且出险时保险期限也未满。因此，甲公司有权要求赔偿。

一审法院经审理认为，投保人甲公司已丧失对保险标的的保险利益，无权索赔，判决驳回甲公司的诉讼请求。甲公司不服判决，提起上诉。

在二审中，双方经协商达成调解协议，由保险公司赔付800万元，终止本案相关的保险责任。

（二）对本案的分析

1. 要全面准确地理解保险利益的概念

《保险法》第十二条规定：保险利益是指投保人或者被保险人对保险标的具有的法律上承认的利益。该条规定所称的保险利益是指法律上承认、客观上存在、经济上可以确定的利益。一般来说，下列人员在法律上享有财产保险利益：(1) 所有权人对其所有的财产；(2) 没有财产所有权，但有合法的占有、使用、收益、处分权中的一项或几项权利的人，对其所具有的上述权利，如经营管理人员对其经营管理的财产权利等；(3) 他物权人对依法享有他物权的财产，如承租人对其承租的房屋等；(4) 公民、法人对因其侵权行为或合同而可能承担的民事赔偿责任；(5) 保险人对保险标的的保险责任；(6) 债权人对现有的或期待的债权等。因此，具有保险利益的不仅仅是所有权人，其他与保险标的有合法经济利益关系的主体都可能具有保险利益。本案中，根据甲公司与乙公司签订的转让协议，甲公司依然是该水电站的施工承包单位，一般情况下施工单位对其承包的建筑安装工程应当具有保险利益。同时建筑安装工程保险条款也未禁止施工单位投保，在实践中相当一部分建筑安装工程保险也是由施工单位投保的。

2. 要科学地确认本案的保险期限

建筑安装工程保险条款规定：保险期限至工程竣工并经建设单位验收或工程在机器设备试车开始时终止。最晚终止日期不超过保险单所列明的终止日期。在本案中，因为该水电站出险时并未进行竣工验收，保险期限未满，因此保险责任也未终止。

3. 如何处理两个保险合同

两个保险合同的保险当事人不同，险种不同，保险责任也不同。当发生企业财产保险事故时，乙公司有权向其投保的保险公司索赔；当发生建筑安装工程保险事故时，甲公司有权向其投保的保险公司索赔。两个保险合同不存在互相替代或抵消的关系。因此乙公司向另一个保险公司投保企业财产保险，不能免除甲公司所投保的建筑安装工程保险的保险公司所应当承担的保险责任。

通过本案我们认识到，理赔是保险服务的核心，能否准确而及时地做好理赔工作是衡量保险服务质量的重要标准。在本案中，为了做好理赔服务，工作人员一方面要全面准确地理解保险利益的概念，另一方面在工作中要不折不扣地执行保险利益原则，只有这样才能保护被保险人的利益和提高本公司的经济效益。

第三节 近因原则

一、近因及近因原则的含义

近因原则是判断保险事故与保险标的损害之间的因果关系，从而确定保险赔偿责任的一项基本原则。在保险实践中，对保险标的遭受的损害是否进行赔偿是依保险事故发生的原因是否属于保险责任来判断的。而保险标的遭受损害并不总是由单一原因造成的，其表现形式多种多样。或是多个原因同时发生，或是多个原因不间断地连续发生，或是多个原因时断时续地发生。近因原则则要求从中找出哪些属于保险责任、哪些不属于保险责任，并据此确定保险人是否进行赔偿。

（一）近因的含义

保险中的近因原则是经过几个世纪才被普遍接受的，这一原则虽然适用于所有的保险，但解释和确立这一原则的诉讼大多与海上保险有关。

近因理论是确定保险中的损失原因与损失结果之间关系的一种理论，它既有利于保险人，也有利于被保险人。对保险人来说，他只负责赔偿承保风险作为近因所造成的损失，对于承保风险不属于近因所造成的损失不承担赔偿责任，避免了保险单项下不合理的索赔；对被保险人来说，他可以防止保险人以损失原因不属于近因为借口，解除保险单项下的责任，不承担承保风险所造成的损失。

兰博法官在 1904 年的一个判例波西诉苏格兰联合与国家保险公司案中对近因下了一个权威的定义，他指出近因就是这样一个原因：（1）它是积极的、有效的原因；（2）它成为一系列事件的推动力；（3）没有一个新的独立的力量打破这一因果连锁关系。

兰博法官的这个定义全面地概括了近因的要求，得到了普遍认同。现在一般都认为近因就是指引起保险标的损失的最直接、最有效、起决定性作用的原因。

（二）近因原则的基本含义

关于近因原则，1906 年英国的《海上保险法》是这样规定的：除保险单另有约定外，保险人对于由所承保的风险近因造成的损失，负赔偿责任，但对于不是由所承保的风险近因造成的损失，概不负责。

一般来说，近因原则可以表述为：若引起保险事故发生、造成保险标的损失的近因属于保险责任，则保险人承担赔偿责任；若近因属于除外责任，则保险人不负赔偿责任。即只有当所承保风险是损失发生的近因时，保险人才负赔偿责任。

二、近因原则的运用

（一）确定近因的基本方法

在保险中要准确确定损失原因与损失结果之间的关系，尤其是在先后或同时存在几个原因时，要对造成承保损失最具有现实性、支配性和有效性的原因加以确定往往并不是一件容易的事情。最基本的方法有两种：

（1）从最初事件出发，按逻辑推理下一步将发生什么。若最初事件导致了第二事件，第二事件又导致了第三事件……如此推理下去，导致最终事件，那么，最初事件为近因。若其中两个环节无明显联系，出现中断，则其他事件为致损原因。

（2）从损失开始，沿系列自后向前推，问为什么会发生这样的情况。若追溯到最初事件，且系列完整，最初事件为近因；若在逆推中出现中断，其他原因为致损原因。

例如，暴风吹倒木屋的山墙；倒塌的山墙压断了电线；电线短路喷发火花；火花引起木屋着火；向消防队报警；消防队扑灭大火的同时也浇湿损坏了木屋内未燃的物品。不论运用上述何种方法，都能发现暴风、墙倒、燃烧与财物水损之间的因果关系链，从而推断出暴风为近因。

（二）近因原则的具体适用情形

1. 单一原因造成的损失

如果造成保险标的损失的原因只有一个，那么这一原因就是损失的近因。只要该原因属于承保风险，保险人就应负赔偿责任。例如，企业投保财产保险综合险，如果厂房、机器由于火灾而损毁，则保险人承担赔偿责任；如果因地震而损毁，则保险人不承担责任。

2. 多个原因造成的损失

在实践中，承保风险的发生与保险标的的损失之间的因果关系错综复杂，损失往往由两个或两个以上原因造成，此时应区别对待，认真辨别。我们分三种情况来介绍损失由多个原因导致时近因的判定和保险责任的承担。

（1）多个原因相互延续。在多个原因连续发生所造成的损失中，如果后因是前因直接导致的必然结果，或者后因是前因的合理延续，或者后因是前因自然延长的结果，那么前因为近因。前因属于承保风险的，即使后因不属于承保风险，保险公司也需承担赔偿责任。在著名的艾思宁顿诉意外保险公司案中，被保险人打猎时不慎从树上掉下来，受伤后的被保险人爬到公路边等待救援，因夜间天冷又染上肺炎死亡。肺炎是意外险保险单中的除外责任，但法院认为被保险人的死亡近因是意外事故——从树上掉下来，因此保险公司应给付保险金。相反，前因不属于承保风险的，即使后因属于承保风险，保险公司也不承担赔偿责任。例如，船舶遭炮火袭击受损，船体进水沉没。船体进水是战争行为的直接后果，在一张战争引起的损失除外的保险单项下，被保险人无法凭承保风险——海上风险获赔。

（2）多个原因交替。在因果关系链中，有一个新的独立原因介入，使原有的因果关系链断裂并直接导致损失，该新介入的独立原因为近因。在一意外险的被保险人因车祸入院、急救过程中因心肌梗死死亡的案例中，被保险人的致死原因——疾病就是新介入的独立原因。如果该近因属于保险责任范围内的风险，则保险公司应对所导致的损失予以赔付。反之，则不赔。投保人投保了火险而没有投保盗窃险，当火灾发生时，一部分财产被抢救出来后又被盗走，保险公司不对被盗部分损失承担责任。

（3）多个原因并存。具体又可分为两种情况：

1）多个原因各自独立，无重合。假如损害可以以原因划分，保险公司仅对承保风险承担责任。如果上述因车祸入院、急救过程中因心肌梗死死亡的被保险人同时在车祸中丧失一条腿，则人身保险公司在拒绝给付死亡保险金时，并不能免除意外伤害保险的给付责任。因为死亡的近因是除外风险——疾病，而丧失肢体的近因则是保险责任范围内的意外事故——车祸。

2）多个原因相互重合，共同作用。因为各个原因之间具有关联性，从中判定某个原因为最直接、有效的原因有一定的困难，甚至从中强行分出主次原因会产生自相矛盾的结论。例如，团体意外伤害保险的被保险人因不慎跌倒致使上臂肌肉断裂。后由于伤口感染，导致右肩关节结核扩散至颅内及肾，医治无效死亡。事后保险人经过调查发现，被保险人有结核病史，且动过手术，体内存留有结核杆菌。保险人认为被保险人的死亡后果与意外摔伤并无直接、必然的因果联系，被保险人是病死，即其是因体内存留的结核杆菌感染伤口，扩散至颅及肾而死亡的。疾病死亡不属于意外伤害保险的责任范围，所以保险人不承担保险责任。然而，如果没有摔伤，又如何产生伤口感染的后果？结核杆菌不是新介入的独立原因，它的出现并没有使摔伤这一原因停止发挥作用，并没有割断伤口感染与死亡之间的直接联系。被保险人是在两个原因共同、持续作用下死亡的，单纯体内存留结核杆菌或摔伤都不会导致被保险人死亡。两个原因同为造成损失的不可分的近因。保险人拒赔理由的牵强之处在于违反客观事实，盲目笃信只有一个近因。

如果损失是多个近因共同作用的结果，保险人至少承保一个近因且未明确将任何一个近因除外的，保险人应负赔偿责任。例如，一艘船投保了定期保险，在保险期限内的一次航行中受损，保险人以该船舶存在设计缺陷不适航为由拒绝赔付。法院认定损失由不适航和恶劣天气共同造成，因此损失的近因有两个。恶劣天气是承保风险，设计缺陷造成的不适航在被保险人不知情的情况下不是定期保险的除外风险，因此，保险人应予以赔付。同时，损失存在多个近因的，被保险人可以以任何一个近因索赔。船只因船长与海盗合谋而被捕获，被保险人以捕获损失和船长的不法行为所造成的损失请求赔偿都可获赔。

此外，在两个或多个近因中，至少有一个明确除外的，保险人免除赔偿责任。该原则在英国 1973 年韦恩罐泵公司诉保险公司一案中得以确定。原告在生产塑料制品的工厂设计并安装了用于储藏和运输化工原料的设备。原告投保的保险单承保意外事故造成的财产损失，保险单的除外条款规定，保险人对因被保险人装运货物的性质引起的损失不负赔偿责任。在保险期限内，试车前夜设备在无人看管的状态下运行，引起火灾，烧毁了工厂。原告向保险公司索赔。法院认为货物的自身易燃性是除外近因，保险人不负赔偿责任。但同时，货物的自身易燃性并非损失的单一近因，承保范围内的人工操作不当与货物的自身性质相互作用才导致损失。此时，一个为可保近因，一个为除外责任，保险人可以凭借除外条款免除责任，因为除外条款属于保险单的特别约定，其效力优于普通条款。

在上述伤口感染致死的案例中，保险人如果接受同时存在多个致损近因的观念，以两个近因中至少有一个是被明确除外的作为拒赔理由，也许更能为被保险人的受益人所接受。从物质角度讲，两个拒赔理由带来的结果是一样的，但多个近因的解释更客观地分析了损失的因果关系，有助于保险人树立公正、诚信的形象。

（三）保险条款对近因原则的修正和限制

（1）条款措辞“保险责任事故引起的责任免除事故除外”。有一案例：一根未熄灭的火柴失落引起库房的擦车布着火；火势未及时得到控制，烤热了乙炔气瓶；乙炔气瓶爆炸，车库的墙体被掀倒；燃烧的物体被吹向相邻的办公楼，并使之着火受损。这一赔案若按近因推定，所有损失都可归咎于那根失落的未熄灭的火柴。但该案涉及的保险单条款设定为“爆炸属于除外责任，火灾引起的爆炸也属于责任免除”。那么对照此条款，可认为爆炸及其损失与爆炸引起的相邻房屋的第二场火灾，不应由保险人负责。

（2）条款措辞“凡某责任免除事故引起的保险责任损失均属于承保范围”。在以上案例中，只要条款设定为“即使是由责任免除的爆炸所引起的火灾也属承保范围”，依保险单约定的条件，保险人承保的责任就应包含第一场火灾引起的损失和第二场火灾引起的损失，其间爆炸造成的墙体掀倒损失则属责任免除。

（3）条款措辞“凡某责任免除事故直接、间接引起的灾害损失均列为除外责任”。例如，在战争期间，哨兵在铁路沿线站岗，一名投保军人意外伤害保险的军官在查哨时被火车撞倒致死。从近因认定的一般准则来看，被保险人死亡的直接、有效原因是一场意外事故。然而，若没有战争，他就不会在那条铁路沿线上行走。因此，战争是造成他死亡的间接原因。而这份意外伤害保险单中有这样的条款：“直接或间接的因战争引起的死亡不包括在保险单的责任范围之内。”在该判例中，被保险人死亡的确定涉及战争这个极其相关的间接因素，因此保险人有权拒绝给付保险金。

案例分析

近因原则：事故和暴风雨哪个是近因？

（一）案情简介

2021年7月5日18时，某县忽然乌云密布，降特大暴风雨，许多树木被吹折，多根电线杆被刮倒，以致全县发生停电事件。当日晚21时许，食品厂陈某加班后骑车回家途经一小马路时，被一横卧路面的电线杆绊倒后触电，当场死亡。为此，陈某之妻提出县供电局应对陈某之死承担一切责任，要求其赔偿丧葬费、医疗费、抚养费等费用共计20万元。供电局代表则认为该事故与己方无关，因该事故是暴风雨意外造成的。经激烈争执，双方各不相让，于是陈某之妻将供电局告上法院。法院审理后认为：此电线杆属供电局主管，在电线杆被吹倒后长达数小时内，竟未采取任何妥善措施，以至造成陈某触电身亡事故，供电局应承担侵权责任，判决供电局赔偿陈某家属医疗费、丧葬费等15万元。事故发生前，供电局已投保了供电责任保险。因此供电局向保险公司索赔。但保险公司认为：此次事故的原因是暴风雨。根据本公司的供电责任保险条款，暴风雨等自然灾害属除外责任。供电局认为其所管理的供电线路因自身工作过失导致了陈某的死亡，供电局投保了供电责任保险，保险公司应当相应承担赔偿责任。双方各执一词，无法达成一致意见。

（二）对本案的分析

在本案中陈某的死亡有两个原因，其一是暴风雨，其二是供电局的工作过失。供电局的工作过失与暴风雨并无因果联系。正是供电局的工作过失，才造成陈某触电身亡事件的发生。故过失是单独对保险事故发生起作用的近因。在保险公司的供电责任保险条款中“过失”是保险责任，保险公司应承担赔偿责任。至于赔偿金额的确定，双方可进一步协商。

作为保险人，应当准确运用近因原则及时界定保险事故发生的原因，提高自身的服务水平；作为被保险人，则应当学会运用近因原则，使自己转移风险的目的得到最大限度的实现。

第四节 损失补偿原则

一、损失补偿原则的含义

损失补偿原则是指对于价值补偿性保险合同，当保险标的发生保险责任范围内的损失时，保险人应当按照保险合同的约定履行赔偿义务，从而使被保险人恢复到受灾前的经济状况，但不能使被保险人获得额外利益。

这一原则包含了两层含义：

第一，损失补偿以保险责任范围内的损失发生为前提，即有损失发生则有损失补偿，无损失发生则无损失补偿。因此，在保险合同中强调，被保险人因保险事故所致的经济损失，依据合同有权获得赔偿。

第二，损失补偿以被保险人的实际损失为限，而不能使其获得额外的利益。即通过保险赔偿使被保险人的经济状况恢复到事故发生前。被保险人的实际损失既包括保险标的的实际损失，也包括被保险人为防止或减少保险标的的损失所支付的必要的、合理的施救费用和诉讼费用。因此，在保险赔偿中应包含这两部分金额。这样，保险赔偿才能使被保险人恢复到受损前的经济状况，同时不会获得额外利益。

损失补偿原则集中体现了保险的宗旨。坚持这一原则对维护保险双方的正当权益，防止被保险人通过保险赔偿得到额外利益，避免道德风险的产生具有十分重要的意义。

损失补偿原则适用于补偿性保险，财产保险、责任保险、意外伤害保险和健康保险中的部分险种都属于补偿性保险。

二、保险人损失补偿的限制

保险人履行损失补偿义务，通常是以保险金额、实际现金价值和可保利益为限，为了既保证被保险人能恢复失去的经济利益，又不会使被保险人由于保险补偿而获得额外利益，应以三者中最小的作为保险补偿的最高额度。

（一）保险金额

保险金额是保险合同双方共同约定的、由保险人承担的最大损失风险。因此，无论保险标的发生全损还是任何一次部分损失，保险人的最高赔偿责任都不应该超过合同规定的保险金额。

（二）实际现金价值

财产保险中另一个对保险人赔偿责任的重要限制是损失发生时承保财产的实际现金价值（actual cash value）。即使保险金额大于损失发生时承保财产的实际现金价值，如果保险合同中没有特别的约定，保险人的赔偿责任仅限于损失发生时承保财产的实际现金价值。对于实际现金价值如何确定，保险法和保险单中通常并无定义或计算方法。根据美国法庭的判例和财产保险的习惯做法，确定实际现金价值的方法有以下四种。

（1）重置成本减去折旧法。大多数美国法庭认为实际现金价值是指损失时的重置成本减去折旧。因此，实际现金价值就包括两个因素：重置成本和折旧。重置成本是指损失发生时或发生后于合理时间内，在当时的情况下使用类似种类和质量的材料，以合理的速度进行修理或重建受损财产所需的费用。重置成本包括工时费用和材料费用，这两种费用的确定必须注意时间因素。确定实际现金价值时的折旧不同于会计上的折旧，它不考虑积累和税收，而主要考虑受损财产的使用年限、逐渐过时的情况，以及保险标的的式样、经济上的使用价值和市场价值等。通常，该折旧是以百分比计算的，分子是财产已经使用的年限，分母是财产的预期使用年限。例如，一座房子的使用寿命为 60 年，它已经使用了 15 年，则折旧率为 1/4。不过，使用重置成本减去折旧法来确定实际现金价值仍然常常引起误解或争议，因为在个人财产保险中，被保险人一般不会考虑折旧的问题。因此，财产保险往往会使用一些替代性的概念来确定实际现金价值。

（2）收入计算法。这种方法是通过计算承保财产在其剩余有效使用期内所能产生的潜在净收入总量的现值来确定保险标的的实际现金价值。这是一种将不动产所能产生的收入——租金资本化的方法。承保财产在其剩余有效使用期内所能产生的潜在净收入总量等于年收入除以利率。

（3）市场价值法。如果承保财产的市场价值容易确定，在财产保险中常常使用市场价值作为保险标的的实际现金价值。从理论上讲，承保财产的可保价值应该相当于该财产在市场上可以实现的货币价格。这种价格应该能够代表承保财产当时的重置成本减去已经消费的价值。不过，使用市场价值作为衡量承保财产实际现金价值的唯一尺度也存在一定的问题。因为无论是不动产还是动产，其造价或成本常常与其市场价值存在很大的差异，后者往往受到更多因素的影响。例如，位于具有潜在商机地区的废弃建筑的价值实际上是土地的价值。

（4）重置成本法。有时保险人在保险合同中直接使用重置成本代替实际现金价值作为确定保险标的的保险价值的基础，例如美国的个人房屋财产综合保险单。这样做的好处是个人被保险人省去了考虑财产折旧计算实际现金价值时的麻烦，同时，由于增加了保险标的的价值，个人被保险人不足额保险的可能性增加了。

（三）可保利益

可保利益是保险赔偿的前提条件，保险赔款要以损失发生时被保险人对所保财产具有的可保利益作为最高额度。例如，在抵押贷款中，贷款银行以受押人名义对抵押品——房屋投保财产险。如果银行的贷款额为 20 万元，房屋价值为 50 万元，保险金额为 30 万元，并且在保险期限内房屋因火灾而损失 30 万元，则保险人只赔偿 20 万元。

三、损失补偿原则的实现方式与赔偿方式

（一）实现方式

（1）现金赔付。在大多数情况下，保险人采用现金赔付方式。这样既可以减少很多麻烦，也符合大多数被保险人的意愿。

（2）修理。对某些有形财产的保险，当保险标的发生部分损失或部分零部件残损时，保险人便可以委托有关修理部门对受损的保险标的进行修复，费用由保险人承担，例如汽车保险。

（3）更换。因保险事故发生致使保险标的发生损失，保险人亦可采用替代、更换的办法，对受损标的的零部件或整个标的予以更换，例如玻璃保险、汽车保险。

（4）重置。对于被保险人的财产毁损或灭失，保险人负责重置与所保标的等价的标的，以恢复被保险人财产的本来面目。这种补偿方式多适用于不动产保险。

（二）赔偿方式

1. 比例赔偿方式

在不定值保险中，保险赔偿额按保险保障程度计算：

$$\text{保险赔偿额}=\text{保险财产实际损失额}\times\text{保险保障程度}$$
$$=\text{保险财产实际损失额}\times\frac{\text{保险金额}}{\text{标的受损前完好价值}}$$

在足额保险与不足额保险的情况下，保险保障程度小于等于 1；当出现超额保险时，若无道德风险因素的干扰，保险人依据足额保险对待，反之则可以拒付。

在一般财产保险中保险人均采用这种方式计算赔偿金额。

例如，ABC 公司投保火灾保险，保险金额为 600 万元。在合同有效期内发生火灾，财产损失为 200 万元。当损失发生时，保险人对该项财产的估价为 1 200 万元。问保险人应赔偿多少？

$$\text{保险赔偿额}=200\times\frac{600}{1\ 200}=100(\text{万元})$$

2. 第一损失赔偿方式

第一损失赔偿又称第一危险赔偿或第一责任赔偿，它是指保险人在承保时把责任或损失分为两个部分：第一个部分是小于或等于保险金额的损失，也称第一损失；第二个部分是大于保险金额的损失，也称第二损失。保险人仅对第一损失承担赔偿责任，第二损失不在保险责任范围内，应由被保险人自己承担。

这种赔偿方式在计算赔款时不考虑保险金额与财产实际价值之间的比例关系，损失只要在保险金额限度内，保险人就应按实际损失予以赔偿。其特点是赔偿金额等于损失金额，但以不超过保险金额为限。我国家庭财产保险采用这种赔偿方式。

3. 限额赔偿方式

在订立保险合同时，双方当事人便约定一个限额（有时为成本）作为赔偿的依据，保险人仅负责赔偿实际价值与标准限额之间的差额，即限额赔偿方式。这种方式多用于农作物保险。在订约时，双方约定保险人的赔偿限额——标准收获量，因保险事故发生而导致农作物收获达不到该标准时，保险人赔偿实际收获量与标准收获量之间的差额。如果尽管发生保险事故，但实际收获量仍达到或超过标准收获量，则保险人免责。

保险赔偿额=标准限额-实际价值

例如，保险双方约定标准收获量为700千克，投保当年遭受灾害，实际收获量只有400千克，保险人赔偿700-400=300千克。

四、损失补偿原则的例外

损失补偿原则虽然是保险的一项基本原则，但在保险实务中也有一些例外情况。

（一）定值保险

所谓定值保险，是指保险合同双方当事人在订立合同时，约定保险标的的保险价值，并将此确定为保险金额。当保险事故发生时，不论保险标的发生损失时的市价如何，保险人对于全部损失一律按保险金额赔付，对于部分损失则按保险金额与保险标的损失程度的比例赔付。在这种情况下，有可能出现保险赔款超过被保险人所遭受的实际损失的情况，因此，定值保险是损失补偿原则的例外。

定值保险是在订立合同时约定保险标的的价值，而不定值保险是在事故发生时才确定保险标的的价值，因此对于不定值保险只有在事故发生时才知道保险是足额的、不足额的还是超额的。

（二）重置成本保险

所谓重置成本保险，是指以被保险人重置保险标的所需费用或成本确定保险金额的保险。一般财产保险是按保险标的的实际价值投保，在发生损失时，按实际损失赔付，使受损的财产恢复到原来的状态，由此恢复被保险人失去的经济利益。但是，由于通货膨胀、物价上涨等因素，有些财产（如建筑物或机器设备）即使按实际价值足额投保，在财产受损后，保险赔款也不足以进行重置。为了满足被保险人对受损的财产进行重置的需要，保险人允许投保人按超过保险标的实际价值的重置价值投保，在发生损失后，按重置费用或成本赔付。这样就可能出现保险赔款超过实际损失的情况，所以，重置成本保险也是损失补偿原则的例外。

（三）施救费用的赔偿

保险合同通常规定，在保险事故发生时，被保险人有义务积极抢救保险标的，防止损失进一步扩大。被保险人抢救保险标的所支出的合理费用，由保险人负责赔偿。例如《保险法》第五十七条规定：保险事故发生时，被保险人应当尽力采取必要的措施，防止或者减少损失。保险事故发生后，被保险人为防止或者减少保险标的的损失所支付的必要的、合理的费用，由保险人承担；保险人所承担的费用数额在保险标的损失赔偿金额以外另行计算，最高不超过保险金额的数额。这样保险人实际上承担了两个保险金额的补偿责任，显然扩大了损失补偿的范围与额度，这也是损失补偿原则的例外。这主要是为了鼓励被保险人积极抢救保险标的，减少社会财富的损失。

第五节 损失补偿原则的派生原则

一、代位原则

代位在保险中是指保险人取代被保险人的地位。代位原则是指保险人依照法律法规或保险合同的约定，对被保险人因保险事故所致损失予以赔偿后，取得向对保险财产损失负有责任的第三者进行追偿的权利或取得被保险人对保险标的的所有权。

代位原则的意义在于，维护损失补偿原则，防止被保险人因同一损失而获得超额赔偿。

代位原则包括代位追偿和物上代位。

（一）代位追偿

1. 代位追偿的产生及含义

代位追偿根源于补偿性保险合同。当保险标的发生保险责任范围内的损失时，被保险人有权要求保险人对损失进行赔偿，这种赔偿是建立在保险合同的基础上的，是根据合同产生的权利。如果该项损失是由第三者造成的，被保险人根据民事法律中有关侵权或违约的规定，有权要求侵权者或违约者对损失进行赔偿，这种赔偿是建立在民事法律的基础上的，是根据民事法律产生的权利。被保险人的这两项权利均符合法律要求，两项赔偿请求权均受到法律的保护。就被保险人而言，他的两项债权同时成立，保险人不能以保险标的的损失是由第三者所致为由而拒绝履行保险合同的赔偿责任；同理，第三者也不能以受损的标的已有保险为由解除自己的民事损害赔偿责任。在这两种法律权益依法并存的情况下，被保险人因依法享有双重赔偿请求权而有可能获得双重补偿。这种双重补偿无疑将使被保险人获得超过实际损失的补偿，从而出现因损失而获得额外利益的情况。这种获利不符合保险的损失补偿原则。为了解决这个矛盾，绝大多数国家的保险法都规定保险人在赔付被保险人之后，可以采取代位追偿的方式，向负有责任的第三者索赔。这使得被保险人既能及时取得保险赔偿，又能避免双重获利，同时使得第三者无法逃脱其应承担的法律责任。因此，代位原则是保险法中特有的法律关系，但它只适用于补偿性保险合同，而不适用于非补偿性的给付保险合同。

代位追偿，又称代位求偿或代位请求，是指在财产保险中，当保险标的发生保险责任范围内的事故造成损失时，根据法律法规或保险合同，第三者需要对保险事故引起的保险标的的损失承担损害赔偿责任，保险人向被保险人履行了损失赔偿责任之后，在赔偿金额限度内，有权以被保险人的地位向该第三者索赔，即代替被保险人向第三者进行追偿。保险人享有的这种权利称为代位追偿权。例如，在海洋货物运输保险中，由于承运人的管货责任导致承运货物遭到海水浸泡，而该损失又属于货物保险人保险责任范围内的责任时，保险人按保险合同赔偿被保险人（货主）后，有权向该损失的责任方即承运人进行追偿，即代位行使货主对该承运人的损失赔偿请求权。

《保险法》第六十条规定：因第三者对保险标的的损害而造成保险事故的，保险人自向被保险人赔偿保险金之日起，在赔偿金额范围内代位行使被保险人对第三者请求赔偿的权利。

2. 代位追偿的作用

第一，如果被保险人已从保险人处获得赔付，就不应该再从责任方处获得赔偿，否则，他就可能会获得双重赔偿，这就违反了保险的损失补偿原则。

第二，被保险人从保险人那里获得赔付后有可能不再向责任方追究责任，通过代位追偿赋予保险人代替被保险人追究责任方的权利，从而保证了责任方不能因为被保险人事先谨慎地办理了保险而逃脱其应负的责任。

第三，保险人通过代位追偿，可以部分甚至全部弥补自己对被保险人所做的赔付，这不仅有利于提升保险人的经营效果，增加利润，而且可能会间接带来保险费的降低。

总之，向第三者提起诉讼对于被保险人个人来说常常费时费力，而对于专业的保险公司来说则不同，后者更熟悉有关法律法规且具有更多的经验，被保险人将向第三者追偿的权利转移给保险公司，可以使自己及时获得补偿，迅速恢复经济活动，也使得第三者无法逃脱责任。因此，代位追偿一方面有利于整个经济的顺利发展，另一方面保证了社会公平与公正。

3. 代位追偿实施的前提条件

（1）被保险人对保险人和第三者必须同时存在损失赔偿请求权。该条件首先要求损失产生的原因是保险责任范围内的，只有这样，保险人才能依据保险合同给予被保险人经济赔偿，即被保险人依据保险合同享有索赔权。其次要求损失是由第三者所致，第三者因过失、疏忽或故意导致对被保险人的侵权行为、不履行合同行为、不当得利行为或其他依法应承担赔偿责任的行为，造成了保险标的的损失，依据法律法规第三者应负民事损害赔偿责任时，被保险人有权依法向第三者请求赔偿。

（2）被保险人要求第三者赔偿。保险人的代位追偿权还必须是在被保险人要求第三者赔偿时才能行使。当被保险人放弃对第三者的赔偿请求权时，保险人不享有代位追偿权。因此，被保险人与第三者之间的债权关系如何，对保险人能否顺利履行义务和实现代位追偿权是非常重要的。如果在保险人赔付保险金之前被保险人就放弃了对第三者的赔偿请求权，保险人也无须对被保险人进行保险赔偿；如果在保险人向被保险人赔偿保险金后，被保险人未经保险人同意放弃对第三者的赔偿请求权，该行为无效。

（3）保险人履行了赔偿责任。损失补偿原则是代位追偿的基础，保险人只有率先履行了对被保险人的损失赔偿义务，才有权取得本来属于被保险人的权利。代位追偿权是债权的转移，是被保险人与第三者之间的特定的债权债务关系，在保险人赔付保险金之前与保险人没有直接的关系。保险人只有赔偿了被保险人的损失，才依法取得对第三者的赔偿请求权。

4. 代位追偿中保险双方的权利与义务

（1）保险人应在赔偿金额的限度内行使代位追偿权。如果保险人行使代位追偿权取得的来自第三者的赔偿金额超过了保险人支付给被保险人的赔偿金额，超过保险赔偿金额的部分应归被保险人所有。

（2）被保险人有权就未向保险人取得赔偿的部分向第三者请求赔偿。《保险法》第六十条规定：保险人依照本条第一款规定行使代位请求赔偿的权利，不影响被保险人就未取得赔偿的部分向第三者请求赔偿的权利。

（3）被保险人不能损害保险人的代位追偿权。具体内容为：第一，在保险人赔偿之前如果被保险人放弃了对第三者的赔偿请求权，那么，他也就同时放弃了向保险人请求赔偿的权利。《保险法》第六十一条规定：保险事故发生后，保险人赔偿保险金之前，被保险人放弃对第三者请求赔偿的权利的，保险人不承担赔偿保险金的责任。第二，在保险人赔偿之后，如果被保险人未经保险人同意而放弃了对第三者的赔偿请求权，该行为无效。《保险法》第六十一条规定：保险人向被保险人赔偿保险金后，被保险人未经保险人同意放弃对第三者请求赔偿的权利的，该行为无效。第三，如果因被保险人的过错影响了保险人代位追偿权的行使，保险人可扣减相应的保险赔偿金。《保险法》第六十一条规定：被保险人故意或者因重大过失致使保险人不能行使代位请求赔偿的权利的，保险人可以扣减或者要求返还相应的保险金。第四，被保险人有义务协助保险人行使代位追偿权。《保险法》第六十三条规定：在保险人向第三者行使代位请求赔偿的权利时，被保险人应当向保险人提供必要的文件和所知道的有关情况。

5. 代位追偿的对象与限制

保险人代位追偿的对象为对保险事故的发生及保险标的的损失负有民事损害赔偿责任的第三者，它既可以是自然人，也可以是法人。在理论上，既然某个保险赔案有代位追偿权的存在，就必然是以有确定的对保险标的的损失负有责任的第三者及其应承担的责任为前提的。但在实践中，确定第三者及其应承担的责任是比较复杂的问题。一般来说，凡是对被保险人因侵权行为、不履行合同行为、不当得利行为而对保险标的的损失负有责任的人均可成为保险人代位追偿的对象。只要保险人对被保险人应承担保险赔偿责任的原因与被保险人对上述对保险标的的损失应承担民事损害赔偿责任的人具有赔偿请求权的原因事实相同，保险人在赔付被保险人之后，可向上述第三者行使代位追偿权。

对保险人代位追偿的对象，许多国家的立法或惯例都有所限制。一般规定，除被保险人的家庭成员或者家庭组成人员故意对保险标的进行损害而造成保险事故外，保险人不得对被保险人的家庭成员或者家庭组成人员行使代位请求赔偿的权利。

6. 代位追偿的适用范围

代位追偿不适用于人身保险。代位原则是损失补偿原则的派生原则，是对损失补偿原则的补充和完善，所以代位原则与损失补偿原则同样只适用于各种财产保险，而不适用于人身保险。《保险法》第四十六条规定：被保险人因第三者的行为而发生死亡、伤残或者疾病等保险事故的，保险人向被保险人或者受益人给付保险金后，不享有向第三者追偿的权利。因为人身保险的保险标的是无法估价的人的生命和身体，因而不存在由于第三者的赔偿而使被保险人或受益人获得额外利益的问题。所以，如果发生第三者侵权行为导致的人身伤亡，被保险人可以获得多方面的赔付而无须进行权益转让，保险人也无权代位追偿。

（二）物上代位

1. 物上代位的含义

物上代位是指当保险标的因保险事故发生推定全损时，保险人在全额赔付保险金后即可取得对该保险标的的所有权，即代位取得对该标的的权利和义务。

2. 物上代位产生的基础

物上代位通常产生于对保险标的做推定全损的处理。所谓推定全损，是指保险标的遭受保险事故尚未达到完全损毁或完全灭失的状态，但实际全损已不可避免，或者修复和施救费用将超过保险价值，或者失踪达到一定时间，保险人按照全损处理的一种推定性的损失。由于推定全损时保险标的并未完全损毁或完全灭失，即还有残值，而在失踪情形下保险标的可能被他人非法占有，并非物质上的灭失，日后或许能够索还，所以保险人在按全损支付保险赔款后，理应取得对保险标的的所有权，否则被保险人就可能由此而获得额外利益。

3. 物上代位权的取得

保险人获得物上代位权主要是通过委付。

（1）委付的概念。委付（abandonment）是指当保险标的发生推定全损时，投保人或被保险人将保险标的的一切权益转移给保险人，而请求保险人按保险金额全数赔付的行为。委付是一种放弃物权的法律行为，在海上保险中经常采用。

（2）构成保险委付的条件。保险委付的成立必须具备一定的条件：

1）委付必须由被保险人向保险人提出。《海商法》第二百四十九条规定：保险标的发生推定全损，被保险人要求保险人按照全部损失赔偿的，应当向保险人委付保险标的。保险人可以接受委付，也可以不接受委付，但是应当在合理的时间内将接受委付或者不接受委付的决定通知被保险人。委付通知是被保险人向保险人做推定全损索赔之前必须提交的文件，被保险人不向保险人提出委付，保险人对受损的保险标的只能按部分损失处理。委付通知通常采用书面形式。

2）委付应就保险标的的全部。由于保险标的的不可分性，委付也具有不可分性，所以委付应就保险标的的全部。如果仅委付保险标的的一部分，而其余部分不委付，则容易产生纠纷。但如果保险标的是由独立可分的部分组成的，其中只有一部分发生委付原因，可仅就该部分请求委付。

3）委付不得附有条件。《海商法》第二百四十九条明确规定：委付不得附带任何条件。例如，船舶失踪而被推定全损，被保险人请求委付，不得要求日后如果船舶被寻回，将返还其受领的赔偿金而取回该船舶，因为这会增加保险合同双方关系的复杂性，从而增加保险人与被保险人之间的纠纷。

4）委付必须经过保险人的同意。被保险人向保险人发出的委付通知必须经保险人同意才能生效。保险人可以接受委付，也可以不接受委付。因为委付不仅将对保险标的的一切权益转移给保险人，也将对保险标的的所有义务一起转移给保险人。《海商法》第二百五十条规定：保险人接受委付的，被保险人对委付财产的全部权利和义务转移给保险人。所以，保险人在接受委付之前必须慎重考虑，权衡利弊，即受损保险标的的残值是否大于将要由此而承担的各种义务和责任风险所产生的经济损失，不能贸然行事。如果船舶因沉没而推定全损，被保险人提出委付，保险人要考虑打捞沉船所能获得的利益是否大于打捞沉船以及由此而产生的各项费用支出。

被保险人提出委付后，保险人应当在合理的时间内将接受委付或不接受委付的决定通知被保险人。如果超过合理的时间，保险人对是否接受委付仍然保持沉默，应视为不接受委付的行为，但被保险人的索赔权利并不因保险人不接受委付而受影响。在保险人做出接受委付的意思表示之前，被保险人可以随时撤回委付通知。委付一经保险人接受，委付即告成立，双方都不能撤销，保险人必须按全损赔付被保险人，同时取得对保险标的的代位权，包括保险标的的权利和义务。

4. 保险人在物上代位中的权益范围

保险人物上代位后，对保险标的的所得利益全部归保险人所有，即使该利益超过保险赔款，也归保险人所有。

案例分析

损失补偿原则之派生原则：代位追偿权在理赔中要合理运用

（一）案情简介

2020 年 12 月，A 公司从国外进口一批医疗器具，同年 12 月 20 日投保货运险。货物抵达香港特区后，A 公司即与 B 货运公司签订从香港特区运抵长沙的货运代理合同。该批货物因故在深圳某车站验货场滞留达 40 余天。2021 年 2 月 10 日，当海关再次查验货物时，发现车内部分货物被窃，损失价值 33.8 万元。海关放行后，B 货运公司于 2021 年 2 月 13 日在深圳某车站办理了托运手续，3 月 1 日运抵长沙某车站。A 公司在提货时发现部分货物丢失，于是向保险公司索赔。

保险公司受理此案并依约向 A 公司赔付 33.8 万元后，取得代位追偿权。同年 3 月 15 日，保险公司向长沙某车站索赔无果，于是向法院提起诉讼，要求长沙某车站、深圳某车站、B 货运公司赔偿损失及相关费用共计 34.9 万元。

长沙某车站提出，该批货物从深圳某车站起运后至长沙某车站交付收货人时止，整个运输过程中未发生货物丢失，故本站不承担赔偿责任；深圳某车站认为，该批货物从香港特区进关后，B 货运公司未与该站进行货物交接，双方亦从未就保管问题签订协议，故不应承担保管责任；B 货运公司认为该批丢失的货物从香港特区进关后一直到海关查验完毕之前，应由深圳某车站负责保管，B 货运公司不应承担责任。

该案在开庭审理后，经法院主持调解，当事人于 2021 年 7 月达成如下调解协议：深圳某车站和 B 货运公司共同补偿保险公司 15 万元，其他损失各自承担。

（二）对本案的分析

本案的焦点问题是货物损失究竟该由谁承担。本案涉及以下合同关系：

第一，A 公司与 B 货运公司形成货运代理合同关系。B 作为 A 的代理人，对这批货物的损失应承担赔偿责任。

第二，深圳某车站与 B 货运公司等形成保管合同关系，这批货物于滞留深圳某车站期间被盗，故深圳某车站应承担赔偿责任。

第三，长沙某车站与 B 货运公司等形成运输合同关系，亦应对损失负连带赔偿责任。

在本案中，深圳某车站、B货运公司和长沙某车站三方对这批货物的损失基于不同的法律关系都应承担相应的责任，是法律责任的竞合。为简化程序，债权人有权将各债务人作为共同被告提起诉讼，各债务人之间负连带赔偿责任；债权人也有权选择其中一个债务人提起诉讼。在本案中，保险公司根据保险合同，向A公司赔付了货物损失33.8万元，取得了向保险标的受损责任人的代位追偿权。保险公司起诉长沙某车站、深圳某车站、B货运公司要求赔偿损失及相关费用是有法律和事实依据的。

本案存在多种责任竞合，根据保管关系、代理关系向责任方追偿，能获得更充分的赔偿。因此保险公司科学行使代位追偿权，对内可以增加保险公司的效益，对外可以促使货物承运人加强管理，减少事故的发生。

二、分摊原则

（一）分摊原则的由来及意义

在重复保险的情况下，当保险标的发生保险损失时，被保险人有可能就同一损失分别向两个以上的保险人索要保险赔偿金，且可能使赔偿金总额超过其实际损失，这样就从根本上违背了使被保险人恢复到损失发生前的经济状况这一损失补偿原则的要求，因此为了防止被保险人通过重复保险不当得利，就确立了分摊原则。可见，分摊原则也是由损失补偿原则派生的，是损失补偿原则的补充和体现。

分摊原则的意义在于：一方面，防止被保险人利用重复保险在保险人之间进行多次索赔，以获取高于实际损失的赔偿金，从而更好地捍卫损失补偿原则；另一方面，由各保险人对损失进行分摊，保证了保险人之间的公平原则。

（二）重复保险的含义

重复保险是指投保人对同一保险标的、同一保险利益、同一保险事故分别与两个以上保险人订立保险合同，且保险金额总和超过保险价值的保险。例如，一个公司要将价值10万美元的货物从美国运到欧洲，它先向甲保险公司投保了10万美元，又向乙保险公司投保了5万美元。这样它就有了两张保险单，并且保险金额的总和为15万美元，而保险标的的保险价值只有10万美元，这就构成了重复保险。

构成重复保险必须同时满足下列四个条件：

(1) 对处于同一危险中的同一标的的相同保险利益投保。在这里不仅要求是相同的保险标的，而且必须是对相同保险标的的相同保险利益，并处于同一危险中，即投保相同的危险。例如，对一艘船舶投保定期保险，船东对该船舶具有所有权利益。如果他以该船舶进行抵押贷款，则抵押贷款银行对该船舶具有抵押贷款人利益；如果他们分别就各自的利益进行投保，并不构成重复保险。此外，如果船东虽有两张保险单，一张投保了全损险，另一张投保了战争险，也不构成重复保险。

(2) 存在两个或两个以上的保险人或者两张或两张以上的保险单。这表现为一个被保险人可以同时或先后向几个不同的保险人对同一批货物或同一艘船舶投保，或者几个被保险人向同一个保险人对同一批货物或同一艘船舶分别投保取得几张保险单。同一个被保险人向同一个保险人对同一批货物或同一艘船舶投保了超过该标的保险价值的保险金额，只构成超额保险，并不构成重复保险。

（3）几张保险单的保险期间具有重叠性。保险期间的重叠分为全部重叠和部分重叠。全部重叠是指投保人与数个保险人订立数个保险合同，保险的起讫时间完全相同；部分重叠是指投保人与数个保险人订立数个保险合同，保险的起讫时间虽非完全相同，但有时间上的重叠性，即时间上有交叉。保险期间的全部重叠或者部分重叠都构成重复保险的条件。这里应当指出的是，所谓时间上的重叠性，是指数个保险合同的“生效期间”的重叠，并非指“成立期间”的重叠。例如，某人向A保险人投保火险，合同期限为1年，在该合同期满前的1个月，又向B保险人投保相同的火险，并约定该合同自第一个火险合同期满之日生效，则第二个保险合同成立之日虽然与第一个保险合同的有效期重叠，但因第二个保险合同只是成立，尚未生效，只有成立上的重叠性，没有生效上的重叠性，因此不构成重复保险。但如果第二个保险合同约定从其订立时起就生效，则两个合同有1个月的重叠期，在此期间构成重复保险。

（4）几张保险单的保险金额之和超过了保险价值。如果被保险人虽有几张保险单，但保险金额之和并未超过保险标的的保险价值，这种情况属于共同保险，而不是重复保险。

（三）分摊原则的内容

分摊原则可以表述为：在重复保险的情况下，当保险损失发生、被保险人向数个保险人索赔时，保险损失必须在各保险人之间进行分摊，但被保险人所得的赔偿总额不得超过实际损失。

虽然各国对重复保险损失分摊的规定有所不同，但基本内容包括两个方面：

（1）在重复保险的情况下，被保险人可以就其损失向任何一个保险人提出赔偿请求，但保险人对因重复保险而超额的部分不承担赔偿责任。

（2）在重复保险的情况下，任何保险人承担的损失应由参加重复保险的全体保险人合理分摊。

（四）分摊损失的方式

在重复保险下，保险人分摊损失的方式主要包括比例责任分摊方式、限额责任分摊方式和顺序责任分摊方式三种。

1. 比例责任分摊方式

这种分摊方式是指各保险人按所承保的保险金额占保险金额总和的比例分摊保险事故造成的损失。其计算公式为：

$$\text{各保险人承担的赔款}=\text{损失金额}\times\frac{\text{该保险人承保的保险金额}}{\text{各保险人承保的保险金额总和}}$$

例如，某项财产的保险价值为120万元，投保人与甲、乙保险人分别订立相同的保险合同，保险金额分别是80万元和60万元。

若保险事故造成的实际损失是80万元，那么，根据这种分摊方式，两个保险人的分摊金额分别为：

甲保险人应分摊的赔款：$80\times\frac{80}{140}=45.71$（万元）

乙保险人应分摊的赔款：$80\times\frac{60}{140}=34.29$（万元）

2. 限额责任分摊方式

这种分摊方式是指不以保险金额为基础，而是按照各保险人在无他保的情况下，单独应承担的赔偿责任限额占各保险人赔偿责任限额总和的比例来分摊损失金额。其计算公式为：

$$各保险人承担的赔款=损失金额\times\frac{该保险人的赔偿责任限额}{各保险人赔偿责任限额总和}$$

例如，A、B两个保险公司承保同一财产，A公司承保4万元，B公司承保6万元，实际损失为5万元。A公司在无B公司的情况下应赔付4万元，B公司在无A公司的情况下应赔付5万元。在重复保险的情况下，如果以限额责任的方式来分摊，则：

A公司应赔付：$5\times\frac{4}{9}=2.22$（万元）

B公司应赔付：$5\times\frac{5}{9}=2.78$（万元）

3. 顺序责任分摊方式

这种分摊方式是指各保险公司按出单时间顺序赔偿，先出单的公司先在自身保额限度内负责赔偿，后出单的公司只在损失超出前一个公司的保额时，在自身保额限度内赔偿超出的部分。例如，发货人就同一财产同时向甲、乙两个保险公司投保10万元和12万元，甲公司先出单，乙公司后出单，被保财产实际损失16万元。按顺序责任分摊方式赔偿，甲公司的赔偿额为10万元，乙公司的赔偿额为6万元。

在保险实务中，各国采用较多的是比例责任分摊方式和限额责任分摊方式，因为在顺序责任分摊方式下各承保公司承担的责任有失公平。《保险法》规定采用比例责任分摊方式赔偿。《保险法》第五十六条规定：重复保险的各保险人赔偿保险金的总和不得超过保险价值。除合同另有约定外，各保险人按照其保险金额与保险金额总和的比例承担赔偿保险金的责任。

中国实践

以“双录”要求看我国政府对保险业最大诚信原则的监督管理

1. 人身保险公司销售保险产品符合以下情况之一的，应在取得投保人的同意后，对销售过程的关键环节以现场同步录像录音的方式进行记录：

（1）通过保险兼业代理机构销售保障期限超过一年的人身保险产品，包括利用保险兼业代理机构营业场所内自助终端或其他设备进行销售。但若国务院金融监督管理机构另有规定，则以国务院金融监督管理机构的规定为准。

（2）通过保险兼业代理机构以外的其他销售渠道销售投资连结保险。

（3）通过保险兼业代理机构以外的其他销售渠道向60周岁及以上投保人销售保障期限超过一年的人身保险产品。

2. 保险电话销售业务，应实施全险种全过程录音。

3. 互联网保险业务，应按相关规定开展可回溯管理。

4. 保险销售的关键环节为：保险销售人员出示有关证件和相关资料、履行保险投保提示以及明确说明义务、投保人与被保险人签名以及其他环节，进行录音录像。

5. 按“谁保存、谁质检”原则，明确对可回溯资料进行质量检测的要求，从而保证录音录像的质量。

6. 保险公司、保险中介机构，应当严格按照相关法律法规规定，加强对投保人、被保险人的个人信息保护，对录音录像以及其他视听资料、电子数据予以严格保密。

7. 保险公司、银行类保险兼业代理机构，应当制定视听资料管理办法，明确管理责任，规范调阅程序。

8. 保险双录的视听资料保管期限，应当从保险合同终止之日起开始计算，保障期限在一年以下的，不得少于5年；保障期限超过一年的，不得少于10年；若是有消费者投诉、法律诉讼或者其他保险纠纷，则还应至少保存至纠纷结束后的2年。

请思考：为了解决行业内存在的什么问题，监管机构要求实施“双录”？

本章小结

本章论述了保险的四大基本原则及两个派生原则，即最大诚信原则、可保利益原则、近因原则、损失补偿原则及其派生的代位原则和分摊原则。

最大诚信原则要求保险双方在订立与履行保险合同的过程中向对方提供实质性重要事实，同时遵守合同的约定与承诺，否则保险合同无效。坚持最大诚信原则是为了确保保险合同的顺利履行，维护保险双方的利益。其主要内容包括告知、保证、弃权与禁止反言。违反最大诚信原则的当事人，应承担相应的法律后果。

可保利益是指投保人或被保险人对保险标的所具有的法律上承认的利益，是保险合同生效的重要条件。可保利益原则强调了投保人或被保险人在保险合同订立时、保险事故发生时必须对保险标的具有可保利益，否则保险合同无效。坚持可保利益原则的意义在于划清保险与赌博之间的界限，防止道德风险和限制保险赔偿额度。由于财产保险和人身保险的性质不同，因而可保利益的应用及适用时限也不尽相同。

保险人在处理损失原因较为复杂的索赔时，要遵循近因原则。近因是指引起保险标的损失的最直接、最有效、起决定性作用的原因。近因原则的基本含义是：只有当所承保的风险是损失发生的近因时，保险人才负赔偿责任。因此，对近因的分析和判断，成为掌握和运用近因原则的关键。在运用近因原则时，应根据实际案情，实事求是地分析，认真辨别，并遵循国际惯例，特别是注重对重要判例的援用。

损失补偿原则是保险人理赔的重要原则。它是指当保险标的发生保险责任范围内的损失时，被保险人有权按照合同的约定，获得全面、充分的赔偿，但不能由此而获得额外利益。所以，保险人在履行赔偿责任时，必须以实际现金价值、保险金额和可保利益为限。具体的理赔方式有比例赔偿方式、第一损失赔偿方式和限额赔偿方式三种。损失补偿原则主要适用于财产保险以及其他补偿性保险合同，但在保险实务中有一些例外的情况，如定值保险、重置成本保险和施救费用的赔偿。

损失补偿原则的派生原则有代位原则和分摊原则。代位原则是指保险人依照保险合同对被保险人的损失进行赔偿后，依法取得向对保险标的损失负有责任的第三者进行追偿的权利或取得被保险人对保险标的的所有权。代位原则包括代位追偿和物上代位。代位追偿是指在财产保险中，当保险标的遭受保险事故所致的损失，依法应由第三者承担赔偿责任时，保险人在支付保险赔偿金之后，在赔偿金额限度内，取得向第三者追偿的权利。保险人获得物上代位权主要是通过委付。委付是指当保险标的发生推定全损时，投保人或被保险人将保险标的的一切权益转移给保险人，而请求保险人按保险金额全数赔付的行为。分摊原则是指在重复保险的情况下，当保险事故发生造成损失时，各保险人应采取适当的分摊方式分配保险责任，使被保险人既得到充分的补偿，又不会获得超过其实际损失的利益。保险人分摊损失的方式有比例责任分摊方式、限额责任分摊方式和顺序责任分摊方式。

练习题

一、名词解释

1. 最大诚信	2. 重要事实	3. 告知
4. 客观告知	5. 保证	6. 默示保证
7. 弃权	8. 禁止反言	9. 可保利益
10. 近因	11. 代位	12. 代位追偿
13. 委付	14. 推定全损	15. 重复保险
16. 比例赔偿	17. 第一损失赔偿	18. 限额赔偿
19. 重置成本保险	20. 实际现金价值	

二、问答题

1. 什么是最大诚信原则？为什么要规定这一原则？
2. 简述可保利益的性质及构成要件。
3. 什么是可保利益原则？坚持这一原则有何意义？
4. 简述可保利益在财产保险和人身保险中的应用及区别。

5. 什么是近因原则？应该怎样判定近因？
6. 如何理解损失补偿原则？
7. 简述确定实际现金价值的几种方法。
8. 简述重复保险的构成要件。
9. 简述代位追偿产生的条件及保险双方在代位追偿中的权利、义务。
10. 简述委付成立的条件。
11. 简述保险人分摊损失的三种方式。

即学即练

第4章

保险合同

学习目标

- 理解保险合同的基本特征
- 理解保险合同的形式
- 区分损失补偿保险合同和定额给付保险合同
- 明确保险合同的当事人和关系人
- 掌握保险合同的基本条款
- 区分保险合同的订立与生效
- 了解保险合同争议的处理方式

第一节 保险合同概述

一、保险合同的定义

保险合同（insurance contract）又称保险契约，它是产生保险关系的依据，不同的专家学者或法律对此有不同的定义。英国学者约翰·伯尔兹认为，保险合同是当一个意外事故在未来不确定的时候发生时，给予经济赔偿或给付，以保障被保险人在该事故中的利益。美国学者欧文·M. 泰勒将保险合同解释为一方当事人以另一方当事人缴纳保险费为对价而对其风险损失承担责任的协议。美国纽约州的保险法将保险合同解释为一方当事人（此处指保险人）承担对另一方当事人（此处指被保险人或受益人）货币价值的保险赔偿责任的任何协议或交易。承担责任的条件是偶然事故中的被保险人或受益人，在这种偶然事故发生时，其物质利益遭受了这种事故的恶劣影响。中国台湾与保险有关的规定称："保险，谓当事人约定，一方交付保险费于他方，他方对于因不可预料或不可抗力之事故所致之损害，负担赔偿财物之行为。根据前项所订之契约，称为保险契约。”中国澳门《商法典》规定：“保险合同系指保险人对于因承保标的之可能发生之事件发生而对被保险人所造成之损害按约定之限额承担或支付合同所定之保险金、定期金或其他给付之责任，以作为他方支付保险费之回报之合同。”

《保险法》第十条规定：保险合同是投保人与保险人约定保险权利义务关系的协议。该定义揭示了保险合同的基本内涵，即根据双方当事人的约定，投保人支付保险费给保险人，保险人在保险标的发生约定事故时承担经济损失补偿责任或者当约定事件发生时承担保险金给付责任。

二、保险合同的法律要求

保险合同既然是合同的一种，它就必须具备一些基本条件才能满足法律要求。

第一，保险合同的当事人必须具备完全民事行为能力。

第二，投保人与保险人双方意思表示必须真实。首先，必须坚持自愿订立保险合同的原则，除强制保险外，任何单位或者个人强制他人订立保险合同，都可视为意思表示不真实。其次，保险合同双方当事人必须完全履行如实告知或说明义务。

第三，保险合同是双方当事人意思表示一致的行为，而不是单方的法律行为。任何在胁迫、强制（强制保险除外）和乘人之危等情况下签订的保险合同均无效。

第四，保险合同必须合法，即保险合同的主体、内容和标的等必须合法。一方不按照约定履行合同义务时，另一方可向有关机构申请调解或仲裁，也可以直接向人民法院起诉。保险合同只有具备合法性，才能得到法律的保护。

三、保险合同的基本特征

保险合同作为合同的一种，其基本特征如下：

（一）保险合同是双务合同

合同以当事人取得权益是否需付出相应对价（consideration）为标准，分为单务合同（unilateral contract）和双务合同（bilateral contract）。当事人一方享有合同约定的权益，需向对方当事人偿付相应对价的合同为双务合同，如买卖合同、租赁合同等；反之，则为单务合同，如赠与合同、无偿保管合同和无偿借贷合同等。

保险合同中的对价关系与一般买卖合同中的对价关系不同。在买卖合同中，双方的义务都是确定的。在保险合同中，就个别合同而言，对价关系并不十分明确。也就是说，投保人的义务是确定的，即必须支付保险费，但保险人是否支付赔款或给付保险金是不确定的。即：若发生保险事故，保险人必须支付赔款或给付保险金；若没有发生保险事故，保险人就无须支付赔款或给付保险金。因此，保险合同中的对价关系应理解为：投保人承担支付保险费这一义务的对价，是保险人负有向被保险人提供经济保障的义务，即无论保险事故发生与否，被保险人都有了经济保障。

此外，在一般双务合同中，双方当事人均可根据自己的意志放弃享有某些权利。但在保险合同中，保险人的有些权利不允许放弃，如收取保险费的权利；而被保险人则可放弃其权利，如保险事故发生后，被保险人可以放弃向保险人索赔的权利。

（二）保险合同是射幸合同

根据民法理论，双务合同分为实定合同和射幸合同。实定合同是指合同订立时，当事人的给付义务即已确定的合同。射幸合同则指合同订立时，当事人的给付义务尚未确定的合同。法国《民法典》第1105条规定：当事人各方根据不确定的时间而在取得利益或遭受损失方面存在偶然性时，这种合同为射幸合同。由此可见，赌博和保险合同等都属于射幸合同。射幸合同的两大特点是：一方履行给付义务的不确定性和双方交换关系的非等价性。保险合同具备这两个特点：首先，保险人是否履行赔偿或给付保险金的义务具有不确定性，取决于约定的保险事故是否发生；其次，保险人赔偿或给付的保险金大于或远远大于投保人支付的保险费，二者之间并不对等。所以，保险合同具有射幸性，属于射幸合同。但应该注意的是，保险合同与典型的射幸合同——赌博还是不同的。从表面上看，单个投保人缴付的保险费与保险人赔偿或给付的保险金在数量上是不对等的，但总体上是对等的。因为保险是根据大数法则运作的，保险费率是通过精算厘定的。投保人转嫁给保险人的风险和保险人承担的责任是对等的，所以保险合同还是符合价值规律的。

（三）保险合同是附合合同

根据订立合同时双方的地位来划分，合同可分为议商合同和附合合同。议商合同是指当事人可以就合同条款进行充分协商而订立的合同。议商合同的特点是：当事人不仅有订立合同的自由，而且有选择相对人和决定合同内容的自由。附合合同又称标准合同或格式合同，是指合同条款事先由一方当事人拟定，另一方当事人只有接受或不接受条款的选择，不能就条款进行修改或变更的合同。附合合同的特点如下：一是附合合同的条款是由单方事先确定的，一般是由提供商品或服务的一方事先确定的，相对人不参与合同条款的制定；二是附合合同的相对人只有选择是否订立合同的自由，没有决定合同内容的自由，处于一种附从地位；三是附合合同具有广泛的适用性；四是附合合同以书面明示为原则。

保险合同条款事先由保险人拟定，经监管部门审批。投保人往往不熟悉保险业务，很难对保险条款提出异议。投保人购买保险，要么附和保险人的合同，即同意合同条款并购买该保险，要么拒绝购买该保险，一般没有修改合同内容的权利。即使需要变更某项内容，也只能采纳保险人事先准备的附加条款。因此，在附合合同中，保险人较之被保险人明显处于优势地位。由于保险合同的这种附合性，当合同双方对保险合同条款的某些词义理解有分歧时，法院通常会做出有利于投保人或被保险人的解释。不过，随着保险市场竞争的激烈化，保险客户对有关内容在某种条件下亦存在修改的可能，个别保险业务甚至可以临时协商，订立无既定格式的保险合同。

（四）保险合同是诺成性合同

以合同的成立是否需要交付标的或完成其他给付为标准，合同分为诺成性合同与实践性合同。所谓诺成性合同，是指一方当事人的意思表示一旦为对方接受即产生法律效力的合同，即“一诺即成”的合同，其特点是双方当事人意思表示一致时合同即告成立。

所谓实践性合同，是指除双方当事人意思表示一致外，还需要交付标的才能成立的合同。在这种合同中，仅凭双方当事人的意思表示一致还不能产生一定的权利与义务关系，还必须有一方实际交付标的的行为才能产生法律效力。如寄存合同，寄存人必须将寄存的物品交给保管人，寄存合同才能成立并生效。对于保险合同是实践性合同还是诺成性合同，实务界、学术界颇有争议。实务界大都认为，保险合同的成立必须以投保人交付保险费为条件，因此是实践性合同。而学术界大都认为，保险合同是诺成性合同，理由如下：

（1）《保险法》第十三条规定：投保人提出保险要求，经保险人同意承保，保险合同成立。依照该法律规定，保险合同成立与否仅取决于保险人是否同意，此外并无其他规定。由此可见，保险合同应是诺成性合同。

（2）《保险法》第十四条规定：保险合同成立后，投保人按照约定交付保险费，保险人按照约定的时间开始承担保险责任。可见保险合同是债权合同，只要双方当事人约定，一方负交付保险费的义务，另一方在约定的保险事故发生时负赔偿责任，保险合同即成立。对保险人而言，保险合同成立后，保险费的交付即成为可以请求履行的债权。如果投保人不履行，保险人可以以诉讼方式请求投保人履行。交付保险费是投保人履行保险合同所应尽的义务，而不是保险合同成立的要件。

（3）在实务中大多数保险单规定，投保人只有一次性缴清保险费或者缴纳了首期保险费，保险合同才生效。这应视为当事人约定的生效要件而不是保险合同的成立要件。

（五）保险合同是非要式合同

根据合同是否应以一定的形式为要件，可将合同分为要式合同和非要式合同。所谓要式合同，是指法律要求具备一定形式和手续的合同，如房屋买卖合同等。而非要式合同是指法律不要求具备一定形式和手续的合同。要式与非要式的区别，不在于有无某种形式或程序，而在于法律是否要求具备特定的形式或程序，法律是否允许当事人自愿选择一定的形式并是否以一定的形式作为合同成立或生效的要件。如果形式要件属于成立要件，若当事人未根据法律的规定采取一定的形式，合同不能成立；如果形式要件属于生效要件，若当事人不依法采用一定的形式，则已成立的合同不能生效。但非要式合同可由当事人自由决定合同形式，无论采取何种形式，均不影响合同的成立与生效。一种合同究竟是要式合同还是非要式合同，特定的形式要求是否为合同成立或生效的条件，不是一个纯粹的理论问题，而是各国的立法实践问题。在保险实务中则关系到巨额保险金是否得以赔偿的问题。

对于保险合同的形式，各国一般规定保险合同为非要式合同。在英美法系国家，虽然在实践中保险合同的主要内容记载在保险单上，但法律并没有要求保险合同采取这一特定形式。在大陆法系国家，一般也不要求保险合同采取特定形式，而多从保护投保人或被保险人的利益出发，规定保险人应依其要求，提供有关保险合同的文件即保险单，如德国《商法典》、日本《商法典》、韩国《商法典》的相关规定。

我国对保险合同形式的立法经历了一个从要式到非要式的转变和发展过程。依据1981年颁布的《中华人民共和国经济合同法》第二十五条的有关规定，财产保险合同应采用保险单或者其他保险凭证的形式签订。也就是说，保险合同的订立必须采取法定形式——保险单或者其他保险凭证，口头协议无效。1983年颁布的《中华人民共和国财产保险合同条例》第五条进一步规定了保险合同订立的程序：投保人提出保险要求，填具投保单，经与保险方商定交付保险费办法，并经保险方签章承保后，保险合同即告成立。这表明我国当时的有关立法确认保险合同为要式合同。而1995年颁布、2002年修正的《保险法》第十三条规定，投保人提出保险要求，经保险人同意承保，并就合同的条款达成协议，保险合同成立。保险人应当及时向投保人签发保险单或者其他保险凭证，并在保险单或者其他保险凭证中载明当事人双方约定的合同内容。经投保人和保险人协商同意，也可以采取前款规定以外的其他书面协议形式订立保险合同。这种改动实质上是将保险单证的法律效力从法定的保险合同形式改为证明保险合同存在的证据，请求交付保险单证也成为投保人的权利，从而最终从立法上完整地确认了保险合同的非要式性。这也是与世界合同立法从要式向非要式发展，促进交易行为的快捷、灵活、方便的普遍趋势相符的，有利于保护投保人或被保险人的利益。

2009年对《保险法》的修订增加了“投保人和保险人可以对合同的效力约定附条件或附期限”的意旨，符合意思自治的原则。在保险实务中常见的情形为，保险人在投保单或保险单中设专门条款规定保险合同自保险费交付或者保险单正式签发之日起生效，或者保险人自保险费交付或者保险单正式签发之日起开始承担保险责任，或者保险期限自保险人交付保险费或者正式签发保险单之日起开始等。此类约定在性质上都应当理解为当事人将保险费的交付或保险单的正式签发等特别约定为合同生效或者主要合同义务承担的前提条件。2009年的这次修订，明确了保险合同可以约定生效条件，有利于解决现实纠纷，尤其是对预先交付保险费的寿险经营模式，有利于促进保险业改进条款，规范经营。

四、保险合同的形式

保险合同的形式是指投保人与保险人就保险权利和义务关系达成协议的方式，即保险合同当事人意思表示一致的方式。《保险法》并未对保险合同应采取何种形式做出直接的规定，既没有明确规定必须采取书面形式，也没有禁用口头形式。在保险实务中，因为保险合同的复杂性、技术性和非即时清结性等，通常采取书面形式。保险合同依照订立的程序，大致可以分为四种书面形式。

（一）投保单

投保单又称“要保书”或“投保申请书”，是投保人向保险人提出保险要求和订立保险合同的书面要约，是保险人出具保险单或保险凭证的依据和前提。因为险种不同，保险人通常会设计不同的投保单，投保人依照保险人所列项目逐一填写。不论是出于投保人的主动，还是出于保险人（保险代理人或保险经纪人）的邀请，都不能改变投保单的要约性质。

通过投保单，投保人向保险人如实告知投保风险的程度或状态等有关事项，即声明事项。声明事项通常是保险人核实情况、决定承保与否的依据。在财产保险中，投保人需要如实填写被保财产的所在地、内外部环境、营业性质、消防设备等情况；在人身保险中，投保人要如实填写被保险人的健康、职业、经济状况、与受益人的关系等情况。上述信息对保险人估计风险，决定是否接受投保，都是非常重要的。

在保险实务中，保险人为简化手续、方便投保，对于有些险种也可不要求投保人填具投保单。投保人只需以口头形式提出要约，提供有关单据和凭证，保险人即可签发保险单或保险凭证。

投保单经保险人承诺后，即成为保险合同的重要组成部分。投保人在投保单上所填写的内容会影响保险合同的效力。如投保单上有记载，保险单上即使有遗漏，其效力也会以投保单记载的内容为准。如果投保人在投保单中告知不实，在保险单上又没有修正，保险人即可以以投保人未遵循保险合同的最大诚信原则为由，在规定的期限内解除合同。

（二）暂保单

暂保单又称临时保险单，是在需要进一步处理、签发正式保险单之前的一种保险单，但订立暂保单并不是订立保险合同的必经程序。暂保单的法律效力与正式保险单完全相同，但有效期较短，大多由保险人具体规定。当交付正式保险单，暂保单即自动失效。保险人也可在正式保险单发出前终止暂保单的效力，但必须提前通知投保人。暂保单在如下情形下签发：（1）签订保险合同的分支机构受经营权限或经营程序的限制，需要经过保险人批准，在获批之前，以暂保单为保险证明；（2）保险人与投保人在洽谈或续签合同时，就合同的主要事项已达成协议，但还有一些条件尚待商洽，以暂保单为保险证明；（3）保险代理人承揽到业务后，暂时还没有办妥全部手续，以暂保单为保险证明；（4）为满足出口结汇需要，在正式保险单或保险凭证出具前，以暂保单为保险证明进行结汇。暂保单的形式既可以是书面的，也可以是口头的。但为了避免口说无凭而产生纠纷，人们大多采用书面形式。

（三）保险单

保险单简称保单，指保险合同成立后，保险人向投保人（被保险人）签发的正式书面凭证。保险单必须明确、完整地记载有关保险双方的权利和义务，通常由声明事项、保险事项、责任免除和条件事项四个部分组成，它所记载的内容是保险合同双方当事人履约的依据，是保险合同最重要的书面形式。

（四）保险凭证

保险凭证也称“小保单”，是保险人向投保人签发的证明保险合同已经成立的书面凭证，是一种简化了的保险单。其法律效力与保险单相同，只是内容较为简单。在保险实务中，保险凭证没有列明的内容，以同一险种的正式保险单为准；保险凭证与正式保险单的内容相抵触的，以保险凭证的特约条款为准。

五、保险合同的基本组成部分

一般来说，保险合同可以分为五个部分。

（一）声明事项

声明事项是保险合同的第一部分。它就保险标的提供陈述，用来识别保险标的，并作为承保和制定费率的依据。在财产保险中，声明事项包括保险人的身份、被保险人的姓名、财产所在的地点、保险期限、共同保险的比例、免赔额和其他有关信息。人寿保险单的第一页一般有以下内容：被保险人的姓名和年龄、保险的种类和金额、保险费、出单日期以及保险单的编号。

（二）保险协议

保险协议是保险合同的核心部分。该部分总括了保险人的承诺，例如，赔偿保险责任范围内的损失，提供防损服务，同意在责任诉讼中为被保险人辩护。在保险协议中也载明了损失赔偿条件。保险协议有两种基本形式：一种是指定险保险责任范围。在指定险保险单中，只有那些具体规定的损失原因以及损失属于补偿范围。另一种是一切险保险责任范围。在一切险保险单中，除了那些具体排除的损失原因及损失，其他损失都属于补偿范围。虽然一切险的费率较高，但它优于指定险，因为其保险责任范围广泛。但真正的一切险保险单并不存在，人寿保险单近似于一切险保险单，除了自杀、战争等少数原因以外，所有其他死亡原因都属于保险责任范围。

（三）除外责任

除外责任通常要就地点、风险、财产和损失等方面做出明确的限制。

(1) 除外地点。有一些合同会对承保风险的地点做出特殊的规定，例如房屋的地点、汽车驾驶的地域等。

(2) 除外风险。保险合同之所以排除一些风险事故，是因为它们或者被其他合同所包含，或者是非同寻常的，因此需要分别定价。例如，许多被保险人不愿意投保地震风险，因为他们认为自己的财产不会受到地震风险的威胁。如果有两张保险单，一张将地震风险列为除外责任，但投保人每年能够节省 100 元，另一张同时承保地震风险，但投保人每年至少需要多花费 100 元，投保人很可能就会选择前者。因此，为了使房屋保险的价格更具竞争力，保险公司通常在合同中排除地震风险。

(3) 除外财产。在有些合同中，某些财产是被排除在外的。这样做的理由主要是其他合同通常已经包含这类财产。例如，责任保险往往将由被保险人所看管、监护或控制的他人财产的损失责任排除在外，因为财产保险通常可以对由火灾或其他风险事故所引起的所有者或受托人的财产损失提供保护。

(4) 除外损失。有些由法令和法规所引起的损失是被财产保险合同排除在外的。例如：为了社会公共利益，国家颁布禁令所造成的损失；进口货物带菌，国家有关部门下令焚毁而给货主造成的损失；有些合同将间接损失作为除外损失；有些合同将由物体本身固有的瑕疵以及本质所致的损失作为除外损失。

在保险合同中，除外责任之所以必要是由于下列原因：

(1) 不可保的风险。有些损失明显不符合保险人对可保风险的规定，它们可能造成不可估量的巨灾损失。有些是能够被保险人直接控制的损失，或者是可预料到的价值下降所造成的损失，因而它们也是不可保的风险。例如，大多数财产和责任保险合同排除了战争、核辐射之类的巨灾损失原因；在健康保险合同中保险人把故意的自我伤害列为除外责任；财产折旧和磨损也是不可保的损失。

（2）增加损失可能性的特殊条件的存在。保险的损失分摊技术是基于这样一种假设：每个风险单位缴付的保险费要精确地反映长期的损失机会。因此，如果某个风险单位面临特殊的损失风险，它就不能与其他风险单位分摊损失，对它收取相同的保险费也就显得过低。例如，私用汽车保险的保险费制定是根据汽车一般为私人使用这样的前提，如果汽车用于出租，发生意外事故的可能性就大大增加。为了避免这一特殊的损失风险，出租汽车被列为一种费率需另行制定的项目，驾驶出租汽车造成的损失在私用汽车保险单中属于除外责任。

（3）避免重复保险。例如，财产保险单排除了汽车保险，因为汽车是由汽车保险单承保。

（4）减少道德风险因素。如果对货币无限额地承保，欺诈性的索赔将会增加。

（四）条件事项

条件事项部分规定了合同双方的权利和责任。实际上，该部分主要规定了被保险人的责任。如果被保险人不履行这些责任，保险人将拒绝赔偿或给付。保险合同的共同条件事项包括损后财产保护、填报损失证据、在责任诉讼中与保险人合作等。

（五）各种其他条款

这些条款用于处理被保险人和保险人之间的关系，以及保险人与第三方的关系。这些条款也规定了执行合同的程序。例如，在财产和责任保险的保险单中，这类条款包括解约、代位追偿、保险单转让等。在人寿和健康保险的保险单中有保险费缴付宽限期、失效保险单复效、误报年龄等条款。

六、保险合同的种类

保险合同可以依据不同的标准进行多种分类，主要有如下几种：

（一）财产保险合同和人身保险合同

按照保险标的的不同，保险合同可分为财产保险合同和人身保险合同。

（1）财产保险合同是以财产及有关利益为保险标的的保险合同。财产保险的保险标的既包括有形的财产，如房屋、机器设备等，也包括无形的财产，如责任、保证和信用等。纳入保险责任范围的财产损失，既可以是积极利益的损失，也可以是消极利益的损失，还可以是预期利益的损失。财产保险合同大多数属于损失补偿性质的合同，保险人的责任以补偿被保险人的实际损失为限，且不超过保险金额。

（2）人身保险合同是以人的生命和身体为保险标的的保险合同。人的生、老、病、死、残等都可以作为保险标的，只要发生约定的保险事故或被保险人生存到保险合同约定的保险期限，保险人就要履行给付义务。

（二）损失补偿保险合同和定额给付保险合同

以保险合同的保障性质为标准，保险合同可分为损失补偿保险合同和定额给付保险合同。

（1）损失补偿保险合同。损失补偿保险合同的特征是：保险事故发生所造成的后果表现为被保险人的经济损失，并且可以用货币衡量。保险人只是补偿被保险人的经济损失，使其恢复到损失发生前的状态，被保险人不会获得额外的利益。财产保险合同和医疗保险合同属于此类合同。

（2）定额给付保险合同。定额给付保险合同的特征是：保险事故的发生不一定造成损失，即使造成损失，也不能或很难用货币衡量。因此，双方当事人在保险合同中约定，只要保险事故发生，保险人就按照约定给付保险金，而不必考虑被保险人有无经济损失以及损失大小。人身保险的许多险种均属于定额给付保险，特别是寿险。因为人的生命和身体本身是不能用经济价值来衡量的，只能由双方约定的保险金额来确定给付金额。

（三）足额保险合同、不足额保险合同和超额保险合同

以保险金额与保险价值的关系为标准，保险合同可分为足额保险合同、不足额保险合同和超额保险合同。这种分类只适用于财产保险合同。

（1）足额保险合同。足额保险又称全额保险，是指保险金额与保险价值相等的保险。在订立足额保险合同后，当保险标的发生全部损失时，保险人按保险金额全部赔偿；如果发生部分损失，则采取“实际损失填补原则”，保险人按照实际损失赔偿保险金。

（2）不足额保险合同。不足额保险又称部分保险，即在保险合同中确定的保险金额小于保险价值的保险。在订立不足额保险合同后，当保险标的发生全部损失时，保险人按保险金额进行赔偿，保险金额与保险价值的差额部分由被保险人自己承担；如果保险标的遭受部分损失，由保险人按照保险金额与保险价值的比例承担赔偿责任，即采取“比例分担原则”。《保险法》第五十五条规定：保险金额低于保险价值的，除合同另有约定外，保险人按照保险金额与保险价值的比例承担赔偿保险金的责任。

（3）超额保险合同。超额保险又称溢额保险，是指保险金额高于保险价值的保险。关于超额保险的效果，各国立法不尽相同，《保险法》第五十五条规定：保险金额不得超过保险价值。超过保险价值的，超过部分无效，保险人应当退还相应的保险费。可见，我国立法采取“超过部分无效主义”。

（四）定值保险合同和不定值保险合同

以保险标的的价值是否在保险合同中事先约定为标准，保险合同可分为定值保险合同和不定值保险合同。

《保险法》第五十五条规定：投保人和保险人约定保险标的的保险价值并在合同中载明的，保险标的发生损失时，以约定的保险价值为赔偿计算标准。投保人和保险人未约定保险标的的保险价值的，保险标的发生损失时，以保险事故发生时保险标的的实际价值为赔偿计算标准。2009 年的修订在未对原规定做实质修改的基础上，参考我国台湾地区的有关规定，进行了补充完善，分两款明确了定值保险和不定值保险各自的内涵与相应的赔偿计算标准。

（1）定值保险合同。定值保险合同是指保险合同当事人事先约定保险标的的价值并在保险单中载明的保险合同。当事人订立定值保险合同，发生保险事故时，保险人与被保险

人不必再对保险标的进行估价。如果是全部损失，保险人按保险金额赔偿；如果是部分损失，保险人按损失程度赔偿。

在保险实务中，较为常见的定值保险合同是海上保险合同和国内货物运输保险合同。此外，以字画、邮票和古玩等不易确定价值的艺术珍品为保险标的的财产保险合同一般为定值保险合同。某些农业保险合同也采用定值保险合同的形式。

（2）不定值保险合同。不定值保险合同是指保险合同当事人不事先约定保险标的的价值，仅约定保险金额，在保险事故发生后再确定保险标的的实际价值的保险合同。在保险实务中，如果没有特别约定，大多数财产保险合同都是不定值保险合同。

如果发生约定的保险事故，保险人按保障程度赔偿。

（五）单一危险保险合同和综合危险保险合同

根据保险人所承担危险责任的不同，保险合同可分为单一危险保险合同与综合危险保险合同。

（1）单一危险保险合同。单一危险保险合同是指保险人只承担一种危险责任的保险合同。如地震保险合同，保险人只承担地震给被保险人造成的损失，除此之外的其他任何危险造成的损失，保险人均不负赔偿责任。

（2）综合危险保险合同。综合危险保险合同是指保险人承担两种或两种以上危险责任的保险合同。综合危险保险合同可以通过一一列明保险人承担的危险责任或一一列明责任免除的危险责任的方式来签订。大多数保险合同都属于此类。

（六）原保险合同和再保险合同

根据保险合同是否必须以已经存在的保险合同为基础或保险人承担保险责任的次序，保险合同可分为原保险合同和再保险合同。

（1）原保险合同。原保险合同是指由投保人与保险人签订的保险合同。在保险合同项下，如果发生约定的保险事故，由保险人对被保险人负赔偿责任。原保险合同规定了原保险人与投保人之间的权利与义务等内容。

（2）再保险合同。再保险合同又称分保合同，是指原保险人在原保险合同的基础上，将其所承保的部分或全部风险向其他保险人进行投保而签订的保险合同。

（七）有效保险合同、可撤销保险合同和无效保险合同

根据保险合同法律效力的不同，保险合同可分为有效保险合同、可撤销保险合同和无效保险合同。

（1）有效保险合同。有效保险合同是具有法律效力、可以实施的保险合同。

（2）可撤销保险合同。可撤销保险合同是合同的一方具有因合同另一方违背合同而取消合同的权利的保险合同。

（3）无效保险合同。无效保险合同是指不具备合同成立的条件，违反国家法律、法规要求，国家不予承认和保护，不具有法律效力的保险合同。

第二节 保险合同的主体、客体与内容

任何法律关系都包括主体、客体和内容三项必不可少的要素，保险合同的法律关系也不例外。保险合同的主体一般包括保险合同的当事人和保险合同的关系人。保险合同的当事人是指参加保险合同法律关系，享有权利、承担义务的人。保险合同的关系人是保险合同当事人之外的，对于保险合同规定的利益享有独立请求权的人。另外还有一类人虽然不是保险合同的主体，但他们在保险合同订立与履行过程中起着媒介、辅助作用，在习惯上被称为保险合同的辅助人，即保险代理人、保险经纪人和保险公估人。保险合同的客体是投保人对保险标的的可保利益。保险合同的内容是保险合同双方当事人依法约定的权利和义务。

一、保险合同的主体

保险合同的主体一般包括保险合同的当事人和保险合同的关系人。保险合同的当事人通常是投保人和保险人。保险合同的关系人主要是被保险人、受益人和保险单所有人。

（一）保险合同的当事人

1. 投保人

投保人（applicant）又称要保人，是指与保险人订立保险合同，并按照保险合同负有缴纳保险费义务的人。

投保人作为保险合同的当事人，必须具备以下三个条件：

（1）具有完全的权利能力和行为能力。不管投保人是自然人还是法人或其他组织，均必须具有完全的权利能力和行为能力。未依法登记或未取得法人资格的组织和无行为能力的自然人都不能成为保险合同的投保人，限制行为能力人签订的保险合同，只有经其法定代理人追认，方为有效的。

（2）对保险标的必须具有可保利益。如果投保人对保险标的不具有可保利益，就不能申请订立保险合同。即使已经订立保险合同，也是无效合同。对此，各国保险法均有明确的规定。

投保人可以为自己的利益投保，亦可为他人的利益投保。投保人为他人的利益投保时，在未经委托的情况下，应征得他人同意或将订约目的告知保险人，以便保险人查明其是否具有可保利益并决定是否承保。

（3）负有缴纳保险费的义务。保险合同为有偿合同，获得保险保障的对价就是支付保险费。投保人承担缴纳保险费的义务，保险人一方无权免除。不论保险合同是为自己的利益还是为他人的利益而订立，投保人均必须承担缴纳保险费的义务。在后一种情况下，如果投保人未履行按时缴纳保险费的义务，为维持保险合同的效力，保险合同关系人可以代投保人缴纳，但这只是代付性质，而并非说保险合同关系人也有缴纳保险费的义务，保险人也不能拒收保险合同关系人代付的保险费。

2. 保险人

保险人（insurer）又称承保人。依照《保险法》第十条，保险人是指与投保人订立保险合同，并按照合同约定承担赔偿或者给付保险金责任的保险公司。

保险人的成立应符合三个条件：

（1）保险人必须具备法定资格。保险人常以各种经营组织形式出现。因保险经营的特殊性，各国法律都对保险人从业的法律资格做出了专门规定。大多数国家规定：只有符合国家规定的条件，且经政府批准的法人才能成为保险人，并在营业执照规定的范围内经营保险。如果保险人不具有法人资格，所订立的合同无效。但也有少数特例，如英国劳合社的承保社员，是由经国家批准，具有完全民事行为能力，符合一定的资产、信誉要求的自然人来作为保险人经营保险业务的。

《保险法》对保险人所必须具备的法定资格，从三个方面做了较为严格的规定：第一，保险人必须是依照法定条件和程序设立的保险公司；第二，保险公司的组织形式应是股份有限公司或国有独资公司；第三，保险公司应按照分业经营的原则在金融监管部门核定的业务范围内从事保险活动并接受监管。简言之，只有依法设立的保险公司，并在核定的业务范围内，才有资格订立保险合同，成为保险人。

（2）保险人必须以自己的名义订立保险合同。保险人必须是依法设立的保险公司，但保险公司并不当然就是保险人。保险公司只有以自己的名义与投保人订立保险合同，才能成为保险合同的当事人。

（3）保险人必须依照保险合同承担保险责任。订立保险合同的目的在于使保险人在合同约定的保险期限内，对于发生的保险事故或事件，承担赔偿或给付保险金的责任。这也是保险人最主要、最基本的合同义务。

（二）保险合同的关系人

1. 被保险人

被保险人（insured）是指其财产或者人身受保险合同保障，享有保险金请求权的人。在财产保险合同中，被保险人可以是自然人，也可以是法人或其他组织；在人身保险合同中，被保险人只能是自然人。

要成为合格的被保险人，必须具备的条件如下：

（1）必须是约定的保险事故发生时遭受损害的人。在财产保险中，被保险人必须是保险标的的所有权人或其他权利人。在人身保险中，被保险人的生命或身体是保险标的。所以，无论是财产保险还是人身保险，只要发生保险事故，被保险人必定会遭受损害。

（2）必须是享有保险金请求权的人。被保险人因保险事故发生遭受损害，便享有要求保险人赔偿或给付保险金的请求权。在大多数保险合同中，被保险人享有赔偿或给付保险金的请求权。但在死亡保险合同中，一旦保险事故发生，即被保险人死亡，则由投保人或被保险人指定的受益人享有赔偿或给付保险金的请求权。

《保险法》第三十三条规定：投保人不得为无民事行为能力人投保以死亡为给付保险金条件的人身保险，保险人也不得承保。父母为其未成年子女投保的人身保险，不受前款规定限制。但是，因被保险人死亡给付的保险金总和不得超过国务院保险监督管理机构规定的限额。

2. 受益人

受益人（beneficiary）又叫保险金受领人，即在保险合同中约定的，在保险事故发生后享有赔偿或给付保险金请求权的人。

在财产保险合同中并没有专门的受益人规定，这是因为财产保险的被保险人通常就是受益人。只有在某些特殊情况下，财产保险合同的当事人才约定由第三者享有优先受领保险赔偿的权利，而第三者一般是被保险人的债权人，并非保险法上的受益人。在责任保险合同中虽没有指定受益人，但保险赔偿却并非为被保险人领取。

在人身保险合同中，受益人是由被保险人指定或者由投保人指定经被保险人同意的享有给付保险金请求权的人，既可以是一人，也可以是数人。投保人、被保险人都可以为受益人。受益人与投保人是同一人时，受益人就是合同当事人；否则，受益人是合同关系人。

人身保险合同中的受益人应当具备以下两个条件：

（1）必须经被保险人或投保人指定。受益人是被保险人或投保人在人身保险合同中指定的人。由投保人指定受益人的，必须经被保险人同意，方才有效。我国法律对受益人资格并无限制，受益人既可以是自然人，也可以是法人。在保险实务中，如果受益人不是被保险人、投保人，通常就是与其有利害关系的自然人。胎儿也可以成为受益人，但必须以出生时存活为必要条件。

当投保人以自己的生命、身体为自己的利益订立保险合同时，投保人既是被保险人，也是受益人。当投保人以自己的生命、身体为他人的利益订立保险合同时，投保人是被保险人，但受益人是投保人指定的人。当投保人以他人的生命、身体为自己的利益订立保险合同时，经被保险人同意后，投保人方可成为受益人。当投保人以他人的生命、身体为他人的利益订立保险合同时，经被保险人同意，受益人可以是第三者。若投保人变更受益人，必须经被保险人同意。

在团体寿险中，受益人的指定权归被保险人所有。若投保人或被保险人未指定受益人，多认为投保人或被保险人是当然受益人。

（2）必须是享有给付保险金请求权的人。受益人享有的给付保险金请求权，是受益人根据保险合同享有的一项基本权利。给付保险金请求权是受益人实现自己保险利益的一项必要权利。若无此权利，受益人就无法获得保险金，再谈受益人也就没有意义了。在人身保险合同中，指定的受益人是一人的，给付保险金请求权由该人行使，并获得全部保险金。受益人是数人的，给付保险金请求权由该数人行使，其受益顺序和受益份额由被保险人或投保人确定；未确定的，各受益人按照相等份额享有受益权。

受益人的给付保险金请求权直接来自人身保险合同的规定，因此被保险人死亡后，受益人获得的保险金不属于被保险人的遗产，既不纳入遗产分配，也不用于清偿被保险人生前的债务。但是，有下列情形之一，被保险人生前又未指定其他受益人的，保险金将被作为被保险人的遗产：第一，受益人先于被保险人死亡；第二，受益人依法丧失受益权；第三，受益人放弃受益权。此时，保险金应按《中华人民共和国民法典》的规定分配。

3. 保险单所有人

保险单所有人又称保险单持有人，是拥有保险单中的各种权利的人。这主要适用于人身保险合同。人身保险单所有人的权利通常有：变更受益人，领取退保金，领取保险单红利，以保险单申请抵押贷款，放弃或出售保险单的一项或多项权利，指定新的所有人。保险单所有人是在投保人和保险人订立合同时产生的。保险单所有人既可以是自然人，也可以是组织，既可以与受益人是同一人，也可以是投保人等其他任何人。在我国的人身保险合同中没有此概念。通常保险单所有人所拥有的权利由投保人、被保险人或受益人单独或分别享有。如分红保险单的被保险人可领取保险单红利；投保人可要求退保，获得退保金等。

二、保险合同的客体

保险合同的客体是可保利益。可保利益是投保人或被保险人对保险标的所具有的法律上承认的利益。保险标的则是保险合同中所载明的投保对象。

特定的保险标的是保险合同订立的必要内容。但是订立保险合同的目的并非保障保险标的本身。也就是说，投保人或被保险人将保险标的投保后并不能保障保险标的本身不发生损失，而是在保险标的发生损失后，他们能够从经济上得到补偿。保险合同实际上保障的是投保人或被保险人对保险标的所具有的利益。因此，保险合同的客体是可保利益而不是保险标的。

三、保险合同的内容

保险合同的内容是保险合同双方当事人依法约定的权利和义务，通常以条文形式体现。即保险合同的内容主要由保险合同的条款体现，它由基本条款和特约条款组成。基本条款是保险合同必须具备的条款，《保险法》对此以列举方式进行了直接规定。特约条款是除基本条款以外，经投保人选择或与保险人协商确定的保险合同的其他条款，是投保人与保险人根据需要特别约定的保险合同条款。但不管是基本条款还是特约条款，都是保险合同条款，都具有法律效力。

（一）保险合同的基本条款

依照《保险法》第十八条的规定，保险合同的基本条款应当包括下列事项：

（1）保险人的名称和住所。保险人是指经营保险业务，与投保人订立保险合同，收取保险费，组织保险基金，并在保险事故发生或保险期限届满后，对被保险人或受益人赔偿损失或给付保险金的人。我国对保险业的经营者做出了严格的限制性规定，明确了除依照《保险法》设立的保险公司外，任何单位和个人都不得经营商业保险业务。保险人的名称是指保险公司的全称，保险人的住所是指保险公司所在的地址。保险人的名称和住所一般印就于格式保险合同上。

（2）投保人、被保险人的姓名或者名称和住所，以及人身保险的受益人的姓名或者名称和住所。投保人、被保险人和受益人可以是自然人、法人或其他组织，可以是一人或者数人。投保人、被保险人和受益人的姓名或者名称和住所要使用全称。姓名或者名称和住所有重要的法律意义：1）姓名或者名称和住所是识别当事人的资格是否符合法律规定的要件。2）便于保险合同的履行。在保险合同成立后，保险费的交付、催告以及保险金的给付均与当事人或关系人的姓名或者名称和住所有关。3）发生保险纠纷后，诉讼的管辖、法律的适用、文书的送达以及进行破产清算的地点的确定均涉及姓名或者名称和住所。4）在涉外保险法律关系中，住所也有助于解决法律冲突。

（3）保险标的。保险标的是指作为保险对象的财产及有关利益或者人的生命和身体。只有明确保险标的，才能判明投保人或被保险人是否具有可保利益。另外，明确保险标的对确定赔偿数额也有重要意义。

（4）保险责任和责任免除。保险合同中的保险责任条款规定了保险人对保险标的致损原因及哪些损失应负保险责任。在保险责任范围内发生财产损失或人身伤亡事件，保险人均要负责赔偿或支付保险金。责任免除是指保险合同规定的保险人不应承担的责任。

（5）保险期间和保险责任开始时间。保险期间就是保险合同效力发生至终止的期限。保险人仅对保险期间发生约定的保险事故所造成的损害负责任。在保险期间之外，即使属于保险责任范围，保险人亦不负责任。由此可见，保险期间和保险责任开始时间是保险合同当事人履行义务的重要根据，不管采取哪种方式约定，都必须在保险合同中明确记载。在我国的保险实务中，以开始承担保险责任之日的零时为具体开始时间，即“零时起保”。保险期间和保险责任开始时间的规定明确了当事人享有权利和承担义务的起止时间，便于合同的履行。

（6）保险金额。保险金额是指双方当事人在合同中约定，并在保险单中载明的保险人应当支付的货币额。保险金额是保险人在保险事故发生时应当承担损失补偿或给付保险金责任的最高限额，同时也是计算保险费的依据。保险金额一般由投保人和保险人协商确定，在财产保险合同中，约定的保险金额一般不得超出保险标的的保险价值，超出部分无效；在人身保险合同中，一般依据被保险人或者受益人的实际需要和投保人交付保险费的能力等因素协商确定保险金额。

（7）保险费以及支付办法。保险费是投保人付给保险人使其承担保险责任的对价，它是保险基金的重要来源，缴纳保险费是投保人的基本义务。保险合同应对保险费的数额、交付方式、交付时间和次数做出明确规定。若投保人不按保险合同的约定交付保险费，保险人有权不履行保险责任。保险费的多少由保险金额和保险费率以及保险期间等因素决定。保险费率又取决于保险责任范围、保额损失率和经营成本等。

（8）保险金赔偿或者给付办法。保险金赔偿或给付是保险人在保险标的遭遇保险责任范围内的保险事故导致被保险人产生经济损失或人身伤亡时，依法履行的义务。《保险法》第二十三条规定：保险人收到被保险人或者受益人的赔偿或者给付保险金的请求后，应当及时做出核定；情形复杂的，应当在三十日内做出核定，但合同另有约定的除外。保险人应当将核定结果通知被保险人或者受益人；对属于保险责任的，在与被保险人或者受益人达成赔偿或者给付保险金的协议后十日内，履行赔偿或者给付保险金的义务。保险合同对赔偿或者给付保险金的期限有约定的，保险人应当按照约定履行赔偿或者给付保险金的义务。保险人未及时履行前款规定义务的，除支付保险金外，应当赔偿被保险人或者受益人因此受到的损失。任何单位和个人不得非法干预保险人履行赔偿或者给付保险金的义务，也不得限制被保险人或者受益人取得保险金的权利。

（9）违约责任和争议处理。保险合同一方当事人违反保险合同的约定，应当向对方当事人承担违约责任。承担违约责任的形式，主要有实际履行、支付违约金和赔偿损失。保险合同对违约责任的承担应当有所约定。没有约定的，依照承担违约责任的一般原则办理。除此之外，一方当事人违反合同，致使合同的履行不可能或者没有必要的，对方当事人可以解除合同，并要求违约方承担违约责任；但合同当事人因不可抗力不能履行义务的，在不可抗力所及范围内免予承担履行合同义务的责任。《中华人民共和国民法典》第一百八十条规定：因不可抗力不能履行民事义务的，不承担民事责任。法律另有规定的，依照其规定。可见，不可抗力免除了合同当事人履行合同的责任。

保险合同的争议处理，主要有协商、仲裁和诉讼。当保险合同双方发生争议时，首先应当通过协商友好解决；通过协商不能解决争议或者不愿通过协商解决争议的，可以通过仲裁或者诉讼方式解决争议。采取哪种方式解决争议，在合同中应有所约定，保险合同通常采取仲裁的方式。

（10）订立合同的年、月、日。注明保险合同的订立时间在法律上具有相当重要的意义。

1）订立保险合同的年、月、日是判定可保利益是否存在的时间标准。投保人或被保险人对保险标的不具有可保利益的，保险合同无效。

2）通过订立保险合同的年、月、日，可以弄清保险危险是否已经发生，避免保险欺诈。《海商法》第二百二十四条规定：订立合同时，被保险人已经知道或者应当知道保险标的已经因发生保险事故而遭受损失的，保险人不负赔偿责任，但是有权收取保险费；保险人已经知道或者应当知道保险标的已经不可能因发生保险事故而遭受损失的，被保险人有权收回已经支付的保险费。

3）在成立即生效的合同中，订立合同的年、月、日关系到保险期间的计算，关系到保险合同双方当事人的权利与义务问题。所以，订立保险合同的年、月、日是保险合同必不可少的条款之一。为了避免争议和纠纷，在保险实务中应该准确到时、分。

（二）保险合同的特约条款

特约条款是指在基本条款以外，由投保人与保险人根据实际需要协商约定的其他条款。特约条款有广义与狭义之分。广义的特约条款包括保证条款、附加条款、协会条款三种类型；狭义的特约条款仅指保证条款。

（1）保证条款。保证条款是指投保人或被保险人就特定事项担保某种行为或事件的真实性的条款。该类条款由于内容具有保证性质而得名。保证条款一般由法律规定，是投保人或被保险人必须遵守的条款；如有违反，保险人有权解除合同或者拒绝赔偿或给付。

扩展阅读

重大疾病保险合同条款

（2）附加条款。附加条款是指保险合同当事人在基本条款的基础上另行约定的补充条款。它增加或限制双方的权利与义务，是对基本条款的修改或变更，其效力优于基本条款。通常采取在保险单空白处批注或在保险单上附贴批单的方式使之成为保险合同的一部分。

（3）协会条款。协会条款是指由保险同业之间根据需要协商约定的条款。目前，协会条款仅存在于海上保险合同。它是对原合同的修改、补充或变更。

第三节 保险合同的订立、生效与履行

一、保险合同的订立

保险合同的订立是投保人与保险人之间基于意思表示一致而做出的法律行为。它与订立其他合同一样，需要经过一定的程序。根据《保险法》的规定，投保人提出保险要求，经保险人同意承保，保险合同成立。因此，保险合同的订立必须经过投保人提出保险要求和保险人同意两个阶段。这就是保险合同实践中的要约和承诺两个程序。

（一）要约

要约也称“订约提议”，是指一方以订立合同为目的而向对方做出的意思表示。提出要约的人称为要约人。一个有效的要约应具备三个条件：

（1）要约必须明确表示订约愿望。

（2）要约必须具备合同的主要内容。

（3）要约必须在有效期内对要约人具有约束力。

保险合同的要约通常由投保人提出。保险公司的业务员及代理人等积极主动地向投保人“推销”保险的行为，只能视同要约邀请，实质上仍然是投保人提出要约，即投保人为要约人。当然，也不排除续保时将保险人向投保人发出续保通知书等行为视同要约。

（二）承诺

承诺又称“接受订约提议”，是指当事人一方就接受对方要约而做出的意思表示。做出承诺的人称为承诺人或受要约人。承诺有效应具备三个条件：

（1）承诺不能附带任何条件，即承诺必须是无条件的。

（2）承诺必须由受要约人或其代理人做出。

（3）承诺必须在要约的有效期内做出。合同经当事人一方做出承诺，即告成立。

保险合同的承诺也称承保，通常由保险人或其代理人做出。在投保人递交填好的投保单后，经保险人或其代理人审查，认为符合要求的，一般都予以接受，即承保。若保险人提出反要约，投保人无条件接受后，投保人即为承诺人。因此，无论是保险人还是投保人，一旦无条件接受对方的要约，即为承诺，保险合同也随之成立。由此可以看出，保险合同的订立过程可能是一个反复发出要约直至做出承诺的过程。保险合同成立后，保险人应及时签发保险单或其他保险凭证。

二、保险合同的成立与生效

保险合同的成立是指投保人与保险人就保险合同条款达成协议，即经过要约人的要约和受要约人的承诺，即告成立。保险合同的生效是指保险合同对双方当事人产生约束力，即合同条款产生法律效力。

一般来说，合同一经依法成立，即发生法律效力，也就是说，合同成立即生效。但是，保险合同多为附条件、附期间的合同，只有在条件成就时即缴纳保险费后，保险合同才生效，或者在保险期间届至时，保险合同才生效。因此，保险合同的成立与生效存在以下不同：

（1）效力不同。保险合同经双方当事人协商一致即成立，此时尚不产生法律效力；保险合同生效则是保险合同对双方当事人产生法律效力，此时合同双方当事人均受合同条款约束。

（2）保险责任不同。在保险合同成立后、生效前，即使发生约定的保险事故，保险人也不承担保险责任；在保险合同生效后发生保险事故的，保险人则应按保险合同的约定承担保险责任。

三、保险合同的履行

保险合同的履行，是指保险合同双方当事人依法全面履行保险合同约定的义务的行为。保险合同是双务合同，权利和义务是对等的，一方的权利就是另一方的义务。

（一）投保人的义务

1. 如实告知的义务

如实告知是指投保人在订立保险合同时，将保险标的的重要事实以口头或书面形式向保险人做真实陈述。所谓重要事实，是指影响保险人决定是否承保及保险费率厘定的事实。投保人履行如实告知义务，是由最大诚信原则决定的。保险人只有在投保人如实告知后，才能决定是否承保和厘定保险费率。因此，如实告知是投保人必须履行的基本义务，也是保险人实现权利的必要条件。我国实行的是“询问告知”原则，即投保人只要如实回答了保险人的询问，就履行了如实告知义务。

2. 缴纳保险费的义务

缴纳保险费是投保人的法定义务。投保人必须按照约定的时间、地点和方式缴纳保险费。保险费通常由投保人缴纳，也可以由有利害关系的第三人缴纳，无利害关系的第三人也可以代投保人缴纳保险费，但他们并不因此而享有保险合同上的利益。

3. 通知义务

通知义务包括保险事故发生前危险增加的通知义务和保险事故发生的通知义务。

（1）危险增加的通知义务。在保险合同中，危险增加是有特定含义的。它是指订立保险合同时，双方当事人都未估计到的保险事故危险程度的增加。保险事故危险程度增加的原因一般有两个：一是由投保人或被保险人的行为所致。例如，在财产保险合同中，改变保险标的的用途或使用性质。二是由投保人或被保险人以外的原因所致，通常是自然条件、社会经济状况等发生意想不到的变化。不管怎样，投保人应当在知道危险增加后，立即通知保险人。保险人在接到通知后，通常提高保险费率或解除保险合同。保险人在接到危险增加的通知或虽未接到通知但已经知晓的情况下，应在一定期限内做出增加保险费或解除保险合同的意思表示。如果不做任何表示，则可视为默认，之后不得再主张提高保险费率或解除保险合同。

投保人履行危险增加的通知义务，对保险人正确估算风险具有重要意义。因此，各国的保险立法均对此做出明确规定。

（2）保险事故发生的通知义务。保险合同订立后，如果发生保险事故，投保人应及时通知保险人。因为既然已经发生约定的保险事故，就意味着保险人需要承担保险责任，履行保险义务的条件已经产生。保险人如果能够及时得知情况，一方面可以采取适当的措施防止损失的扩大，另一方面可以迅速查明事实，确定损失，明确责任，不致因查勘的拖延而丧失证据。关于通知的期限，各国法律规定有所不同，有的是几天，有的是几周，有的则无明确的时间限定，只是在合同中使用“及时通知”“立即通知”等字样。如果投保人未履行保险事故发生的通知义务，则有可能产生两种后果：一是保险人不解除保险合同，但可以请求投保人赔偿因此而遭受的损失；二是保险人免除保险合同项下的责任。

4. 防灾防损义务

约定的保险事故发生前，投保人应积极采取措施，避免损失的发生。另外，约定的保险事故发生后，投保人不仅应积极通知保险人，还应当采取各种必要的措施，积极地施救，避免损失扩大。《保险法》对此进行了规定。为鼓励投保人积极履行施救义务，《保险法》还规定，被保险人为防止或者减少保险标的的损失所支付的必要的、合理的费用，由保险人承担。因投保人未履行施救义务而扩大的损失部分，保险人不负赔偿责任。

5. 其他义务

投保人对提出的保险赔偿或给付有提供单证或举证义务。如果存在第三者责任人，还有协助保险人向第三者责任人追偿的义务。

（二）保险人的义务

1. 履行赔偿或给付保险金的义务

投保人订立保险合同、交付保险费的目的在于在保险事故发生后，能够从保险人处获得保险赔偿或给付。因此，该义务是保险人依照法律规定和合同约定所应承担的最重要、最基本的义务。

保险人承担保险责任的条件有：

（1）须有保险事故或事件发生。

（2）须造成保险标的损失。

（3）保险事故与保险标的的损失须有因果关系。

但在人身保险合同或给付性保险合同中，只要有合同约定的保险事故发生，一般不论是否对保险标的造成损失，保险人均应承担保险责任，履行给付保险金的义务。

保险人承担保险责任的范围包括：

（1）保险金。在财产保险合同中，保险金根据保险标的的实际损失确定，但最高不得超过合同约定的保险标的的保险价值。在人身保险合同中，即为合同约定的保险金额。

（2）施救费用。《保险法》第五十七条规定：第一，必要的、合理的施救费用，由保险人承担；第二，施救费用在损失赔偿金额以外另行计算；第三，施救费用以保险金额为限。

（3）争议处理费用。这主要指责任保险中应由被保险人支付的仲裁费、诉讼费以及其他必要的、合理的费用，如律师费、鉴定费等。

（4）检验费用。它是指保险人、被保险人为查明和确定保险事故的性质、原因和保险标的的损失程度所支付的费用。

2. 说明义务

这主要指在订立保险合同时，保险人应就保险合同的条款内容向投保人做书面或口头陈述，特别是对免责条款的说明。保险人需承担说明义务，是因为保险人熟悉保险业务，精通保险合同条款，并且保险合同条款大都由保险人制定。而投保人则常常受到专业知识的限制，对保险业务和保险合同都不甚熟悉，加之对保险合同条款内容的理解可能存在偏差、误解，均可能导致被保险人、受益人在保险事故发生后得不到预期的保险保障。因此，在订立保险合同时，保险人应按最大诚信原则，对保险合同条款做出说明，使投保人正确理解合同内容，自愿投保。免责条款的说明是保险人履行说明义务的一项重要内容。由于免责条款是双方当事人约定的免除保险人责任的条款，直接影响被保险人或受益人的利益，被保险人或受益人可能因免责条款而在保险事故发生后得不到预期的保险保障，因此，保险人在订立保险合同时，必须向投保人明确说明，否则，免责条款不发生法律效力。

3. 及时签发保险单证的义务

保险单证是指保险单或其他保险凭证。保险合同成立后，及时签发保险单证是保险人的法定义务。保险单证是保险合同成立的证明，也是保险双方履行保险合同的依据。在保险实务中，保险单证因载明保险合同内容而成为保险合同重要的书面形式。

4. 保密义务

保险人在办理保险业务时必然了解投保人、被保险人的业务、财产及人身等情况，而这些情况往往又是投保人、被保险人因其是商业秘密、个人隐私或者其他原因而不愿公开或传播的。为了维护投保人、被保险人的合法权益，保险人对所知道的上述情况依法负有保密义务。

再保险分入人在办理再保险业务的过程中，必然知悉再保险分出人及原保险投保人、被保险人的业务、财产及人身等情况，对此，再保险分入人也依法负有保密义务。

第四节 保险合同的变更与终止

一、保险合同的变更

保险合同的变更是指在保险合同存续期间，其主体、内容及效力的改变。保险合同依法成立，即具有法律约束力，双方当事人都必须全面履行合同规定的义务，不得擅自变更或解除合同。但有些长期性保险合同需要随着主观和客观情况的变化而变化。保险合同的变更主要表现在以下几个方面：

（一）保险合同主体的变更

主体的变更一般来说主要是指投保人、被保险人和受益人的变更，保险人的变更较为少见。但在保险人破产、分立或合并等情况出现时，保险人也要随之变更。

保险合同主体的变更通常又称保险合同的转让。由于保险合同的主要形式是保险单，因此，这种变更在习惯上被称为保险单的转让。

在财产保险中，保险单的转让往往因保险标的的所有权（管理权）转移而发生。关于保险单转让的程序，有两种国际惯例：一是转让必须得到保险人的同意。如果要维持保险合同关系，被保险人必须在保险标的的所有权（或管理权）转移时，事先书面通知保险人，经保险人同意，并由保险人对保险单进行批注后方才有效。否则，保险合同从保险标的的所有权（或管理权）转移时即告终止。二是允许保险单随保险标的的所有权（管理权）转移而自动转让，不需要征得保险人的同意。货物运输保险合同属于这种情况。原因是，货物运输特别是海洋货物运输，路途遥远，流动性大，货物在运往目的地的整个过程中，货权可能几经易手，可保利益也会随之转移。如果每次被保险人的变更都必须征得保险人的同意，必然影响货物流转。有鉴于此，各国保险立法一般规定：除另有明文规定外，凡运输保险，其可保利益均可随意转移。即凡运输保险，其保险单均可随货权的转移而背书转让。

在人身保险中，保险单一般不需要经过保险人的同意即可转让，但在转让后必须通知保险人。保险单转让一经确认，原投保人与保险人的保险关系随即消灭，受让人与保险人的保险关系随即建立。在保险合同的主体变更后，原投保人的权利与义务也一同转移给了新的合同主体。

人身保险中的被保险人在合同中确定之后是不能变更的。人身保险合同的承保与否和保险费的缴纳与被保险人的年龄、健康状况等紧密相关。若投保人变更被保险人，相当于是就第三者重新投保，因此，不存在被保险人变更的情况。

（二）保险合同内容的变更

保险合同内容的变更是指在主体不变的情况下，改变合同中约定的事项。它包括：被保险人地址的变更；保险标的数量的增减；品种、价值或存放地点的变化；保险期限、保险金额的变更；保险责任范围的变更；货物运输保险合同中的航程变更、船期变化；等等。这些变化都对保险人承担的风险大小有影响。

保险合同的主体不变更而内容变更的情况经常发生。各国保险立法一般规定：保险合同订立后，投保人可以提出变更合同内容的请求，但须经保险人同意，并办理变更手续，有时还需增缴保险费，合同方才有效。

（三）保险合同效力的变更

1. 保险合同的无效

它是指合同虽已订立，但在法律上不产生任何效力。按照不同的因素划分，合同的无效有以下几种形式：

（1）约定无效与法定无效。根据不同的原因来划分，无效有约定无效与法定无效两种。约定无效由合同的当事人任意约定。只要约定的理由出现，合同就无效。法定无效由法律明文规定，符合下列情况之一，保险合同无效：1）合同是代理他人订立而不做声明；2）恶意的重复保险；3）投保人对保险标的不具有可保利益；4）人身保险中未经被保险人同意的死亡保险；5）人身保险中被保险人的真实年龄已超过保险人所规定的年龄限制；6）人身保险中体检时由他人冒名顶替。

（2）全部无效与部分无效。根据不同的范围来划分，无效有全部无效与部分无效两种。全部无效是指保险合同全部不发生效力，在法定无效中列举的几种情形就属于全部无效。部分无效是指保险合同仅有一部分无效，其余部分仍然有效。如善意的超额保险，保险金额超过保险价值的部分无效，但在保险价值限额内的部分仍然有效。又如在人身保险中，被保险人的年龄与保险单不符（只要没有超过保险人所规定的年龄限制），发生保险事故或约定事件，保险人按照被保险人的实际年龄比例给付保险金，这也是部分保险。

（3）自始无效与失效。根据时间来划分，无效有自始无效和失效两种。自始无效是指合同自成立起就不具备生效的条件，合同从一开始就不生效；失效是指合同成立后，因某个原因而导致合同无效。如因被保险人对保险标的失去可保利益，保险合同即失去效力。失效不需要当事人做出意思表示，只要失效的原因出现，合同即失去效力。

2. 保险合同的解除

保险合同的解除是指当事人基于合同成立后所发生的情况，使合同无效的一种单方面行为。即一方当事人行使解除权（由法律赋予或合同约定），使合同的一切效果消失并恢复到合同订立前的状态。

合同的解除与合同的无效是不同的。前者是行使解除权而效力溯及既往；后者则是根本不发生效力。解除权有时效规定，可因超过时效而丧失解除权；无效合同则并不会因满足时效而成为有效合同。

行使解除权的法律效力是，双方都负有恢复到合同订立前状态的义务。因此，已受领的给付应返还给对方；责任方对他方所造成的损失，需承担损害赔偿责任。但如果保险合同的解除是由投保人的不当行为所致，在这种情况下，要求保险人返还保险费显然不利于行使解除权的保险人。因此，法律或合同明确规定，在上述情况下，保险人无须返还保险费。

3. 保险合同的复效

保险合同的复效是指保险合同的效力在中止后又重新开始。保险合同生效后，由于某个原因，合同的效力中止。如人身保险中投保人未能按时缴纳保险费，保险合同的效力由此中止。在此期间，如果发生保险事故，保险人不负支付保险金的责任。但保险合同效力的中止并非终止。投保人可以在一定条件下提出恢复保险合同效力的申请，经保险人同意，合同的效力即可恢复，即合同复效。恢复效力的保险合同应视为自始未失效的原保险合同。

二、保险合同的终止

保险合同的终止是指当事人之间由合同所确定的权利与义务因法律规定的原因出现而不复存在。导致保险合同终止的原因有很多，主要有以下几个：

（一）保险合同因期限届满而终止

保险合同关系是一种债权债务关系。任何债权债务都是有时间性的。保险合同订立后，虽然未发生保险事故，但如果合同的有效期届满，则保险人的保险责任也自然终止。有效期届满是保险合同终止的最普遍、最基本的原因。一旦保险合同终止，保险人的保险责任随即终止。当然，保险合同到期后还可以续保。但是，续保不是原保险合同的继续，而是一个新的保险合同的成立。

（二）保险合同因解除而终止

解除是较为常见的保险合同终止的另一个原因。在保险实务中，保险合同的解除分为法定解除、约定解除和任意解除三种。

（1）法定解除。法定解除是指法律规定的原因出现时，保险合同一方当事人（一般是保险人）依法行使解除权，消灭已经生效的保险合同关系。法定解除是一种单方面的法律行为。从程序上来说，依法有解除权的当事人向对方做出解除合同的意思表示即可产生解除合同的效力，而无须征得对方的同意。

（2）约定解除。约定解除是双方当事人约定解除合同的条件，一旦约定的条件出现，一方或双方即有权解除保险合同。约定解除在习惯上被称为“协议注销”。保险合同一旦被注销，保险人的责任也就告终止。

（3）任意解除。任意解除是指双方当事人依法都有权根据自己的意愿解除合同。但是，并非所有的保险合同都可以由当事人任意解除，它一般有着严格的条件限制。

（三）保险合同因违约失效而终止

因投保人或被保险人的某些违约行为，如没有如期缴纳保险费或按约遵守保证等，保险人有权终止合同。

（四）保险合同因履行而终止

保险事故发生后，保险人完成全部保险金的赔偿或给付之后，保险责任即告终止。在最常见的财产损失保险中，保险标的发生全损，被保险人领取了全部的保险赔偿，即使保险期限还未满，保险合同也因履行了全部赔偿责任而终止。

（五）保险合同因保险标的的灭失或被保险人死亡而终止

可保利益以保险标的的存在为前提。如果保险标的非因保险事故而灭失，投保人或被保险人就不再具有可保利益，保险合同没有存在的基础，也就随之终止。

第五节 保险合同的争议处理

保险合同争议是指在保险合同成立后，合同主体就合同履行时的具体做法产生的意见分歧或纠纷。这种意见分歧或纠纷有些是由合同双方对合同条款的理解不同造成的，有些则是由违约造成的。不管是什么原因，发生争议后都需要按照一定的原则及方式来处理和解决。

一、保险合同的解释原则

保险合同的解释是指当保险合同主体由于对合同条款的理解不同发生争议时，依照法律规定的方式或者约定俗成的方式，对保险合同的内容或文字含义予以确定或说明。保险合同的解释通常遵循以下几个原则。

（一）文义解释原则

文义解释即按合同条款通常的文字含义并结合上下文来解释，既不超出也不缩小合同用语的含义。文义解释是解释保险合同条款的最主要方法。

文义解释要求被解释的合同文句本身具有单一且明确的含义。如果有关术语本来就具有唯一的意思，或联系上下文只能具有某种特定含义，或根据商业习惯通常仅指某种意思，那就必须按照它的本意去理解。

（二）意图解释原则

意图解释是指在无法运用文义解释方式时，通过其他背景材料进行逻辑分析来判断合同当事人订约时的真实意图，由此解释保险合同条款的内容。保险合同的真实内容应是当事人通过协商后形成的一致意思表示。因此，解释时必须尊重双方当时的真实意图。意图解释只适用于合同的条款不恰当、语义混乱，不同的当事人对同一条款所表达的实际意思理解有分歧的情况。如果文字表达清楚，没有含糊之处，就必须按字面解释，不得任意推测。

在进行意图解释时，按照以下做法：

(1) 双方既有书面约定又有口头约定的，以书面约定为准。当书面约定与口头约定不一致时，应当推定书面约定更能体现保险合同当事人的真实意图，即以书面约定为准。

(2) 保险单及其他保险凭证与投保单及其他合同文件不一致时，以保险单及其他保险凭证载明的合同内容为准。这是因为保险单是证明合同成立并确认合同内容、明确当事人权利与义务以及履行保险合同的基本法律依据。所以，从法律上看，保险单及其他保险凭证比投保单及其他合同文件更能体现保险合同当事人的真实意图。

(3) 保险合同的特约条款与基本条款不一致时，以特约条款为准。基本条款是保险人根据《保险法》的规定拟定的，是保险合同必不可少的条款；而特约条款是保险合同当事人根据特殊要求拟定的补充条款。因此，特约条款更能体现当事人的真实意图。

(4) 保险合同的条款按照批单优于正文、后批注优于先批注、手写优于打印、加贴批注优于正文批注的规则解释。即以更能反映当事人真实意图的手写的、后批注的文句为准。

（三）有利于被保险人和受益人的解释原则

该原则是指当保险合同主体对合同条款有争议时，法院或仲裁机构要做出有利于被保险人和受益人的解释。对此，《保险法》第三十条有明确规定。采用保险人提供的格式条款订立的保险合同是格式合同，订立合同时，投保人只能对已经拟定好的条款做接受还是不接受的意思表示，没有商量的余地。况且有些专业术语并不是一般人能够完全理解的。为了避免保险人利用有利地位侵害投保人的利益，各国普遍使用这一原则来解决保险合同主体之间的争议。

（四）专业解释原则

专业解释是指对在保险合同中使用的专业术语，应按照其所属专业的特定含义解释。在保险合同中除了保险术语、法律术语之外，还会出现其他专业术语。对于这些具有特定含义的专业术语，应按其所属行业或学科的技术标准或公认的定义来解释。例如：在财产保险中对“暴风”“暴雨”危险程度的解释就应按国家气象部门规定的技术标准进行；在人身保险中对各种人身伤亡的解释就应按医学上公认的标准进行；等等。

（五）补充解释原则

当保险合同的约定内容有遗漏或不完整时，借助商业习惯、国际惯例、公平原则等对保险合同的内容进行务实、合理的补充解释，使合同得以继续履行。另外，书面约定与口头约定不一致时，以书面约定为准；保险单及其他保险凭证与投保单及其他合同文件不一致时，以保险单及其他保险凭证载明的合同内容为准；特约条款与基本条款不一致时，以特约条款为准；合同条款因记载方式、记载顺序不一致时，按照批单优于正文、后批注优于先批注、手写优于打印、加贴批注优于正文批注的规则解释；等等。

二、保险合同争议的解决方式

按照我国法律的有关规定，保险合同争议的解决方式主要有以下几种：

（一）协商

合同双方当事人在自愿互谅的基础上按照法律规定和合同约定，友好地解决争议，消除分歧。自行协商解决方式简便，有助于增进双方的信任与合作，并且有助于合同的继续执行。

（二）调解

调解是指在有关机构的参与下，通过说服教育，使双方自愿达成协议，平息争端。通过调解方式解决争议必须查清纠纷的事实，分清是非责任，这是达成合理的调解协议的前提。调解必须遵循法律、政策与平等自愿原则。只有依法调解，才能保证调解工作的顺利进行。如果一方当事人不愿意调解，就不能进行调解。如果调解不成立或调解后又反悔，可以申请仲裁或直接向法院起诉。

（三）仲裁

仲裁是指争议双方依照仲裁协议，自愿将彼此间的争议交由双方共同信任、法律认可的仲裁机构居中调解，并做出裁决。仲裁方式具有法律效力，采用一裁终裁制，当事人必须予以执行。尤其是在再保险合同中，双方当事人大多约定采用仲裁方式解决争议。

（四）诉讼

诉讼是指争议双方当事人通过国家审判机关——人民法院进行裁决的一种方式。它是解决争议的方式中最极端的一种方式。双方当事人因保险合同发生争议时，有权以自己的名义直接请求法院通过审判给予法律上的保护。当事人应当在法律规定的诉讼时效内提起诉讼。

《中华人民共和国民事诉讼法》（以下简称《民事诉讼法》）第二十五条对保险合同纠纷的管辖法院做了明确的规定：因保险合同纠纷提起的诉讼，由被告住所地或者保险标的物所在地人民法院管辖。《最高人民法院关于适用〈中华人民共和国民事诉讼法〉若干问题的意见》规定：因财产保险合同纠纷提起的诉讼，如果保险标的物是运输工具或者运输中的货物，可以由运输工具登记注册地、运输目的地、保险事故发生地的人民法院管辖。

案例分析

保险合同的有关案例

案例1　保险合同订立问题

2018年7月9日，某化工厂与财产保险公司商谈签订财产保险合同。化工厂于当日下午填写的投保单中的保险期限为自2018年7月9日中午12时至2019年7月8日中午12时止（按投保单格式填写）。化工厂在投保单上盖了章。2018年7月9日下午5时，由于堤坝被洪水冲断，厂房受淹达3天之久，损失达250多万元。2018年7月10日，保险公司业务员将签发的财产综合保险单送至化工厂，保险单约定保险期限自2018年7月10日零时至2019年7月9日24时止，保险单同时还对责任范围、责任免除、被保险人等其他事项做出了规定。化工厂于2018年8月18日将保险费交至保险公司。事故发生后，化工厂要求保险公司查勘定损并索赔，保险公司以所承保财产被水淹事故发生在保险单约定期限之外，不属于保险责任范围为由，拒绝查勘定损和赔偿。为此，化工厂以保险公司擅自修改事先约定的保险期限为由向当地法院提起诉讼。

观点一：保险合同为非要式合同，只要投保人与保险人之间就保险金额、费率条款等达成一致，合同即告成立，保险人即应按照约定承担保险责任。保险公司展业人员代表保险公司就合同条款协商一致并接受了投保人的投保单，就是承诺的意思表示。保险公司擅自修改保险期限，是一种无效的民事行为和违约行为。

观点二：保险公司发放投保单为要约邀请，投保人填单是要约。只有要约经过保险人的同意，合同才告成立。投保单只有经过保险人签章才被视为保险合同的一部分，否则只能被认为是投保人的单方要约。投保单与保险单不一致时，应以保险单为准。

分析：问题的焦点在于对保险合同订立过程中的承诺有不同认识。投保人认为业务员收取投保单为保险公司做出承诺，但投保人未能提供足够的证据证明业务员对其投保单予以全部认可，而事实是保险公司没有同意投保单提出的保险期限，所以不能视为承诺。保险公司签发保险单才是承诺，保险单成为约束双方的保险合同，因此保险公司拒赔是合理的。

案例2　迟缴保险费对保险公司承担保险责任的影响

2019年1月3日，某保险公司的业务员到姚某家，姚某表示同意为其汽车投保，所保险种的保险费为6 522元，保额为112 000元。业务员出具了保险费收据，但姚某要求过几天再付清保险费。2019年1月30日，业务员到姚某家验明标的后，在姚某的要求下签发了保险证，姚某答应缴费但又要求迟缴。业务员未将保险单交给姚某并在保险单的特别栏中注明"未缴保险费，本公司不负保险责任"字样，姚某在保险单上签了字。此后业务员多次催缴保险费未果。2019年3月25日上午10时许，姚某携款到保险公司缴纳保险费，内勤人员在不明真相的情况下向姚某开具了暂收条，并将日期误写为24日。25日下午，保险公司业务员再次到姚某家验车时，方得知汽车已于当日凌晨3时30分左右出险。保险公司拒赔，姚某提起诉讼。

观点一：保险公司该赔。理由是被告的业务员于2019年1月3日向原告出具了保险费收据，2019年1月30日出具了保险证，与原告签订了保险单，说明被告对原告缓缴或欠缴保险费的认可。原告于事故发生前的2019年3月24日缴付了保险费，被告工作人员收取了，系双方对保险单继续履行的承诺。事故发生后，被告的业务员又到现场调查，被告理应承担赔偿责任。

观点二：保险公司不该赔。原告缴费的时间是2019年3月25日上午10时，也就是在保险事故发生之后。虽然合同于双方意思表示一致时成立，但是保险公司按照约定时间开始承担保险责任。在本案中保险单有约定"未缴保险费，本公司不负保险责任"。即保险公司收到保险费并注销"不负保险责任"字样才开始承担保险责任。另外，姚某的行为违背了诚实信用原则。

分析：本案问题是迟缴保险费对保险公司承担保险责任是否有影响。它涉及保险合同成立、生效及保险责任开始等概念的不同法律含义。缴纳保险费是保险合同成立后的一项重要义务，而不能作为合同成立的条件，但是缴纳保险费对保险责任的承担有至关重要的影响。在本案中双方当事人约定将保险费的缴付作为保险责任开始的标志，保险公司对于非保险责任期间发生的财产损失不予赔偿。

案例3　保险合同解除的判定标准

许某连续3年投保了家庭财产保险并附加盗窃险，均未发生任何事故。2019年许某在业务员的劝说下，考虑到住在顶楼发生事故的可能性较大，又投保了一年。这一年进行房改，许某下调至同一单元的二楼。许某认为办理合同变更太麻烦，又考虑到二楼更安全，就想办理退保，遂打电话找到为其办理业务的展业人员。展业人员表示同意，并告知许某在下周一可到保险公司办理退保手续。许某周一因单位工作繁忙，随后又未能与展业人员联系上，于是未去办理手续。周四，邻居家因用电不当起火殃及许某家，致其财产损失3万余元。许某庆幸未办理正式退保手续，向保险公司提出赔偿。保险公司以双方已口头达成一致解除合同，并约定具体办理正式手续的时间，因许某的原因未办成为由拒赔。

观点一：保险合同自许某打电话找展业人员，展业人员表示同意时解除，保险公司对于合同解除后发生的事故不予赔偿损失。

观点二：许某虽与展业人员口头协商解除保险合同，但是未办理正式退保手续，合同尚未解除，保险公司该赔。

分析：本案的焦点在于许某的行为是否产生了合同解除的法律后果。以书面形式订立的合同也必须以书面形式解除。第一，保险合同是要式合同，书面解除显得正式；第二，以书面形式解除合同对确认和证明保险合同解除的法律事实有重要意义，便于保存数据，减少纠纷；第三，在保险实务中均采用书面形式。在本案中许某有解除保险合同的自由，其解约要求应该得到保险公司的同意。许某只是同保险公司展业人员达成口头协议，未办理手续，合同还没有解除。从时间来看，保险公司皆以退保日为合同解除日，这样虽有口头协议但并未退保，许某一直交纳保险费，作为保险公司承担保险责任的对价。保险公司没有理由收取了保险费而不承担保险责任。

案例 4　受益人与被保险人在同一事件中死亡时保险金的给付

2019 年 2 月，王某向某保险公司投保了 10 万元养老保险并附加意外伤害保险，指定受益人为妻子张某。两人独立居住，但在王某的父母家吃饭。同年 5 月 1 日，王某的母亲因多日未见二人前来吃饭，遂往二人住处探望，发现二人因用煤气炉烧水时火被浇灭，造成煤气泄漏，已中毒身亡。5 月 3 日，王某的父母向保险公司报案，并以被保险人王某的法定继承人身份申请给付保险金。两天后，张某的父母也以受益人的法定继承人身份申请给付保险金。由于争执不下，两亲家诉诸法院。

观点一：该保险金的给付应当参照继承法的有关规定。1985 年最高人民法院制定的《最高人民法院关于贯彻执行〈中华人民共和国继承法〉若干问题的意见》第 2 条规定：相互有继承关系的几个人在同一事件中死亡，不能确定死亡先后时间的，推定没有继承人的先死亡。死亡人各自都有继承人的，如几个死亡人辈分不同，推定长辈先死亡；如几个死亡人辈分相同，推定同时死亡，彼此不发生继承，由他们各自的继承人分别继承。本案可以推定夫妻二人同时死亡，由他们的继承人各自领取一半保险金。

观点二：该保险金应当作为被保险人王某的遗产，支付给其法定继承人。因为如果保险金由受益人张某的法定继承人继承，则有悖投保人王某为自己的利益投保的初衷。

分析：本案涉及受益人与被保险人在同一事件中死亡，无法确定先后顺序，保险金如何给付的问题。对此，《保险法》并无明确规定。从国外保险立法来看，对被保险人和受益人共同死亡时保险金的给付规定，比较有代表性的是美国 1940 年制定的《共同死亡法案》。该法案规定：人身保险的被保险人和受益人在同一事故中死亡，无法证明死亡的先后顺序的，推定受益人先于被保险人死亡，保险金作为被保险人的遗产，由被保险人的法定继承人继承。受益权是一项期待权，只有发生约定的保险事故时才转为现实的财产权。在本案中被保险人王某与受益人张某同时死亡，他们之间不发生相互继承的关系。故判决 10 万元保险金作为被保险人王某的遗产，由其父母继承。

中国实践

从保险单的售后环节看监管对投保人的保护

保险是一个非常专业的领域，保险单条款是保险合同的主要组成部分，可是消费者普遍读不懂保险单条款，而配置保险又是一种长期的资产规划，事后发现自己理解错误退保往往会有资金损失。那么怎么确定购买保险是消费者了解条款后的真实意图呢？任何一份保险单签发后，都需要投保人签一份回执回销。这份回执回销是为了确保投保人已经拿到保险合同，并认真阅读了保险单条款。在投保人签了回执回销后，才开始计算犹豫期。在犹豫期退保，损失最多是工本费（通常不超过10元）。同时国家金融监督管理总局还要求保险公司给投保人打回访电话，会对投保人投保是否为自己真实的意思表示，是否理解保险单条款，代理人有没有做出保险单条款外的承诺等再次核实，同时需要录音并留存。由于老年人是金融诈骗最大的受害群体，所以通常对于超过60岁的投保人，整个投保过程都需要录音录像，防止老年人上当受骗。

本章小结

保险合同是指保险合同双方当事人之间订立的关于各自权利和义务的一种协议。保险合同是保险关系建立的基础、履行的依据。保险合同的特征主要有双务性、射幸性、附合性、诺成性和非要式性等。保险合同的形式主要有投保单、暂保单、保险单和保险凭证四种。保险合同由声明事项、保险协议、除外责任、条件事项和各种其他条款组成。保险合同根据不同的标准，有多种分类。保险合同的要素包括保险合同的主体、客体和内容。保险合同的主体包括保险合同的当事人和保险合同的关系人。前者分为投保人和保险人；后者分为被保险人、受益人和保险单所有人。保险合同的客体是投保人对保险标的的可保利益。可保利益是指投保人或被保险人对保险标的所具有的法律上承认的利益。保险合同的内容即保险合同双方当事人依法约定的权利与义务。保险合同的内容主要包括保险人的名称和住所，投保人、被保险人的姓名或者名称和住所，保险标的，保险金额，保险费以及支付办法，保险期间和保险责任开始时间，保险金赔偿或者给付办法等。保险合同的成立必须经过要约和承诺两个步骤。保险合同分为成立即生效和延迟生效两种。在保险合同存续期间，其主体、内容等可能发生变更，从而使保险合同的效力也随之发生变更，导致合同无效、解除和复效等。另外，保险合同也可能因为期限届满、解除、违约失效、履行等原因而终止。保险合同的解释原则有文义解释原则、意图解释原则、有利于被保险人和受益人的解释原则、专业解释原则和补充解释原则等。保险合同争议的解决方式主要有协商、调解、仲裁和诉讼等。

练习题

一、名词解释

1. 保险合同
2. 双务合同
3. 射幸合同
4. 要式合同
5. 附合合同
6. 财产保险合同
7. 人身保险合同
8. 损失补偿合同
9. 定额给付合同
10. 定值保险合同
11. 不定值保险合同
12. 超额保险合同
13. 保险人
14. 投保人
15. 被保险人
16. 受益人
17. 保险标的
18. 保险金额
19. 可保利益
20. 合同条款
21. 投保单
22. 保险单
23. 暂保单
24. 除外责任
25. 保险合同的变更
26. 保险合同的解除
27. 保险合同的无效
28. 保险合同的复效
29. 保险合同的终止
30. 仲裁

二、问答题

1. 如何订立保险合同？
2. 保险合同的成立与生效有什么关系？
3. 保险合同的特征有哪些？
4. 在保险合同中为什么要规定除外责任？
5. 保险合同的主体、客体和内容各是什么？
6. 保险合同的成立要件、生效要件是什么？
7. 保险合同变更之后的法律后果有哪些？
8. 哪些原因可能导致保险合同终止？
9. 保险合同出现争议时，该如何处理？

即学即练

第 5 章

财产保险

学习目标

- 理解财产保险的概念与特征
- 掌握财产保险的业务体系
- 了解火灾保险的基本内容及主要险种
- 掌握火灾保险中保险金额的确定方法和赔偿方法
- 理解机动车辆保险的特点
- 区分施救费用与救助费用
- 解释共同海损及其构成条件
- 了解货物运输保险的特点
- 解释工程保险的特点

第一节 财产保险概述

一、财产保险的概念与特征

（一）财产保险的概念

财产保险（property insurance）起源于海上保险的共同海损分摊制度，它的发展经过海上保险、火灾保险、汽车保险、责任保险和信用保险几个阶段，目前已成为保障社会经济、安定居民生活的一种重要的经济补偿制度。

财产保险是以财产及有关利益作为保险标的、以自然灾害及意外事故为保险事故的保险，它是保险人对被保险人的财产及有关利益因发生保险责任范围内的保险事故所遭受的经济损失给予补偿的保险。财产保险有广义和狭义之分。广义的财产保险包括财产损失保险、责任保险和信用保证保险，它的保险标的既可以是处于相对静止状态的财产，如建筑物、存货、家用电器，也可以是处于流动状态的财产，如汽车、船舶和运输中的货物；既可以是有形财产，如厂房、住宅、飞机、设备，也可以是无形财产，如运费、利润、信用、责任。狭义的财产保险是广义财产保险的一部分，它是以存放在固定地点的各种财产作为保险标的，对其因火灾及其他所保风险引起的损失由保险人给予经济补偿的保险。此类保险最早是以火灾为主要承保风险，所以又被称为火灾保险。在我国一般称为财产保险。

（二）财产保险的特征

1. 保险标的具有广泛性

财产保险的承保范围很广，既面向法人团体，又面向居民家庭和个人。法人团体既包括机关、学校、社团，又包括各类工业企业、商业企业和服务业企业。保险标的不仅包括形态各异、价值悬殊的各种有形物质财产，如价值极高的航天飞机、人造卫星、核电站、万吨巨轮和价值较小的家用电器、个人生活用品，而且包括各种非物质形态的财产，如利润、运费、各种民事经济赔偿责任和商业信用。

2. 业务性质具有补偿性

保险人经营各种类别的财产保险业务，意味着承担被保险人遭受保险利益损失后的赔偿责任。财产保险的基本功能就体现在它的经济补偿性上。首先，当被保险人的财产遭受承保风险造成经济损失时，保险人必须按照保险合同的规定履行补偿义务。其次，由于所有财产均有客观而具体的价值标准，均可以用货币来衡量其价值，因此，保险人的补偿以不超过被保险人的实际损失为准绳，不允许被保险人通过保险获得额外利益，从而使财产保险不仅适用代位原则、分摊原则，在实务上还有用保险标的残余价值抵偿赔款的做法。

3. 经营内容具有复杂性

财产保险经营内容的复杂性具体体现在以下几个方面：

（1）承保标的复杂。保险标的不仅包括法人团体财产，还包括居民家庭和个人财产，从有形财产到无形责任，从高科技工程到普通商品物资，无所不包。

（2）承保技术复杂。由于保险标的的复杂性，在经营过程中，要求保险人熟悉与各种类型保险标的相关的技术知识。例如，要想取得责任保险业务的成功，就必须熟悉各种民事法律、法规及相应的诉讼知识和技能。又如，保险人在经营汽车保险业务时就必须同时具备保险经营能力和汽车方面的专业知识，如果对汽车技术知识缺乏必要的了解，汽车保险的经营将陷入被动或盲目状态，该业务的经营亦难以保持稳定。

（3）风险管理复杂。在风险管理方面，由于财产保险的风险相对集中，保险金额巨大，一旦巨灾发生，如台风、地震、洪水等，可能导致巨大损失，直接影响财产保险公司财务的稳定性，因此保险人通常要采用再保险的方式来进一步分散风险。例如，飞机保险、船舶保险、工程保险、地震保险等，均需要通过再保险才能使风险在更大范围内得到分散，进而维持保险人业务经营和财务状况的稳定。

(4) 投保人的保险利益存在特殊性。保险利益是投保人或被保险人对保险标的所具有的法律上承认的经济利益。财产保险不仅要求投保人在投保时对保险标的具有保险利益，而且要求保险利益在整个保险期间存在，特别是在所保财产发生保险事故时，被保险人对其必须具有保险利益，否则保险人不承担赔偿责任。但根据国际惯例，在海上保险中不要求投保人在投保时对保险标的具有保险利益，只要求被保险人在保险标的受损时具有保险利益。

二、财产保险的业务体系

财产保险有一个庞大的业务体系，它有三大险别和数以百计的具体险种。其业务体系见图5-1。

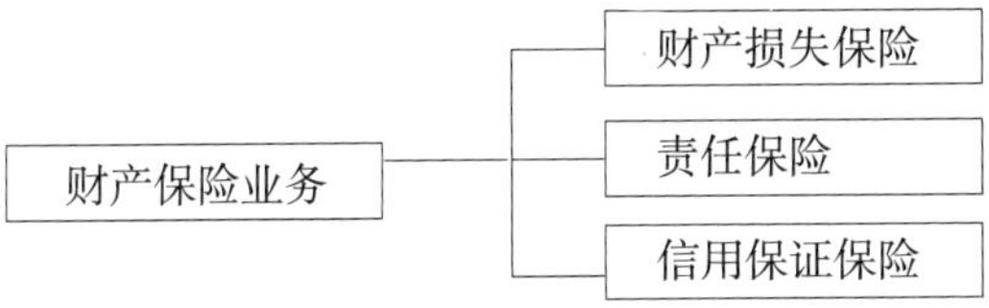

图5-1 财产保险业务体系

(一) 财产损失保险

财产损失保险是传统意义上最广泛的财产保险业务，它以被保险人的各种有形物质财产作为保险对象，是对一旦遭受损失就进行补偿的各种保险业务的统称。主要包括：(1) 火灾保险，如团体火灾保险、家庭财产保险；(2) 运输工具保险，如机动车辆保险、船舶保险、飞机保险；(3) 货物运输保险，如海洋货物运输保险、陆上货物运输保险；(4) 工程保险，如建筑工程保险、安装工程保险、科技工程保险。

(二) 责任保险

责任保险是对以被保险人依法应对第三者承担的各种经济赔偿责任为保险标的、以第三者的财产损失或人身伤亡为保险事故的保险业务的总称，它是一种随着各国法律制度的不断完善而逐步发展起来的财产保险业务。责任保险既包括独立承保的公众责任保险、产品责任保险、雇主责任保险和职业责任保险，也包括作为财产保险附加责任的各种运输工具和工程保险的第三者责任保险。

(三) 信用保证保险

信用保证保险是以被保险人的各种商业信用风险为承保对象的财产保险业务，主要包括国内信用保险、产品保证保险等。

此外，如果按照国际惯例将保险业务划分为人身保险（寿险）业务和非人身保险（非寿险）业务，则财产保险公司的业务范围除包括上述财产保险业务以外，还包括短期人身保险业务，即意外伤害保险和健康保险。

第二节 火灾保险

一、火灾保险概述

（一）火灾保险的概念

火灾保险制度起源于14—15世纪德国陆上的火灾“基尔特”制度。1666年一场几乎摧毁伦敦三分之二建筑的大火，成为现代火灾保险制度建立的直接动因。从最初英国的尼古拉斯·巴蓬只为建筑物提供火灾保险，到后来将保险标的扩展至动产及与财产相关的经济利益，从最初的单一火灾责任扩展至其他自然灾害和意外事故责任，至今火灾保险已成为财产保险中最基本的业务。

火灾保险（fire insurance），简称火险，是以存放在固定场所并处于相对静止状态的财产为保险标的，对其因遭受保险事故而导致的经济损失由保险人进行赔偿的保险。

（二）火灾保险的基本特点

火灾保险是一种传统的财产保险业务，具有如下基本特点：

（1）火灾保险的保险标的是陆上处于相对静止状态的各种财产物资，动态条件下或处于运输中的财产物资不能作为火灾保险的保险标的。

（2）火灾保险所承保财产的存放地点是固定的，被保险人不得随意变动。如果确实需要变动，被保险人必须得到保险人的同意，否则将直接损害保险合同的效力。

（3）火灾保险的承保风险相当广泛，不仅包括火灾以及与火灾相关的风险，如爆炸、雷击，还包括其他与火灾无直接关系的风险，如暴风、泥石流、雪灾、洪水。

二、火灾保险的基本内容

（一）适用对象及保险标的的范围

火灾保险适用于各种工商企业、法人团体、居民家庭和个人的财产物资保障需要，是适用范围最广泛的一种保险业务。凡是领有工商营业执照、有健全的会计账簿、财务独立核算的各类企业、党政机关、科研机构、学校、医院、图书馆等均可投保团体火灾保险，居民家庭和个人均可投保家庭财产保险。

火灾保险保险标的的范围包括：

（1）一般承保的财产。主要包括被保险人具有保险利益的以下财产：房屋及其他建筑物和附属装修设备；各种机器设备、工具、仪器及生产用具；管理用具及低值易耗品、原材料、半成品、在产品、产成品或库存商品和特种储备商品；各种生活消费资料；等等。

（2）特约承保的财产。对于一些市场价格变化大、保险金额难以确定、风险较特别的财产，必须经保险双方事先特别约定，并在保险单上载明，才能承保。主要包括金银、珠宝、首饰、古玩、古画、桥梁、铁路、道路、码头，以及矿井、矿坑内的设备和物质等。

（3）不保财产。主要包括：1）不能用货币衡量其价值的财产或利益，如土地、矿藏、森林、水产资源及文件、账册、图表、技术资料等；2）非实际的物资，如货币、票证、有价证券等；3）非法财产以及应当投保其他险种的财产物资，如违章建筑、处于生长期的农作物、各种交通运输工具和运输中的物资等。

（二）保险责任

从传统火灾保险仅仅承保火灾等少数风险，到现代火灾保险承保多种风险，火灾保险在风险责任方面有了很大的扩展。尽管各国的火灾保险乃至各保险人出具的火灾保险单在保险责任范围方面有大有小，但概括起来，火灾保险的保险责任通常包括如下四个部分：

（1）火灾及相关危险。包括火灾、爆炸、雷电。

（2）各种自然灾害。包括洪水、台风、龙卷风、暴风、暴雨、泥石流、海啸、雪灾、冰雹、冰凌、崖崩、滑坡等。地震亦是可以承保的风险，但许多国家的保险公司往往将其单列出来承保，以便控制这类特殊风险。在我国地震为不保风险。

（3）有关意外事故。包括飞行物体及空中运行物体的坠落，被保险人的电、气、水设备因火灾发生的意外等。

（4）施救费用。即采取必要的、合理的施救措施造成保险财产的损失和进行施救、整理所支付的合理费用。

每一份财产保险单所载明的风险责任通常是上述风险中的一部分或大部分，还可以根据被保险人的需要扩展承保盗窃风险等。

保险人在经营火灾保险时，有如下除外不保的风险：战争、军事行动或暴动行为；核污染；被保险人的故意行为；各种间接损失；由保险标的本身缺陷、保管不善而导致的损失，以及变质、霉烂、受潮及自然磨损等。

（三）保险费率

火灾保险的费率通常以每千元保额为计算单位，费率的表达形式为千分率。

在火灾保险的经营实践中，由于保险标的存放在固定场所，其费率的确定通常需要综合考虑如下因素：

（1）建筑结构及建筑等级。根据建筑行业的有关规定，按质量与抗风险能力从高到低，建筑物通常被划分为一等、二等、三等，它是保险人制定火灾保险费率的首要依据。

（2）占用性质。即建筑物的使用性质、用途不同，风险亦不同。如以仓库为例，一处存放烟花，一处存放粮食，一处存放机床，则存放烟花的仓库的风险显然要大于存放粮食与机床的仓库，因此，其保险费率亦会相应提高。

（3）承保风险的种类。承保风险的种类越多，则保险人承担的责任越大，反之则反。例如，在我国财产保险市场上，财产保险综合险的费率一般高于财产保险基本险的费率。

（4）地理位置。由于火灾保险的保险标的必须存放在固定场所，该场所的地理位置是否适宜，周围有无特定的风险，对保险财产的影响甚大。例如，沿江、沿河、沿湖的地理位置容易遭受水灾，沿海的地理位置容易遭受台风及风暴潮灾等。因此，地理位置对火灾保险费率的确定有重要影响。

（5）投保人的防灾设备及防灾措施。在同样的条件下，投保人的防灾设备及防灾措施越健全，则风险越不易发生，损失越容易控制，保险人对此往往给予相应的费率优惠；反之，则风险会因投保人的防灾设备及防灾措施不当或忽视防灾而放大，从而导致保险损失的扩大，因此费率会较高。

此外，对保险人而言，以往承保业务的损失记录也是确定现时费率的重要参考依据。

我国火灾保险的费率可分为团体火灾保险费率与家庭财产保险费率，它们均采取固定级差费率制度。团体火灾保险费率还需要根据具体业务归类为工业险费率、仓储险费率和普通险费率，每一类费率又根据上述各因素的不同分为若干等级，在承保时依具体的业务分别适用不同的费率标准。同时，火灾保险的费率通常以 1 年期的费率为标准费率，对不足 1 年的业务则制定专门的短期费率标准，短期费率标准一般按照 1 年期费率标准的一定百分比确定。

（四）保险金额

火灾保险的保险金额通常根据保险标的分项确定。其中团体火灾保险的保险标的划分为固定资产与流动资产两大类。其中，固定资产还要进一步按照固定资产的分类进行分项，每项固定资产仅适用于该项固定资产的保险金额；流动资产的保险金额则不再分项确定。在家庭财产保险中，保险标的则需要分为房屋及其附属设施、家用电器、其他家庭用品等。因此，尽管一张保险单只有一个总的保险金额，但在赔偿时却需要根据受损财产的具体价值来计算赔款，并受该项财产的保险金额约束。

在团体火灾保险中，确定固定资产保险金额一般有以下方式：一是按照账面原值确定；二是按照账面原值加成数确定；三是按照重置价值确定；四是依据公估行或评估机构评估后的市场价值确定。

对于流动资产的保险金额，既可以由被保险人按照最近 12 个月任意月份的账面余额确定，也可以由被保险人自行确定。

对于账外财产和代保管财产的保险金额，被保险人可自行估价或按重置价值确定。

在家庭财产保险中，因大都没有账目，而且财产的品种、质量、新旧程度等差别很大，保险金额一般采取由投保人自行估计的方法确定，但要按房屋及其附属设施、室内财产及代保管财产、与他人共有财产三大类列明，逐一记载。

（五）保险赔偿

在发生火灾保险赔案时，保险人必须依照财产保险的一般理赔程序和赔偿原则开展赔偿工作，同时注意下列事项：

（1）对固定资产分项计赔，每项固定资产仅适用于自身的赔偿限额。例如，某企业投保财产保险基本险，载于保险合同的保险金额是 100 万元，其中房屋建筑物为 40 万元，机器设备为 30 万元，其他财产为 30 万元。在保险期间发生火灾，造成损失 80 多万元，其中机器设备一项的损失即达到 50 万元。尽管经保险人查勘、审核后确认系保险事故所致，但对被保险人机器设备一项的损失赔偿最高仍然不得超过 30 万元。

（2）注意扣除残值和免赔额。火灾保险的赔案往往存在损余物资，保险人在赔偿时应当作价抵充赔款，同时扣除免赔额，以维护自身的合法权益。

（3）对团体火灾保险一般采用比例赔偿方式处理赔案，对家庭财产保险一般采取第一危险赔偿方式处理赔案，但在某些业务中也交互使用。

三、火灾保险的主要险种

（一）团体火灾保险

团体火灾保险是面向各类企业和其他法人团体的火灾保险，它是火灾保险的主要业务来源。在我国，该险种以前被称为企业财产保险，后来因为不能将非企业法人的财产保险包括在内，被财产保险基本险和财产保险综合险所取代，本书将两者合称为团体火灾保险。

1. 财产保险基本险

财产保险基本险是以企事业单位、机关团体等的财产物资为保险标的，由保险人承担被保险人财产所面临的基本风险的财产保险，它是团体火灾保险的主要险种之一。

根据我国现行财产保险基本条款，该险种的保险责任如下：（1）火灾；（2）雷击；（3）爆炸；（4）飞行物体和空中运行物体的坠落；（5）被保险人拥有财产所有权的自用的供电、供水、供气设备因保险事故遭受破坏，引起停电、停水、停气以及造成保险标的的直接损失；（6）必要且合理的施救费用。

2. 财产保险综合险

财产保险综合险在适用范围、保险对象、保险金额的确定和保险赔偿处理等内容上与财产保险基本险相同，只是将保险责任扩展到暴雨、台风、暴风、雪灾、泥石流、洪水等自然灾害。

（二）家庭财产保险

家庭财产保险是以居民财产为保险对象的一种火灾保险，由于其业务分散、保额较小，因此可以从一个侧面反映财产保险的普及程度和发展水平。家庭财产保险在保险标的、保险标的存放地点、保险责任、经营原理方面与团体火灾保险具有共性。不同的是，它采用第一危险赔偿方式。家庭财产保险的险种有：

（1）普通家庭财产保险。普通家庭财产保险是我国家庭财产保险的基本险种。它承保居民存放在固定地点且处于相对静止状态的财产，由投保人根据保险财产的实际价值确定保险金额，并且按照保险单上规定的财产项目分别列明，保险责任与财产保险综合险大致相同，保险期限为 1 年，从保险单生效日零时起至期满日 24 时止，期满可以续保。

（2）还本家庭财产保险。还本家庭财产保险是在普通家庭财产保险的基础上衍生出来的一种火灾保险。它在保险责任范围、承保和赔偿方式等方面均与普通家庭财产保险相似，但又具有以储金所生利息抵充保险费、期满退回保险储金、保险期限较长的特点。

近年来我国各保险公司为满足居民需要，先后推出了一批新型家庭财产保险产品，如中国人民保险公司的“金锁”“金牛”系列、中国太平洋保险公司的“安居综合险”和中国平安保险公司的“幸福家财综合险”等。

案例思考一：2021 年 11 月 9 日，某电子元件厂三车间突然燃起大火。厂领导一边安排职工奋力抢救，一边通知消防队及保险公司。待保险公司赶来，火已被扑灭。理赔人员经过细致的查勘得出以下结论：大火是由于车间成品库内存放的 2 桶香蕉水及 1 桶乙醇不慎燃烧导致的，成品库内的 2 万多只电子元件受到了不同程度的损坏，初步估计损失在 3 万元以上。至于究竟是什么原因引起香蕉水及乙醇燃烧，厂内许多人都猜测是线路短路，但理赔人员经查勘觉得有疑点。就在这时候，公安局接到此车间一工人检举，大火是车间某领导蓄意制造的。经公安局立案侦查，最后得以证实。该车间主任李某自上任以来工作少有业绩，导致生产质量大滑坡，几个月内先后制造出近 1 万只废品。他考虑到如果将其报废处理，不仅得不到质量奖，还会被厂里处罚，可能职务也保不住，就唆使两个工人制造了这起火灾。经审讯，李某对此供认不讳。在这起事故中，除了 8 135 只废品外，还有 13 560 只合格品有不同程度的损坏，经仔细理算，最后定为 24 530 元。由于李某正处被收审之时，加上对其赔偿能力的怀疑，该厂向保险公司索赔，并同意将向李某追偿的权利转让给保险公司。保险公司内部有两种不同意见：一种意见认为，这场火灾是车间主任李某的故意行为造成的，根据企业财产保险条款规定，被保险人的故意行为属于本保险的除外责任，因此，保险公司对这场火灾造成的财产损失不予赔偿。另一种意见认为，虽然这场火灾是车间主任李某的故意行为造成的，但李某的行为纯属个人行为，而非法人行为，对于企业财产保险，被保险人只能是企业法人，因此，保险公司对此应予以赔偿。你认为保险公司是否需要承担赔偿责任？为什么？

案例思考二：2021 年 6 月 7 日，某市的一家机动车修配厂向保险公司投保了企业财产保险基本险，并附加盗窃险。保险金额：固定资产按账面原值投保为 615 000 元，流动资产按最近账面余额投保为 187 000 元。保险期限为一年。但保险公司的人员审核时发现，核保人员误将费率按一级工业险计算（本应为二级工业险），结果保险费少收了 0.4‰。发现这一失误后，保险公司立即通知被保险人，要求补缴保险费 320 元，但被保险人接到通知后迟迟不肯补缴，于是保险公司在 6 月 29 日出具批单，上面明确批注了“如果出险，我公司将按实缴保险费与应缴保险费的比例赔付”。同年 9 月 12 日上午 10 时，该机动车修配厂的一间办公室突发火灾，该厂职工及附近居民奋力抢救，40 分钟后，火被扑灭。但清理财产时发现，发生火灾的办公室邻近的仓库门锁被撬，其中有多种进口汽车配件不翼而飞。经公安部门查证，确系盗窃行为所致的财产丢失。显然是在大家抢救财产的紧急当口，有某些不法分子假装参与救火而趁机打劫。事故发生后，该厂向保险公司报案并提出赔偿请求。保险公司经认真查勘与核实后，定损为：固定资产损失 36 800 元，流动资产被盗损失 57 200 元，施救费用 1 230 元。双方对这起事故的保险责任并无异议，同意属于火灾险责任及盗窃险责任，但在赔偿金额的计算上产生争议。保险公司认为，被保险人对固定资产及流动资产均足额投保，本应按实际损失赔偿，但被保险人在投保时缴纳的保险费不足且一直未补足，保险公司将原保险单做了批注，并通知了被保险人，出险后应按实缴保险费与应缴保险费的比例计算赔偿金，即 (36 800＋57 200＋1 230)×1.6‰/2.0‰＝76 184 元。而该机动车修配厂认为，保险公司单方面对保险单进行批注，事先并未征得自己的同意，此批注应属于原始无效。公平合理的做法是：被保险人补交保险费及利息后，保险公司按实际损失进行赔偿。你认为保险公司应如何赔偿？为什么？

第三节 运输工具保险

运输工具保险（means of conveyance insurance）承保各种以机器为动力的运输工具，包括机动车辆、船舶、飞机、摩托车等。拥有各种运输工具的客运公司、货运公司、航空公司、航运公司及其他法人团体和个人均可投保。

一、机动车辆保险

（一）机动车辆保险的概念与特点

机动车辆保险是以机动车辆本身及第三者责任为标的的一种运输工具保险，由于以汽车保险为主，国外又称汽车保险。机动车辆保险主要面向拥有各种机动交通工具的法人团体和居民个人，保险标的为各类汽车、摩托车、拖拉机和特种车辆。在我国财产保险中，机动车辆保险是财产保险中业务量最大的险种，其保险费收入占全部财产保险保险费收入的60%以上。

机动车辆保险的主要特点有：采用不定值保险；在赔偿中采用绝对免赔额；赔偿方式主要是修复；采用无赔款优待；第三者责任保险一般采用强制保险的方式。

（二）机动车辆保险的内容

在机动车辆保险中，车辆损失保险与机动车辆第三者责任保险构成了基本险种，并在若干附加险的配合下，共同为保险客户提供多方面的风险保障服务。

1. 车辆损失保险

车辆损失保险的保险标的是各种机动车辆的车身及零部件、设备等。车辆损失保险采用不定值保险方式，其保险金额既可以按照投保时的新车购置价确定，也可以按照投保时的实际价值确定，还可以由双方协商确定，或者按照投保车辆的使用年限通过计算确定。

车辆损失保险的保险责任包括碰撞责任与非碰撞责任。碰撞指保险车辆与外界物体的意外接触。碰撞责任是指因保险车辆发生碰撞，造成他人财产损失或人身伤亡需要由被保险人承担的赔偿责任。非碰撞责任则可以分为以下几类：

（1）保险单上列明的各种自然灾害，如洪水、暴风、雷击、泥石流等。

（2）保险单上列明的各种意外事故，如火灾、爆炸、空中运行物体的坠落等。

（3）其他意外事故，如倾覆、冰陷、载运保险车辆的渡船发生意外等。

除外责任包括：（1）战争、军事行动或暴乱；（2）酒后开车、无有效驾驶证、人工直接供油；（3）受本车辆所载货物撞击；（4）两轮及轻便摩托车失窃或停放期间翻倒；（5）自然磨损、锈蚀，轮胎自身爆裂或车辆自身故障；（6）保险车辆遭受责任范围内的损失后未经必要修理而造成的损失扩大部分；（7）保险车辆遭受保险事故导致的被保险人停业、停驶损失及各种间接损失；（8）被保险人或其驾驶人员的故意行为。对于被保险人故意行为或违章行为导致的损失，被保险人车辆自身缺陷导致的损失，以及未履行相应义务（如增加挂车而未事先征得保险人的同意等）情形下出现的损失，保险人均不负赔偿责任。

车辆损失保险的保险费由基本保险费、保额保险费两部分组成，其中基本保险费是统一的，保额保险费则因保险车辆价值的不同而有较大差别。当保险车辆发生损失时，保险人根据保险车辆受损情况进行赔偿，发生全损时按照保险金额进行赔偿，但以重置价值为限，发生部分损失时按照实际修理费用及投保程序进行赔偿。

2. 机动车辆第三者责任保险

机动车辆第三者责任保险是承保被保险人或其允许的合格驾驶人员在使用保险车辆时因发生意外事故导致的第三者的损害索赔风险的一种保险。由于机动车辆第三者责任保险的主要目的在于维护公众的安全与利益，在实践中通常作为法定保险并强制实施。我国 2004 年 5 月 1 日开始实施的《中华人民共和国道路交通安全法》（以下简称《道路交通安全法》）规定机动车辆第三者责任保险为强制性保险。

机动车辆第三者责任保险的保险责任，是被保险人或其允许的合格驾驶人员在使用保险车辆的过程中发生意外事故，致使第三者人身或财产受到直接损毁且被保险人依法应当支付的赔偿金额。在此，保险责任核定应当注意两点：一是直接损毁，实际上是指现场财产损失和人身伤亡，各种间接损失不属于保险人负责的范围；二是被保险人依法应当支付的赔偿金额，保险人依照保险合同的规定进行补偿。这两个概念是不同的，即被保险人的赔偿金额并不一定等于保险人的赔偿金额，因为保险人的赔偿必须扣除除外责任或除外不保的损失。例如，被保险人所有或代管的财产、私有车辆的被保险人及其家庭成员以及其所有或代管的财产、本车上的一切人员和财产在交通事故中的损失，不在机动车辆第三者责任保险负责赔偿之列；被保险人的故意行为、驾驶员酒后或无有效驾驶证驾驶等行为导致的第三者损失，保险人也不负责赔偿。

3. 附加险

机动车辆的附加险是机动车辆保险的重要组成部分。目前我国机动车辆保险的主要附加险有以下几种：

（1）全车盗抢险。它承保的是整个保险车辆或保险挂车在停放中被盗或在行驶途中被劫，向公安部门报案后，3 个月以上仍未查到时，由保险人负责赔偿。在掌握上应注意以下几点：第一，保险车辆或保险挂车全车被盗抢 3 个月后未查到，保险人向被保险人取得车辆权益转让书后，保险人按以下规定予以赔偿：1）保险金额高于或等于车辆出险时的实际价值的，按出险时的实际价值赔偿；2）保险金额低于车辆出险时的实际价值的，按保险金额赔偿；3）每次赔付均实行 20%的绝对免赔率。第二，保险人支付赔款后，如果公安部门将被盗抢车辆或挂车查到，保险人可将该车辆或挂车折归被保险人，撤销车辆权益转让书，并收回相应的赔款。如果由于某些原因，被保险人不愿收回原车辆或挂车，则依照车辆权益转让书，车辆或挂车所有权归保险人。第三，保险车辆或保险挂车的零部件或附属设备被盗抢，没有构成“全车被盗抢”，不属于该险种的保险责任。第四，在保险有效期内，整个保险车辆或保险挂车被盗抢，保险人不负责退还任何未到期保险费，破案找回的车辆或挂车，必须重新投保。第五，全车被盗抢后，被保险人必须在 24 小时内向出险地公安机关和保险人报案，并在省、地级以上报刊或电视台登载寻车启事，以此连同公安机关出具的被盗抢证明作为索赔依据，否则保险人有权拒赔。

（2）玻璃破碎险。它承保的是保险车辆本身的玻璃单独破碎时的损失。无论是挡风玻璃还是车窗玻璃，除被保险人及其驾驶人员的故意行为外，发生单独破碎时，保险人经核定后按照实际损失赔偿。玻璃被他人打碎或被飞起的石头打碎等均属该险种的保险责任。

（3）驾驶人员意外责任险。这种保险规定，被保险人雇用的驾驶人员因驾驶保险车辆发生意外事故，受有体伤或死亡，被保险人依法应负的赔偿责任，保险人负责赔偿。

（4）乘客意外责任险。乘客意外责任险按保险车辆的使用性质分成两种：一是自用汽车乘客意外责任险。保险人对于被保险人因使用保险车辆发生意外事故，致使乘坐本车的人员受到体伤或死亡依法应负赔偿责任时负责赔偿。二是营业用车乘客意外责任险。保险人对于被保险人因使用保险车辆发生意外事故，致使已付车费的乘坐人员受到体伤或死亡依法应负赔偿责任时负责赔偿。

此外，机动车辆保险的附加险还有车身划痕损失险、自燃损失险、不计免赔特约险和车上货物责任险等。

二、船舶保险

（一）船舶保险的概念与保障范围

船舶保险是指以各种船舶、水上装置及其碰撞责任为保险标的的一种运输工具保险，它是传统财产保险业务的重要险种之一，在保险业的发展史上具有特殊的地位。

船舶保险适用于各种法人团体、个人所有或与他人共有的机动船舶与非机动船舶，以及水上装置等，投保船舶保险者必须有港务监管部门签发的适航证明和营业执照。

船舶保险的保障范围包括：

（1）船舶的物质损失。主要是指船壳、机器（包括引擎、发动机、锅炉）、导航设备、燃料、给养等所有属于船舶自身以及附属于船舶的财产的损失。

（2）与船舶有关的利益。当船舶发生事故时，除了船舶本身遭受的物质损失外，还会因船舶停航、修理、沉没等使船舶所有人遭受各种利益损失，如运费、为完成航程而支付的营运费用、贷款利息、利润、保险费损失等，这些利益损失大部分可在船舶保险中获得保障。

（3）与船舶有关的责任。主要是指由于保险事故应由船舶所有人负责赔偿的经济损失，包括：1）民事侵权引起的第三者损失，例如船舶碰撞责任；2）法律规定的义务，如船东对船员的责任、消除航道油污的责任等；3）运输规定的责任，如船东对托运人应负的货损、货差责任。保险公司只保障这些责任的一部分，另一部分由船东保赔协会负责。

（二）船舶保险的保险责任

船舶保险的责任范围分为全损险和一切险两个基本险别。全损险只承保船舶因保险合同约定的原因导致的全部损失，一切险则承保船舶全部损失和部分损失。全损险保险责任是一切险保险责任的一部分，因此在这里只介绍一切险的保险责任。在一切险项下保险人的保险责任包括一般风险、碰撞责任、施救费用、共同海损和救助四类。

1. 一般风险

船舶保险承保的风险采用列明方式。船舶保险条款列明的一般风险有：

（1）海上风险。包括自然灾害，如恶劣气候、雷电、海啸、地震、火山爆发、洪水等；意外事故，如搁浅、触礁、沉没、失踪、碰撞或与其他固定或浮动物体（包括冰山在内）发生碰撞等。

（2）火灾、爆炸。

（3）来自船外的暴力盗窃或海盗行为。

（4）抛弃货物。

（5）因船员疏忽或过失所致的损失。

（6）任何政治当局为防止或减轻因承保风险造成保险船舶损坏引起的污染所采取的行动。

2. 碰撞责任

船舶碰撞，是指某船舶在水上与其他船舶或物体猛烈接触而发生的意外事故。按照国际惯例，某船舶与其他船舶相撞称为碰撞。碰撞所致的损失是船舶保险承保的基本风险之一。船舶碰撞责任是指船舶因航行疏忽或过失造成船舶碰撞引起财产损失和人身伤亡，在法律上应负的民事损害赔偿责任。

3. 施救费用

施救费用又称施救整理费用，属于单独海损费用性质。它是为了保险标的的单方利益，由被保险人或其代理人、雇用人员等对受损标的采取各种抢救、防护措施所产生的合理费用。施救条款规定：被保险人在保险标的发生承保风险时，要像没有投保船舶保险的人一样谨慎，采取各种合理的防止或减少保险标的进一步受损的措施。施救费用是船舶保险条款规定的赔偿责任以外的一项约定。它不受碰撞责任和船舶损失赔偿金额的限制，但不得超过船舶的保险金额。

4. 共同海损和救助

共同海损是船舶保险承保的重要风险之一。共同海损是指船舶和船上所载货物遭遇共同危险时，为了共同安全，故意而合理地做出特殊的牺牲或额外支付的特殊费用。这种牺牲或费用应由同一航程中的船方、货方、运方三方按各自的获救价值进行分摊。

救助是指保险船舶遭受承保风险的袭击，单凭自身力量无法逃脱所处的困境时，只好请第三者或第三者自愿前来提供帮助以解除危险的行为。由此引起的费用称为救助费用。如果载货船遭承保风险袭击，船上有关利益方均受到威胁，此项救助费用应列入共同海损费用，由各利益方按照获救价值比例分摊。

（三）船舶保险的责任免除

除保险合同另有约定外，一般船舶保险人对下列原因之一造成的保险船舶的损失不负赔偿责任：

（1）不适航，包括人员配备不当、装备或装载不妥。但以被保险人在船舶开航时知道或应该知道此种不适航为限。

（2）被保险人及其代表的疏忽或故意行为。这里所列的被保险人及其代表是指船舶所有人及其业务主管，如船舶公司的法人代表及主管船舶经营的部门经理等，不包括船长和船员。

(3) 被保险人恪尽职守应予发现的正常磨损、锈蚀、腐烂或保养不周、材料缺陷，包括不良状态部件的更换或修理。

(4) 保险公司承保的战争险、罢工险的责任及责任免除。

(四) 船舶保险的保险期限

船舶保险分为定期保险和航次保险。

定期是船舶保险保险期限的主要形式。定期保险的保险期限最长为1年，最短不少于3个月，起止时间以保险单上注明的日期为准。

航次保险以保险单订明的航次为准。

(五) 船舶保险的保险金额、保险费率及免赔额

船舶保险的保险金额是根据船舶的保险价值来确定的。船舶保险一般是定值保险，船舶的保险价值在签订保险合同时由双方商定。商定的保险价值作为保险金额，以表明船舶保险人应承担责任的最高限额。

船舶保险的保险费率通常根据船龄、船型、船籍、船级、船舶种类、船舶承运的货物、船舶保养情况、船队规模、保险金额、承保条件、免赔额以及被保险人经营管理状况制定。

保险人对由承保风险所致保险船舶部分损失进行赔偿时，对每次事故要扣除保险单规定的免赔额。但对就碰撞责任、施救费用、共同海损和救助的索赔不扣除免赔额。

三、飞机保险

(一) 飞机保险及其保险责任

飞机保险又称航空保险 (aviation insurance)，是20世纪初期产生的一种运输工具保险。由于飞机作为现代高速运输工具，单机价值高，且飞机失事会同时产生所载乘客、货物及第三者的损害赔偿问题，飞机保险已发展为一揽子保险，以适应被保险人的要求。飞机保险分为基本险和附加险。

1. 基本险

飞机保险基本险包括飞机机身保险、飞机第三者责任保险、飞机旅客法定责任保险。

(1) 飞机机身保险。这是飞机保险的基本险之一，它承保各种类型的客机、货机、客货两用机以及从事各种专业用途的飞机属于保险责任范围的机身及其附件的意外损坏或损失的责任。

(2) 飞机第三者责任保险。承保由于飞机或从飞机上坠人、坠物造成第三者的人身伤亡或财物损失，应由被保险人承担的赔偿责任。

(3) 飞机旅客法定责任保险。承保旅客在乘坐或上下被保险飞机时发生意外，致使旅客发生人身伤亡，或随身携带和已经交运登记的行李、对象的损失，根据法律或合同应由

被保险人承担的赔偿责任。

2. 附加险

（1）飞机战争、劫持险。凡由于战争、敌对行为或武装冲突、拘留、扣押、没收、被劫持和由第三者破坏等原因造成的被保险飞机的损失和费用，以及引起的被保险人对第三者或旅客应负的法律责任或应付的费用，由保险人负责赔偿。

（2）飞机承运人货物责任险。凡办好托运手续装载在被保险飞机上的货物，如在运输过程中发生损失，根据法律、合同规定应由承运人负责的，由保险人予以赔偿。

以上附加险必须在投保基本险时予以加保。

（二）飞机保险的责任免除

（1）飞机机身保险的责任免除。包括：战争和军事行动；飞机不适航而飞行；被保险人及其代理人的故意行为；飞机任何部件的自然磨损或制造及结构缺陷；飞机受损后引起被保险人停航、停运等间接损失；不合格驾驶员驾驶飞机。

（2）飞机第三者责任保险的责任免除。包括：战争和军事行动；飞机不适航而飞行；被保险人的故意行为；因飞机事故产生的善后工作所支出的费用；被保险人及其工作人员和本机上的旅客或其所有以及代管的财产。

（3）飞机旅客法定责任保险的责任免除。包括：非保险合同所称旅客的人身伤亡和财产损失；无有效驾驶执照的驾驶人员驾驶承运人的交通工具所造成的损失；旅客因疾病（包括因乘坐交通工具感染的传染病）、分娩、自残、斗殴、自杀、犯罪行为所造成的人身伤亡和财产损失；旅客在交通工具以外遭受的人身伤亡和财产损失；旅客随身携带物品或者托运行李本身的自然属性、质量或者缺陷造成的损失。

（三）飞机保险的保险金额、保险费率与免赔额

飞机保险一般采用定值保险的方式。我国保险公司承保的国际航线飞机采用定值保险方式。飞机机身保险的保险金额可按净值确定，也可由双方协商确定；飞机第三者责任保险的赔偿限额按照不同的飞机类型判定，以保险单附表规定的最高赔偿为限。

飞机保险的保险费率包括飞机机身保险的保险费率和责任保险的保险费率。这两种保险费的计算及收取方法是不同的。飞机机身保险的保险费一般是按照保险金额的一定比例收取，而责任保险的保险费可以按固定的金额收取，也可以按实际承担责任的一定比例收取。保险费率根据飞机种类、用途、航行范围、维护保养情况和保险险种、保险金额而定。

为了减少小额赔款并促使被保险人加强责任感，飞机保险一般都有免赔额的规定，由航空公司自负一部分责任，损失在免赔额以下的不向保险公司索赔，保险公司只负担超过免赔额的部分。

案例思考： 2021 年 7 月，保户张某报案称，他驾驶的奔驰轿车因避让骑自行车的人而撞击路边山石并起火燃烧。县消防大队认定起火原因是车辆撞击山石后电路短路引燃仪表台，火势向车辆两头蔓延造成车辆完全烧毁。因该车辆已于事故发生前 1 个月，即 6 月向保险公司投保了车辆综合险，张某要求保险公司赔偿。经保险公司理赔人员现场查勘，保险公司对起火原因认定不服，拒绝赔偿，双方引起争议。保户认为：投保车辆在行驶过程

中遭遇意外事故，属于保险责任，并出示消防大队的事故认定书，要求赔偿。保险公司认为：从该车烧毁的车容车貌来看，不存在猛烈撞击山石的可能，且车内两人毫无损伤，说明车辆可能是自燃，所以拒赔。

你认为保险公司的拒赔理由是否充分？为什么？

第四节 货物运输保险

一、货物运输保险的概念与特点

（一）概念

货物运输保险（cargo transportation insurance）是以运输中的各种货物为保险标的，承保货物在运输过程中遭受可保风险导致损失的保险。无论是对外贸易还是国内贸易，货物从生产者手中到消费者手中都要经过相应的运输过程，在此过程中各种自然灾害和意外事故会对货物的安全构成威胁，并极易导致货主的经济损失。因此，为运输中的货物提供保险显得十分有必要，它不仅能够保障货主的经济利益，而且有利于商品交易和运输业的正常发展。

货物运输保险所承保的货物，主要是具有商品性质的贸易货物，一般不包括个人行李或随运输所消耗的各类供应和储备物品。

在国际上，货物运输保险通常分为海洋货物运输保险、陆上货物运输保险、航空货物运输保险和邮包险。在我国，货物运输保险分为海洋货物运输保险和国内水路、陆路货物运输保险。

（二）特点

货物运输保险与一般财产保险相比，有以下几个特点：

（1）保险标的具有流动性。一般财产保险的保险标的处于静止状态，而货物运输保险的保险标的，为了实现货物的位移，处于不断流动状态。

（2）保险责任范围的广泛性。一般财产保险通常只负责保险财产的直接损失以及为减少损失所支出的施救、保护费用，而货物运输保险除负责上述损失和费用外，对货物由于破碎、渗漏、包装破裂、遭受盗窃或整件提货不着所致的损失也负责赔偿。此外，按照国际惯例，对发生的共同海损和应分摊的共同海损费用也负责赔偿。

（3）保险主体的多变性。由于经营贸易的需要，按照惯例，货物运输保险单可经保险人同意空白背书，保险权益随物权单据即货运提单的转让而转移。所以，货物运输保险的投保人与被保险人经常是不同的两个人，而且随着保险单不断转让，被保险人不断改变，直至持有保险单的收货人出现为止。

（4）保险期限以约定航程为准。一般财产保险的保险期限通常为1年，而货物运输保险的保险期限一般不受时间限制而以一个航程为准，同时应按仓至仓条款的规定办理。

（5）货物运输保险具有国际性。其国际性具体表现为：保险合同的关系方位于不同的国家和地区；保险标的是国际贸易中的货物；保险合同的签订和履行除涉及贸易合同的有关规定之外，还要遵守有关国际公约和国际惯例的规定等。

二、海洋货物运输保险

（一）海洋货物运输保险保障范围

海洋货物运输保险的保障范围包括风险保障、损失保障和费用保障三个方面。

1. 风险保障

海洋货物运输保险主要承保的风险有：

（1）海难。海难是指海上偶发的意外事故或自然灾害，不包括正常的风浪影响。最普通的海难包括沉没、搁浅、船破、碰撞和恶劣气候。

（2）火灾或爆炸。不论是在海上还是陆上，保险标的因火灾或爆炸而遭受的直接损失以及烟熏、水渍损失均属于保障范围，但由货物的内在缺陷导致的燃烧、爆炸除外。

（3）强盗或海盗行为。即船外人员以暴力劫夺或海盗行为所致的损失。

（4）投弃。货物或船舶设备被抛弃，此行为一般为共同海损行为。

（5）船长、船员的疏忽或恶意行为。

（6）战争。

2. 损失保障

对于海洋货物运输保险，保险人承保的损失属于“海损”。海损按损失的程度，可分为全部损失与部分损失；按损失的性质，可分为共同海损和单独海损。单独海损和共同海损就损失的程度看，都属于部分损失。

（1）全部损失。全部损失简称“全损”，指运输中整批货物或不可分离的一批货物全部损失。全损又有实际全损和推定全损之分。实际全损又称绝对全损。构成实际全损的情况主要有：保险标的完全丧失；保险标的的所有权丧失已无法挽回；保险标的受损后已完全丧失使用价值；船舶失踪达到一定期限。推定全损指保险标的的所有权即将丧失，获得收回权所需的费用超过丧失的权利，或保险标的的损失已经发生，抢救保险标的所花的费用超过获救后的价值，在这种情况下，被保险人可以要求按部分损失赔偿，也可以按推定全损索赔。但按推定全损索赔时必须先向保险人提出委付，并经保险人承诺才有效。

（2）部分损失。部分损失按性质不同分为单独海损和共同海损。

共同海损指载货的船舶在海上遭遇保险事故，威胁船货等各方的共同安全，为解除威胁，维护船货安全，使航程得以继续完成，有意识地、合理地采取措施，做出某些特殊牺牲或支付特殊费用的行为。共同海损行为是一种非常措施，是在正常航行中不能做的。构成共同海损必须具备以下六个条件：第一，风险必须是实际存在、危及船货共同安全的，或者是不可避免的，任何主观臆测可能发生风险而采取的措施都不能视为共同海损；第二，牺牲和费用必须是特殊性质的，并不是根据运输合同应由船方负责的；第三，采取的措施必须是自觉的、有意识的，这里的“有意识”是指人为的、故意的行为；第四，采取的措施必须是谨慎的，特殊的牺牲和费用是合理的；第五，损失必须是共同海损行为造成的直接后果，不包括间接损失；第六，特殊的牺牲和费用必须有效果，即保全了处于共同风险中的财产，或者使部分船货获救。这六个条件是一个整体，构成共同海损时缺一不可。共同海损的牺牲和费用是为了使船方、货方和运方免遭损失而做出和支付的，应当由各方根据最后获救价值按比例分摊。

单独海损指除共同海损以外的部分损失。这种损失只与单独利益方有关，不涉及其他方，损失由受损者自己承担。保险标的发生单独海损是否可以得到赔偿，由所属的保险单条款决定。

3. 费用保障

海洋货物运输保险所保障的费用主要包括施救费用、救助费用和共同海损费用。

(二) 海洋货物运输保险险别

1. 基本险

基本险即主险，主要承保运输货物因自然灾害和意外事故所造成的损失，分为平安险、水渍险和一切险。

2. 附加险

附加险是附着于基本险的险别，不能单独投保，只有投保基本险才能加保附加险。海洋货物运输保险的附加险主要承保海上运输过程中的各种外来风险，它可分为一般附加险、特别附加险和特殊附加险三种。

(1) 一般附加险。一般附加险有 11 种：偷窃提货不着险、淡水雨淋险、短量险、混杂玷污险、渗漏险、碰损破碎险、串味险、受潮受热险、钩损险、包装破裂险和锈损险。

(2) 特别附加险。特别附加险有 6 种：交货不到险、进口关税险、舱面险、拒收险、出口货物到香港（包括九龙在内）或澳门存仓火险责任扩展条款、黄曲霉毒素险。

(3) 特殊附加险。特殊附加险包括战争险和罢工险两种。两个险种都有单独的、完整的保险条款。

(三) 海洋货物运输保险条款

1. 保险责任

平安险的保险责任包括：

(1) 保险货物在运输途中由于恶劣气候、雷电、海啸、地震、洪水等自然灾害造成整批货物的实际全损或推定全损。

(2) 由于运输工具搁浅、触礁、沉没、互撞、与流冰或其他物体碰撞，以及失火、爆炸等意外事故造成货物的全部或部分损失。

(3) 在运输工具已经发生搁浅、触礁、沉没、焚毁等意外事故的情况下，货物在此前后又在海上遭受恶劣气候、雷电、海啸等自然灾害所造成的部分损失。

(4) 在装卸或运输时，由于一件或数件货物整件落海造成的全部或部分损失。

(5) 被保险人对遭受保险责任范围内危险的货物采取抢救、防止或减少货损的措施而支付的合理费用，但以该批被救货物的保险金额为限。

(6) 运输工具遭受海难后，在避难港由卸货所引起的损失以及在中途港、避难港由于卸货、存仓以及运送货物所产生的特别费用。

(7) 共同海损的牺牲、分摊和救助费用。

（8）运输契约订有“船舶碰撞互有过失责任”条款，根据该条款的规定应由货方赔偿船方的损失。

2. 责任免除

一般来说，海洋货物运输保险的责任免除有：

（1）被保险人的故意行为或过失所造成的损失。

（2）属于发货人责任所引起的损失。

（3）在保险责任开始前，保险货物已存在的品质不良或数量短差所造成的损失。

（4）保险货物的自然损耗、本质缺陷、特性以及市价跌落、运输延迟所引起的损失和费用。

（5）海洋货物运输战争险和罢工险条款规定的责任范围和责任免除。

3. 保险期限

海洋货物运输保险的保险期限，是指保险人根据保险合同的规定，承担保险责任的起讫时间，即从起运地点至到达地点的整个时间。这段时间也称保险的有效期，海洋货物运输保险由海上延伸到陆上，因而保险期限逐渐发展成以仓至仓条款为依据。仓至仓条款适用于海、陆、空运输货物保险。所谓仓至仓条款，是指保险责任自保险货物从保险单所载明的起运地运离发货人仓库时开始，至货物抵达保险单载明的目的地，进入收货人仓库时为止。

（1）在正常运输情况下保险责任的期限。正常运输是指保险货物自保险单所载明的起运地发货人仓库或储存处所首次运输时开始，不论先使用哪种运输工具运输货物，只要属于航程需要都属于正常运输范围。一般来说，凡是正常的运输工具（汽车、火车、内河船舶、海轮等），正常的延迟和正常的转船均属正常运输。

在正常运输情况下，保险人负仓至仓责任，即自保险货物运离保险单所载明的起运地发货人仓库或储存处所开始运输时生效，直至该项货物到达保险单所载明的收货人仓库或储存处所，或到达由被保险人用作分配、分派或正常运输的其他储存处所为止。如未抵达上述仓库或储存处所，则以保险货物在最后卸载港全部卸离海轮后满 60 天为止。如在上述 60 天内保险货物需转运到非保险单所载明的目的地，则以该项货物开始转运时终止。

在实际业务中，经常发生这种情况：保险货物卸离海轮后未能及时收入仓库，为满足被保险人的需要，保险人对这段时间仍提供保险，但最长时间不超过 60 天。若满 60 天后货物仍未进入收货人仓库，保险责任也将终止；若在 60 天内货物进入收货人仓库，保险责任即在进入收货人仓库时终止。这种规定实际上是仓至仓条款的扩展。

（2）在非正常运输情况下保险责任的期限。所谓非正常运输，主要是指保险货物在运输途中由于被保险人无法控制的情况而发生运输契约终止，致使保险货物无法运往原定卸载港而在途中被迫卸货、重装或转载，以及由此而发生运输延迟、绕航等。按照国际惯例，承运人对上述原因所造成的货物损失是不负责任的。在货运提单中一般都订有自由条款，规定在不得已的情况下船方有自行变更航程的权利，由此而发生运输延迟、绕航、被迫卸货等引起的货物损失，船方不负任何责任。在这种情况下，保险人要求被保险人在获知上述情况后立即通知自己，并在酌情加收部分费用后，原保险单继续有效。

在非正常运输情况下，保险责任起讫为：由于被保险人无法控制的运输延迟、绕航、被迫卸货、重装、转载或承运人运用运输契约赋予的权限所做的任何航程变更或终止运输契约，致使保险货物运到非保险单所载明的目的地时，在被保险人及时将获知的情况通知保险人，并在必要时加缴保险费的情况下，该保险单继续有效。保险责任在下列情况下终止：保险货物如在非保险单所载明的目的地出售，保险责任至交货时为止，但不论何种情况，均以保险货物在卸货港全部卸离海轮后满60天为止。保险货物如在上述60天内继续运往保险单所载明的目的地，保险责任仍按在正常运输情况下所规定的仓至仓条款执行。

此外，在适用仓至仓条款时，必须以被保险人有无保险利益为条件。在一般情况下，承保以出口商为被保险人的货运险，其责任是仓至仓。同样，承保以进口商为被保险人的货运险，其责任自货物装上船起至到达目的地进入仓库时止。

4. 保险金额

海洋货物运输保险通常属于定值保险，在确定保险金额之前，首先必须确定保险价值。海洋货物运输保险的保险价值是按订立合同时货物在起运地的发票价格加上运输费及保险费的总和计算，或按货物的到岸价格估算，习惯上允许附加一定的预期利润。非贸易商品则以起运地的发票价格为基础确定保险价值，并以此确定保险金额。

5. 保险费率

影响海洋货物运输保险的保险费率厘定的主要因素有：承运货物的运输工具和航程情况；货物的性质及包装和装载情况；货物装卸港口的管理和装卸情况；被保险人以往的索赔记录；保险险别；免赔额规定；等等。

我国的保险费率是参照国际水平，并结合我国进出口贸易的需要确定的。在我国进出口货物运输保险一般分别按出口货物和进口货物制定不同的费率计收保险费。出口货物保险费率分为“一般货物费率”和“指明货物附加费费率”两大类，另外还有根据各种特别或特殊附加险制定的附加费率。

6. 被保险人义务

在被保险人的货物运抵保险单所载明的目的地后，被保险人应及时提货。因为是否及时提货关系到保险人的责任期限，货物存放在卸货港码头仓库或海关仓库的时间越长，发生损失的可能性就越大。被保险人提货时，若发现保险货物已遭受损失，应立即向保险单所载明的检验、理赔代理人申请检验。

在保险货物遭受保险责任范围内的危险时，应迅速采取合理的抢救措施，防止或减少货物的损失。如遇航程变更或发现保险单所载明的货物、船名或航程有遗漏或错误，被保险人在获悉这种情况后应立即通知保险人，如有必要还应加缴一定的保险费，保险单则继续有效。

三、国内水路、陆路货物运输保险

（一）保险责任

国内水路、陆路货物运输保险分为基本险和综合险两种。

1. 基本险的保险责任范围

（1）因火灾、爆炸、雷电、冰雹、暴风、暴雨、洪水、地震、海啸、地陷、崖崩、滑坡、泥石流所造成的损失。

(2) 因运输工具发生碰撞、搁浅、触礁、沉没、出轨或隧道、码头坍塌所造成的损失。

(3) 在装货、卸货或转载时，因遭受不属于包装质量不善或装卸人员违反操作规程所造成的损失。

(4) 按国家规定或一般惯例应分摊的共同海损费用。

(5) 在发生上述灾害、事故时，因纷乱而造成货物的散失以及因施救或保护货物所支付的直接、合理的费用。

2. 综合险的保险责任范围

除上述基本险责任外，综合险的保险责任范围还包括：

(1) 因受震动、碰撞、挤压而造成的破碎、弯曲、凹瘪、折断、开裂或包装使货物散失的损失。

(2) 流体货物因受震动、碰撞或挤压致使所用容器（包括封口）损坏而渗漏的损失，或用液体保存的货物因液体渗漏而造成保险货物腐烂变质的损失。

(3) 遭受盗窃或承运人责任造成的整件提货不着的损失。

(4) 符合安全运输规定而遭受雨淋所致的损失。

（二）责任免除

国内水路、陆路货物运输保险的责任免除事由包括：

(1) 战争或军事行动。

(2) 核事件或核爆炸。

(3) 保险货物本身的缺陷或自然损耗，以及由于包装不善造成的损失。

(4) 被保险人的故意行为或过失造成保险货物的损失。

(5) 其他不属于保险责任范围内的损失。它是指国内水路、陆路货物运输保险基本险及综合险各项保险责任范围以外的损失，如诈骗造成保险货物的损失，保险人就不予赔偿。

（三）保险期限

国内水路、陆路货物运输保险的保险期限是自保险单所载明的货物运离所在地仓库开始，至货物抵达保险单所载明的目的地收货人的仓库为止。在保险货物运至目的地后，如果收货人（或被保险人）未及时提货，则保险责任最多延长至收货人（或被保险人）接到“到货通知单”后的 15 天（以邮戳日期为准）。

（四）保险金额

被保险人在明确自己保险利益的前提下，可根据自己对保险费的支付能力和所需的保障程度来确定货物的保险金额。被保险人可以选择以下几种保险金额：

(1) 离岸价，是以货物起运地的销售价即发货人的卖出价作为保险金额。

(2) 到岸价，是以货物起运地的销售价加上到达目的地的各种运杂费作为保险金额。

(3) 以被保险人在目的地的销售价作为保险金额。

（五）免赔额/免赔率

货物运输保险的易碎易渗漏保险货物，一般均有免赔额/免赔率的规定。

案例分析

保险责任和责任免除

2021年1月，江西某公司将184吨价值100万余元的棉浆向保险公司投保了水路货物运输综合险，运输工具为“赣南昌货0236”轮，航线注明为上海至南昌，交保险费1 177.6元。同年1月13日18时30分，满载货物的“赣南昌货0236”轮航行至黄浦江106号灯浮附近，为避免与他船碰撞，驾驶员采取倒船、右满舵等紧急避让措施，致使船舶打横，绑扎货物的绳索绷断，引起装载于舱面的54.7吨棉浆掉入水中漂失。漂失的棉浆价值350 080元。事故发生后，货主向保险公司报案并递交了出险通知书，并将54.7吨上述货物损失按保险金额每吨6 400元计350 080元向保险公司索赔，但保险公司以不属于保险责任为由，发出拒赔通知书。保险公司认为：货主所述的事故不构成保险责任，因为货物起装地上海星火开发区港务储运站的调查笔录证明了这54.7吨货物装载在舱面上，被保险人未履行告知义务。从事故发生的过程来看，涉案船舶的驾驶员为避免碰撞，防止发生事故，所采取的紧急避让措施非施救行为。气象资料也证明，事故发生时当地的气象情况良好，所以原告的货损不属于保险责任范围。被保险人则辩称，它将184吨棉浆向保险公司投了保，并支付了保险费，在运输过程中，因避免装载货物的船舶发生碰撞，不得已采取紧急避让施救措施，致使船舶打横，装载在舱面的棉浆掉入水中漂失，但避免了更大的事故，并且它并不知道承运人将货物装在舱面，不存在告知义务，完全符合保险责任范围内的施救行为，保险公司理应赔偿损失。你认为保险公司是否应承担赔偿责任？为什么？

第五节 工程保险

一、工程保险的概念与特点

（一）概念

工程保险（engineering insurance）是指以各种在建工程项目为主要保险标的的财产保险。它是适应现代工程技术和建筑业的发展，由火灾保险、意外伤害保险及责任保险等演变而成的一类综合性财产保险，承保一切工程项目在工程期间乃至工程结束后一定时期内的一切意外损失和损害赔偿责任。一般而言，传统的工程保险仅指建筑工程保险、安装工程保险及船舶工程保险，然而，进入20世纪以来，尤其是第二次世界大战后，许多科技工程活动迅速获得了发展，又逐渐形成了科技工程保险。因此，建筑工程保险、安装工程保险、科技工程保险构成了工程保险的三大主要业务来源。

（二）特点

在保险业务经营中，工程保险的特点主要表现在以下几个方面：

(1) 承保范围广。传统的财产保险只承保保险财产的意外损失赔偿责任，对与保险财产有关的财产物资和利益不予承保；而工程保险不仅承保工程项目本身，而且承保与此有关的建筑、安装机器设备、原材料及第三者责任损失和人身伤亡等。因此，投保人投保工程保险能获得全面的危险保障。

(2) 保险危险大。普通财产保险一般只承保保险单列明的少数危险，保险人对保险责任之外的一切危险是不负赔偿责任的；而工程保险大多承保被保险人的一切意外损失，许多险种被冠以“一切险”之名，保险人承担的危险责任基本上是除了保险单列明的除外责任以外的一切危险责任。

(3) 扩展了投保人或被保险人。在其他财产保险中，投保人是单个法人团体或自然人，并在保险人签发保险单后成为被保险人；而在工程保险中，对同一个项目具有经济利害关系的各方均具有保险利益，均具备作为该工程项目投保人的资格，并且均能成为该工程保险中的被保险人，均受保险合同及交叉责任条款的规范和制约。

(4) 不同工程保险的内容有交叉性。在建筑工程保险中通常包含安装工程项目，如房屋建筑中的供电、供水设备安装等；在安装工程保险中往往包含建筑工程项目，如安装大型机器设备就需要修建土木建筑以打好基座等；在科技工程保险中往往包含建筑、安装工程项目。因此，这类业务虽有险种差异、相互独立，但内容多有交叉，在经营上也有共性。

(5) 采用工期保险单或分阶段承保。建筑工程保险和安装工程保险采用的是工期保险单，其保险期限是从工程动工之日起到工程竣工验收合格为止；科技工程保险则多采取分阶段承保的办法。这与其他财产保险业务采用一年期定期保险单或一次性航程保险单有明显的差异。

二、建筑工程保险

（一）概念

建筑工程保险（contractor’s all risks insurance）是指以各类民用、工业用和公共事业用的建筑工程项目为承保对象的工程保险，保险人承担对被保险人在工程建筑过程中因自然灾害和意外事故引起的一切损失的赔偿责任。

由于与建筑工程项目存在经济利害关系的不止一方，因此，建筑工程保险不仅适用于工程所有人，还适用于其他有关各方。如施工单位（包括主承包人和分承包人）、工程技术监督单位（包括工程设计人、建筑师等）以及建筑工程的贷款银行或其他债权方，均可成为建筑工程保险中的被保险人。因此，建筑工程保险区别于其他保险的重要特点就是可以在一张保险单上对所有与建筑工程项目有关的各方给予所需的危险保障。由于建筑工程保险的被保险人不止一个，而且每个被保险人各有权益和责任需要向保险人投保，为避免有关各方相互之间的追偿责任，大部分建筑工程保险单都加贴共保交叉责任条款。这一条款的基本内容就是各个被保险人之间发生的相互责任事故造成的损失，可由保险人负责赔偿，不需要根据各自的责任相互追偿。

（二）承保项目

建筑工程保险的主体无疑是工程项目本身，但建筑工程保险的承保范围往往涉及与工程项目有关的财产物资和利益。因此，建筑工程保险的承保项目包括下列各项：

（1）建筑施工合同规定的建筑工程，包括永久工程、临时工程以及工地上的物料。以大型旅馆建筑为例，承保项目包括建筑物主体、建筑物内的装修设备、与建筑物配套的道路和桥梁及水电设施等，它们是建筑工程保险的主要承保项目。

（2）建筑用的机器设备，包括施工用的各种机器如起重机、打桩机、铲车、推土机、汽车，各种设备如水泥搅拌设备、临时供水及供电设备、传送装置、脚手架等，均可投保。

（3）工地上原有的财产物资，包括工程所有人或承包人在工地上的房屋建筑物及其他财产物资，由于施工过程中的意外而造成损失的危险，保险人亦承保。

（4）安装工程项目，即在建筑工程项目中需要进行机器设备或其他设施安装的项目，如旅馆大楼内的电梯及发电、取暖、空调等机器设备的安装，也存在安装危险，保险人可一并在建筑工程保险单项下予以承保。

（5）损害赔偿责任，即在建筑工程项目中因意外事故导致他人遭受损害并依法应承担的损害赔偿责任，它虽然是责任保险的承保对象，但也可作为建筑工程保险项目之一加以承保。

（三）责任范围与保险期限

建筑工程保险的保险责任可以分为物质部分的保险责任和第三者责任两大部分。其中物质部分的保险责任主要有保险单列明的各种自然灾害和意外事故，如洪水、风暴、水灾、暴雨、地震、冰雹、雷电、火灾、爆炸等多项，同时还承保盗窃、工人或技术人员过失等人为风险，并可以在基本险责任项下附加特别险条款，以利于被保险人全面转嫁自己的风险。不过，对于错误设计引起的损失、费用或责任，置换、修理或矫正标的本身原材料缺陷或工艺不善所支付的费用，引起的机械或电器装置的损坏或建筑用机器、设备的损坏，以及停工引起的损失等，保险人不负责任。对于被保险人所有或使用的车辆、船舶、飞机、摩托车等交通运输工具，也需要另行投保相关运输工具保险。

与一般财产保险不同的是，建筑工程保险采用的是工期保险单，即保险责任的起讫通常以建筑工程的开工到竣工为期。

保险人承担的赔偿责任则根据受损项目分项处理，并适用于各项目的保险金额或赔偿限额。如果保险损失由第三者引起，适用于权益转让原则，保险人可依法行使代位追偿权。

（四）责任限额与保险费率

建筑工程保险的责任限额是指保险人承保的危险损失补偿限额，包括以建筑工程中的财产物资为保险标的而确定的保险金额、以第三者责任危险为保险标的的赔偿限额和根据保险双方协商确定的免赔额。

在保险金额方面，按不同的承保项目分项确定。其中建筑工程本身一般以该工程的总造价为保险金额，包括设计费、材料设备费、施工费、运杂费、税款及保险费等项；考虑到施工期间多种因素的变化，如原材料价格的涨跌等，保险人一般让投保人根据计划造价投保，待工程结束后再按实际造价对保险金额予以调整；其他承保项目的保险金额则以保险标的的实际价值或重置价值为依据由保险双方协商确定。此外，因地震、洪水等特约灾害造成损失的，保险人一般另行规定赔偿限额，按保险金额的一定比例（如 80%）计算。

在赔偿限额方面，一般对第三者的财产损失和人身伤亡分项确定赔偿限额，并按每次事故、整个保险期间的危险情况确定累计赔偿限额。在免赔额方面，保险人一般根据工程本身的危险程度、工地上的自然地理条件、工期长短、保险金额的高低以及不同的承保项目等因素与被保险人协商确定。在建筑工程保险市场上，合同工程项目的免赔额一般为保险金额的 0.5%～2%；机器设备项目的免赔额一般为保险金额的 5%左右；有的保险人对地震、洪水等造成的损失还要规定单独的免赔额。

建筑工程保险的保险费率通常要综合考虑保险责任的大小、保险标的本身的危险程度、承包人的技术水平和管理水平、承包人及工程其他关系方的资信情况、保险金额与赔偿限额及免赔额的高低等因素。在综合考虑上述因素的基础上，结合以往承保同类业务的赔付情况，保险人就可以制定出比较合理的费率标准。值得指出的是，由于保险金额要在工程结束后才能真正确定，保险费的计收亦应在订立合同时预收，期满时多退少补。

三、安装工程保险

（一）概念与特点

安装工程保险（erection insurance）是指以各种大型机器设备的安装工程项目为承保对象的工程保险，保险人承担对被保险人在机器设备安装过程中及试车、考核期间的一切意外损失的赔偿责任。如各种工厂的机器设备、储油罐、钢结构工程、起重机、吊车等的安装，均可投保安装工程保险。

安装工程保险的特点主要体现在以下几个方面：

（1）以安装工程项目为主要承保对象，各种大型机器设备则是基本的保险标的。

（2）承保的危险主要是人为危险。在安装工程施工过程中，机器设备本身的质量如何，安装者的技术状况如何、责任心如何，安装中的电、水、气供应以及施工设备、施工方式方法等，均是导致危险发生的主要因素。因此，安装工程虽然面临自然危险，保险人也承保多项自然危险，但与人的因素有关的危险却是该险种中的主要危险。

（3）安装工程在试车、考核和保证阶段危险最大。在安装工程保险中，危险并非平均分布，而是集中在最后阶段，即机器设备只要未正式运转，许多危险就不易发生。虽然危险的发生与整个安装过程有关，但只有到安装完毕后的试车、考核和保证阶段，各种问题及施工缺陷才会充分暴露出来。因此，安装工程事故也大多发生在安装完毕后的试车、考核和保证阶段，这是保险人应充分注意的。

（二）基本内容

安装工程保险的承保实务与建筑工程保险有相通之处，但在承保项目等方面仍然有自己独特的内容。安装工程保险的承保项目主要是指安装的机器设备及其安装费，凡属安装工程合同内的机器、设备、装置、物料、基础工程（如地基、基座等）以及为完成安装工程所需的各种临时设施（如临时供水、供电、通信设备等），均包括在内。此外，为完成安装工程而使用的机器、设备等，为安装工程服务的土木建筑工程以及工地上的其他财物、发生保险事故后的场地清理费等均可作为附加项目予以承保。

安装工程保险的第三者责任与建筑工程保险的第三者责任相似，既可以作为基本险责任，也可作为附加险或扩展险责任。

四、科技工程保险

科技工程保险与建筑工程保险及安装工程保险有许多相似之处，但这类保险业务更具专业技术性和科技开拓的危险性，且与现代科技的研究和应用有直接关系。因此，它又不能被一般建筑工程保险和安装工程保险所包含。

由于科技工程具有特别的危险，加之深受多种因素的影响与制约，无论人们采取多么严密的防范措施，都不可能完全避免科技工程事故的发生，一旦发生事故，损失往往以数亿元计乃至以数百亿元计，进而影响政局与社会的稳定，因此，世界各国尤其是发达国家的科技工程无一不以保险作为转嫁危险损失的工具和后盾。

在财产保险市场上，保险人经营的科技工程保险主要有海洋石油开发保险、航天工程保险、核能工程保险等，其共同特点就是高额投资、价值高昂且分阶段进行，保险人既可按工程的不同阶段承保，又可连续承保，与建筑工程保险和安装工程保险有许多相似之处。

案例分析

建筑工程保险的保险责任

某建筑施工公司承包了某大厦的建设工程，根据业主提供的设计和施工方案进行施工，在未设置护栏的情况下，进行敞开式开挖并大量抽排地下水。之后施工单位因发现施工现场附近地面沉降，就暂停了施工，但没有针对地面沉降的情况采取必要的措施。施工单位经与业主商量修改了施工方案并恢复施工，但仍然没有对地面沉降采取防护和恢复措施，就进行人工开孔挖桩。此后，邻近施工现场的一个印刷厂发现厂房、地面开裂，多台进口的精密印刷机出现异常，并有进一步危及人身和财产安全的危险。经受损单位紧急呼吁，当地政府召集有关单位、专家共同提出补救措施并实施后，地面沉降才得到控制。但是损失已经发生，业主自己委托了权威部门对印刷厂的损失进行了鉴定，鉴定结论是：施工单位在基础工程施工时，大量抽排地下水是造成印刷厂厂房和印刷机受损的直接原因。后来施工单位赔偿了印刷厂各种损失 1 000 多万元。随后，施工单位根据建筑工程一切险中第三者责任险的责任范围规定“在本保险期限内，因发生与本保险单所承保工程直接相关的意外事故引起工地内及邻近区域的第三者人身伤亡、疾病或财产损失，依法应由被保险人承担的经济赔偿责任，本公司按下列条款的规定负责赔偿”向保险公司索赔 1 000 多万元。保险公司调查后认为：本案的损失显然不是由意外事故造成的，而是施工单位违反国家颁布的相关施工规范、规程，大量抽排地下水所致，是一种人为因素导致第三者损失的后果。根据建筑工程保险条款的总除外责任规定“被保险人及其代表的故意行为和重大过失引起的任何损失、费用和责任”，保险公司拒赔。该建筑施工公司不服，向法院起诉。

你认为保险公司拒赔是否合理？为什么？

中国实践

政策性农险助力粮食丰收丰产

农业是靠天吃饭的行业，旱灾、霜冻、强降雨等天气因素对农业生产的影响巨大，会造成庄稼减产甚至绝收，因此，种植户尤其是大面积成规模种植户不仅要有种植的基本能力和技术，更要有风险意识和预判能力。农业保险便是专为农业生产者提供的在种植业、养殖业等生产过程中，对遭受自然灾害、意外事故、疫病、疾病等保险事故所造成的经济损失提供保障的一种保险。党的十八大以来，我国农业保险的发展驶入了快车道。2018 年，我国在内蒙古、辽宁等 6 省区开展三大粮食作物完全成本保险和收入保险试点，农险产品进一步丰富；2021 年，三大粮食作物完全成本保险和收入保险试点范围扩大至 13 个粮食主产省份，农业保险政策进一步“扩面、提标”，农险保费持续快速增长。

我国农业保险能够实现如此迅速的发展，离不开政府的支持。中央财政的保费补贴力度逐渐加大也对农业保险的发展起到了推动作用。2007 年，财政部首次发布农业保险保费补贴管理办法，指导各省区市开展保费补贴工作，提高财政资金的利用效率。自此以后，财政部多次调高对农业保险的补贴比例、扩大补贴范围及受惠作物范围，针对不同地区经济水平与财政实力的不同调整补贴比例。2021 年，中央财政对中西部及东北地区的补贴比例调整为 45%，对东部地区为 35%。同时省、市、县各级财政也提供相应的财政补贴。

我国农业保险制度逐步建立和完善，服务能力不断提升，农业保险覆盖范围不断拓展。从 2007 年至 2021 年，农业保险标的从玉米、水稻、小麦、棉花、大豆、能繁母猪增至种植、养殖和森林等 16 项大宗农产品和地方优势特色农产品。对于 13 个粮食主产省份、826 个产粮大县农业保险已实现全覆盖。

本章小结

财产保险是以各种财产及有关利益作为保险标的的保险。广义的财产保险包括财产损失保险、责任保险和信用保证保险。狭义的财产保险是以存放在固定地点的各种财产作为保险标的，对其因火灾及其他所保风险引起的损失由保险人给予经济补偿的保险。财产保险具有保险标的上的广泛性、业务性质上的补偿性、经营内容上的复杂性等特征。财产损失保险作为财产保险中一项传统的、广泛的业务，能够补偿被保险人的各种有形财产的损失，涵盖火灾保险（我国为团体火灾保险、家庭财产保险）、运输工具保险（机动车辆保险、船舶保险、飞机保险）、货物运输保险和工程保险。

练习题

一、名词解释

1. 财产保险
2. 财产损失保险
3. 火灾保险
4. 家庭财产保险
5. 货物运输保险
6. 机动车辆保险
7. 机动车辆第三者责任保险
8. 船舶保险
9. 共同海损
10. 施救费用
11. 救助费用
12. 碰撞责任
13. 仓至仓条款
14. 实际全损
15. 推定全损

二、问答题

1. 论述财产保险的特征。
2. 在确定火灾保险的费率时应考虑哪些因素？
3. 简述船舶保险的保障范围。
4. 简述施救费用与救助费用的区别。
5. 货物运输保险有何特点？
6. 简述共同海损的构成要件。
7. 简述我国海洋货物运输保险的险别。
8. 工程保险有何特点？

即学即练

第6章

人身保险

学习目标

- 理解人身保险的概念、分类及特点
- 了解人身保险合同的主要条款内容
- 掌握传统寿险与创新型寿险的主要内容
- 掌握意外伤害保险的概念、种类及主要内容
- 了解健康保险的特征及主要险种

第一节 人身保险概述

一、人身保险的概念与分类

（一）人身保险的概念

人身保险（personal insurance）是以人的生命和身体作为保险标的的一种保险。人身保险以社会主体人所面临的各种风险存在为前提。人身风险包括生、老、病、死、伤、残等，是客观存在的。人身保险的保险责任是当被保险人在合同期限内发生死亡、伤残、疾病等保险事件或达到合同约定的年龄、期限时由保险人给付保险金。

（二）人身保险的分类

按承保风险划分，人身保险可分为人寿保险、意外伤害保险和健康保险；按实施方式划分，可分为自愿保险与强制保险；按投保主体划分，可分为个人人身保险与团体人身保险；按保险单是否参与分红划分，可分为分红保险和不分红保险；按被保险人的风险程度划分，可分为标准体保险和次标准体保险；等等。

二、人身保险的特点

人身保险是保险业的两大类业务之一，因而具有保险的一般特征。同时，由于保险标的的特殊性，人身保险与财产保险相比又有一些自身的特点。

（一）保险标的的价值无法衡量

人身保险的保险标的是人的生命和身体，其价值是无法用货币来衡量的。对于财产保险，保险标的在投保时的实际价值是确定保险金额的客观依据，人身保险保险金额的确定不是以人的生命和身体的实际价值作为客观依据。在实务中，人身保险的保险金额是由保险合同双方当事人协商后确定的。它的确定要受到两个方面的约束：一方面是被保险人需要人身保险的程度；另一方面是投保人缴纳保险费的能力。

（二）保险金额属于定额给付

人身保险是定额给付性保险（不包括健康保险中的医疗保险）。当发生保险事故时，保险人需按照保险合同规定的保险金额支付保险金，不能有所增减。损失补偿原则是保险的基本原则，其派生出来的分摊原则和代位原则也是保险经营中非常重要的原则，但这些原则主要是针对财产保险。人身保险保险标的的特殊性决定了人身保险不适用损失补偿原则，也不存在比例分摊和代位追偿的问题。在人身保险中一般也不存在重复投保、超额投保和不足额投保问题。所以，当被保险人发生保险责任范围内的保险事故时，保险人不能像财产保险那样根据事故发生时财产损失的实际程度支付保险赔款，并以保险金额为限。

医疗保险是人身保险中的一种特殊情形，它可以采用定额给付方式，也可以采用补偿方式。当采取补偿方式时，适用损失补偿原则，保险人向被保险人给付的医疗保险金不超过被保险人实际支出的医疗费用时，可以进行比例分摊和代位追偿。

（三）保险期限具有长期性特点

人身保险合同大多是长期性合同，特别是人寿保险合同，其保险期限短则几年，长则为人的一生。保险费缴纳期和保险金领取期也可以长达几十年。具体的年数视人身保险的不同险种和被保险人的年龄及投保人的选择而定。

（四）人身保险大多有储蓄性的特点

人身保险的主要险种——人寿保险，不仅提供一般的保险保障，还具有较强的储蓄性，如人寿保险中的终身死亡保险和两全保险。人寿保险的保险费由纯保险费（net premium）和附加保险费（loading）两部分组成。附加保险费是保险公司经营费用的来源，包括新合同费用、维持费用、收费费用等；纯保险费是保险金的来源，包括风险保险费和储蓄保险费两部分。储蓄保险费的投资收益使得被保险人不仅可以获得保障，还可以享受投资带来的收益。人寿保险一般采用均衡保险费的方法，即对于长期性的人寿保险，将被保险人在整个缴费期间所应缴纳的保险费总额以及它的利息均匀地分配在各个缴费期，使每期的保险费为同一金额，不随被保险人年龄的增长而变化的保险费支付方式。我们知道，人的死亡率基本上随着年龄的增长而提高，这样早期缴纳的保险费高于当年的死亡成本，超过的部分保险公司则以预定的利率进行累积。因此也有人将人身保险保险费称作“保险储金”。在保险期满时，人身保险的被保险人即使未发生保险事故，也仍然可以收回一部分保险费（一般称作保险单的现金价值）。因为人身保险的某些保险单具有储蓄性，所以保险单所有人可以在保险单的责任准备金额度内，用保险单做抵押向保险人借款，也可以在中途解除保险合同（一般是在投保两年后）时领取退保金。

三、人身保险合同的主要条款

人身保险合同条款是人身保险合同的核心。一般来说，同类险种具有大致相同的保险条款，具体到不同公司可能会有些许差别。我们在这里只介绍人身保险合同中比较常见的、通行的、对投保人和保险人都非常重要的条款。

（一）不可抗辩条款

不可抗辩条款又称不可争议条款。此条款的内容是：自保险单生效之日起两年内，保险人可以以投保人在投保时隐瞒、误告、遗漏或不实说明为由，主张保险合同无效或拒绝给付保险金。一旦两年期限届满，保险人就不能以此为由解除保险合同或拒绝给付保险金。

保险合同不仅和其他商业合同一样要求合同双方当事人坚持诚信原则，而且要求投保人和被保险人做到最大诚信。一旦投保人在投保时没有履行如实告知、据实回答保险人的询问的义务，保险人有权解除保险合同。但在人寿保险实务中，如果不对保险人利用这一权利施加时间限制，保险人就可能滥用该规定。所以，如此要求对于期限大多较长的人身保险合同来说非常重要，有利于保护被保险人和受益人的正当权益，防止保险人滥用最大诚信原则。

《保险法》第三十二条规定：“投保人申报的被保险人年龄不真实，并且其真实年龄不符合合同约定的年龄限制的，保险人可以解除合同，并按照合同约定退还保险单的现金价值。保险人行使合同解除权，适用本法第十六条第三款、第六款的规定。”由此可看出，保险人在投保人不履行如实告知义务（误告被保险人的年龄）时有解除保险合同的权利，但这一权利的行使要受到抗辩时间（两年）的制约。在国际上，这一条款通常是对被保险人的健康方面做出约定；在我国，这一条款只适用于被保险人的年龄方面。其他方面则由保险合同特别约定。

（二）宽限期条款

宽限期条款是针对投保人由于一些特殊原因未能按时缴纳保险费而设计的。它是指对没有按时缴纳保险费的投保人，保险人给予一定的宽限时间缴纳保险费。在这一期限内，投保人即使未缴保险费也不影响保险单的有效性。如果在宽限期内发生保险事故，保险人照样承担保险金给付责任，但要从保险金中扣除当期应缴的保险费及其利息。一旦宽限期满，投保人仍未缴付保险费，保险合同自宽限期满翌日起效力中止。宽限期条款不仅使投保人在宽限期内得到保障，还有利于保险人自身业务的巩固。

《保险法》第三十六条规定：合同约定分期支付保险费，投保人支付首期保险费后，除合同另有约定外，投保人自保险人催告之日起超过三十日未支付当期保险费，或者超过约定的期限六十日未支付当期保险费的，合同效力中止，或者由保险人按照合同约定的条件减少保险金额。

（三）复效条款

复效条款是针对投保人欠缴保险费致保险单失效后，投保人又想恢复保险合同效力的情况而设计的。

该条款通常规定，投保人欠缴保险费致保险单失效后，投保人可以在一定期限内申请复效。复效后的保险合同和原保险合同具有相同的效力，保险责任、保险期限、保险金额等都相同。

为了保护被保险人和受益人的利益，保险人给予投保人缴纳保险费的宽限期，在宽限期结束后仍未缴纳应付保险费的，保险合同的效力中止。一旦投保人重新具备缴纳保险费的能力并且愿意补缴合同效力停止期间的保险费及其利息，保险合同效力将恢复。但如果中止期限届满，投保人仍未能就复效问题与保险人达成一致意见并补缴保险费及其利息，那么保险人有权解除保险合同。我国保险立法规定，合同的中止期限为两年。

复效条款规定，人寿保险单因欠缴保险费而效力中止的，投保人可以在一定期限内申请复效。

投保人申请复效必须满足以下条件：(1) 必须在规定的期限内申请复效。(2) 被保险人要符合可保条件。(3) 申请复效时必须补缴失效期间未缴的保险费及其利息。

《保险法》第三十七条规定："合同效力依照本法第三十六条规定中止的，经保险人与投保人协商并达成协议，在投保人补交保险费后，合同效力恢复。但是，自合同效力中止之日起满二年双方未达成协议的，保险人有权解除合同。"

（四）保险费自动垫缴条款

该条款规定，投保人按期缴足两年以上保险费的，因故未能在宽限期内缴纳保险费，而保险单当时的现金价值足以垫缴应缴保险费及其利息时，保险人将用保险单的现金价值自动垫缴投保人应缴的保险费及其利息，使保险单继续有效，除非投保人事先另以书面申明不同意如此处理。如果第一次垫缴后，投保人续期保险费仍未交付，垫缴继续进行，直到累计的垫缴保险费达到保险单的现金价值，此时若投保人仍不缴费，保险合同即失效，此失效适用复效条款。如果被保险人在垫缴期间发生保险事故，保险人应从给付的保险金中扣除欠缴保险费的本息。

规定该条款的目的是避免非故意的保险单失效，维持较高的续保率。为了防止投保人过度利用该条款，有的保险合同要求投保人必须申请才能办理，有的保险人对自动垫缴的使用设定限制次数。

（五）不丧失价值条款

该条款规定，保险单所有人享有保险单现金价值的权利，不因保险合同效力的变化而丧失。也就是说，即使保险单失效了，保险单的现金价值所有权也不变。之所以保险单的现金价值仍属于保险单所有人，是因为对长期性的人寿保险实行的是均衡保险费率制。在保险合同生效后的初始阶段，投保人均衡缴纳的保险费超过他当时的自然保险费，在投保人交付一定期限（一般为2年或3年）的保险费后，人寿保险合同就有了一定量的现金价值，且大部分险种的现金价值是不断递增的。这部分现金价值与储蓄存款一样（在不发生给付的情况下），应为投保人所有。也就是说，当保险费交给保险人后，其中的一部分用于支付保险人的费用，大部分被积存用作责任准备金。保险事故发生前，保险人可以使用这部分现金价值；保险事故发生后，投保人可以取回全部保险金；而当投保人不愿继续投保致使保险合同失效时，投保人仍然享有对现金价值的所有权，因此这类条款被称为不丧失价值条款。

投保人处置失效保险单现金价值的方式一般有三种：

（1）办理退保，领取退保金。

（2）将原保险单中的承保险别改为缴清保险，即将原保险单上的责任准备金作为趸缴保险费，在原保险单的保险期限和保险责任保持不变的情况下，重新确定保险金额。缴清保险的保险金额比原保险单中的承保险别的保险金额小。

（3）将原保险单中的承保险别改为展期保险，即将原保险单上的责任准备金作为趸缴保险费，用于购买与原保险合同保险金额相同的死亡保险，其保险期限长短取决于原保险单现金价值的多少，但最长不能超过原保险合同的期限。如果现金价值抵缴后仍有余额，剩余部分可以购买生存保险。这样，如果被保险人生存到保险期满，就可以获得生存保险金。

（六）保险单贷款条款

该条款规定，人寿保险单经过两年时间后，投保人可以以保险单为抵押向保险人申请贷款。根据不丧失价值条款，保险单经过一定时期之后会积存一定的现金价值，且该现金价值归投保人所有。因此，如果投保人有经济上的临时性需要，保险人应该将该现金价值暂时借给投保人使用。贷款金额只能是保险单现金价值的一定比例，如75%或80%等。保险人将按照保险单上规定的利率收取利息。当贷款本息达到保险单的现金价值时，投保人应按照保险人的通知日期还清款项，否则保险单失效。因为它相当于投保人领取了退保金，所以此种失效一般不得申请复效。如果被保险人或受益人领取保险金时，保险单上的贷款本息尚未还清，保险人将从保险金中扣除贷款本息。

保险单贷款的期限多以6个月为限，贷款利率略高于或等于金融机构的贷款利率，通常到期可以自动更新。保险单贷款并非真正的贷款，一般贷款是指债权人借款给债务人，两者签订协议，约定债务人到期还本付息。保险单贷款与一般贷款的区别在于：在保险人给予保险单贷款时，投保人并未许诺将来归还贷款。更准确地说，保险单贷款是保险人将最终必然要支付的款项预付给投保人。实行保险单贷款方便了投保人，降低了保险单解约率，增加了保险人的资金运用渠道。但由于贷款金额较小，笔数较多，保险单贷款的净收益远小于保险人将此笔资金用作其他投资所能得到的净收益。所以，该条款实际上是保险人给予投保人的优惠条款。

（七）年龄误报条款

被保险人的年龄是确定保险费率的重要依据之一，也是保险人决定是否承保的条件。投保人在投保时提供被保险人的年龄，保险人则在发生保险事故时对被保险人的年龄进行核实。一般规定：

（1）在被保险人生存期间发现年龄误报，可调整保险费而维持保险金额不变。

（2）在被保险人死亡时发现年龄误报，则只能按其真实年龄调整保险金额。

（3）在被保险人的真实年龄超过保险公司规定的最高年龄时，保险合同自始无效，保险人退还保险费。

《保险法》第三十二条规定："投保人申报的被保险人年龄不真实，并且其真实年龄不符合合同约定的年龄限制的，保险人可以解除合同，并按照合同约定退还保险单的现金价值。保险人行使合同解除权，适用本法第十六条第三款、第六款的规定。"

投保人申报的被保险人年龄不真实，致使投保人支付的保险费少于应付保险费的，保险人有权更正并要求投保人补交保险费，或者在给付保险金时按照实际支付保险费占应付保险费的比例支付。

投保人申报的被保险人年龄不真实，致使投保人支付的保险费多于应付保险费的，保险人应当将多收的保险费退还投保人。

被保险人死亡时发现年龄误报，保险金额的调整方法如下：

例如，某人投保 10 年期的定期寿险，保险金额为 10 万元，保险费的缴纳方式是 10 年限缴，投保年龄为 30 岁，年缴保险费为 3 300 元。6 年后，该被保险人死亡。保险人在理赔时发现该被保险人投保时的实际年龄为 31 岁，而 31 岁的人年缴保险费为 3 500 元。因此，保险人实际应给付受益人的保险金调整为：

$$100\,000\times(3\,300/3\,500)\approx94\,286\text{（元）}$$

即保险人给付受益人保险金 94 286 元。

如果理赔时发现被保险人投保时的真实年龄为 29 岁，而 29 岁的人年缴保险费为 3 200 元，那么保险人实际应给付受益人的保险金调整为：

$$100\,000\times(3\,300/3\,200)=103\,125\text{（元）}$$

即保险人给付受益人的保险金应为 103 125 元。

一般来说，年龄误报不属于不可抗辩条款的范围，但是我国的法律将其列入不可抗辩条款。

（八）自杀条款

被保险人在保险单生效后的两年内自杀（在复效合同中自杀是从复效日起算），不论其精神是否正常，保险人都不负给付保险金的责任，只需退还投保人所交保险费，并一次性支付给受益人。如果自杀发生在两年之后，保险人履行给付保险金的责任。

如果把自杀从保险单生效开始就列入保险责任，会助长道德风险的发生，并直接影响保险人的经营稳定性。但是把自杀完全作为除外责任也不合理。原因在于：（1）投保人寿保险的目的是保障受益人的利益。（2）生命表的编制考虑了自杀死亡的因素。（3）为骗取保险金的蓄意自杀行为可排除。

我们知道，如果在保险单生效后的两年内被保险人自杀，则保险人根据自杀条款，不予给付保险金。现在有这样一个案例。某人购买了一份 10 年期的死亡保险，保险金额为 20 万元，按年缴纳保险费，缴费期是 10 年。此人在缴纳保险费 3 年后，过了保险单宽限期后还是未缴纳保险费，但在保险单可复效期内申请复效，保险人同意复效。此人在复效后的次年自杀死亡。保险单中载有自杀条款，那么保险公司是否应给付该保险单受益人 20 万元？在这个案例中，保险单实质上经过了第 4 个年度，但因为在复效合同中自杀是从复效日起算的，在该保险单复效后未到两年被保险人自杀，因此保险人不予给付保险金，但退还保险单现金价值。

（九）保险单转让条款

人寿保险保险单是一种特殊的金融资产，其现金价值逐年递增，同时它需要在一定的条件下才能从依法占有变为实际占有。人寿保险保险单持有人在不侵犯受益人既得权利的情况下可以将保险单转让。转让分为绝对转让和抵押转让两种。绝对转让是指把保险单所有权完全转让给另一个人。例如，一位母亲购买了一份以其女儿为被保险人的人寿保险，在其女儿成人时，将保险单赠予她，这就属于绝对转让的一种。又如，某公司有一个重要人物（key person），当重要人物终止雇佣关系时，该公司可能将保险单转售给他。公司获得相应的对价后，可以将保险单绝对转让给其雇员。抵押转让是指把保险单作为被保险人的信用担保或贷款的抵押品。人寿保险保险单的转让仅仅是一种民事权利和义务的转移，并不改变被保险人。保险单转让时，必须书面通知保险人，否则不发生法律效力。通常，受让人取得保险单后，一方面取得了权利，另一方面要承担相应的原保险合同规定的一些尚未履行的义务。在《保险法》中没有有关人寿保险保险单转让的规定，在各寿险公司的条款中也未出现。

第二节 人寿保险

人寿保险（life insurance）简称“寿险”，是以人的生命为保险标的，以人的生死为保险事件，当发生保险事件时，保险人履行给付保险金责任的一种人身保险。人寿保险是人身保险的主要组成部分，当被保险人在保险有效期内发生合同规定的保险事件时，保险人按照约定履行给付死亡保险金或满期生存保险金的义务。

人寿保险的产品种类随着人们对寿险产品需求的增加和当今金融产品以及现实条件的成熟而增加。其中，传统寿险产品主要有死亡保险、生存保险以及两全保险。创新型寿险产品主要有变额寿险、万能寿险以及变额万能寿险。

一、传统寿险

（一）死亡保险

死亡保险是以被保险人的死亡为保险事件，在保险事件发生时，由保险人给付保险金的一种保险。它保障的是受益人等在被保险人死亡后能维持一定的生活水平。按照保险期限的不同，死亡保险分为定期死亡保险和终身死亡保险。

1. 定期死亡保险

定期死亡保险（term life insurance）即定期寿险，是以被保险人在保险合同规定的期限内发生死亡事件而由保险人给付保险金的一种人寿保险。也就是说，如果被保险人在规定的期限内死亡，保险人向受益人给付保险金；如果被保险人期满仍然生存，保险人不需要给付保险金，也不退还保险费。

通常，定期寿险具有以下特点：

（1）保险期限灵活，可长可短。一般可在合同中约定年限，也可约定达到一定的年龄为保险期满。

（2）保险费低廉。定期寿险的保险费低廉是因为它提供的完全是危险保障，没有储蓄的性质。在保险有效期内，发生合同约定的死亡事件，保险人则给付保险金；倘若期满未发生合同约定的死亡事件，保险人与投保人所签订的保险合同清结。

（3）低费率、高保障。这使得被保险人的逆向选择增加，同时也容易诱发道德风险。

（4）可续保性。几乎所有的1年期、5年期、10年期等定期寿险保险单都包含一项续保选择权。该选择权允许保险单持有人在保险单到期时，不经可保性检查便可续保。通常对续保的期间长度有一定的限制，对保险单持有人续保时的年龄也有一定的限制。

（5）可转换性。很多定期寿险都可以进行转换，即允许保险单持有人将定期寿险转换成终身寿险或其他等额的寿险而无须提供可保性证明。通常，定期寿险的可转换期较保险单有效期要短，过了可转换期而保险单持有人没有提出转换保险单的要求，则被视为自动放弃该权利。

2. 终身死亡保险

终身死亡保险（whole life insurance）又称终身寿险，即终身提供死亡保障的保险。在保险合同有效期发生保险责任范围内的事件，不论被保险人何时死亡，保险人都给付保险金。

通常，终身寿险具有以下特点：

（1）保险期限是被保险人的终身。

（2）保险金额通常保持不变，除非保险单有特约条款允许在一定情况下进行调整，如按物价指数调整，分红性的终身寿险通过分红会使整个给付额不断增长，并且每张有效保险单必然发生给付。

（3）储蓄性。保险单经过一定年限就具有了现金价值，投保人对保险单的现金价值具有处置权。几乎所有的终身寿险都基于生命表所假设的100岁为人的寿命极限，尽管实际上许多被保险人能生存至100岁以上，但保险人在定价时假定所有被保险人的最长寿命为100岁。在中国，生命表规定的最大年龄为105岁。这样，为求得公平，保险人应在被保险人生存至100岁或105岁时就支付全部保险金，而不是等到被保险人在100岁或105岁后死亡时支付。

另一种观点认为，终身寿险是一种保障至被保险人100岁或105岁时的定期寿险。这是从精算的角度来分析的，终身寿险的定价方式与定期寿险的定价方式相同，只不过保险期限为从投保时至被保险人100岁或105岁时为止。在被保险人生存至100岁或105岁时的给付，被视为死亡给付，因为从精算角度或从生命表看，相当于被保险人死亡。

（二）生存保险

生存保险是以被保险人于保险期满或达到某年龄时仍然生存为给付保险金条件的一种人寿保险。生存保险的目的主要是为老年人提供养老保障，或者为子女提供教育基金等。

1. 单纯的生存保险

单纯的生存保险以被保险人在保险期满或达到某年龄时仍生存为给付条件，并一次性给付保险金。若被保险人在保险期限内死亡，则得不到保险金，且所缴保险费也不予退还。在寿险实务中，单纯的生存保险一般不作为独立的险种。

2. 年金保险

年金保险是指在被保险人生存期间，保险人按照合同约定的金额、方式，在约定的时间开始时有规则地、定期地向被保险人给付保险金的保险。年金保险大多用于养老，所以又称养老年金保险。

年金可以按不同的标准进行分类：

(1) 按缴付保险费的方式分类，年金可分为趸缴年金和分期缴费年金。

趸缴年金是指保险费由投保人在投保时一次性全部缴清，然后从约定的时间开始，可以在趸缴保险费后不久，也可以在很长时间以后，按期由年金受领者领取年金。

分期缴费年金是指保险费由投保人采取分期缴付的方式，如在一个规定时期内按年缴费，也可以按半年、季、月缴费，然后从约定的时间开始按期由年金受领者领取年金。

(2) 按年金给付开始日期分类，年金可分为即期年金和延期年金。

即期年金是指年金受领者在订立合同后仅间隔一个给付期就开始按期领取年金。即期年金必须采用趸缴保险费的方式。

延期年金是指购买年金保险后，必须经过一定的时期才开始领取年金。该时期必须比一个给付间隔长，如几年或十几年才开始给付第一次年金。人们通常在工作时期购买延期年金，以满足退休后的生活需要。延期年金可以采取趸缴保险费的方式，也可以采取分期缴费的方式。延期的时间越长，缴付保险费的方式也就越灵活。

(3) 按被保险人人数分类，年金可分为单生年金和联合年金。

单生年金是指被保险人为一个人的年金保险，并以他本人的生存作为给付年金的条件。

联合年金是指有两个或两个以上的被保险人，以他们的同时生存作为给付年金的条件，只要其中一个人死亡则终止保险金给付。

(4) 按年金给付条件分类，年金可分为生存年金、确定年金和定期生存年金。

生存年金是指以年金受领者的生存作为给付年金的条件，即年金受领者在合同规定的期限内生存，可以按期领取年金，直到死亡为止。

确定年金是指以合同约定的一定期限为给付年金的条件，而不受年金受领者是否生存的限制。即在合同约定的时期内，无论年金受领者是否生存都可以由年金受领者或其受益人领取年金。

定期生存年金在一个规定时期期满或年金受领者死亡时停止给付年金，以两者先发生的为准。

(5) 按年金给付金额是否变动分类，年金可分为定额年金和变额年金。

定额年金是指每期年金给付额保持不变。

变额年金是指每期年金给付额会有所变化，给付额主要根据投资收益进行调整，以保持年金的实际购买力，抵消通货膨胀的影响。

（三）两全保险

两全保险（endowment insurance）是既提供死亡保障，又提供生存保障的一种保险。两全保险中的死亡给付对象是受益人，而期满生存给付对象是被保险人。

从数学的角度来看，两全保险的保险人提供两种承诺：一是若在保险有效期内被保险人死亡，则向受益人支付保险单规定数额的死亡保险金；二是若被保险人生存至保险期满，则向被保险人支付保险单规定数额的生存保险金。这样，在生存保险期内提供死亡给付，只需在生存保险中增加一个同期的定期寿险。可以看出，两全保险中的两个因素——均衡定期寿险及生存保险，构成了两全保险的保障。

从经济学的角度来看，两全保险可以分为两个部分，即保额递减的定期寿险及保额递增的储蓄性保险。储蓄部分的价值，保险单持有人可以通过退保及保险单贷款获得，保额递增的储蓄部分与保额递减的定期寿险部分相结合，恰好等于保险单规定的保额。

二、创新型寿险

（一）变额寿险

变额寿险（variable life insurance）于20世纪70年代初出现在欧洲和加拿大。1976年，美国的人寿保险公司也开始经营这个险种。变额寿险是通货膨胀的产物。20世纪70年代初，整个资本主义国家发生了严重的通货膨胀，传统的固定保险费、固定保险金额的险种受到了极大的挑战，甚至整个保险业都受到了威胁。在这种情况下，一种保险费固定但死亡给付金额不固定且有最低死亡给付金额保证的新险种就产生了，即变额寿险。经营变额寿险的保险人对该保险的资产单独设立账户，单独进行投资，死亡给付金额会随着投资结果进行调整。

保险人为了稳妥经营，大多采用投资组合方法。保险人提供的投资账户有股票基金、债券基金和货币市场基金等。保险单持有人有投资选择权，他们可以决定净保险费投入各种基金的比例或投入每一种基金的限额。保险人每年还要向保险单持有人寄发报告，以说明他们所持有保险单的现金价值、死亡保障金额和各项费用。

变额寿险大多是终身寿险。投保的根本目的是希望受益人得到较高的死亡保障金额，但最终结果如何取决于投资业绩。如果投资收益率高，现金价值和死亡保障金额都会增加；如果投资收益率低，只能保证最低死亡给付金额。也就是该保险单的死亡给付包括两个部分：第一部分是保险单约定的最低死亡给付金额，这一部分是固定的；第二部分是可变的死亡给付金额，即随投资收益变化的部分。投资收益率超过保险单预定利率的部分用来购买一份额外的保险。这份保险通常按纯费率购买，持有时间可以按天、按周、按月、按年计。如果投资收益率低于保险单预定的利率，则会相应减少过去已增加的保额，直至保额的最低限度。保险单持有人承担了几乎全部的投资风险，但死亡率和费用率的变动风险仍由保险人承担。

变额寿险还提供许多传统的保险单选择权，如家庭定期保障、意外死亡保障、保险费豁免保障。变额寿险的保险单抵押贷款一般以现金价值的75%为限，这是因为变额寿险的现金价值波动性比较大。保险单持有人要求退保时，退保金根据保险单当时的现金价值计算。

（二）万能寿险

万能寿险（universal life insurance）是一种缴费方式灵活、保额可调整的非约束性的寿险。万能寿险是为了满足要求保险费支出低且缴费方式灵活的寿险消费者的需求而在1979年后出现于美国寿险市场的。在万能寿险经营中，保险人对每个保险单持有人单独设立账户，该账户的收入项目有新缴保险费、保证利息和超额利息，支出项目有风险保费和管理费用。收入项目与支出项目的余额用来增加保险单的现金价值。保险人每月向保险单持有人寄送报告，说明各账户的具体收支情况。

万能寿险和传统寿险相比具有以下特点：

（1）现金价值。传统寿险的现金价值在投保时就已精确计算，而万能寿险的现金价值不仅取决于所缴保险费，还取决于未来的投资收益。具体来讲，现金价值有四个决定因素，即新缴保险费、定期寿险费用（死亡分摊成本）、管理费用和投资收益。用公式表示为：

期末现金价值＝期初现金价值＋新缴保险费－管理费用－定期寿险费用＋投资收益

（2）保险费缴付。万能寿险对投保人首期缴纳的保险费有最低限制，以后各期的保险费则由保险单持有人决定。但未来各期的保险费必须足够支付定期寿险的费用，保险单持有人必须在60天的宽限期内缴足必要的保险费，否则保险单的效力中止。万能寿险通常也规定了保险费的最高金额，保险单持有人可以在最低金额与最高金额之间决定自己的缴费金额。在不低于最低保险金额的前提下，如果是减少保险金额，不需要提供可保性证明；如果是增加保险金额，则需要提供可保性证明。

（3）死亡给付方式。万能寿险主要提供两种死亡给付方式：一是均衡给付方式。也就是死亡给付金额是固定的，净风险保额每期都进行调整，净风险保额增加，现金价值则减少，反之亦然，因此，净风险保额和现金价值之和构成了固定的死亡给付金额。二是随着现金价值变化而变化的死亡给付方式。在这种方式下，如果现金价值增加了，则死亡给付金额会等额增加，它是均衡的净风险保额与现金价值之和。

（4）提前支取的手续费。万能寿险除每次增加保险费都会收取初始费用外，如果前五年支取也会相应收取手续费，收费比例在保险单上清楚地列示。

（5）保证利息和超额利息。万能寿险的保险人预先与保险单持有人约定保证给付的利息，称为保证利息。这与传统人寿保险单的现金价值类似。除此之外，保险单持有人还享有超额利息。超额利息取决于保险人的投资结果。在正常情况下，超额利息是反映保险人经营好坏的标准。

（6）保险单抵押贷款。万能寿险的保险单持有人可以以现金价值做抵押申请贷款，贷款金额可以是期初现金价值加保证利息的一个比例，贷款利息各公司会定期公布。

（7）选择权。万能寿险还有传统人寿保险的一些选择权：意外死亡保障、保证可保条款、保险费豁免条款等。

（三）变额万能寿险

变额万能寿险（variable universal life insurance）是融合了缴费方式灵活的万能寿险

与投资灵活的变额寿险保额而形成的缴费方式灵活、投资灵活和保额可调整的寿险。

变额万能寿险遵循万能寿险的保险费缴纳方式，而且保险单持有人可以根据自己的意愿将保额降至保险单规定的最低水平，也可以在具备可保性时提高保额。与万能寿险不同的是，变额万能寿险的资产保存在一个或几个分离账户中，这一特点与变额寿险相同。其现金价值的变化也与变额寿险现金价值的变化相同，而且变额万能寿险没有现金价值的最低承诺，即保险单现金价值可能降至零。变额万能寿险一般可以在一定时期将其现金价值从一个账户转至另一个账户，而不用缴纳手续费、税金。

大多数变额万能寿险保险单设计的死亡给付方式与变额寿险不同；它依照万能寿险的死亡给付方式。在死亡给付的第一种方式下，除非是保险单持有人更改，否则保险单的死亡给付金额保持不变。在死亡给付的第二种方式下，保险单的死亡给付金额会随着资产价值的变化而变化。

三、寿险附加条款

对附加条款的使用可使人寿保险单得到修正，无论是对保险人还是对保险单持有人都具有一定的好处，因为不需要签订新的合同就可扩展原寿险保险单的保障。

（一）保证可保性附加条款

这一附加条款使得保险单持有人无须提供新的可保性证明，就可以在规定的时间内重新购买一份一定保额的与原来相同的保险，即这种附加条款保证了被保险人的可保性，而不管事实上是否真的具有可保性。通常，附加条款将保险单持有人在规定日期内可另外购买的保险金额限制在原保额之内或另行规定。另外，也可规定在某些事件发生后，如被保险人结婚及其小孩出生后，购买额外保险。

（二）免缴保险费条款

投保人只需每次额外缴纳一些保险费，就可获得在被保险人丧失劳动能力后的保险费免缴优惠。免缴的保险费实际上是由保险公司支付了，因此，如果该保险单是有现金价值的保险单，则其现金价值会继续正常增加，与继续缴纳保险费效果相同。与常规意义上的残疾概念不同，这类附加条款通常对“丧失劳动能力”做出了定义：被保险人丧失了从事自己的职业或其他可从事职业的能力。该条款几乎可以附加到任何寿险险种上，如每年续保的、可转换的定期寿险。如果每年续保的定期寿险在续保时免缴保险费，则该保险单自动续保。这样，这份保险单就一直续保到被保险人恢复劳动能力或保险单规定的最后续保时间。对于免缴保险费的可转换的定期寿险，在保险期满后仍可转换为终身寿险，但是否可以免缴保险费则要看具体条款的规定。

（三）意外死亡给付附加条款

意外死亡给付附加条款为被保险人死于意外事故提供了额外的保障。这部分额外的保障通常与主保险单的保额相等。这时，这种意外死亡给付附加保险通常称为双重保障意外死亡保险，金额可以是主保险单保额的数倍，也可以与主保险单保额无关。通常，若要满足意外死亡给付附加条款的条件，被保险人的死因必须是直接的、独立于所有其他原因的意外的身体伤害。意外死亡给付附加条款一般都规定有许多除外责任及限制。除外责任明确规定若被保险人死于某几种特定的原因，保险公司不负意外死亡的给付责任。通常的除外责任有：自杀，死于战乱，死于飞行活动（如作为个人爱好参加飞行比赛，而不是作为乘客），从事非法活动或吸毒引起的死亡。

（四）配偶及子女保险条款

该条款可以附加到任何种类的终身寿险上，为配偶及子女提供寿险保障。这种附加保险往往是一种定期险，保额为几个基本单位。如一个单位保额可以提供配偶 5 000 元、子女 1 000 元的保障，两个单位保额可以提供配偶 10 000 元、子女 2 000 元的保障等。许多保险公司允许的最大保额为五个单位。

子女附加保险是一种定额的定期寿险。当子女达到某一规定的年龄时，保险就结束，保险费是一个固定的金额，且不随子女数量而改变，即缴纳一定的保险费可为所有子女提供保障。也就是说，若购买了这种附加险，又有子女出生，就会自动享受这种保障而不用增加保险费。另外，该保险条款还可提供其他的额外优惠。如将该定期保险转换为终身寿险；当主险的被保险人死亡，子女可以免缴附加保险费；如果配偶死亡，则保险费可以降低，或保额自动增加。

保险公司也常常销售一种名为家庭保险的保险。这是一种附加配偶及子女保险的终身寿险。配偶及子女的保额往往是主险保额的一定比例，如四分之一或五分之一。

（五）生活费用调整条款

该条款可以附加到各种定期保险及终身寿险上。该条款规定：保险单保额可以随着消费者价格指数的上升而自动增加。例如，如果消费者价格指数 1 年内上升了 8 个百分点，则保额自动增加 8%，保险费相应增加 8%，而不需新的可保性证明。如果消费者价格指数下降，则保额保持不变。当然，保险单持有人也可以拒绝这种保额及保险费的增加。有的条款规定：如果保险单持有人拒绝了保险费的增加，该附加条款自动终止。因为该条款的保额是随着消费者价格指数的上升而增加的，而不是签发新的保险单，因而保险公司的费用就能降低，导致这种附加保险的保险费相对较低。

第三节　意外伤害保险

一、意外伤害保险的概念与种类

（一）意外伤害保险的概念

意外伤害保险（accident injury insurance）是以被保险人因遭受意外伤害造成死亡或残疾为给付条件的一种人身保险。意外伤害保险有三层含义：

第一，必须有客观的意外事故发生，且事故原因是意外的、偶然的、不可预见的。

第二，必须有客观事故造成被保险人死亡或残疾的结果。

第三，意外事故的发生和被保险人死亡或残疾的结果之间具有内在的、必然的联系，即意外事故的发生是被保险人死亡或残疾的原因，而被保险人死亡或残疾是意外事故的后果。

意外伤害保险的保障项目主要有两个：一是死亡给付，被保险人因遭受意外伤害死亡时，保险人给付死亡保险金。二是残疾给付，被保险人因遭受意外伤害残疾时，保险人给付残疾保险金。死亡给付、残疾给付是意外伤害保险的基本责任。

意外伤害保险的派生责任包括医疗费用给付、误工给付、丧葬费给付和遗属生活费给付等责任。医疗费用给付，即被保险人因遭受意外伤害支出医疗费用时，由保险人按合同约定予以补偿。意外伤害医疗不是意外伤害保险的责任范围，它必须经当事人同意，以特约条款方式附加于意外伤害保险单或人寿保险单上。误工给付，即被保险人因遭受意外伤害暂时丧失劳动能力时，由保险人给付停工收入保险金。此险种一般不能单独投保，只能作为意外伤害保险的附加险。在一般情况下，丧葬费给付和遗属生活费给付也是作为意外伤害保险的附加险或在附加责任中体现。

（二）意外伤害保险的种类

(1) 按保险责任分类，意外伤害保险可分为以下三种：

1) 意外伤害死亡和残疾保险。保险责任是死亡给付和残疾给付。

2) 意外伤害医疗保险。保险责任是医疗费用给付。

3) 意外伤害停工收入损失保险。保险责任是意外伤害造成暂时丧失劳动能力的停工收入给付。

(2) 按保险危险分类，意外伤害保险可分为以下两种：

1) 普通意外伤害保险。它所承保的危险是在保险期间内发生的各种意外伤害。即被保险人在保险有效期内，因遭受意外伤害而死亡、残疾或暂时丧失劳动能力时，由保险人给付保险金的保险。

2) 特定意外伤害保险。它是以特定时间、特定地点或特定原因发生的意外伤害为所承保危险的意外伤害保险。包括旅行意外伤害保险、特种意外伤害保险（包括游泳者意外伤害保险、索道游客意外伤害保险、登山意外伤害保险和电梯乘客意外伤害保险）等。

(3) 按保险期限分类，意外伤害保险可分为以下三种：

1) 一年期意外伤害保险。即保险期限为 1 年的意外伤害保险。

2) 极短期意外伤害保险。即保险期限不足 1 年，往往只有几天、几小时甚至更短时间的意外伤害保险。如索道游客意外伤害保险、航空意外伤害保险等。

3) 多年期意外伤害保险。即保险期限超过 1 年的意外伤害保险。

(4) 按承保方式分类，意外伤害保险可分为以下两种：

1) 个人意外伤害保险。即以个人方式投保的意外伤害保险。

2) 团体意外伤害保险。即以团体方式投保的意外伤害保险，其保险责任、给付方式均与个人意外伤害保险相同。该保险是一个团体内的全部或大部分成员集体向保险公司办理投保手续，以一张保险单承保的意外伤害保险。团体是指投保前就已存在的机关、学校、社会团体、企业、事业单位等，而不是为了投保而组成的团体。

与人寿保险、健康保险相比，意外伤害保险是最有条件、最适合采用团体投保方式的。

二、意外伤害保险的内容

（一）意外伤害保险的保险责任

意外伤害保险的保险责任是被保险人因意外伤害所致的死亡或残疾，不负责疾病所致的死亡。死亡保险的保险责任是被保险人因疾病或意外伤害所致的死亡，不负责意外伤害所致的残疾。两全保险的保险责任是被保险人因疾病或意外伤害所致的死亡以及被保险人生存到保险期结束。

在意外伤害保险中，只要被保险人遭受意外伤害发生在保险期限内，而且在自遭受意外伤害之日起的一定期限内（即责任期限内，如 90 天、180 天等）造成死亡或残疾的后果，保险人就要承担保险责任，给付保险金，即便被保险人在死亡或确定残疾时保险期限已经结束，只要未超过责任期限，保险人就要负责。

意外伤害保险的保险责任由三个必要条件构成：被保险人在保险期限内遭受了意外伤害；被保险人在责任期限内死亡或残疾；被保险人所受意外伤害是导致其死亡或残疾的直接原因或近因。三者缺一不可。

1. 被保险人遭受了意外伤害

被保险人在保险期限内遭受意外伤害是构成意外伤害保险的保险责任的首要条件。这一条件包括以下两个方面的要求：一是被保险人遭受意外伤害必须是客观存在的事实，而不是臆想或推测的；二是被保险人遭受的意外伤害的客观事实必须发生在保险期限内。

2. 被保险人死亡或残疾

被保险人在责任期限内死亡或残疾，是构成意外伤害保险的保险责任的必要条件之一。这一必要条件包括以下两个方面的要求：

（1）被保险人发生死亡或残疾事件。死亡即机体生命活动和新陈代谢的终止。在法律上发生效力的死亡包括两种情况：一是生理死亡，即已被证实的死亡；二是宣告死亡，即按照法律程序推定的死亡。依据《中华人民共和国民法典》第四十六条的规定，自然人有下列情形之一的，利害关系人可以向人民法院申请宣告该自然人死亡：1）下落不明满四年；2）因意外事件，下落不明满二年。因意外事件下落不明，经有关机关证明该自然人不可能生存的，申请宣告死亡不受二年时间的限制。残疾包括两种情况：一是人体组织的永久性残缺，如肢体断离等；二是人体器官正常机能的永久丧失，如丧失视觉、听觉、嗅觉、语言能力以及出现运动障碍等。

（2）被保险人的死亡或残疾发生在责任期限内。责任期限是意外伤害保险和健康保险特有的概念，指自被保险人遭受意外伤害之日起的一定期限（如 90 天、180 天、360 天等）。

如果被保险人在保险期限内遭受意外伤害，在责任期限内发生生理死亡，则显然构成保险责任。但是如果被保险人在保险期限内因意外事故下落不明，自事故发生之日起满 2 年，在法院宣告被保险人死亡后，责任期限已经超过。为了解决这一问题，可以在意外伤害保险条款中订有失踪条款或在保险单上签注关于失踪的特别约定，规定被保险人确因意外事故下落不明超过一定期限时，视同被保险人死亡，保险人给付死亡保险金；但如果被保险人生还，受领保险金的人应把保险金返还给保险人。

责任期限对于意外伤害造成的残疾实际上是确定残疾程度的期限。如果被保险人在保险期限内遭受意外伤害，治疗结束后被确定为残疾，且责任期限尚未结束，当然可以根据确定的残疾程度要求给付残疾保险金。但是，如果被保险人在保险期限内遭受意外伤害，责任期限结束时治疗仍未结束，尚不能确定最终是否造成残疾以及造成何种程度的残疾，那么，就需要推定责任期限结束时被保险人的组织残缺或器官正常机能丧失是否为永久性的，即以这一时点的情况确定残疾程度，并按照这一残疾程度给付残疾保险金。以后，即使被保险人经过治疗痊愈或残疾程度减轻，保险人也不能追回全部或部分残疾保险金。反之，即使被保险人加重了残疾程度或死亡，保险人也不会追加给付保险金。

3. 意外伤害是导致被保险人死亡或残疾的直接原因或近因

在意外伤害保险中，被保险人在保险期限内遭受了意外伤害，并且在责任期限内死亡或残疾，并不意味着必然构成保险责任。只有当意外伤害与死亡、残疾之间存在因果关系，即意外伤害是死亡或残疾的直接原因或近因时，才构成保险责任。意外伤害与死亡、残疾之间的因果关系包括以下三种情况：

（1）意外伤害是死亡、残疾的直接原因。即意外伤害直接造成被保险人死亡或残疾。当意外伤害是被保险人死亡、残疾的直接原因时，构成保险责任，保险人应该按照保险金额给付死亡保险金或按照保险金额和残疾程度给付残疾保险金。

（2）意外伤害是死亡或残疾的近因。即意外伤害是引起直接造成被保险人死亡、残疾的事件的最初、最有效的原因。

（3）意外伤害是死亡或残疾的诱因。即意外伤害使被保险人原有的疾病发作，从而加重后果，造成被保险人死亡或残疾。当意外伤害是被保险人死亡、残疾的诱因时，保险人不是按照保险金额和被保险人的最终后果给付保险金，而是比照身体健康者遭受这种意外伤害给付保险金。

（二）意外伤害保险的给付方式

意外伤害保险属于定额给付保险，当保险责任构成时，保险人按保险合同约定的保险金额给付死亡保险金或残疾保险金。

死亡保险金的数额已在保险合同中规定，当被保险人死亡时如数支付。

残疾保险金的数额由保险金额和残疾程度两个因素确定。残疾程度一般以百分率表示，残疾保险金的计算公式是：

残疾保险金＝保险金额×残疾程度百分率

在意外伤害保险合同中，应列举残疾程度百分率，列举得越详尽，给付残疾保险金时保险人和被保险人就越不易发生争执。但是，列举不可能完全穷尽，无论残疾程度百分率列举得多么详尽，都不可能包括实务中可能发生的所有情况。对于未列举的情况，只能由当事人之间按照公平合理的原则，参照列举的残疾程度百分率协商确定。协商不一致时可提请有关机构仲裁或由人民法院判决。

在意外伤害保险中，保险金额不仅是确定死亡保险金、残疾保险金的依据，而且是保险人给付保险金的最高限额，即保险人给付每个被保险人的死亡保险金、残疾保险金累计以该被保险人的保险金额为限。当一次意外伤害造成被保险人身体若干部位残疾时，保险人按保险金额与被保险人身体各部位残疾程度百分率之和的乘积计算残疾保险金，但如果各部位残疾程度百分率之和超过 100%，则按保险金额给付残疾保险金。

被保险人在保险期限内多次遭受意外伤害时，保险人对每次意外伤害造成的残疾或死亡均按保险合同中的规定给付保险金，但给付的保险金累计以保险金额为限。

第四节 健康保险

一、健康保险的定义与特征

（一）健康保险的定义

健康保险（health insurance）是以人的身体为保险标的，保证被保险人在保险有效期内因保险责任范围内的疾病或意外事故所致伤害的费用或损失获得补偿的一种保险。当然，并不是每张健康保险保险单的承保内容都包含所有费用和损失，否则成本相当高。一般来说，健康保险承保的主要内容有如下两大类：

（1）由疾病或意外事故所致的医疗费用。在实务中，习惯上将承保医疗费用的健康保险统称医疗保险或医疗费用保险。

（2）由疾病或意外事故所致的收入损失。如果被保险人不能参加任何工作，则收入损失是全额的；如果只能从事比原工作收入低的工作，那么收入损失则是部分的，则损失数额即为原收入与新收入之差。这种健康保险称为残疾收入补偿保险。

有的健康保险向被保险人支付临时的残疾补偿金，或是长期的每月或每周生活补助；有的健康保险提供全部或部分收入损失补偿；有的健康保险在被保险人残疾时向其支付一笔保险金，如双目失明或肢体残缺等情况。大部分健康保险则集中在承保医疗费用方面。

（二）疾病的成立条件

我们在这里强调疾病的一个重要原因是，有些健康保险只承保由疾病造成的费用等，而对于由意外事故造成的费用或损失不承担给付保险金的责任。那么疾病及其成立的条件是一个重要判定标准。

疾病是指由于人体内在的原因而造成精神上或肉体上的痛苦或不健全。构成健康保险所指的疾病必须满足以下三个条件：

（1）必须是由明显非外来原因造成的。由外来的、剧烈的原因造成的病态视为意外伤害，而疾病是由身体内在的生理原因所致。但若是因饮食不慎、细菌感染引起的疾病，则不能简单视为外来因素，因为外来的细菌还是经过体内抗体的抵抗以后，最后才形成疾病。因此，一般以是否存在明显外来的原因作为疾病和意外伤害的分界线。

（2）必须是由非先天原因造成的。健康保险仅对被保险人的身体由健康状态转入病态承担责任。由于先天原因，身体发生缺陷，例如视力、听力的缺陷或身体形态的不正常，不能作为疾病由保险人负责。

(3) 必须是由非长存的原因造成的。在人的一生中，要经历生长、成年、衰老的过程，在机体衰老的过程中也会显示一些病态，这是必然要经历的生理过程。对每个人来讲，衰老是必然的，但在衰老的同时诱发疾病却是偶然的，需要健康保险来提供保障。而生理上的原因，即人到一定年龄后出现的衰老现象，则不能被称为疾病，不是健康保险的保障范围。

(三) 健康保险的特征

1. 保险性质上的双重性

健康保险既有对患病给付一定保险金的险种，也有对医疗费用和收入损失进行补偿的险种，其给付金额往往是按照实际发生的医疗费用或收入损失来定。也就是说，健康保险的一些险种具有人寿保险的属性，一些险种具有损害保险的属性。正因为如此，有些国家把医疗费用保险列入损害保险，允许财产保险公司经营健康保险。又如，我国 2002 年修正的《保险法》将原来财产保险业务的经营范围扩展为“经营财产保险业务的保险公司经保险监督管理机构核定，可以经营短期健康保险业务和意外伤害保险业务”。

2. 承保标准

健康保险的承保条件一般比寿险的承保条件更严格，其对疾病产生的原因需要进行相当严格的审查，一般是根据被保险人的病历来判断。另外，为防止患有疾病的被保险人投保，在保险单中常常规定一个等待期或观望期，等待期或观望期多为 180 天（不同的国家有不同的规定），被保险人在等待期或观望期内因疾病支出医疗费用或产生收入损失，保险人不负责任。等待期或观望期结束后，健康保险保险单才正式生效，即在等待期或观望期内所患疾病被推定为投保之前就患有。在健康保险中，对在体检中不能达到标准条款规定的身体健康要求的被保险人，一般按照次健体保险单来承保，或提高保险费，或重新规定保险责任范围。对于被保险人所患有的特殊疾病，可单独制定特种条款，额外收费或注明其为除外责任。

3. 代位追偿

健康保险中的保险人拥有代位追偿权。代位追偿权主要是防止被保险人通过保险获取额外利益。对于具有损害性质的保险，保险人所支付的保险金至多是对保险事故造成的实际损失的赔偿，被保险人不能因保险事故发生而获得额外利益。在健康保险中，被保险人发生医疗费用支出后，若医疗费用已经由第三方全部或部分赔偿，保险人可以不给付保险金，或只给付第三方赔偿后的差额部分。若保险人已经支付保险金，而保险责任应当由第三方承担，被保险人应当将对第三方的求偿权转移给保险人。

4. 成本分摊

健康保险的基本责任主要是疾病（通常不包括分娩）医疗给付责任。即对于被保险人的疾病医治所发生的医疗费用支出，保险人按规定给付相应的医疗保险金。由于健康保险具有风险大、不易控制和难以预测的特性，因此，在健康保险中，保险人对所承担的医疗保险金的给付责任往往带有很多限制或制约性条款，通常使用的条款有：

(1) 免赔额条款。即在健康保险中，一般对一些金额较低的医疗费用采用免赔额的规定，即保险人只负责超过免赔额的部分。这样做一方面是因为被保险人在经济上可以承受金额较低的医疗费用，同时可以省去保险人因此而投入的大量工作。另一方面，免赔额的规定可以促使被保险人加强对医疗费用的自我控制，避免不必要的浪费。免赔额的计算方式一般有三种：一是单一赔款免赔额，针对每次赔款的数额；二是全年免赔额，按全年赔款总计，超过一定数额后才赔付；三是集体免赔额。就团体投保而言，在规定了免赔额之后，小额的医疗费用由被保险人自负，大额的医疗费用由保险人承担。

（2）比例给付条款，或称共保比例条款。在健康保险中，由于是以人的身体为保险标的，不存在是否足额投保问题，同时由于健康保险的危险不易控制，因此，在大多数健康保险合同中，对保险人医疗保险金的支出均有比例给付的规定，即对超过免赔额的医疗费用部分采用保险人和被保险人共同分摊的比例给付办法。比例给付既可以按某一固定比例给付，也可按累进比例给付，即随着实际医疗费用支出的增大，保险人承担的比例累计递增，被保险人自负的比例累计递减。这种规定既有利于保障被保险人的经济利益，免去其后顾之忧，也有利于保险人对医疗费用的控制。

（3）给付限额条款。由于健康保险的危险大小差异很大，医疗费用支出也相差很大，为了加强对健康保险的管理，保障保险人和广大被保险人的利益，保险人一般对医疗保险金的最高给付有限额规定，以控制总支出水平。当然，在以某些专门的大病为承保对象的健康保险中，可以没有给付限额的规定，但这种合同的免赔额比较高，被保险人自负的比例一般也较高。

二、健康保险的种类

（一）医疗保险

（1）普通医疗保险。普通医疗保险向被保险人提供治疗疾病时相关的一般性医疗费用，主要包括门诊费用、医药费用、检查费用等。这种保险适用于一般社会公众，因为到医院看病是经常发生的事，这种保险的保险费成本较低。由于医药费用和检查费用的支出控制有一定的难度，所以这种保险一般只负担超过免赔额部分的一定百分比，保险费则每年规定一次。因疾病所发生的医疗费用累计超过保险金额时，保险人不再负保险责任。

（2）住院保险。由于住院所发生的费用往往相当高昂，故将住院费用作为一项单独的保险。住院保险的费用项目主要是使用房间的费用、住院期间的医生费用、使用医院设备的费用、手术费用、医药费用等。住院时间长短将直接影响住院费用的高低，而且住院费用比较高，因此这种保险的保险金额根据病人平均住院费用情况而定。为了控制不必要的长时间住院，这种保险一般规定保险人只负责所有费用的一定百分比，例如90%。

（3）手术保险。这种保险提供因病人需要做必要的手术而发生的费用。这种保险一般负担所有的手术费用。

（4）综合医疗保险。该保险是保险人向被保险人提供的一种全面的医疗费用保险，费用范围包括医疗和住院、手术等一切费用。这种保险的保险费较高，一般确定一个较低的免赔额以及适当的分担比例，如85%。

（5）特种疾病保险。某些特殊的疾病给病人带来的往往是灾难性的费用支付，如癌症、心脏疾病等。这些疾病一经确诊，必然会产生大额的医疗费用支出。因此，通常要求这种保险的保险金额比较高，以支付产生的各种费用。特种疾病保险的给付方式一般是在被保险人被确诊患有特种疾病后，保险人立即一次性支付保险金。

（二）残疾收入补偿保险

1. 残疾收入补偿保险的含义

残疾收入补偿保险也称丧失劳动能力收入补偿保险，是提供被保险人因疾病或遭受意外伤害而残疾不能继续工作时所发生的收入损失补偿的保险。如果一个人因疾病或遭受意外伤害而不能参加工作，那么他就会失去原来的工资收入。这种收入的损失数额可能是全部的，也可能是部分的，时间可能较长，也可能较短。

2. 残疾收入补偿保险的分类与给付方式

残疾收入补偿保险可分为两种：一种是补偿意外伤害所致的残疾导致的收入损失；另一种是补偿疾病所致的残疾导致的收入损失。在实践中，疾病所致的残疾比意外伤害所致的残疾更常见。残疾收入补偿保险的给付一般规定为以下三种方式：

（1）按月或按周进行补偿。这根据被保险人的选择而定，每月或每周可提供金额一致的收入补偿。

（2）给付期限。给付期限可以是短期或长期。短期补偿是为了补偿在身体恢复前不能工作的收入损失。短期给付的期限一般为 1～2 年。长期补偿则规定较长的给付期限，一般是补偿完全残疾而不能恢复工作的收入损失，通常规定给付到 60 周岁或退休年龄，如果被保险人死亡则停止给付。

（3）推迟期。残疾后的前一段时间称为推迟期，在这一期间不提供任何补偿，推迟期一般为 3 个月或 6 个月，这是由于在短时间内被保险人还可以维持一定的生活，同时它通过取消对短期残疾的给付而减少保险成本。

3. 残疾的定义

在残疾收入补偿保险中，关于残疾的定义有很多方式，这里讨论完全残疾和部分残疾。

（1）完全残疾。完全残疾一般指永久丧失全部劳动能力，不能从事原职业或任何新的职业而获得工资收入。

关于永久丧失全部劳动能力的定义有许多种，通常可采用的标准有：不能从事任何职业；不能从事与自身正规教育培训、经验相关的职业；不能从事个人喜欢的职业；等等。保险公司一般采用较为严格的定义。

对于双眼、双手或双脚等完全失去正常功能的情况，一般也被认为是完全残疾。完全残疾给付的保险金一般比残疾前的收入少一些，经常是原收入的 75%～80%。

（2）部分残疾。部分残疾是相对全部残疾而言的，是指部分丧失劳动能力。如果我们把完全残疾认为是全部收入损失，部分残疾则意味着被保险人还能从事一些有收入的其他职业。在这种情况下，保险人给付的将是全部保险金的一部分，其计算表达式为：

$$\text{部分残疾给付}=\text{完全残疾给付}\times\frac{\text{残疾前的收入}-\text{残疾后的收入}}{\text{残疾前的收入}}$$

（3）其他给付类型。残疾收入补偿保险是对被保险人的收入损失进行有效补偿，通常因条件的不同而具有不同类型。例如，收入补偿金额可以随消费者价格指数的变化进行调整，或者在住院期间由于医疗费用较高，可以支付一笔较大数额的补偿。如果被保险人通过其他渠道得到一定的收入补偿，残疾收入补偿保险会扣除已获得的部分，只支付余额部分，因此残疾收入补偿保险是一种损失补偿保险。

（三）重大疾病保险

在一般情况下，重大疾病保险具有如下几个基本特点：

（1）个人可以任意选择投保重大疾病保险，作为一种独立的险种，它不必附加于其他险种之上。

（2）重大疾病保险条款一般都规定了一个等待期或观望期，在等待期或观望期内疾病所致的医疗费用及收入损失，保险人概不负责，等待期或观望期结束后保险单才正式生效。

（3）重大疾病保险为被保险人提供了切实的疾病保障，且程度较高。重大疾病保险保障的重大疾病是可能给被保险人的生命或生活带来重大影响的疾病项目，如急性心肌梗死、恶性肿瘤等。

（4）保险期限较长。重大疾病保险一般都能使被保险人“一次投保，终身受益”。保险费缴付方式灵活多样，且通常设有宽限期条款。

（5）重大疾病保险的保险费可以按年、半年、季、月分期缴付，也可以一次缴清。

三、健康保险的内容

（一）个人健康保险

1. 个人健康保险的概念

个人健康保险是指以单个自然人为承保对象的健康保险。个人健康保险是相对于团体健康保险而言的。个人健康保险与团体健康保险是基于承保对象进行划分的结果。在现实生活中，很多人并不能得到团体健康保险的保障，在他们的经济条件能够负担的情况下，购买个人健康保险是解决健康保障问题的手段之一。个人健康保险的投保人与被保险人通常为同一人。投保人对健康保险保险单包含的一些条款，如保险金额和续保规定，有一定的选择权。保险人一般根据投保人的选择计算或调整保险费。

2. 个人健康保险的常用条款

（1）续保条款。个人健康保险续保条款描述了两个方面的内容：一是保险人有权拒绝续保或者有权接受个人健康保险保险单的环境因素或条件；二是保险人有增加个人健康保险保险费的权利。个人医疗保险保险单和个人残疾收入补偿保险保险单可以根据保险单所包含的续保条款进行分类。保证续保个人健康保险保险单、不可撤销个人健康保险保险单以及有条件续保个人健康保险保险单等，均是以保险单所包含的续保条款为基础进行的分类。

（2）宽限期条款。个人健康保险的宽限期条款是指投保人如果没有按时缴纳续期保险费，保险人给予一定时间的宽限。在宽限期内，保险合同仍然有效。如果发生健康保险事故，保险人应按规定承担保险责任，但应从中扣除所欠缴的保险费连同利息。超过宽限期仍未缴付保险费，保险合同即告失效。规定宽限期的目的是避免保险合同非故意失效，保全保险人的业务。宽限期的长短依据保险费缴纳的频率而定。例如，保险费缴纳不超过1个月一次，那么宽限期通常不超过31天。

（3）复效条款。复效条款是指投保人在由于未缴纳保险费而使保险合同效力中止后的一段时间内，有权申请并与保险人达成复效协议，保险人恢复保险合同效力的一种条款。投保人要使保险人恢复保险合同的效力，首先应向保险人提出申请，保险人需要评估复效申请。在通常情况下，如果保险人接受欠缴的保险费，保险合同则被认为自动复效。复效是对原合同法律效力的恢复，不改变合同的各项权利和义务。但是复效的保险单对意外事故的保障，通常从复效日开始；对疾病的保障，通常始于复效日起的一段时间后，例如，复效日起10天后，保险人开始承担责任。

（4）事先存在条件条款或等待期或观望期条款。该条款是指在个人健康保险合同生效一段时间后，保险人才对被保险人事先存在条件履行保险责任。事先存在条件在个人健康保险中通常被定义为发生的伤残，或者第一次出现的疾病，或者保险单签发前未在保险单中给予披露的事件等。当然，如果保险人对被保险人已经披露的条件不予排除，那么这个条件将得到保险人的保障。也就是说，个人健康保险保险单尽管已经签发，但是保险人在规定的等待期或观望期内并不履行保险责任，其目的是防止被保险人的逆向选择或道德风险。个人健康保险的等待期或观望期的长短在不同的国家有不同的规定。

（5）不可抗辩条款。很多健康保险项下的医疗费用保险保险单都包含不可抗辩条款，其含义是在保险单生效一段时间后，除非投保人或被保险人的误报是欺诈性的，否则保险人不能以保险单中的实质性误报为由解除保险单或拒绝赔付。在这里“抗辩”实质是指保险人可能用于否定保险责任的理由。从这个意义来讲，保险人有很多理由来否定保险责任。除了医疗费用保险保险单外，个人残疾收入补偿保险保险单有时也包含不可抗辩条款。不可抗辩期在不同的国家有不同的规定，但通常规定是两年。该条款是为了维护被保险人的权益而做出的规定，它同时也有利于维护保险人的利益。不可抗辩条款与事先存在条件条款或等待期或观望期条款既有联系，也有区别，两者常常配合使用。如果投保人或被保险人没有或不能在保险单中告知或披露某一重要事实，保险人可以应用不可抗辩条款拒绝赔付或解除保险单。保险人可以使用事先存在条件条款或等待期或观望期条款对保险赔付与否做出判断。一般来说，除非事先存在条件被保险人所排斥，否则经过等待期或观望期后的索赔根据事先存在条件条款或等待期或观望期条款不应被拒绝。

（6）索赔条款。个人健康保险保险单通常还包括索赔条款，其内容涉及保险人和被保险人分别对赔付支出的时间限制和向保险人通知损失与索赔的时间限制。也就是被保险人在损失发生后，必须在规定的时间内以书面形式向保险人报告损失的发生和赔偿要求，并在规定的时间内向保险人提供损失证明等。保险人在收到损失证明后，也必须在规定的时间内对被保险人进行损失赔付。

（二）团体健康保险

1. 团体健康保险的概念

团体健康保险是以团体或者其代表作为投保人，以团体成员作为被保险人的健康保险。团体健康保险合同双方分别是保险人和团体保险单持有人（单位、雇主或者团体的官方或法人代表）。作为团体成员的被保险人并不是健康保险合同的一方，也不会得到个人健康保险保险单，而是得到保险证或保险金手册，以证明或提供团体健康保险保障的相关信息。保险人向一个团体签发一张团体保险单，可以提供所有的团体健康保险保障；保险人也可以向这一团体签发一张团体保险单，提供团体医疗费用保险保障或者团体残疾收入补偿保险保障。

2. 团体健康保险的主要条款

（1）转化条款。转化条款主要是针对医疗费用保险而言的，指的是当团体中的被保险人不再是这个团体的成员或被保险人时，保险人将给予该被保险人一定的权利来购买个人医疗费用保险而不要求提供可保性证明。被保险人获得的权利是有限的，当被保险人得到的个人医疗费用保险保障加上团体医疗费用保险保障之和过高时，保险人可以拒绝签发个人医疗费用保险保险单。团体健康保险的被保险人将团体健康保险转化为个人健康保险时，一般来说，个人健康保险的保险费要高于团体健康保险的保险费；个人健康保险的保险金赔付比团体健康保险的保险金赔付有更多的限制。医疗费用保险是否规定有转化条款，视不同国家或法律规定而定。

（2）事先存在条件条款或等待期或观望期条款。团体健康保险与个人健康保险的事先存在条件条款或等待期或观望期条款定义本身是类似的，两者规定这一条款都是为了防止被保险人的逆向选择或道德风险。团体健康保险的事先存在条件条款或等待期或观望期条款是指只有在被保险人受团体健康保险保障一段时间后，或者在团体健康保险保险单生效一段时间后，保险人才对事先存在条件支付保险金。团体健康保险与个人健康保险对事先存在条件有不同的规定。有的国家规定团体健康保险中的事先存在条件是指被保险人在团体健康保险保险单生效前 3 个月内接受医院治疗。

（3）调整保险金条款。团体健康保险规定调整保险金条款是为了在被保险人受到不止一张团体健康保险保险单保障时，通过调整被保险人获得的保险金，使被保险人获得的保险金不超过他实际发生的损失。很明显，调整保险金条款的主要目的是防止被保险人从多张团体健康保险保险单中获得超过他实际遭受的损失的额外利益，这个条款多在医疗费用保险中出现。调整保险金的具体计划可能在不同的国家和不同的医疗费用保险中有所不同。在美国通常使用顺序赔付方式，即规定保险金的第一赔付人、第二赔付人等。例如，被保险人 A 分别参加了两个团体医疗费用保险计划 B 和 C，这两个团体医疗费用保险计划都包含了调整保险金条款。被保险人 A 发生的 6 000 元医疗费用按规定应当全部得到赔付。结合调整保险金条款对第一赔付人和第二赔付人的规定，B 首先赔付了医疗费用3 500 元，余下的 2 500 元便由 C 承担赔付责任。

中国实践

政府主导下“城市普惠保”迅速兴起

2016年发布的《“健康中国2030”规划纲要》指出，我国全民健康的实现必然依托以基本医疗保障为主体、其他多种形式补充保险和商业健康保险为补充的多层次医疗保障体系。商业健康保险在医疗保障体系中起到补充作用，这决定了商业健康保险发展的一个重要方向就是社会保险的对接产品。城乡居民的大病保险、城镇职工的补充医疗保险、医保个人账户购买的商业保险等都是属于对接社会保险的商业保险产品范畴。城市普惠型医疗保险无疑是找到了作为补充的多层次医疗保障中的又一层次。截至2022年12月底，全国共上线246款普惠险产品，累计保费规模约为320亿元，总参保人次达2.98亿。

城市普惠型医疗保险的兴起，提高了个人账户的使用效率，又给多层次的保障增加了一个高额补偿以及特种药品费用补偿的层次。从保险企业的角度来看，长期的重疾保险一直是寿险公司和健康险公司的盈利点，但毕竟走的是高端路线，受众群体较小，百万医疗市场对受众健康要求较高，而城市普惠型医疗保险作为一款有政府背景、杠杆非常高的短期医疗保险产品可以迅速扩展保险企业的客户群。因为它不受年龄限制，可带病投保，低保费，高保障，再加上健康管理服务的附加价值等，这些特点同时弥补了大病保险与商业医疗保险的不足，填补了社保与商保之间的细缝。

2017年以来，保险回归保障，保险力争惠民的思路被打开。“普惠”表现在作为一款具有几十元保费、一百万元保额的保险产品，能够迅速为城市的几百万人口带去保障；“精准”表现在一城一价、一城一方案；“扶贫”表现在保险企业推广时，针对特殊人群的公益捐赠或者由政府买单。

本章小结

人身保险是以人的生命和身体作为保险标的的一种保险。人身保险具有保险标的的价值无法衡量、定额给付性、保险期限的长期性以及储蓄性的特点。人身保险合同的主要条款包括：不可抗辩条款、宽限期条款、复效条款、保险费自动垫缴条款、不丧失价值条款、保险单贷款条款、年龄误报条款、自杀条款、保险单转让条款。人身保险主要分为人寿保险、意外伤害保险和健康保险三大类。

人寿保险是以人的生命为保险标的的保险。传统寿险产品主要有死亡保险、生存保险以及两全保险；创新型寿险产品主要有变额寿险、万能寿险以及变额万能寿险。此外，还有扩展保险人责任的附加条款。

意外伤害保险是以被保险人因遭受意外伤害造成死亡或残疾为给付保险金条件的一种人身保险，按不同标准可分为不同的种类。构成意外伤害保险的保险责任必须满足三个条件：被保险人遭受了意外伤害；被保险人死亡或残疾；意外伤害是被保险人死亡或残疾的直接原因或近因。意外伤害保险的保险责任和期限及特点与其他人身保险不同。

健康保险是以人的身体为保险标的，保证被保险人在保险有效期内因保险责任范围内的疾病或意外事故所致伤害的费用或损失获得补偿的一种保险。一般来讲，凡不属于人寿保险和意外伤害保险的人身保险，都可以归为健康保险。在健康保险中，对疾病有多重条件的限制。与其他人身保险相比，健康保险也具有多个特征和多种特别规定。健康保险的种类主要有医疗保险、残疾收入补偿保险和重大疾病保险。

练习题

一、名词解释

1. 人身保险
2. 人寿保险
3. 死亡保险
4. 定期死亡保险
5. 终身死亡保险
6. 生存保险
7. 年金保险
8. 分期缴费年金
9. 趸缴年金
10. 即期年金
11. 延期年金
12. 单生年金
13. 生存年金
14. 联合年金
15. 确定年金
16. 定期生存年金
17. 变额年金
18. 定额年金
19. 两全保险
20. 变额寿险
21. 万能寿险
22. 变额万能寿险
23. 生活费用调整条款
24. 意外伤害保险
25. 健康保险
26. 医疗保险
27. 残疾收入补偿保险
28. 个人健康保险
29. 团体健康保险

二、问答题

1. 论述人身保险的特点。
2. 简述人身保险合同的主要条款。
3. 定期寿险的特点有哪些？
4. 终身寿险的特点有哪些？
5. 列举年金的分类。
6. 简述万能寿险的含义及万能寿险与传统寿险相比所具有的特点。
7. 列举寿险附加条款。
8. 简述意外伤害保险的含义。
9. 简述健康保险的含义并列举其主要险种。

即学即练

第7章

责任保险

学习目标

- 理解责任保险的基本特征
- 说明责任保险保险事故成立的条件
- 区分期内发生式和期内索赔式下的责任期限
- 解释公众责任保险和产品责任保险
- 理解雇主责任保险
- 了解职业责任保险的险种

第一节 责任保险概述

一、责任保险的概念

责任保险（liability insurance）作为一种独立的保险业务，始于19世纪的欧美国家，20世纪70年代后在工业化国家获得迅速发展。责任保险的产生、发展与壮大，被西方国家保险界称为整个保险业发展的第三阶段，也是最后阶段。由此可见，责任保险在保险业中的地位很高，它既是法律制度走向完善的结果，又是保险业直接介入社会发展进步的具体表现。

责任保险是指以被保险人依法对第三者应承担的民事损害赔偿责任作为保险标的的保险。

在社会经济活动或日常生活中，企业、团体和个人由于过失等行为可能造成他人的财产损失或人身伤亡，因此要对受害人承担相应的民事损害赔偿责任。在被保险人投保了责任保险后，这种责任可由保险人承担。

二、责任保险与法律的关系

（一）责任保险与法律责任

在责任保险中，保险人承保的是被保险人对第三者应承担的民事损害赔偿责任。这种责任属于法律责任的范畴。所谓法律责任，是指由于某种侵权或违约行为的产生，侵权人或违约人按照有关法律应该承担的责任。

法律责任由刑事责任、民事责任和行政责任构成。刑事责任是指由于违反国家刑法的犯罪行为而在法律上应承担的责任。民事责任是指由于违反民事法规对他人财产或人身安全所造成的损害而在法律上应承担的损害赔偿责任。行政责任是指由于违反行政法规损害了政府机关的行政权威和利益的行为而在法律上应承担的赔偿责任。显然，保险人对于违反国家刑法的犯罪行为是不能承担由此而引起的刑事责任的，否则将助长犯罪，保护邪恶。由于履行行政义务是政府机关的职责，商业机构牵涉其中存在很多实际问题，保险人对于违反行政法规的行为也是不能承担由此而引起的行政责任的。而民事行为所产生的过失通常是当事人疏忽造成的，并非有预谋、有企图的故意行为，保险人完全可以按照商业保险的运作与经营规则承担这种民事损害赔偿责任。所以，责任保险承保的法律责任是民事责任。合同责任是民事责任的组成部分，保险人也可以在特别约定的情况下承保合同责任。

（二）民事损害赔偿责任成立的条件

（1）损害事实的存在。要他人承担损害赔偿责任，必须有损害事实的客观存在，即只有行为人对他人的人身、财产或精神造成事实上的损害，行为人才承担损害赔偿责任。

（2）违法行为的存在。违法行为包括两种：一是违法的作为，二是违法的不作为。违法的作为属于法律禁止的行为，如酒后驾车、打架斗殴等；违法的不作为属于没有履行法律规定的义务的行为，如在公共通道堆放杂物、产品功能解释模糊等。无论是违法的作为，还是违法的不作为，违法人都必须承担由此而形成的民事损害赔偿责任。

（3）因果关系的存在。违法行为与损害事实之间必须存在因果关系，即损害事实必须是行为人的违法行为造成的，行为人只对这种事实承担赔偿责任。

（4）行为过错的存在。行为过错包括两种：一是故意，二是过失。故意是指已经预见损害事实，却希望促使其形成；过失是指明了行为可能出现的损害事实，却主观判断其不可能形成。无论是故意还是过失，只要存在行为过错，并且造成了损害事实，行为人就必须承担赔偿责任。同时，由故意行为造成的损害事实如果超过法律规定的界限，行为人除了承担民事损害赔偿责任外，还要承担相应的刑事责任。

（三）责任保险承保的侵权责任与违约责任

（1）责任保险承保的侵权责任。责任保险承保的侵权责任包括过错责任和无过错责任。但是，对于过错责任，保险人从责任保险经营的风险控制出发，只承保其中的过失行为，将故意行为列为责任免除的范围。

（2）责任保险承保的违约责任。由于违约责任具有很多主观因素，责任保险通常对于违约责任采取特约承保的方式。责任保险特约承保的违约责任包括直接责任和间接责任。直接责任是指合同一方违反规定的义务造成另一方的损害所应承担的赔偿责任；间接责任是指合同一方根据合同规定对另一方造成他人的损害所应承担的赔偿责任。

（四）责任保险保险事故成立的条件

责任保险的保险事故是指在保险合同中列明的被保险人由于侵权或违约对第三者造成的损失事实应承担的民事损害赔偿责任。所以，责任保险保险事故的成立必须具备如下条件：

（1）损害事实的存在。

（2）受害人（第三者）向致害人（被保险人）索赔。

上述两个条件必须同时具备，责任保险的保险事故才能成立。

三、责任保险的基本特征

责任保险虽然与一般财产保险一样都具有补偿性质，但在产生与发展基础、保险标的、承保方式、补偿对象和赔偿处理等方面具有自己的特征。

（一）责任保险产生与发展基础的特征

一般财产保险产生与发展的基础，是自然风险与社会风险的客观存在和商品经济的产生与发展；而责任保险产生与发展的基础不仅包括各种民事法律风险的客观存在和社会生产力达到一定的阶段，而且包括由人类社会的进步带来的法律制度的不断完善，其中法制的健全与完善是责任保险产生与发展的最为直接的基础。

正是由于人们在社会中的行为都在法律的一定规范之内，所以才可能在因触犯法律而造成他人的财产损失或人身伤亡时必须承担经济赔偿责任。因此，只有在对某种行为以法律形式确认为应负经济上的赔偿责任时，有关单位或个人才会想到通过保险来转嫁这种风险，责任保险的必要性才会被人们所认识、所接受；只有规定了对各种责任事故中的致害人进行严厉处罚的法律原则，即从契约责任原则经过疏忽责任原则到绝对或严格责任原则，才会促使可能发生责任事故的有关各方自觉地参加各种责任保险。事实上，当今世界上责任保险最发达的国家和地区，必定同时是各种民事法律制度最完备、最健全的国家和地区。这表明责任保险产生与发展的基础是健全的法律制度，尤其是各种专门的民事法律与经济法律制度。

（二）责任保险保险标的的特征

责任保险承保的是被保险人的侵权责任和经过特别约定的合同责任，没有实体标的。对投保人而言，其责任风险可能是几百元，也可能是数十亿元，这在事前是无法预料的，保险人对所保的各种责任风险及其可能导致的经济赔偿责任也无法采用保险金额的方式来确定。但若在责任保险中没有赔偿额度的限制，保险人自身就会陷入经营风险之中。因此，保险人在承保责任保险时，通常会对每种责任保险业务规定若干等级的赔偿限额，由被保险人自己选择；被保险人选定的赔偿限额便是保险人承担赔偿责任的最高限额，超过限额的赔偿责任只能由被保险人自行承担。可见，责任保险的保险标的是没有实体的各种民事法律风险，保险人承担的责任只能采用赔偿限额的方式确定。

（三）责任保险承保方式的特征

责任保险的承保方式具有多样化的特征。从责任保险的经营实践来看，保险人在承保时一般根据业务种类或被保险人的要求，采用独立承保、附加承保或与其他保险业务组合承保的方式开展业务。

在独立承保方式下，保险人签发专门的责任保险保险单，如公众责任保险保险单、产品责任保险保险单等。采取独立承保方式承保的责任保险业务，是责任保险的主要业务来源。

在附加承保方式下，保险人签发责任保险保险单的前提是被保险人参加了一般财产保险，即一般财产保险是主险，责任保险则是没有独立地位的附加险。如建筑工程保险中的第三者责任保险，一般被称为建筑工程保险附加第三者责任保险。附加承保的责任保险在业务性质和业务处理方面，与独立承保的各种责任保险是完全一致的，只是承保的形式不同而已。

在组合承保方式下，责任保险既不必签订单独的责任保险合同，也无须签发附加或特约条款，只需要参加财产保险便使相应的责任风险得到保险保障。如船舶责任保险就是与船舶财产保险组合而成的。

（四）责任保险补偿对象的特征

在一般财产保险中，保险人的补偿对象是被保险人，赔偿金或保险金也完全归被保险人所有，不会涉及第三者。而责任保险却与此不同，其直接补偿对象虽然也是与保险人签订责任保险合同的被保险人，但被保险人无损失则保险人无须补偿；被保险人的利益损失首先表现为因被保险人的行为导致第三方的利益损失，依法应由被保险人负责承担的赔偿金。因此，尽管在责任保险中赔款是支付给被保险人的，但这种赔款实质上是对被保险人之外的受害方即第三者的补偿，从而是直接保障被保险人利益、间接保障受害人利益的一种双重保障机制。

（五）责任保险赔偿处理的特征

与一般财产保险相比，责任保险的赔偿处理要复杂得多。其一，每一起责任保险赔案的出现，均以被保险人对第三者造成损害并依法承担经济赔偿责任为前提条件，必然要涉及受害的第三者，从而表明责任保险的赔偿处理并非像一般财产保险赔案一样只是保险双方的事情；其二，责任保险的承保以法律制度的规范为基础，责任保险赔案的处理也是以法院的判决或裁决部门的裁决为依据，从而需要更全面地运用法律制度；其三，责任保险是保险人代替致害人承担对受害人的赔偿责任，被保险人对各种责任事故的处理态度往往关系到保险人的利益，从而使保险人具有参与处理责任事故的权利；其四，责任保险赔款最后并非归被保险人所有，而是实质上支付给了受害方。可见，责任保险的赔偿处理具有自己明显的特色。

四、责任保险的基本内容

（一）适用范围

责任保险适用于可能造成他人财产损失与人身伤亡的所有团体组织和所有社会成员。具体而言，责任保险的适用范围包括如下几个部分：（1）各种公众活动场所的所有者、经营管理者；（2）各种产品的生产者、销售者、维修者；（3）各种运输工具的所有者、经营管理者或驾驶员；（4）各种需要雇用员工的法人或个人；（5）各种提供职业技术服务的单位；（6）城乡居民家庭或个人。

（二）保险责任

责任保险的保险责任一般包括以下两项内容：

（1）被保险人依法对造成他人财产损失或人身伤亡应承担的经济赔偿责任。这一责任是基本的保险责任，以受害人的受损程度及索赔金额为依据，以保险单上的赔偿限额为最高赔付额，由责任保险保险人予以赔偿。

（2）因赔偿纠纷引起的由被保险人支付的诉讼、律师费用及其他事先经过保险人同意支付的费用。保险人承担上述责任的前提条件是，责任事故的发生符合保险条款的规定，包括事故原因、发生地点、损害范围等，均应审核清楚。所谓人身伤亡，不仅指自然人身体的有形毁损，也包括脑力损害、听力损害、疾病、丧失工作能力及死亡等，但对精神方面的损害一般除外不保。所谓财产损失，包括有形财产的损毁、受损财产的丧失使用，甚至及于未受损财产的丧失使用。

（三）除外责任

（1）被保险人故意行为所致的各种损害后果。

（2）战争、军事行动及罢工等政治事件造成的损害后果。

（3）核事故风险导致的损害后果（投保核责任保险的除外）。

（4）被保险人家属、雇员的人身伤亡或财产损失（投保雇主责任保险的除外）。

（5）被保险人所有、占有、使用或租赁的财产的损失，或由被保险人照顾、看管或控制的财产的损失。

（6）被保险人的合同责任（经过特别约定者除外）。

（四）赔偿限额与免赔额

责任保险承保的是被保险人的赔偿责任，而非有固定价值的标的，且赔偿责任因责任事故大小而异，很难准确预计。因此，不论何种责任保险，均无保险金额的规定，而是采用在承保时由保险双方约定赔偿限额的方式来确定保险人承担的责任限额，凡超过赔偿限额的索赔，仍需由被保险人自行承担。赔偿限额作为保险人承担赔偿责任的最高限额，通常有以下几种类型：

（1）每次责任事故或同一原因引起的一系列责任事故的赔偿限额，可以分为财产损失赔偿限额和人身伤亡赔偿限额两项。

（2）保险期内累计的赔偿限额，可以分为累计的财产损失赔偿限额和累计的人身伤亡赔偿限额。

（3）在某些情况下，保险人也将财产损失和人身伤亡两者合为一个限额，或者只规定每次责任事故和同一原因引起的一系列责任事故的赔偿限额，而不规定累计赔偿限额。

责任保险的免赔额通常是绝对免赔额，即无论受害人的财产是否全部损失，免赔额内的损失均由被保险人自己负责赔偿。

（五）保险费率

责任保险的费率通常根据危险的大小及损失率的高低来确定。不同的责任保险，制定费率时所考虑的因素亦存在差异，但从总体来看，保险人在制定责任保险费率时主要考虑的影响因素包括：被保险人的业务性质及其产生意外损害赔偿责任的可能性，法律制度对损害赔偿的规定，赔偿限额，承保区域，每笔责任保险的业务量，同类业务的历史损失。

专栏 7-1

酒后驾车险是精神文明的进步吗？

2003 年天安保险公司推出了一款“非常事故损失特约险”，保险责任为：交通事故责任认定书载明的驾驶人饮酒驾车肇事，致使第三者人身伤亡或财产直接损失以及本车乘客遭受伤亡，依法应由被保险人负责赔偿的，保险公司依据本条款的约定承担保险责任。即俗称的酒后驾车险。

自酒后驾车险问世以来，购买者并不多，但是争议很多。主要集中在两个问题上：一是酒后驾车不合法，保险是否应该保障不合法的行为？保险跟法律是两个不同的概念，所有的责任保险都是替被保险人承担法律规定的民事赔偿责任，这也就说明被保险人的行为违法了。被保险人违法会受到法律的惩罚，但是无辜的第三者可能会因为被保险人的经济困难而无钱救治。所以责任保险没有免除被保险人不合法行为的法律后果，而只是替被保险人赔偿了无辜的第三者。二是该险种是否会纵容被保险人的酒后驾车行为？酒后驾车险仅是替被保险人赔偿了无辜的第三者，但是酒后驾车险并不赔偿被保险人自己的损失。作为司机，酒后驾车更容易伤害自己。没有人会因为买了保险就无视自己的生命。

责任保险的出现是人类文明史上的一颗明珠，酒后驾车险也是我国精神文明进步的又一次飞跃。

第二节 公众责任保险

一、公众责任与公众责任保险的概念

公众责任是指致害人在公共场所由于疏忽或过失等侵权行为，致使他人的人身或财产

受到损害，依法应由致害人承担的经济赔偿责任。

公众责任保险是责任保险中独立的、适用范围最广泛的保险类别。公众责任保险（public liability insurance）又称普通责任保险或综合责任保险，是承保法人、团体、家庭、个人在固定场所从事生产经营及日常生活，由于疏忽、过失造成他人人身伤亡或财产损失，依法应由被保险人承担的经济赔偿责任的保险。

公众责任风险普遍存在，如商场、宾馆、展览馆、影剧院、运动场、动物园等各种公共场所都可能发生意外事故，造成公众的人身伤亡或财产损失。因此分散和转移公众责任风险，是公众责任保险产生并得到迅速发展的基础。

二、公众责任保险的主要险种

公众责任保险可以分为综合公共责任保险、场所责任保险、承包人责任保险和承运人责任保险四类，每一类又包括若干保险险种，它们共同构成了公众责任保险业务体系。

（一）综合公共责任保险

该保险承保被保险人在任何地点因非故意行为或活动所造成的他人人身伤亡或财产损失依法应负的经济赔偿责任。该险种除承保一般公众责任外，还承保合同责任、产品责任，以及业主及工程承包人的预防责任、完工责任及个人伤害责任等。因此，它是一种以公众责任为主要承保危险的综合性公共责任保险。

（二）场所责任保险

场所责任保险承保固定场所因存在结构上的缺陷或管理不善，或被保险人在被保险场所进行生产经营活动时因疏忽发生意外事故，造成他人人身伤亡或财产损失且依法应由被保险人承担的经济赔偿责任。场所责任保险是公众责任保险中业务量最大的险种。如宾馆责任保险、展览会责任保险、电梯责任保险、车库责任保险、机场责任保险以及各种公众体育、娱乐活动场所责任保险等均属于场所责任保险。

（三）承包人责任保险

承包人责任保险承保承包人的损害赔偿责任，主要适用于承包各种建筑工程、安装工程、修理工程施工任务的承包人。

（四）承运人责任保险

承运人责任保险承保承担各种客、货运输任务的部门或个人在运输过程中可能发生的损害赔偿责任，主要包括旅客责任保险、货物运输责任保险等险种。与一般公众责任保险不同的是，承运人责任保险保障的责任危险实际上是处于流动状态的责任危险，但因运输途径是固定的，从而也可以视为固定场所的责任保险。

三、公众责任保险的内容

（一）保险责任

公众责任保险的基本责任是保障被保险人在保险单有效期内从事所保业务活动因意外事故对第三者造成的人身伤亡（包括疾病、残疾、死亡）和财产损失引起的法律赔偿责任。另外，还负责被保险人因发生损害事故而支出的有关诉讼费用。

（二）除外责任

由于公众责任保险的适用范围非常广泛，所以，很难给出一张适用于所有保险条款和保险市场的除外责任表，这里列举几种国际上常见的除外责任：

（1）可以用其他专业保险（如航空保险、海洋运输保险、机动车辆保险等）承保的责任。

（2）由核燃料、核废料或核爆炸引起的责任。

（3）由战争、暴乱等引起的后果责任。

（4）由被保险人照管或控制的财产的损失责任。

（5）包括在产品质量保证范围内的有缺陷产品的回收、修理或置换费用责任。

目前，我国的公众责任保险主要用于场所责任，保险单的除外责任规定较多，主要包括：（1）被保险人的合同责任，除非该合同责任同时构成法律责任。（2）被保险人的雇员所遭受的人身伤亡；被保险人或其雇员或其代理人照管、控制的财产的损失。（3）被保险人或其雇员因经营活动一直使用的任何物品、土地、房屋和建筑物的损失。（4）下列原因造成的损失或伤害责任：保险单未列明的属于被保险人的或以其名义使用的任何牲畜、脚踏车、机动车、火车、船舶、飞机、电梯、起重机及其他升降装置；火灾、地震、爆炸、洪水、烟熏和水污；任何类型的中毒或不洁的食物或饮料；大气、土地、水污染及其他污染；由被保险人做出的或认可的医疗措施或医疗建议。（5）由震动、移动或减弱支撑引起的土地或财产损失的责任。（6）由战争、内战等行为引起的后果责任；由罢工等行为直接或间接引起的后果责任。（7）被保险人及其代表的故意行为或重大过失。（8）由核风险引起的责任。（9）罚款或惩罚性赔款。（10）被保险人自行负担的免赔额。

以上所列除外责任可以概括为三类：一是不能承保的风险，即绝对除外责任，如战争、核风险等；二是不能在公众责任保险中承保，但可以在其他保险中承保的风险，如被保险人的雇员所遭受的人身伤亡；三是一般责任保险保险单不予承保，但经过特别约定并加收保险费后能够承保的风险，如被保险人的合同责任等。

（三）责任期限

公众责任保险保险单的责任期限以保险双方当事人约定的时间为起讫点，多以期内发生式为承保基础。如果责任事故发生和导致损害事实之间有一段时间间隔，只要责任事故的发生时间是在保险单有效期内，即使伤残或损失是在保险单有效期之后发现的，保险人也需承担赔偿责任。

（四）赔偿限额

公众责任保险赔偿限额的高低由保险双方当事人根据可能发生的赔偿责任风险的大小协商确定。通常，人身伤亡的赔偿限额和财产损失的赔偿限额分项制定，也可以将人身伤亡和财产损失合并为一个赔偿限额。

一般来说，对每次责任事故或年责任事故的赔偿金额的限制性规定是：

（1）每次责任事故的赔偿限额。有的公众责任保险保险单规定的赔偿限额适用于一次责任事故。一次责任事故可以是一个最初原因引起的一系列后果。在一个保险单有效期内，保险单对所有保险事故都负责赔偿，每次所付金额不超过赔偿限额，无累计最高赔偿金额限制。

（2）保险单的累计赔偿限额。有的公众责任保险保险单除了规定每次事故的赔偿限额外，同时规定了累计赔偿限额，即保险单在一个有效期（通常为1年）内能够负责的最高赔偿限额。如果在保险期间发生了多次保险事故，当累计赔偿责任超过保险单的累计赔偿限额时，保险人对超过部分不予负责。

（五）免赔额

公众责任保险一般有免赔额的规定。免赔额的确定以承保业务的风险大小为依据，并在保险单上注明。按保障内容划分，免赔额可以分为人身伤亡免赔额和财产损失免赔额，也有的将人身伤亡和财产损失合并为一个免赔额。按损失情况划分，免赔额可以分为一次事故免赔额和累计免赔额。在实务中，免赔额可能是交叉规定的。例如，按一次事故规定免赔额，并分别规定一次事故中人身伤亡的免赔额和一次事故中财产损失的免赔额。

我国的公众责任保险仅对财产损失责任的赔偿规定免赔额；对人身伤亡责任的赔偿并无免赔额的规定。我国规定的免赔额为绝对免赔额，即免赔额以内的损失由被保险人承担。

（六）保险费

公众责任保险计算保险费的方法是多种多样的。

国外对商店、旅馆等公共场所一般按营业场所的面积计算保险费；工厂通常按全年工资总额计算保险费；修理、建筑、服务行业多按全年业务总收入计算保险费；当然也可以将两种或多种方式结合起来计算保险费。计算公众责任保险保险费的全部基础是：被保险人经营活动的规模、承保的工作人员（包括被保险人的雇员等）总数、正常的工作量（业务量）以及雇员的工资总额等。

我国公众责任保险的费率是以每次事故赔偿限额和业务性质分类的，以赔偿限额乘以适当的费率计收保险费。在实务中，为了简化保险费计算手续，通常采取按不同承保对象收取固定保险费的做法。

第三节 产品责任保险

一、产品责任与产品责任保险的概念

（一）产品责任

产品责任，又称产品缺陷责任，是指产品生产者或销售者等因该产品的缺陷致使消费者遭受人身伤亡或财产损失时应承担的经济赔偿责任。最初的产品责任是一种合同责任，即产品生产者、销售者等不履行或不适当履行合同中规定的产品质量义务而对消费者造成损害时应承担的赔偿责任。它以合同为基础和条件，受害者只有与生产者或销售者等具有直接的合同关系，才能就有缺陷产品造成的人身伤亡和财产损失对生产者或销售者等提出赔偿请求。

随着经济活动的日益复杂，产品的合同责任已不能适应社会经济的发展需要，于是产品侵权责任应运而生。产品侵权责任是指产品生产者、销售者等因产品缺陷而侵害消费者人身、财产权利并造成损害时依法应负的民事损害赔偿责任。它不以生产者、销售者等与受害者有直接的合同关系为前提条件。产品侵权责任主要赔偿缺陷产品引起的人身伤亡、财产损失，一般不赔偿缺陷产品本身的损害。产品侵权责任不受合同关系的限制，即便消费者与生产者、销售者等之间没有合同关系，也能够就其所受损害提出赔偿请求。因此，产品侵权责任成为产品责任不可缺少的重要组成部分。

（二）产品责任保险

产品责任保险（product liability insurance）是指以产品生产者或销售者等的产品责任作为保险标的，一旦他们因产品责任对消费者或其他人造成人身伤亡或财产损失，依法应由其承担的赔偿责任以及由此导致的有关法律费用由保险人予以赔偿的保险。

产品责任保险适用于生产商、出口商、进口商、批发商、零售商及修理商等一切可能对产品责任事故造成的损害负有赔偿责任的人。

二、产品责任保险的内容

（一）保险责任

（1）在保险有效期内，被保险人生产、销售的产品在承保区域内发生事故，造成用户、消费者或其他任何人的人身伤亡或财产损失，依法应由被保险人负责赔偿时，保险人在保险单规定的赔偿限额内予以赔偿。

产品责任事故必须具有“意外”“偶然”的性质，而非被保险人事先所能预料。此外，还强调产品责任事故的发生必须是在被保险人制造、销售该产品的场所范围之外的地点，而且产品的所有权必须已转移至用户或消费者手中。

（2）被保险人为产品责任所支付的诉讼、抗辩费用及其他经保险人事先同意支付的费用，由保险人承担。

（二）除外责任

产品责任保险的除外责任，一般包括以下几项：

（1）根据合同或协议应由被保险人承担的对其他人的责任。

（2）根据劳动法律制度或雇佣合同等应由被保险人承担的对其雇员及有关人员的损害赔偿责任。

（3）被保险人所有、照管或控制的财产的损失。

（4）产品仍在制造或销售场所，其所有权仍未转移至用户或消费者手中时的责任事故。

（5）被保险人故意违法生产、出售或分销的产品造成的损害事故。

（6）被保险产品本身的损失以及退换、回收有缺陷产品造成的费用损失。

（7）不按照被保险产品的说明去安装、使用或在非正常状态下使用时造成的损害事故。

（三）责任期限

产品责任保险的责任期限通常为一年，期满可以续保。与其他单独承保的责任保险一样，产品责任保险的责任期限也是由两种不同的承保基础决定的。

（1）期内发生式下的责任期限。其基本含义是：即使产品是在保险合同生效前几年生产或销售的，只要该产品在责任期限内发生事故并导致对用户的损害，不论被保险人何时索赔，保险人均负赔偿责任。其具体要点包括：1）产品责任事故必须发生在责任期限内；2）不论产品是否在责任期限内生产或销售；3）不论事故或损失何时被发现；4）不论被保险人索赔是在责任期限内还是期满之后。

（2）期内索赔式下的责任期限。其基本含义是：不管保险事故发生在责任期限内还是责任期限之前，只要被保险人在责任期限内索赔，保险人就承担赔偿责任。

现举例说明赔偿责任的界定。假设某制药厂在 2021 年投保了产品责任保险，责任期限为一年。在责任期限内，某患者服用该厂生产的已投保产品责任保险的药品，因药品配制上的过失该患者身体受到了潜在的伤害。该患者于 2024 年发现并索赔。在本案中，保险事故是在 2021 年发生的，因此，如果该保险单是以期内发生式为基础承保的，那么，保险人对此索赔要负责赔偿；若该保险单是以期内索赔式为基础承保的，保险人则不负任何赔偿责任，因为被保险人索赔并不在责任期限内。

传统的产品责任保险保险单大多采用期内发生式作为承保基础。但是，采用这种方式常会出现在责任期限内发生的事故，到责任期满较长一段时间才索赔的现象。因此，保险人必须随时准备好处理那些责任期限早已过但刚刚报来的索赔案件。这样的案件越多，对保险人越不利。为避免这一弊端，国外产品责任保险的承保人逐步转向采取期内索赔式作为承保基础。

究竟采用何种方式作为承保基础应根据具体情况而定。从原则上讲，凡保险事故发生后能够立即得知或发现的，宜采用期内发生式；凡保险事故发生后不能立即得知或发现的，宜采用期内索赔式。例如，某些具有缺陷潜伏期的产品（如药品等）投保产品责任保险，保险人应采取期内索赔式。

（四）保险费率和保险费

1. 保险费率

产品责任保险与其他险种一样，费率的高低取决于风险的大小。不同产品、不同的承保条件决定不同的保险费率。具体来说，影响保险费率的因素有：（1）产品的特点及其可能对人身或财产造成损害的风险。（2）赔偿限额。限额高，费率也就高，但并非按比例增加。（3）承保地区范围。（4）产品数量和产品价格。同类产品，数量多或价格高的，销售额也高，保险费收入多，费率就可降低。（5）保险公司以往经营此项业务的损失或赔付统计资料。（6）产品制造者的技术水平和质量管理情况。优质产品可以避免或减少产品责任风险，因此，技术和管理水平较高的被保险人可以享受优惠费率。

2. 保险费的计算

产品责任保险的保险费通常是按上年的生产、销售总额或营业收入总额及规定的保险费率计算出预收保险费，待保险期满时再按实际生产、销售总额或营业收入总额计算出实际保险费，多退少补。

（五）赔偿限额

产品责任保险承保的是被保险人的经济赔偿责任，而不是有固定价值的资产。因此，保险单均不规定保险金额而仅规定赔偿限额，即保险人承担赔偿责任的最高金额。被保险人因产品责任事故对受害人应赔偿的金额大小，由法院判定或双方协商确定。保险人在赔偿限额内承担被保险人对受害人的赔偿责任，超过限额的部分，由被保险人自行承担。

赔偿限额由被保险人根据需要提出，经保险人同意后在保险单中订明。在产品责任保险保险单中，通常规定两项赔偿限额，即每次事故的赔偿限额和保险单的累计赔偿限额。前者指保险人对每一次产品责任事故赔付的最高金额，后者指保险人在整个保险单有效期内赔付的最高金额。以上每项赔偿限额还可以划分为人身伤亡和财产损失两项赔偿限额。产品责任事故导致用户或消费者人身伤亡或财产损失时，分别适用各自的赔偿限额。

赔偿限额应根据不同产品发生事故后可能引起的赔偿责任的大小确定。在确定赔偿限额时应考虑不同产品、不同地区的差异。如食品、药品或某些机电产品发生事故后可能造成众多的人身伤亡或财产损失，应确定较高的赔偿限额。又如销往美国的产品一旦发生事故，索赔金额巨大，因此赔偿限额也应高于销往其他国家的产品。诉讼、抗辩费用在赔偿限额以外赔付。

（六）承保地区范围

承保地区范围由保险双方当事人根据具体需要商定，并在保险单中列明。保险人仅对投保产品在规定地区范围内发生保险事故引起的赔偿责任负责。如果某种产品仅在某一国家或地区销售或使用，则以该国家或地区作为承保地区范围。如果某种产品通过销售或转口可能在世界各地的市场流通或使用，则承保地区范围应规定为全世界，并应在保险单中列明司法管辖权。

专栏 7-2

产品责任保险与产品质量保证保险的区别

产品质量保证保险（又称“产品保证保险”）是指因被保险人制造或销售丧失或不能达到合同规定效能的产品对使用者造成经济损失时，由保险人对有缺陷的产品本身以及由此引起的有关经济损失和费用承担赔偿责任的一种保险。人们非常容易将该险种跟产品责任保险混淆，其实两者的区别很大。主要体现在：产品质量保证保险赔偿的对象是消费者，而产品责任保险赔偿的对象是生产者或者销售者；产品质量保证保险赔偿的金额取决于消费者的实际损失，而产品责任保险赔偿的金额取决于保险金额和法律规定的赔偿责任，两者取最小值；如果是产品质量保证保险，消费者可以直接索赔，如果是产品责任保险，消费者往往很难直接索赔。

第四节 雇主责任保险

一、雇主责任与雇主责任保险的概念

（一）雇主责任

雇主责任是指雇主对其雇员在受雇期间从事业务活动时，因发生意外事故或因职业病而造成人身伤亡，依法应承担的经济赔偿责任。雇主责任成立的前提条件是雇主与雇员之间存在直接的雇佣合同关系，这种合同关系通过书面形式的劳动合同来规定。

下列情况通常被视为雇主的过失责任：(1) 雇主提供的是危险的工作地点、机器工具或工作程序；(2) 雇主提供的是不称职的管理人员；(3) 雇主本人直接的疏忽或过失行为，如对有害工种未提供相应的合格劳动保护用品等即为过失。

凡属上述情形且不存在故意意图的均属于雇主的过失责任，由此造成的雇员人身伤亡，雇主应负经济赔偿责任。此外，许多国家还规定雇主应当对雇员承担无过失责任，即只要雇员在工作中受到的伤害不是其故意行为导致的，雇主就必须承担对雇员的经济赔偿责任。雇主的过失和无过失责任都可通过雇主责任保险转嫁给保险人。

（二）雇主责任保险

雇主责任保险（employer's liability insurance）是以被保险人（雇主）的雇员在受雇期间从事业务活动时因遭受意外导致伤、残、死亡或患有职业病而依法或根据雇佣合同应由被保险人承担的经济赔偿责任为承保风险的一种责任保险。

雇主责任保险是责任保险中产生最早的险种，在许多国家是一种普遍性的法定保险。自 20 世纪 60 年代以来，投保雇主责任保险已成为许多国家的雇主必须履行的法律义务。

雇主责任保险的法律依据因各国法律制度的差异而存在区别。在欧美等国家，民法、劳动法、雇主责任法并存，民法是雇主责任保险的法律基础，劳动法是社会保险性质的劳工保险（强制性雇主责任保险）的法律依据，雇主责任法则是商业性质的雇主责任保险的直接法律依据。在只有劳动法而没有雇主责任法的国家，雇主责任保险的法律依据就是劳动法及雇佣合同。在没有劳动法和雇主责任法的国家，以民法作为法律基础，以雇主和雇员之间的雇佣合同作为法律依据，在这种状态下，保险人承担的仅是一种合同责任，尚未上升至法律责任。

二、雇主责任保险的内容

（一）保险责任

根据雇主责任保险的通常做法，保险人一般承担下述四项责任：

（1）雇员在保险单列明的地点和保险期限内从事与其职业有关的工作时遭受意外而致伤、残、死亡，被保险人依据法律或雇佣合同应承担的经济赔偿责任。

（2）因患有职业病而致雇员伤、残、死亡的经济赔偿责任。

（3）被保险人依法应承担的雇员的医药费，此项医药费的支出以雇员遭受前述两项事故而致伤残为前提条件。

（4）被保险人应支出的法律费用，包括抗辩费用、律师费用、取证费用以及经法院判决应由被保险人代雇员支付的诉讼费用，但该项费用必须是用于处理保险责任范围内的索赔纠纷或诉讼案件，而且是诉诸法律而支出的合理额外费用。

（二）责任免除

雇主责任保险的常规责任免除，一般有如下几项：

（1）战争、类似战争行为、叛乱、罢工、暴动或由于核辐射所致的被雇人员的伤残、死亡或疾病。

（2）被保险人的故意行为或重大过失。

（3）被雇人员由于疾病、传染病、分娩、流产以及因这些问题而施行内外科治疗手术所致的伤残或死亡。

（4）由于被雇人员自加伤害、自杀、犯罪行为、酗酒及无照驾驶各种机动车辆所致的伤残或死亡。

（5）被保险人对其承包商雇用的员工的责任。

（三）责任期限

雇主责任保险的责任期限通常为 1 年，期满续保。但由于某些特殊的雇佣合同的需要，也可按雇佣合同的期限投保不足 1 年或 1 年以上的雇主责任保险。如果责任期限为 2 年或 2 年以上，保险费应按年计收，以保证财务核算与保险人所承担的年度风险责任相适应。

（四）责任限额

雇主责任保险的保险人承担赔偿责任的最高限额以雇员月或年工资收入为依据，由保险双方当事人在签订保险合同时确定并载入保险合同。雇主责任保险的责任限额的特点是在保险单上仅规定以若干个月的工资收入为限，具体的赔付金额还需根据每个雇员的月均工资收入及受伤害程度才能确定。其计算公式为：

责任限额＝雇员月均工资收入×规定月数

在确定责任限额时，应考虑如下因素：

（1）每个雇员的工种及月工资额。

（2）死亡责任限额，以每个雇员若干个月的工资额为宜，保险人可规定若干档次（72个月、60个月、48个月等）供被保险人选择，也可以根据有关法律、法规及雇佣合同规定或由保险双方协商确定。

（3）伤残责任限额，确定方式同死亡责任限额，但要考虑养老或伤残抚养的生活保障，最高限额应超过死亡责任限额。一般伤残的责任限额应低于永久性伤残的责任限额。

（4）按公式计算出每个雇员单独的责任限额，将其作为赔偿的标准或直接依据。

（五）保险费率与保险费

1．保险费率

保险费率的高低取决于以下因素：

（1）按不同行业和不同工种的雇员分别订立。

（2）保险人承担的责任限额。

（3）是否有附加的扩展责任保险，如有，可按风险大小确定单独的费率或在雇主责任保险基本费率的基础上按一定比例提高费率。

2．保险费的计算

雇主责任保险采用预收保险费制，保险费是按不同工种雇员的适用费率乘以该类雇员年度工资总额计算的，原则上规定签发保险单时一次收清保险费。

雇主责任保险保险费的计算公式为：

应收保险费＝A工种(年工资总额×费率)＋B工种(年工资总额×费率)
＋C工种(年工资总额×费率)＋…＋N工种(年工资总额×费率)

年工资总额＝该工种人数×月平均工资×12

如果有扩展责任，还应另行计算，一并相加，即为该笔保险业务的保险费收入。

由于雇主责任保险保险单所列明的雇员资料在承保后经常发生变更，如裁减或解雇或增加雇员、撤换管理人员、增减雇员工资、更换机械设备等，保险人在承保时只能根据投保人的投保申请书预收保险费，待保险期限届满时再根据实际人数及实际支付的工资总额进行调整，多退少补。

第五节 职业责任保险

一、职业责任与职业责任保险

职业责任是指从事各种专业技术工作的单位或个人在履行自己的职责过程中，因疏忽、过失行为而对他人造成财产损失或人身伤亡依法应负的经济赔偿责任。职业责任实际上是一种失职行为。

职业责任保险（profession liability insurance），又被称为职业赔偿保险或业务过失责任保险，是以各种专业技术人员因工作中的疏忽、过失造成他人财产损失或人身伤亡而产生的经济赔偿责任为保险标的的保险。职业责任保险一般是由提供各种专业技术服务的单位（如医院、会计师事务所等）投保的团体业务，个体专业技术工作的职业责任风险通常由专门的个人责任保险来承保。

职业责任保险所承保的职业责任风险，是从事各种专业技术工作的单位或个人因工作上的失误导致的损害赔偿责任。在当代社会，医生、会计师、律师、设计师、经纪人、代理人、工程师等技术工作者均存在职业责任风险，从而均可以通过投保职业责任保险的方式来转嫁风险损失。

二、职业责任保险的主要险种

在西方工业化国家，职业责任保险的险种超过 70 种，但主要的职业责任保险则不外乎以下几种：

（1）医疗职业责任保险。它也称医生失职保险，承保医务人员或其前任由于医疗责任事故而致病人死亡或伤残、病情加剧、痛苦增加等，受害者或其家属要求赔偿且依法应由医疗方负责的经济赔偿责任，是职业责任保险中最主要的业务来源，几乎覆盖了整个医疗、健康领域及一切医疗服务团体。

（2）律师责任保险。它承保被保险人或其前任作为律师在自己的能力范围内在职业服务中产生的一切疏忽行为、错误或遗漏过失行为所导致的法律赔偿责任，包括一切侮辱、诽谤以及被保险人在工作中发生的或造成的对第三者的人身伤亡或财产损失。

（3）建筑工程设计责任保险。它面向从事各种建筑工程设计的法人团体（如设计院所等），承保工程设计单位因设计工作中的疏忽或失职，导致所设计的工程发生工程质量事故，造成工程本身的物质损失及第三者的人身伤亡和财产损失，依法应由设计单位承担的经济赔偿责任。

（4）会计师责任保险。它承保因被保险人或其前任或被保险人对其负有法律责任的人因违反会计业务上应尽的责任及义务而使他人遭受损失，依法应负的经济赔偿责任，但不包括人身伤亡及实体财产的损毁。

此外，还有建筑、工程技术人员责任保险，美容师责任保险，保险经纪人和保险代理人责任保险，情报处理者责任保险等多种职业责任保险，它们在发达的保险市场上同样是受到欢迎的险种。

在我国，职业责任保险的发展十分滞后，仅在试办医疗事故责任保险和工程勘查设计责任保险等少数险种，业务量很小。但我国有关的法制在不断健全、完善，开办医务人员职业责任保险的呼声日高，会计师、律师、建筑师等专业人员因职业过失引起的民事损害赔偿责任亦引起了广泛关注，我国先后颁布了《中华人民共和国注册会计师法》《中华人民共和国律师法》《中华人民共和国建筑法》等一系列与职业责任相关的法律，从而不仅使专业人员因职业过失承担损害赔偿责任有了法律依据，而且使职业责任保险的开办有了基本的法律条件。因此，可以肯定的是职业责任保险在我国将会不断得到发展。

三、职业责任保险的内容

（一）保险责任

由于职业责任风险千差万别，因而不可能像产品责任保险那样设计统一的或综合的保险条款及保险单格式，也不可能规定统一的责任范围，而是需要根据不同种类的职业责任设计和制定专门的条款和保险单。但是，由于职业责任保险承保的内容是职业责任风险，在职业责任保险的保险责任范围上又有许多共性的规定。

（1）保险人承保被保险人的职业责任风险，包括被保险人、被保险人的前任以及前任的前任、被保险人的雇员以及雇员的前任及前任的前任在从事规定的职务过程中由于疏忽或过失所导致的职业赔偿责任。

（2）保险人负责的被保险人职业责任风险必须与保险单列明的职业存在直接关系，不负责与该职业无关的原因及其他非职业行为所导致的赔偿责任。

（3）保险人承担的赔偿责任包括被保险人对合同对方或其他人的财产损失及人身伤亡应负的赔偿责任，以及经保险人同意或在保险单中列明的有关诉讼费用的补偿。

（二）责任免除

职业责任保险的一般责任免除可以概括为以下几项：

（1）由被保险人的故意行为引起的任何索赔。

（2）由被保险人被指控有对他人的诽谤或恶意中伤行为引起的索赔。

（3）由职业文件或技术档案的灭失或损失引起的任何索赔。

（4）由被保险人的隐瞒或欺诈行为引起的任何索赔。

（5）由被保险人在投保时或保险有效期内不如实向保险人报告应报告的情况引起的任何索赔。

（6）由职业责任事故引起的间接损失或费用。

（三）责任期限

职业责任保险的责任期限通常为1年。由于从职业责任事故的发生到受害人索赔可能间隔较长时间，为了确切地把握在保险单项下应支付的赔款，保险人经常事先规定承保方式。承保方式有如下两种：

（1）以索赔为基础的承保方式，即期内索赔式。该承保方式是保险人仅对在责任期限内受害人向被保险人索赔负赔偿责任，而不论导致该索赔的事故是否发生在责任期限内。不过，保险人为了控制自己承担的危险责任无限地前置，在经营实践中通常规定一个责任追溯日期作为限制性条款，保险人仅对在追溯日后、责任期满前发生的职业责任事故且在责任期限内索赔的法律赔偿责任负责。例如，责任期限为 2023 年 1 月 1 日至同年 12 月 31 日，追溯日期定为 2021 年 1 月 1 日，则只有从 2021 年 1 月 1 日起由被保险人及其雇员或者两者前任的职业疏忽或过失行为导致的责任事故并在 2023 年内索赔，保险人才予以负责。对 2021 年以前发生的责任事故，保险人概不负责。

（2）以事故发生为基础的承保方式，即期内发生式。该承保方式是保险人仅对在责任期限内发生的职业责任事故引起的索赔负责，而不论受害方是否在责任期限内索赔，它实质上是将责任期限延长了。为控制责任期限的无限延长，保险人通常会规定一个后延截止日期。

（四）赔偿限额

职业责任保险的赔偿限额一般为累计的赔偿责任，而不规定每次事故的赔偿限额，但也有一些保险人规定每次事故的赔偿限额，而不规定累计赔偿限额。诉讼费用在赔偿限额以外赔付。

（五）保险费率

厘定职业责任保险的费率需要考虑如下因素：

（1）职业种类。

（2）工作场所。

（3）工作单位性质，指商业性与非商业性以及国有、集体、股份和合资形式。

（4）业务数量。

（5）被保险人及其雇员的专业技术水平。

（6）被保险人发生职业责任事故的历史统计资料及索赔、处理情况。

（7）被保险人及其雇员的工作责任心与敬业品质。

（8）责任份额、免赔额及其他承保条件。

中国实践

冬奥会中的保险保障

作为世界上规模最大的综合体育盛会，奥运会面临的风险有自然灾害风险、政治性风险、恐怖主义风险、经营性风险和与赛事运行有关的其他风险等多个类别。由于全球疫情的扩散，东京奥运会延期举行，这也成为现代奥运会史上首届延期举办的奥运会。除了日本政府会损失多少钱外，承保的保险公司得赔多少钱也成了市场关注的焦点。而在这场“奥运风波”中，一直与奥运会有合作的慕尼黑再保险、瑞士再保险两个保险公司被认为将面临巨额的赔偿。

近年来，监管部门指导保险公司积极研发体育赛事相关专属保险保障条款。2020 年以来，北京地区 4 个财险公司共推出 58 款冰雪相关保险产品，累计提供风险保障 3 233 亿元，涵盖场所公众责任保险、组织者责任保险、滑雪人员意外伤害保险、专业运动员意外伤害保险等十余个险种，为场所建设及运营者、活动组织者、设备制造者以及冰雪运动参与者等各类群体提供全面的风险保障。

在北京冬奥会期间，北京银保监局主动对接冬奥组委风险保障需求，为冬奥会量身定制综合责任险、财产险、车险、意外伤害险四项专属保险方案，充分满足赛前、赛中、赛后各阶段风险管理需要，并在保障范围、理赔服务等方面给予专属政策。如将新冠疫情风险纳入保障范围，开发冬奥专属新冠疫情人身综合保险条款，针对新冠病毒导致的身故、医疗费用、紧急救援费用等提供保险保障。在冬奥会开幕前，北京银保监局已完成 30 个冬奥专属保险条款的审核备案工作，指导保险机构为冬奥组委 4 000 余辆服务车辆提供全方位的车险保障，为“相约北京”系列测试赛工作人员、志愿者、教练人员、运动员 9 000 余人次提供意外伤害和意外伤害医疗保险保障，保额达 108.55 亿元。

在冬奥会期间，随着雪上项目关注度逐渐升温，“雪道的尽头是骨科”的话题一度冲上热搜榜，市面上大部分普通意外险产品并没有将滑雪、潜水、攀岩、跳伞等高风险运动纳入保障范围，如果被保险人参加高风险运动引发意外，按照保险合同中的免责条款将不能获得赔偿。未来需要积极开发更加多元化、个性化的冰雪运动保险产品，不断提升保险服务能力，充分满足企业、消费者等冰雪运动参与方的保障需求，为冰雪产业持续、健康发展保驾护航。

本章小结

责任保险属于广义财产保险的范畴，是补偿被保险人因过失等行为造成第三者的财产损失或人身伤亡依法应承担的经济赔偿责任的保险，它具有与一般财产保险相同的补偿性质，但在产生与发展基础、保险标的、承保方式、补偿对象和赔偿处理等方面又具有自己的特征。责任保险主要包括公众责任保险、产品责任保险、雇主责任保险和职业责任保险。公众责任保险是责任保险中独立的、适用范围最为广泛的保险类别。公众责任保险是承保法人、团体、家庭、个人在固定场所从事生产经营及日常生活，由于疏忽、过失造成他人人身伤亡或财产损失，依法应由被保险人承担的经济赔偿责任的保险，它分为综合公共责任保险、场所责任保险、承包人责任保险和承运人责任保险。产品责任保险是指以产品生产者或销售者等的产品责任作为保险标的，一旦他们因产品责任对消费者或其他人造成人身伤亡或财产损失，依法应由其承担的赔偿责任以及由此导致的有关法律费用由保险人予以赔偿的保险。产品责任保险适用于生产商、出口商、进口商、批发商、零售商及修理商等一切可能对产品责任事故造成的损害负有赔偿责任的人。雇主责任保险是责任保险中产生最早的险种，在许多国家是一种普遍性的法定保险。雇主责任保险是以被保险人

（雇主）的雇员在受雇期间从事业务活动时因遭受意外导致伤、残、死亡或患有职业病而依法或根据雇佣合同应由被保险人承担的经济赔偿责任作为承保风险的一种责任保险。职业责任保险是以各种专业技术人员因工作中的疏忽、过失造成他人财产损失或人身伤亡而产生的经济赔偿责任为保险标的的保险。职业责任保险一般是由提供各种专业技术服务的单位（如医院、会计师事务所等）投保的团体业务，包括医疗职业责任保险、律师责任保险、建筑工程设计责任保险和会计师责任保险。

练习题

一、名词解释

1. 责任保险　2. 公众责任保险　3. 产品责任保险
4. 医疗职业责任保险　5. 雇主责任保险　6. 职业责任保险
7. 期内发生式　8. 期内索赔式　9. 赔偿限额
10. 侵权　11. 违约

二、问答题

1. 责任保险与一般财产保险的区别有哪些？
2. 论述责任保险与法律之间的关系。
3. 简述民事损害赔偿责任成立的条件。
4. 简述责任保险事故成立的条件。
5. 简述责任保险赔偿限额的种类。

即学即练

第8章

信用保证保险

学习目标

- 掌握信用保险与保证保险的联系与区别
- 理解出口信用保险的特征
- 了解信用保险和保证保险的主要险种
- 区分产品保证保险与产品责任保险

第一节 信用保证保险概述

信用保证保险是随着商业信用的发展而产生的新兴保险业务。它产生于美国，随后西欧各国和日本等经济发达国家纷纷开办此业务，目前我国的财险公司也开办了此业务。

一、信用保证保险的概念

信用保证保险是一种担保性质的保险业务。按担保对象的不同，信用保证保险可分为信用保险和保证保险。

（一）信用保险

信用保险（credit insurance）是权利人投保义务人的信用，义务人不守信用对自己造成的经济损失由保险人承担赔偿责任的保险。例如，商品的卖方（权利人）担心买方（义务人）不遵守买卖合同的规定支付货款或不能如期支付货款，从而要求保险人担保，保证自己在遇到上述情况而遭受损失时，由保险人给予经济赔偿。

（二）保证保险

保证保险（bond insurance）是被保证人根据权利人的要求，请求保险人担保自己信用的保险，如果由于被保证人不履行合同义务或者有违法行为，致使权利人遭受经济损失，由保险人负责赔偿。例如，建筑工程承包合同规定：承包人应在和业主签订承包合同后20个月内交付工程项目。业主（权利人）为能按时接收完工项目，要求承包人（被保证人）提供保险人的保证，保证自己因承包人不能如期完工所遭受的经济损失，由保险人（保证人）赔偿。

二、信用保险与保证保险的联系与区别

（一）信用保险与保证保险的联系

（1）保险标的具有一致性。两者的标的都是信用风险，信用保险承保的是被保险人交易伙伴的信用风险，而保证保险承保的是被保证人本身的信用风险。

（2）经营基础具有一致性。两者在业务经营过程中都必须依靠信息奠定经营基础。在信用保险中，决定保险费率的不是以往的损失概率和大数法则，而是有关被保险人交易伙伴的信用资料，如财务状况、经营现状、经营历史及所在国家的政治与经济环境等。在保证保险中，保证人是否受理担保申请，完全取决于其对被保险人的资信、财力及以往履约状况等信用资料的获得与核实。

（二）信用保险与保证保险的区别

（1）概念不同。信用保险的合同当事人为权利人（被保险人），保证保险的合同当事人为被保证人；信用保险的履约前提是权利人（被保险人）遭受合同规定的损失，保证保险的履约前提是被保证人不能正常履约，权利人遭受合同规定的损失。

（2）性质不同。信用保险的性质属于保险，权利人付出的费用是一种保险费，是其将义务人的信用风险转移给保险人所支付的金额；而保证保险的性质属于担保行为，被保证人所交付的费用是一种担保手续费，是被保证人使用保证人的名义所付出的一种报酬。

（3）追偿方式不同。在信用保险中，保险人赔偿被保险人的损失后，只能获得代位向义务人追偿的权利；而在保证保险中，一旦发生保证人对权利人的赔偿，保证人可以直接向被保证人或其提供的反担保人进行追偿。

（4）风险程度不同。在信用保险中，保险人承担的风险来自保险人和被保险人都不能控制的交易对方的信用风险，保险人实际承担的风险相对较大；而在保证保险中，保证人承担的风险来自被保证人自身的信用风险，但由于被保证人需要提供反担保，保证人实际上承担的风险相对较小。

（5）职能不同。在买卖合同中，卖方向保险公司投保买方不付货款的风险，从而获得保险人同意承担风险的合同文件——保险单；如果卖方应买方的要求请求保险公司承担自己不履行合同的风险，获得的是保险人同意担保的证明文件——保证函。所以，保证保险与信用保险是不能相互替代的。

三、信用保险、保证保险的依据与保险期限

信用保险及保证保险是依据义务人与权利人订立的商业、借贷或投资合同确定的。因为信用保险及保证保险的保险责任是保险人对义务人的履约行为或信用风险负责，故在订立信用保险及保证保险合同之前，必须先有商业、借贷或投资合同，义务人与权利人订立的合同是订立信用保险及保证保险合同的先决条件，并成为保险合同的组成部分。

信用保险及保证保险的保险期限有短期、中期和长期之分。短期一般规定为 6 个月到 1 年；中期一般在 1 年以上；长期则无具体标准，最长可达 20 年。具体保险期限应由当事人协商确定，并在保险合同中载明。凡在保险期限内发生保险事故并造成权利人的损失，保险人均负责赔偿。

第二节 信用保险

一、信用保险的特征

信用保险是权利人向保险人投保义务人的信用风险的保险，其特征包括：

（一）信用保险的标的具有特殊性

一般来说，财产保险业务中的保险标的是保险保障的客体，或者是保障被保险人的财产，或者是保障被保险人的利益，这种财产或利益的损失或者是被保险人财产或利益的直接损失，或者是被保险人的行为所造成的利益损失。在信用保险中，被保险人作为权利人，通过支付保险费的方式将义务人的信用风险作为保险标的要求保险人予以承保，在义务人造成的信用风险导致权利人的经济损失时，保险人则予以赔偿。

（二）信用保险必须以代位原则作为赔偿的基础

代位原则是财产保险业务中的一项重要原则，这项原则的前提是保险标的的损失必须由第三者造成。如果保险标的的损失与第三者无关，保险人不得行使代位追偿的权利。但是，在信用保险业务中，被保险人的任何损失应该说都是由指定的第三者（义务人）造成的。因此，只要被保险人提出赔偿的要求，保险人就必须以获得向义务人代位追偿的权利为条件，进而履行赔偿义务。如果保险人不能获得代位追偿的权利，对于信用保险业务的索赔不承担任何责任。

（三）信用保险业务中的第三者及其行为必须事先列明

在财产保险理赔业务所出现的代位追偿事件中，第三者及其行为往往不能事先确定。如果一般的财产保险业务在损失事件发生前就可以确定第三者及其行为，那么这项业务将蕴含着很大的道德风险，保险人有理由判断被保险人与第三者存在勾结诈骗的可能。在信用保险业务中，保险人在承保时必须在保险单上列明第三者，规定保险人对第三者可能造

成被保险人利益损失的行为的赔偿范围。如果被保险人由于信用风险所导致的损失向保险人索赔，造成损失的第三者不是保险合同所列明的，或者第三者对被保险人造成损失的行为不是保险合同所列明的，保险人有权拒绝被保险人的索赔。

二、信用保险的主要险种

信用保险是权利人向保险人投保义务人的信用风险的保险，其主要险种包括一般商业信用保险、出口信用保险和投资保险。

（一）一般商业信用保险

1. 一般商业信用保险的含义

一般商业信用保险又称国内信用保险。它是指在商业活动中，作为权利人的一方当事人要求保险人将另一方当事人的信用风险作为保险标的，并承担由于义务人的信用风险而使权利人遭受商业利益损失的保险。商业信用保险承保的是义务人的商业信用风险，这种商业信用风险的实际内容通过列明的方式在保险合同中予以明确，保险金额根据当事人之间的商业合同的标的价值来确定。如果义务人发生保险事故，保险人首先向权利人履行赔偿责任，同时自动取得向义务人进行代位追偿的权利。由于商业信用风险涉及各种形式的商业活动，商业信用保险必须针对各种不同的商业活动的需要进行设计，从而开发出就各种商业信用风险提供保险保障的商业保险业务。

一般商业信用保险只承保批发业务，不承保零售业务；只承保 3～6 个月的短期商业信用风险，不承保长期商业信用风险。

2. 一般商业信用保险的主要险种

（1）赊销信用保险。赊销信用保险是为国内商业贸易的延期付款或分期付款行为提供信用担保的一种信用保险业务。在这种业务中，投保人是制造商或供应商，保险人承保的是买方（即义务人）的信用风险，目的在于保证被保险人（即权利人）能按期收回赊销货款，保障商业贸易的顺利进行。从国外的实践来看，赊销信用保险适用于一些以分期付款方式销售的耐用商品，如汽车、船舶、住宅及大批量商品等。这类商业贸易往往金额较大，一旦买方无力偿付分期支付的货款，就会造成制造商或供应商的经济损失。因此，需要保险人提供买方信用风险保险服务。赊销信用保险的特点是赊账期往往较长，风险比较分散，承保业务手续也比较复杂，保险人必须在仔细考察买方资信情况的条件下才能决定是否承保。在我国，中国平安保险公司率先于 1995 年开办了这种业务。随着商业体制改革和商业结算制度的进一步完善，这种信用保险得到了较快的发展。

（2）贷款信用保险。贷款信用保险是保险人对银行或其他金融机构与企业之间的借贷合同进行担保并承保后者信用风险的保险。在市场经济条件下，贷款风险是客观存在的，究其原因既有企业经营管理不善或决策失误，又有自然灾害和意外事故的冲击等。这些因素都可能造成贷款不能安全回流，对此必然要建立起相应的贷款信用保险制度予以保证。在国外，贷款信用保险是比较常见的信用保险业务，它是银行转嫁贷款中的信用风险的必要手段。在我国，一些保险公司正在拟订贷款信用保险条款，准备开拓贷款信用保险市场。

在贷款信用保险中，放款方既是投保人又是被保险人。放款方投保贷款信用保险后，当借款人无力归还贷款时，可以从保险人那里获得补偿。贷款信用保险是保证银行信贷资金正常周转的重要手段。

贷款信用保险的保险责任一般包括决策失误、政府部门干预、市场竞争等风险，通常只要不是由投保人（或被保险人）的故意行为和违法犯罪行为所致的贷款无法收回，保险人就承担赔偿责任。贷款信用保险的保险金额的确定，通常以银行贷出的款项为依据。贷款信用保险的保险费率的厘定与银行利率相联系，并着重考虑以下四个因素：企业的资信情况、企业的经营管理水平与市场竞争力、贷款项目的期限和用途以及所属经济区域。

（3）个人贷款信用保险。个人贷款信用保险是指金融机构向自然人发放贷款，由于债务人不履行贷款合同致使金融机构遭受经济损失时由保险人承担赔偿责任的信用保险。它是保险人面向个人开办的较特别的业务。由于个人的情况千差万别，且居住分散，风险不一，保险人要开办这种业务，必须对借款人的借款用途、经营情况、日常信誉、私有财产物资等做全面的调查了解，必要时还会要求借款人提供反担保，不能轻率承保。

（二）出口信用保险

1. 出口信用保险的概念

出口信用保险是承保出口商在经营出口业务的过程中，因进口商方面的商业风险或进口国方面的政治风险而遭受的经济损失的保险。由于经营这种保险业务承担的风险较大，而且难以使用统计方法测算损失概率，故一般保险公司不愿意经营，而往往由政府指定的机构承办。

2. 出口信用保险的特征

出口信用保险与一般财产保险的主要区别如下：

（1）经营目的不同。出口信用保险的经营目的是鼓励和扩大出口，承担出口商因出口所致的各种经济损失，业务方针体现了国家的产业政策和对外贸易政策；而一般财产保险除了海上保险与一国对外贸易政策紧密相关外，均是为了稳定国内生产和生活，与一国的对外贸易关系不大。

（2）经营方针不同。出口信用保险在经营上实行非营利的方针，通常是以比较低的收费承保比较高的风险，最终由国家财政作为后盾，其经营亏损由国家财政加以解决。

（3）经营机构不同。因出口信用保险承保的风险比较大，所需的资金较多，故经营机构大多为政府机构，或由国家财政直接投资设立的公司，或国家委托独家代办的商业保险公司，因而带有明显的政府经营下的非企业化经营的特征。它的经营更侧重于社会效益，而一般财产保险则以营利为目的，由商业保险公司经营。这些商业保险公司大多采取企业化经营方式，根据市场规律展开激烈的竞争，在使企业利润最大化的过程中实现一般财产保险对社会经济生活进行补偿和保障的社会效益，其经营侧重于经济效益。另外，出口信用保险的业务好坏受国际政治和经济波动情况的影响。政治稳定，经济发展正常，信用风险就小；反之，信用风险就大。这也是由政府主办或委托办理出口信用保险的原因。

（4）费率厘定方法不同。概率论是一般财产保险得以经营的数理基础，这些财产保险的经营机构在厘定费率时所采用的基本定律之一是大数法则。在确立费率时以保额损失率为依据，根据以往若干年的损失统计资料，利用大数法则进行计算，以确定未来年度的保险收费标准。由于一般财产保险的经营机构承担的风险是自然灾害和意外事故，它们的发生往往具有稳定的重复规律，因而可以合理、科学地厘定未来年度的费率。而由于出口信用保险所承保风险的特殊性，信息在出口信用保险的经营机构厘定费率时起着举足轻重的作用。尽管短期综合险业务在一定程度上可以依据大数法则，即对公司若干年内各种致损原因进行分析，得出其重复发生的概率，但风险包括了很多的人为因素，往往受社会政治环境及进口商经营情况和经营作用的影响。因此，出口信用保险的经营机构在厘定费率时，除了考察自身以往的赔付记录外，还要考察出口商资信、规模和经营出口贸易的历史情况，以及买方所在国或地区的政治、经济和外汇收支状况等，同时还应考察国际市场的经济发展趋势，在厘定费率后还要根据新的情况经常调整，以便及时、准确地反映风险的变化趋势，确保保险费率的合理和公平。

（5）投保人不同。出口信用保险的投保人必须是本国国民或本国企业，投保的业务一般是在本国生产或制造的产品的出口。

（6）适用范围不同。凡出口公司通过银行以信用证、付款交单、承兑交单、赊账等支付方式结汇的出口贸易均可以投保出口信用保险。投保人在投保时，应先填写保险人提供的投保单，同时向保险人申请国外买方的信用限额，并每月向保险人申报一次出口货物金额，以便保险人据此承担保险责任和收取保险费。

3. 出口信用保险的种类

目前我国办理的出口信用保险有短期出口信用保险、中长期出口信用保险、特约出口信用保险三种。

（1）短期出口信用保险。这是指承保支付货款信用期不超过 180 天的出口贸易的保险。它一般适用于大批量、重复性出口的初级产品和消费性工业制成品。短期出口信用保险是国际上出口信用保险适用面最广、承保量最大的险种。在实务经营中，强调被保险人必须在本国注册，按全部营业额投保，并及时向保险人申报出口情况。

（2）中长期出口信用保险。这是指承保放账期在一年以上的出口贸易的保险。它适用于大型资本性货物如飞机、船舶、成套设备等的出口，也可以承保海外工程承包和技术服务项目费用结算的收汇风险。

（3）特约出口信用保险。这适用于资信程度较高的被保险人因业务需要，在其他出口信用保险中不能承保的临时性的或比较特殊的业务。

4. 出口信用保险的保险费率及保险费

出口信用保险的费率因可能发生的收汇风险程度不同而有所不同，厘定费率时一般考虑下列因素：（1）买方所在国或地区的政治、经济及外汇收支状况；（2）出口商的资信、经营规模和出口贸易的历史记录；（3）对出口商的赔付记录；（4）贸易合同规定的付款条件；（5）投保的出口贸易额大小及货物的种类；（6）国际市场的经济发展趋势。

对于短期出口信用的保险费率，通常应考虑买方所在国或地区所属类别、付款方式、信用期限。一般而言，出口信用保险的经营机构将世界各国或地区按经济情况、外汇储备情况及外汇政策、政治形势的不同划分成五类：第一类国家或地区的经济形势、国际支付能力、政治形势均较好，因而收汇风险小；第五类国家或地区的收汇风险则非常大，大部分保险人不经营此类国家或地区的出口信用保险业务。对第一类到第四类国家或地区的出口，因风险大小不同、支付方式不同，从而收取的保险费率也不同。放账期长的费率高，放账期短的费率低。保险费计算公式为：

保险费＝发票总额×费率表决定的费率×调整系数

式中，调整系数是根据出口商经营管理情况的好坏和赔付率的高低决定的。

5. 出口信用保险的责任限额

一般的保险单都规定两种限额：一是对买方的信用限额，即对每一买方所造成卖方的损失，保险人所承担的最高赔偿限额；二是对出口方保险单的累计责任限额，即保险人对被保险人（出口方）在每 12 个月内保险单累计的最高赔偿限额。

（三）投资保险

1. 投资保险的概念

投资保险又称政治风险保险，是为保障投资者利益而开办的一种保险。国际投资是国际资本输出的一种形式，对资本输出国来说，它能为剩余资本谋求出路，获取较高利润；对资本输入国来说，它能通过利用外资解决国内资金不足问题，并借此引进技术，发展经济。但是，向国外投资，特别是私人直接投资，会面临各种风险。投资保险是为鼓励和保障海外投资而开办的保险，主要承保被保险人（投资者）由于政治原因或签约双方不能控制的原因遭受的损失。

2. 投资保险的责任范围

（1）汇兑风险。例如，东道国政府实行外汇管制，禁止外汇汇出；因东道国发生战争、革命或内乱，无法进行外汇交易；东道国政府对投资者各项应得的金额实行管制（如冻结）；东道国政府取消对各项应得的金额汇回本国的许可；东道国政府对各项应得的金额予以没收。

（2）征用风险，又叫国有化风险。即投资者在海外的投资资产被东道国政府或地方政府、团体征用或没收。

（3）战争及类似行为风险。由于战争、革命、暴乱而使投资者的保险财产遭受损失、破坏或被夺取留置，均属于承保范围。投资保险仅保障投资财产的有形资产的直接损失，不包括间接损失，对证券、档案文件、债权以及现金的损失和一般的骚乱风险都不承保。

3. 投资保险的责任免除

投资保险对被保险人的下列投资损失不负赔偿责任：

（1）被保险人及其代表违背或不履行投资契约，或故意违法行为导致政府有关部门的征用或没收造成的损失。

（2）被保险人投资项目受损后造成被保险人的一切商业损失。

（3）政府有关部门规定了外汇汇出期限而被保险人没能按期汇出造成的损失。

（4）核武器造成的损失。

（5）投资契约范围以外的任何其他财产被征用、没收造成的损失。

4. 投资保险的保险期限

投资保险的保险期限分为短期和长期两种：短期为 1 年；长期最短的为 3 年，最长的为 15 年。投保 3 年后，被保险人有权要求注销保险单。如未到 3 年提前注销保险单，被保险人必须缴足 3 年的保险费。保险单到期后可以续保，但条件仍需双方另行商议。无论是长期保险还是短期保险，在保险期限内被保险人都可随时提出退保要求，但保险人不能中途修正保险合同，除非被保险人违约。

5. 投资保险的保险金额与保险费率

投资保险的保险金额以被保险人在海外的投资金额为依据，是投资金额与双方约定比例的乘积，保险金额一般是投资金额的 90%。但长期投资项目和短期投资项目又有所不同。1 年期投资项目的保险金额为该年的投资金额乘以双方约定的比例，保险金额一般规定为投资金额的 90%。长期投资项目在投保时每年投资金额按每年预算投资金额确定，当年保险金额为当年预算投资金额的 90%。长期投资项目需确定一个项目总投资金额下的最高保险金额，保险费需在年度保险费的基础上加差额保险费，长期投资项目期满时按实际投资额结算。

投资保险的保险费率一般根据保险期限的长短、东道国的政治形势、投资者的能力、工程项目以及地区条件等因素确定。一般分为长期费率和短期费率，且保险费在当年开始时预收，每年结算一次，这是因为投资期有变化。在 20 世纪 90 年代中期，我国投资保险的短期年度费率一般为 8‰，长期年度基础费率一般为 6‰。

投资保险是一种承保投资政治风险的信用保险。外国的投资保险一般由投资商在本国投保，保障的是本国投资商在外国投资的风险，投资商是被保险人；而我国的投资保险则可由保险公司为外国投资商提供保险，保障的是外国投资商在我国投资的风险，以配合国家引进外资的政策，从而带有保证保险的性质。

第三节 保证保险

一、保证保险的特征

保证保险是指被保证人（义务人）根据权利人的要求，请求保险人担保自己信用的保险，当被保证人的作为或不作为致使权利人遭受经济损失时，保险人负经济赔偿责任的保险。

保证保险具有以下特征：

（1）保证保险的当事人涉及三方。保证保险的当事人为保证人（保险人）、被保证人（义务人）、权利人（被保险人），而一般保险的当事人只有两个，即保险人与投保人（被保险人）。

（2）保证保险中的被保证人对保证人（保险人）给予权利人的补偿有偿还的义务；而一般保险的被保险人并无任何偿还责任。在保证保险中，由于保险事故的发生导致保证人对权利人的赔偿，保证人有权向被保证人索赔，被保证人有义务偿还；而在一般保险中，保险人对被保险人没有索赔权和追偿权，也不用提供担保。

（3）保证保险合同是保险人对另一方的债务偿付、违约或失误承担附属性责任的书面承诺。在保证保险合同所规定的履约条件已具备而被保证人不履行合同义务的条件下，保证人才履行赔偿责任。当发生保险事故且权利人遭受经济损失时，只有在被保证人不能赔偿损失时，才由保险人代为赔偿。因此，从本质上来说，保证保险只是对权利人的担保。

（4）保险人必须严格审查被保证人的资信。保险人只有在严格审查被保证人的财务、资信、声誉以及以往履约记录等后，才会决定承保并代替被保证人向权利人承担法律责任。

（5）保险费实质上是一种手续费。保险公司在经营一般保险业务时，必须做好赔偿准备。一种风险会不会得到承保，归根到底要看承担这种风险所收取的保险费是否足以抵补这种风险引发的赔款。而保证保险是一种担保业务，它基本上是建立在无赔款的基础之上，因此，保证保险收取的保险费实质上是一种手续费，是利用保险人的名义提供担保的一种报酬。

二、保证保险的主要险种

（一）履约保证保险

1. 履约保证保险的概念

履约保证保险是指在被保证人不按约定履行义务，从而造成权利人的经济损失时，由保险人负责赔偿的一种保险。保险标的是被保证人的违约责任。

2. 履约保证保险的特点

（1）履约保证保险所承保的危险是被保证人履行一定义务的能力或意愿。

（2）履约保证保险的投保人只能是被保证人自己。

3. 履约保证保险的种类

在实务中，履约保证保险主要有以下四种形式：

（1）合同履约保证保险。这是指承保因被保证人不履行各种合同义务而造成权利人经济损失的保险。

（2）司法履约保证保险。在司法程序中，原告或被告向司法部门提出某项要求时，司法部门根据具体情况，要求其提供保证。这时，法院面临着原告或被告违约的风险。司法履约保证保险是指对这种风险进行承保的一种保证保险。

（3）特许履约保证保险。这是指由保险人担保从事经营活动的领照人遵守法规或履行义务的保证保险，即保证人保证领照人能够按规定履行其义务。

（4）公务员履约保证保险。这是由保证人对政府工作人员的诚实信用提供保证的保险。

（二）忠诚保证保险

1. 忠诚保证保险的概念

忠诚保证保险，又称诚实保证保险，是一种在权利人因被保证人的不诚实行为而遭受经济损失时，由保险人作为保证人承担赔偿责任的保险。忠诚保证保险常为雇主（权利人）提供保险，以被保证人（雇员）的诚实信用为保险标的，当雇员由于偷盗、侵占、伪造、私用、非法挪用、故意误用等不诚实行为造成雇主受损时，保险人负责赔偿。

2. 忠诚保证保险的特点

（1）保险合同涉及雇主与雇员之间的关系。

（2）承保的危险只限于雇员的不诚实行为。

（3）投保人既可以是被保证人（雇员），也可以是权利人（雇主）。

3. 忠诚保证保险的种类

（1）指名保证保险。这是以特定的雇员为被保证人的忠诚保证保险。在雇主遭受由被保证人所造成的经济损失时，由保险人负责赔偿。在这种保险中，雇员的名字被列在保险单上，并做出相应的保证金额规定。如果雇员离开公司，这一保险将终止。

指名保证保险分为两种：1）个人保证保险。它是以特定的雇员单独为被保证人，当该雇员独自或与他人合谋造成雇主受损时，由保险人承担赔偿责任。2）表定保证保险。它是在同一保证合同内承保两个及以上的雇员，每个人都有自己的保证金额的保险，被保证人人数可随时增减。

（2）职位保证保险。它是基于被保证人的各种职位及其人数的忠诚保证保险。与指名保证保险的不同之处在于，它不列出被保证人的姓名，而只列出各种职位及其人数，每一职位都规定有保证金额。

职位保证保险又可分为两种：一是单一职位保证保险。在该保险中，同一保证合同承保某一职位的若干被保证人，不论何人担任此职位均有效。二是职位表定保证保险。同一保证合同承保几个不同的职位，每一职位有各自确定的保证金额。

（3）总括保证保险。这是指在一个保证合同内承保雇主所有的正式员工。总括保证保险又可分为以下两种形式：1）普通总括保证保险。它是指对全体雇员不指出姓名和职位的保证保险。保险费按年计算，在缴费年度内如人数增加，除企业合并外，不另收保险费。只要认定损失是由雇员的不诚实行为所致，保险人均承担赔偿责任。2）特别总括保证保险。它是指承保各种金融机构的雇员由于不诚实行为所造成的损失的保险。它起源于英国劳合社承保人开办的银行总括保证保险，以后逐步扩展到各种金融机构。各金融机构中的所有现金、有价证券、金银条块以及其他贵重物品，因其雇员的不诚实行为造成的损失，保险人均负赔偿责任。

（4）伪造保证保险。伪造保证保险是承保因伪造或篡改背书、签名、收款人姓名、金额等造成损失的保证保险。

（5）三D保险单。三D保险单是指不诚实（dishonest）、损毁（destruction）及失踪（disappearance）的综合保险单，包括诚实保证和盗窃保险，承保企业因他人的不诚实、盗窃、失踪、伪造或篡改票据遭受的各种损失。其内容包括五个部分，被保险人可选择投保部分或全部。这五个部分的内容是：1）雇员不诚实保证；2）屋内财产的盗窃保险；3）屋外财产的盗窃保险；4）保险箱盗窃保险；5）存户的伪造保险。

（三）产品保证保险

1. 产品保证保险的概念

产品保证保险也称产品质量保证保险或产品信誉保证保险，它承保被保险人因制造或销售的产品丧失或不能达到合同规定的效能而应对买主承担的经济赔偿责任，即保险人对有缺陷产品本身以及由此引起的有关间接损失和费用负赔偿责任。

2. 产品保证保险的责任范围

（1）对用户或消费者负责更换或整修不合格产品或者赔偿有质量缺陷产品的损失和费用。

（2）赔偿用户或消费者因产品质量不符合使用标准而丧失使用价值的损失及由此引起的额外费用。如运输公司因购买不合格汽车而造成的停业损失（包括利润和工资损失）以及为继续营业临时租用他人汽车而支付的租赁费用等。

（3）被保险人根据法院判决或有关行政当局的命令，收回、更换或修理已投放市场的质量有严重缺陷的产品造成的损失及费用。

3. 产品保证保险的除外责任

（1）产品购买者故意行为或过失引起的损失。

（2）不按产品说明书安装调试、使用引起的损失。

（3）产品在运输途中因外部原因造成的损失或费用。

4. 产品保证保险的保险金额、保险费率与保险期限

产品保证保险的保险金额一般按投保产品的出售价格或实际价值确定。以出厂价、批发价、零售价中的何种价格确定，由保险双方以产品所有权的转移方式及转移价格为依据。

在费率厘定方面，应以下列因素为依据：（1）产品制造者、销售者的技术水平和质量管理情况，这是确定费率的首要因素；（2）产品的性能和用途；（3）产品的数量和价格；（4）产品的销售区域；（5）保证人承保该类产品以前的损失记录。

产品保证保险的保险期限是根据不同产品的性能、用途和行业规定的正常使用时间来确定的，也可以在行业规定的正常使用时间内选择一段时间作为保险期限。

5. 产品保证保险的赔偿处理

（1）当产品因内在质量缺陷在使用过程中发生产品本身的损坏时，保险人在保险单规定的保险金额内按实际损失赔付。

（2）对属于可修理范围内的产品，保险人按更换的零配件费用和人工费予以赔偿。其中零配件费用按成本价计算，人工费按定额计算。

（3）由于产品质量风险不易估算和控制，保险人通常在保险合同中订有共保条款，要求被保险人共同承担损失，分担赔偿责任。

6. 产品保证保险与产品责任保险的区别

（1）标的不同。产品责任保险的保险标的，是产品在使用过程中因缺陷造成用户、消费者或公众的人身伤亡或财产损失时，依法应由产品制造商、销售商等承担的民事损害赔

偿责任，简言之，产品责任保险的保险标的是产品责任。产品保证保险的保险标的是被保险人因提供的产品质量不合格，依法应承担的产品本身损失的经济赔偿责任，简言之，产品保证保险的保险标的是产品质量违约责任。

（2）性质不同。产品责任保险是保险人针对产品责任替责任方承担因产品事故造成对受害方的经济赔偿责任的责任保险；产品保证保险是保险人针对产品质量违约责任提供的带有担保性质的保证保险。

（3）责任范围不同。产品责任保险承保的是因产品质量问题导致用户财产损失或人身伤害依法应由被保险人承担的经济赔偿责任，产品本身的损失则不予赔偿；产品保证保险则承保被保险人因其制造或销售的产品质量有缺陷而产生的对产品本身的赔偿责任，也就是承保因产品质量问题所应负的修理、更换产品的赔偿责任。

中国实践

存款保险制度构建

存款保险制度是一种金融保障制度，是指由符合条件的各类存款性金融机构集中起来建立一个保险机构，各存款机构作为投保人按存款的一定比例向其缴纳保险费，建立存款保险准备金，当成员机构发生经营危机或面临破产倒闭时，存款保险机构向成员机构提供财务救助或直接向存款人支付部分或全部存款，从而保护存款人利益，维护银行信用，稳定金融秩序的一种制度。

中国金融业的现状是国有商业银行经营机制尚未完全转变，资产负债结构不合理，风险抵御能力较差，在金融市场发育不完善、金融监管手段和方法落伍的背景下，实行强制性存款保险实际上也是对银行业发展的一种强制性保护。同时，建立存款保险制度有利于革新传统观念，提高公众的风险意识。长期以来，在计划经济体制模式下，中国的银行储蓄存款不仅没有风险，而且收益可观，一直是人们投资的首选渠道。在实行社会主义市场经济的条件下，企业破产不仅在理论上已被公众接受，而且在实践中已实施，因此作为经营货币这一特殊商品的商业银行所潜藏的风险也应为公众所接受。

截至 2011 年底，全球已有 111 个国家建立存款保险制度。2015 年，中国存款保险制度正式出台，存款保险在本质上是一种信用保证保险。

本章小结

信用保证保险是随着商业信用的发展而产生的新兴业务，承保义务人的信用风险，实质上是一种具有担保性质的保险业务。信用保险是权利人投保义务人的信用，义务人不守信用对自己造成的经济损失由保险人承担赔偿责任的保险；保证保险是被保证人根据权利人的要求，请求保险人担保自己信用的保险。两者在保险标的、经营基础上具有一致性，而在概念、性质、追偿方式、风险程度、职能上有所不同。信用保险的主要险种包括一般商业信用保险、出口信用保险和投资保险。保证保险的主要险种包括履约保证保险、忠诚保证保险和产品保证保险。

练习题

一、名词解释

1. 信用保险
2. 保证保险
3. 商业信用保险
4. 个人贷款信用保险
5. 出口信用保险
6. 投资保险
7. 履约保证保险
8. 忠诚保证保险
9. 总括保证保险
10. 三 D 保险单
11. 产品保证保险

二、问答题

1. 信用保险与保证保险有何联系与区别?
2. 试述出口信用保险的特征。
3. 简述投资保险的责任范围。
4. 信用保险与一般财产保险有何区别?
5. 简述保证保险的特征。
6. 比较产品保证保险与产品责任保险。

即学即练

第9章

再保险

学习目标

- 掌握再保险与原保险的联系与区别
- 理解再保险的作用
- 列举再保险的主要类别
- 区别比例再保险和非比例再保险
- 理解不同再保险类别的责任划分
- 了解再保险的组织形式
- 熟悉再保险合同的主要条款

第一节 再保险及其作用

一、再保险的定义与相关术语

（一）再保险的定义

再保险（reinsurance）又称分保，是保险人在原保险合同的基础上通过订立合同，将所承保的部分风险和责任转移给其他保险人承担，当发生保险责任范围内的损失时，从其他保险人处取得相应部分的赔偿的一种保险业务。

在再保险业务中，分出保险业务的保险人称为原保险人（original insurer）或分出公司（ceding company），分入保险业务的保险人称为再保险人（reinsurer）或分入公司（ceded company）。与直接保险一样，原保险人通过办理再保险将所承保的一部分风险和责任转移给再保险人，相应地也要支付一定的保险费，这种保险费称为再保险费或分保险费（reinsurance premium）；同时，为了弥补原保险人在直接承保过程中的费用开支，再保险人也必须向原保险人支付一定的费用报酬，这种费用报酬称为分保手续费或分保佣金（reinsurance commission）。

同样，为了分散风险，控制责任，避免巨额损失，再保险人也可以将分入的保险业务再转分给其他保险人，这种经营活动称为转分保（retrocession），双方当事人分别称为转分保分出人和转分保分入人。通过转分保，巨额风险就在众多保险人之间得到分散（见图9－1）。所以，无论是原保险人还是再保险人都需要开展再保险业务，都可能充当再保险的分出人或分入人。

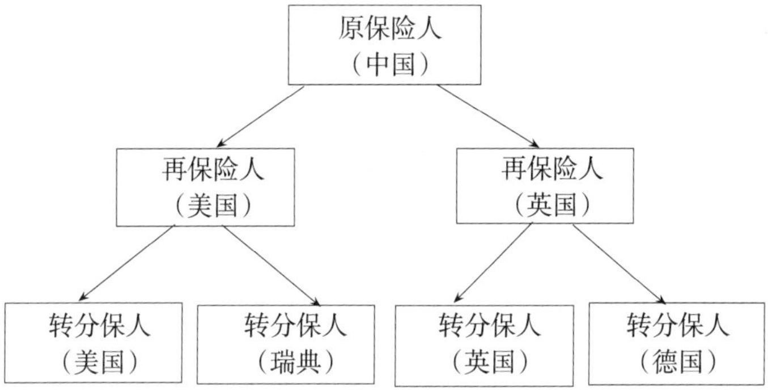

图9－1　再保险风险分散示意图

再保险可以发生在一国范围内，也可以发生在国家与国家之间。尤其是一些超过国内保险市场承受能力的巨额风险，如航天飞机、万吨巨轮、大型工程、核电站、卫星发射等在试验和运行过程中的风险，通常要超越国界进行分保。因此，再保险具有明显的国际性。

（二）再保险的相关术语

1. 危险单位

危险单位是指保险标的发生一次保险事故可能造成的最大损失范围。

危险单位的划分既重要又复杂，应根据不同的险别和保险标的来决定。例如，船舶保险以一艘船为一个危险单位，机动车辆保险以一辆汽车为一个危险单位，人寿保险以一个人为一个危险单位等。关于火灾保险，通常以一栋独立的建筑物为一个危险单位，但如果数栋建筑物毗连，则应根据其使用性质、间距、周围环境等因素划分为一个或数个危险单位。

危险单位的划分恰当与否，直接关系到再保险双方当事人的经济利益，甚至影响到被保险人的利益，因而是再保险实务中一个技术性很强的问题。

2. 自留额与分保额

对于每一危险单位或一系列危险单位的保险责任，分保双方通过合同按照一定的计算基础对其进行分配。分出公司根据偿付能力确定承担的责任限额称为自留额；经过分保由分入公司所承担的责任限额称为分保额。

自留额与分保额可以以保险金额为基础计算，也可以以赔款为基础计算。计算基础不同，决定了再保险的方式不同。以保险金额为计算基础的分保方式属于比例再保险；以赔款为计算基础的分保方式属于非比例再保险。自留额与分保额可以用百分比表示，如自留额与分保额分别占保险金额的 30%和 70%，或者用绝对数表示，例如，保险金额为 400 万元，保险公司的自留额为 100 万元，则分保额为 300 万元。而且，根据分保双方承受能力的大小，自留额与分保额均有一定的控制。如果保险责任超过自留额与分保额的控制线，则超过部分应由分出公司自负或另行安排分保。

二、再保险与原保险的联系与区别

再保险与原保险之间的关系如图 9－2 所示。

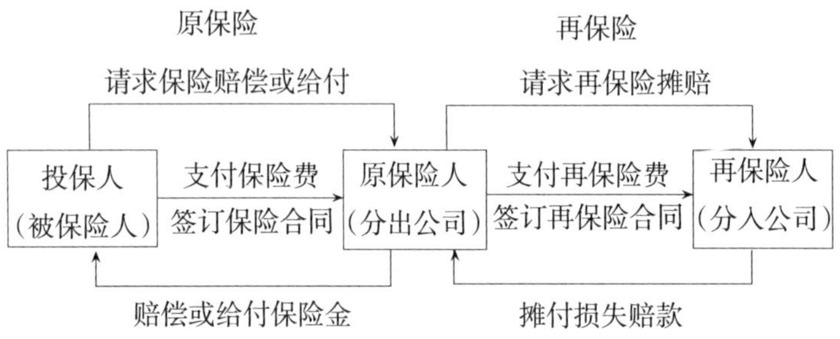

图 9－2　再保险与原保险的关系示意图

（一）再保险与原保险的联系

再保险是保险人将原保险业务（直接保险业务）分给其他保险人的过程。当原保险合同约定的保险事故发生时，再保险人按照再保险合同的规定对原保险人承担的损失给予补偿。可见，再保险与原保险具有十分密切的关系，二者是相辅相成、相互促进的。

（1）原保险是再保险的基础，再保险是由原保险派生的。从保险发展的历史逻辑来看，先有原保险，而后才有再保险。再保险的产生和发展是基于原保险人分散风险的需要。再保险是以原保险人承保的风险责任为保险标的，以原保险人的实际赔款和给付为摊赔条件。所以，再保险的保险责任、保险金额、保险期限等都必须以原保险合同为基础，没有原保险就没有再保险。

（2）再保险是对原保险的保险，再保险支持和促进原保险的发展。保险人将自己所承保的一部分风险责任向再保险人分保，从而也将一部分风险责任转移给再保险人。当原保险人承保的保险标的发生损失时，再保险人必须按再保险合同的规定分担相应的赔款。原保险人从再保险人那里摊回分保部分的赔款，有利于保障原保险人经营的安全和稳定。可见，再保险作为原保险的保险，是对原保险人所承保的风险的进一步分散，原保险人通过再保险可以控制自己的保险责任，扩大承保能力，从而支持和促进了原保险的发展。

（二）再保险与原保险的区别

原保险和再保险都是为了分散风险、补偿损失，但在保险经营中二者还是存在很大区别的。

(1) 保险主体不同。原保险关系的主体是保险人与投保人或被保险人，原保险体现的是保险人与被保险人之间的经济关系；而再保险关系的主体是原保险人与再保险人，再保险体现的是保险人之间的经济关系。

(2) 保险标的不同。原保险的保险标的包括财产、人身、责任、信用以及有关的利益，既有财产保险、人身保险，也有责任保险和信用保证保险；而再保险的保险标的是原保险人所承担的风险责任，是一种具有责任保险性质的保险。

(3) 保险合同性质不同。原保险人在履行赔付职责时，对财产保险是损失补偿性的，对人身保险则是给付性的，所以原保险合同包括补偿性合同和给付性合同两种；而再保险人对原保险合同的分摊，无论是财产再保险还是人身再保险，都是对原保险人承担的风险损失的补偿，所以再保险合同均为补偿性合同。

三、再保险的作用

再保险的基本职能是分散风险，是将保险人所承担的风险在同业之间进行分散，以补偿可能遭受的巨灾损失和巨额损失。其作用主要表现在以下几个方面。

(一) 再保险可以分散风险

保险是人们将自己本身的风险转嫁给保险公司，保险公司通过聚集众多同质风险，使风险得以分散，使被保险人得到保险保障。保险公司是经营风险的企业，在经营过程中同样会面临各种风险，这些风险主要是巨额风险、巨灾风险和经营风险。保险人通过再保险使这些风险得以分散。

(1) 分散巨额风险。当标的价值巨大时，保险金额也巨大，一份保险单的责任也就很重大。如果标的遭遇保险责任范围内的风险，那么，保险人将要一次性付出巨额赔款，诸如卫星、航天飞机、核电站等。通过再保险，原保险人可以将超过自己承保能力的保险金额分由再保险人承担，从而分散巨额风险。

(2) 分散巨灾风险。尽管一些单一风险保险单的标的价值与保险金额都不算巨大，但很多保险单所保标的的风险单位集中，若某些保险事故发生，波及这些集中的标的，就会使众多受损标的的损失金额累计值巨大，同样会使保险人在一次事故后付出巨额保险金。如洪水对沿岸聚居区财产、生命的威胁，火灾对密集的商业区、街区、工业区的侵袭，核泄漏、核爆炸等有毒物质泄漏对聚居区生命、财产的危害，承保上述风险的保险人以及所有责任保险、意外伤害保险的保险人，都将可能面临累计赔款、给付总额巨大的风险。

(3) 分散经营风险。保险人由于受地域与经营性质等因素影响，往往难以承保到大数法则所要求的足够多的保险标的和同质性的风险。而预定的费率将可能与实际发生的损失补偿和给付之间存在较大的差异，这种较大的差异对于新成立或成立时间不长的保险公司来说虽达到资本金方面的要求，但仍会出现因财力的限制而难以提留到足够的应对经营风险的准备金的情况。对此，这些保险公司可以通过再保险将那些风险同质性较低、标的数量太少、保额过高的保险业务部分或全部转移给其他保险人，以分散风险。

（二）再保险可以控制保险责任

在再保险情形下，原保险人可以根据自己的技术、资金能力确定自留额，从而控制保险责任，保证经营的稳定与安全。

（1）控制每个风险单位的责任。控制每个风险单位的责任又称险位责任控制。保险人在决定分保时，通常是根据有关法律、条例以及自身的承保能力，首先确定对每个风险单位的自留额，将超过自留额的部分进行分保。这样，自留额使得所有风险单位的责任整齐划一，从而增强标的与风险的同质性。

（2）控制一次巨灾事故的责任累积。控制一次巨灾事故的责任累积也称事故责任控制。因巨灾事故可能使大量风险单位同时受损，如果仅通过险位责任控制则难以控制巨灾事故造成的责任累积。对此，原保险人通过确定一次事故的累积责任自留额，将超过累积责任自留额的部分通过再保险方式分由再保险人承担，就可以对巨灾事故的累积责任加以控制。

（3）控制全年的责任累积。灾害事故极易造成损失年度的不平衡，使保险人各年度承担的赔偿、给付责任不均衡，甚至会出现很大的差异。通过险位责任控制与事故责任控制还难以平衡年度责任的差异，一年内多次责任事故累积责任的平衡，可以通过再保险方式来确定年度累积责任自留额，将超过部分分出去，就可以稳定保险人的经营。

（三）再保险可以扩大经营能力

保险公司的承保能力受资本金和总准备金等自身财务状况的限制。由于保险公司的自有资金有限，因而其承保能力是一定的。

通常各国都通过保险的有关立法，制定资本金、偿付能力等方面的限制标准，以此来控制保险公司的经营额度和经营范围。例如，《保险法》第一百零二条规定：经营财产保险业务的保险公司当年自留保险费，不得超过其实有资本金加公积金总和的 4 倍。有些国家的法律则规定，每个保险人承保的业务总量即保险费总额不得超过资本金（包括公积金）的 10 倍。也就是说，资本金不能低于业务总量的 10%，即资本金与业务总量之比应大于 10%或业务总量与资本金之比应小于 10。否则，保险公司的业务经营将潜藏着危机，需要清理。保险公司的资本金占业务总量的 10%这一界线又被称作清理线。

由此可见，保险人的业务发展是有限的，不可能无限制地承揽业务，而是受到其资本金的限制。但是，如果利用再保险，不仅可以扩大保险人的业务，突破限额，而且能保证经营的稳定性。因为在计算保险费收入时可扣除分出保险费，只计算自留保险费。因此，在不增加资本金的情况下，可利用分保增加业务量。例如，当保险人的资本金为 50 万元时，按照 10%的法律限定，保险人的业务总量最高只能达到 500 万元，倘若超过 500 万元，就超越了清理线，潜藏着危机。然而，如果保险人利用分保则可使业务总量突破 500 万元的限制。当业务总量为 2 000 万元时，只要保险人的自留额保持在 500 万元以内，其资本金与业务总量之比就仍然维持在法定的 10%的限度内，即使大于 10%，保险人也只需将超过 500 万元的部分分出去就可以了。这样，由于有了分保，保险人可以将原来只能做到 500 万元的业务总量提高到 2 000 万元。由此可见，再保险可以扩大保险人的经营能力，增加保险人的承保量。

另外，保险人可利用分保增加承保额，使保险费收入增加，而管理费用并未按比例增加，从而降低经营成本。保险人将业务分出，再保险人返还分保佣金；当分出业务良好时又可再得盈余佣金。对保险人来说，有了分保，降低了成本，增加了保险费收入及各项佣金，提高了经营利润，提高了承保能力。

（四）再保险可以增加保险公司的净资产，提高保险公司的偿付能力

再保险的这一作用主要表现在以下两个方面：

一方面，再保险可以使分出公司通过提取未到期责任准备金、未决赔款准备金、分摊赔款和分摊保险经营费用而聚集大量资金并加以适当利用，从而增加分出公司的收益。

另一方面，在再保险业务中，分出公司所分出业务的各类准备金可以扣除经营费用，这样就减少了准备金的提留数额，即降低了负债。同时，分出公司在分保业务中还可以得到一定数量的分保佣金，从而增强分出公司的财务实力。

保险公司的偿付能力是以公司的净资产来衡量的，即资产减负债。通过办理再保险可以增加公司资产，降低公司负债，从而提高偿付能力。

（五）再保险可以增进国际交流，提高保险技术

对于保险业正处于发展中的国家以及一些新成立的保险公司来说，由于保险的经验、资料、技术和财力都比较薄弱，在保险的经营方面会遇到很多障碍。通过再保险的方式，保险公司可以获得再保险公司在业务、技术方面的指导和协助，避免一些失误，少走一些弯路，从而迅速发展起来。由于再保险业务是超越国界的，主要是在国际范围内进行，所以，通过再保险纽带，可以增进对国际保险市场、再保险市场的了解。通过业务往来，学习发达国家的先进保险经验和技术，可以促进同业之间的技术交流和友好往来。

（六）再保险可以形成巨额联合保险基金

现代科学技术的高速发展，使财富得以迅速积累的同时也带来了更大的风险。例如，1989 年美国旧金山大地震造成的损失高达 10 亿美元；美国失事的“挑战者”号航天飞机仅研制费就高达 110 亿美元；1984 年底在印度中部博帕尔的美国碳化物印度子公司杀虫剂厂发生毒气泄漏事件，致使周围 40 平方千米被污染，2 000 多人死亡，10 多万人受损，索赔金额达天文数字。1998 年发生在我国的灾难性洪水致使数千人丧生，经济损失达上千亿元。如此巨大的风险，如果仅靠一个或几个保险公司独自积累的保险基金，是难以应对的。而如果通过再保险则可以将各保险公司集合成更大的分散风险的网络，在更大范围内将保险基金积累起来，使保险基金由分散走向联合，形成同业性或国际性的联合保险基金，增强保险的整体经营能力和抵御巨大风险的能力。

第二节 再保险的种类

原保险人将直接承保的业务转移给再保险人的方法可从两个方面加以分类：一是按照责任限制分类，二是按照分保安排方式分类（见图 9－3）。

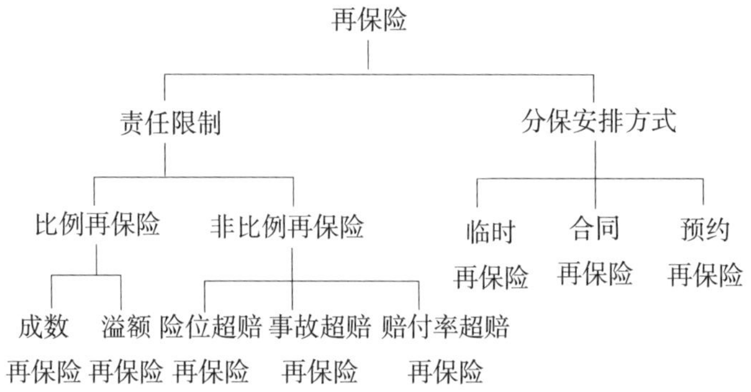

图 9-3　再保险的种类

一、按照责任限制分类

按分出公司与分入公司的责任限制划分，再保险可以分为比例再保险和非比例再保险。

（一）比例再保险

比例再保险（proportional reinsurance）是以保险金额为基础来确定分出公司的自留额和分入公司的责任额的再保险方式，故有金额再保险之称。在比例再保险中，分出公司的自留额和分入公司的责任额都表示为保险金额的一定比例，该比例也是双方分配保险费和分摊赔款的依据。也就是说，分出公司和分入公司对于保险费和赔款的分配，按照分配保险金额的同一比例进行，这就充分显示了保险人和再保险人利益的一致性。所以，比例再保险最能显示再保险双方当事人共命运的原则，因而应用范围十分广泛。比例再保险分为成数再保险和溢额再保险两种形式。

1. 成数再保险

成数再保险（quota share reinsurance）是指原保险人将每一危险单位的保险金额，按照约定的比例分给再保险人的再保险方式。按照成数再保险方式，不论分出公司承保的每一危险单位的保险金额大小，只要是在合同规定的限额之内，都按双方约定的比例进行分配和分摊。总之，成数再保险的最大特征是按比例再保险，堪称比例再保险的代表，同时也是最简便的再保险方式。

由于成数再保险对每一危险单位都按一定的比例分配责任，故在遇到巨额风险责任时，原保险人和再保险人承担的责任仍然很大。因此，为了将承担的责任限制在一定范围内，每一份成数再保险合同都按每一危险单位或每张保险单规定一个最高责任限额，分出公司和分入公司在这个最高责任限额中各自承担一定的份额。习惯上，若自留 40%，分出 60%，则称合同为 60%的成数再保险合同。

假设一成数再保险合同每一危险单位的最高责任限额规定为 500 万元，自留 45%，分出 55%（即 55%的成数再保险合同），则合同双方的责任分配如表 9-1 所示。

表9-1　成数再保险责任分配表

单位：万元

保险金额	自留部分（45%）	分出部分（55%）	其他
80	36	44	0
200	90	110	0
500	225	275	0
600	225	275	100

在本例中，当原保险金额为600万元时，原保险人自留及分出部分与原保险金额为500万元时相同，但还剩下100万元的责任需寻找其他方式处理。否则，这100万元的责任将复归原保险人承担。一旦各保险公司承担责任的百分比确定，则保险费和赔款就按相应百分比来计算。我们通过表9-2来说明成数再保险责任、保险费和赔款的计算。假定表中的原保险金额均在最高责任限额之内。

表9-2　成数再保险计算示意表

单位：万美元

船名	总额（100%）			自留部分（20%）			分出部分（80%）		
	保险金额	保险费	赔款	自留额	保险费	自负赔款	分保额	分保险费	摊回赔款
A	200	2	0	40	0.4	0	160	1.6	0
B	400	4	10	80	0.8	2	320	3.2	8
C	600	5	20	120	1.0	4	480	4.0	16
D	800	6	0	160	1.2	0	640	4.8	0
E	1 000	10	0	200	2.0	0	800	8.0	0
总计	3 000	27	30	600	5.4	6	2 400	21.6	24

2. 溢额再保险

溢额再保险（surplus reinsurance）是由保险人与再保险人签订协议，对每个危险单位确定一个由保险人承担的自留额，保险金额超过自留额的部分称为溢额，由再保险人承担。

溢额再保险与成数再保险相比，最大的区别在于：如果某一业务的保险金额在自留额之内，就无须办理分保，只有在保险金额超过自留额时，才将超过部分分给再保险人。也就是说，溢额再保险的自留额是一个确定的数额，不随保险金额的大小而变动，而成数再保险的自留额表现为保险金额的固定百分比，随保险金额的大小而变动。

溢额再保险也是以保险金额为基础来确定再保险双方当事人的责任。对于每一笔业务，自留额已确定，将保险金额与自留额进行比较，即可确定分保额和分保比例。例如，溢额分保的自留额确定为40万元，现有三笔业务，保险金额分别为40万元、80万元和200万元。第一笔业务的保险金额在自留额之内，因而不必分保；第二笔业务自留40万元，分出40万元；第三笔业务自留40万元，分出160万元。溢额与保险金额之比即为分保比例。例如，第二笔业务的分保比例为50%，第三笔业务的分保比例为80%。

溢额再保险关系成立与否，主要看保险金额是否超过自留额，超过自留额的部分即由再保险人吸收。但这种吸收并非无限制，而是以自留额的一定倍数为限。这种自留额的一定倍数，称为线数。所以，危险单位、自留额和线数是溢额再保险的三大关键项目或称三要素。

溢额再保险的合同容量或合同限额，通常以自留额的倍数计算。换句话说，自留额是厘定再保险限额的基本单位，在溢额再保险中称为“线”，前述倍数即就此线数而言。如果某溢额再保险合同的限额定为 20 线，则 1 线的责任为再保险限额的 5%。假定自留额为 100 万元，该合同的限额即为 2 000 万元。为简便起见，保险同业之间通常仅以线数表示溢额再保险合同。例如本例可称为 20 线的合同（20 lines treaty）。但每线的金额大小要同时予以注明，以便真正掌握合同容量的大小。

综上所述，在溢额再保险合同中，再保险人的责任额和原保险人的自留额与保险金额之间存在一定的比例关系，这是溢额再保险属于比例再保险的原因所在。但与成数再保险的分保比例固定不变不同的是，溢额再保险的比例关系随着保险金额的大小而变动。

一般而言，分出公司根据承保业务和年保险费收入来确定自留额和决定溢额再保险合同的线数。由于承保业务的保险金额增加，或者由于业务的发展，有时需要设置不同层次的溢额，依次称为第一溢额、第二溢额等。当第一溢额的分保额不能满足分出公司的业务需要时，则可组织第二溢额甚至第三溢额作为第一溢额的补充，以适应业务的需要。

在了解溢额再保险的危险单位、自留额、线数和合同的最高限额及其关系以及溢额再保险的分保比例之后，就比较容易确定各自的责任、保险费的分配和赔款的分摊了。下面举例来简单说明。

现组织一份海洋货物运输保险溢额再保险合同，危险单位按每一船每一航次划分，自留额为 10 万美元。第一溢额合同的限额为 10 线，第二溢额合同的限额为 15 线，有关责任、保险费和赔款的计算如表 9-3 所示。

表 9-3　溢额再保险计算示意表

		A 轮	B 轮	C 轮	D 轮	共计
总额	保险金额（美元）	50 000	500 000	2 000 000	2 500 000	5 050 000
	总保险费（美元）	500	5 000	20 000	25 000	50 500
	总赔款（美元）	0	10 000	20 000	100 000	130 000
自留部分	保险金额（美元）	50 000	100 000	100 000	100 000	—
	比例（%）	100	20	5	4	—
	保险费（美元）	500	1 000	1 000	1 000	3 500
	赔款（美元）	0	2 000	1 000	4 000	7 000
第一溢额	分保额（美元）	0	400 000	1 000 000	1 000 000	—
	分保比例（%）	0	80	50	40	—
	分保险费（美元）	0	4 000	10 000	10 000	24 000
	摊回赔款（美元）	0	8 000	10 000	40 000	58 000
第二溢额	分保额（美元）	0	0	900 000	1 400 000	—
	分保比例（%）	0	0	45	56	—
	分保险费（美元）	0	0	9 000	14 000	23 000
	摊回赔款（美元）	0	0	9 000	56 000	65 000

现以第三笔业务C轮为例对表9-3略做说明。C轮保险金额为200万美元，自留10万美元，第一溢额承受10线共计100万美元，分保比例为50%，自留与第一溢额之后尚余90万美元的责任，由第二溢额承受，第二溢额的分保比例为45%。现发生赔款20 000美元，保险人承担5%即1 000美元，第一溢额再保险人分摊50%即10 000美元，第二溢额再保险人分摊45%即9 000美元。其他可依次类推。

从表9-3统计的保险费收入及支付的赔款来看，这是一个严重亏损的合同，整个合同的赔付率为257.43%。但亏损的程度，原保险人、第一溢额再保险人、第二溢额再保险人各不相同。由计算可知，它们的赔付率分别为200%、241.67%、282.61%。这显示出高层次溢额再保险的危险度比低层次溢额再保险的危险度大，这由进入高层次溢额的标的数量减少所致。这说明溢额再保险合同双方当事人的利益并非完全一致。在实务中，各层次的溢额再保险，除次序有先后差别外，再保险条件可能不相同，但责任、保险费和赔款的计算方法是一样的。

（二）非比例再保险

非比例再保险（non-proportional reinsurance）以赔款为基础来确定再保险合同双方当事人的责任，故又称损失再保险，一般称为超过损失再保险（excess of loss reinsurance）。非比例再保险分为险位超赔再保险、事故超赔再保险和赔付率超赔再保险三种形式。

1. 险位超赔再保险

险位超赔再保险（risk excess or working excess of loss reinsurance）以每一危险单位所发生的赔款来计算自负责任额和再保险责任额。假如总赔款不超过自负责任额，全部损失由分出公司赔付；假如总赔款超过自负责任额，超过部分由分入公司赔付。但再保险责任额在合同中的规定也是有一定限度的。关于险位超赔在一次事故中的赔款计算，有两种情况：一是按危险单位分别计算，没有限制；二是有事故限额，即对每次事故的总赔款有限制，一般为险位限额的2～3倍，即每次事故分入公司只赔付2～3个单位的损失。

例如，现有一超过100万元以后的900万元的火险险位超赔再保险合同，在一次事故中有3个危险单位遭受损失，每个危险单位损失150万元。如果每次事故对危险单位没有限制，则赔款的分摊如表9-4所示。

表9-4 险位超赔的赔款分摊 单位：万元

危险单位	发生赔款	分出公司承担赔款	分入公司承担赔款
Ⅰ	150	100	50
Ⅱ	150	100	50
Ⅲ	150	100	50
共计	450	300	150

但如果每次事故对危险单位有限制，比如为险位限额的2倍，则赔款的分摊如表9-5所示。

表 9-5　限额险位超赔的赔款分摊　单位：万元

危险单位	发生赔款	分出公司承担赔款	分入公司承担赔款
Ⅰ	150	100	50
Ⅱ	150	100	50
Ⅲ	150	150	0
共计	450	350	100

在此情形下，由于分入公司承担了 2 个危险单位的赔款，所以第三个危险单位的损失全部由分出公司负责。

2. 事故超赔再保险

事故超赔再保险（catastrophe excess of loss reinsurance）以一次巨灾事故所导致赔款的总和来计算自负责任额和再保险责任额。事故超赔再保险的责任计算，关键在于一次事故的划分。有的巨灾事故如台风、洪水和地震，有时间条款规定多长时间作为一次事故，有的还有地区规定。例如有的规定台风、飓风、暴风连续 48 小时为一次事故，地震、洪水连续 72 小时为一次事故，其他巨灾事故连续 168 小时为一次事故。洪水还有地区规定。例如，以河谷或以分水岭来划分洪水地区。对于事故持续时间较长的，如森林大火，按一次事故还是按几次事故计算，在责任分摊上是不同的。

假设有一超过 100 万元以后的 100 万元的事故超赔再保险合同，一次台风持续了 6 天，该事故共造成 400 万元的损失。若按一次事故计算，原保险人先自负 100 万元赔款，再保险人承担 100 万元赔款，剩下的 200 万元赔款仍由原保险人自负，即原保险人共承担 300 万元赔款。若按两次事故计算，例如第一个 72 小时损失 150 万元，第二个 72 小时损失 250 万元，则对于第一次事故，原保险人和再保险人分别承担赔款 100 万元和 50 万元，第二次事故分别承担赔款 150 万元和 100 万元，即原保险人共负责 250 万元赔款，再保险人共负责 150 万元赔款。但在实际中，可能无法区分一次台风在某一时段内的损失，则应该由原保险人和再保险人各负责 200 万元赔款。在超赔再保险中，有一种分“层”（layering）的安排方法，即将整个超赔保障数额分割为几层，以方便不同的再保险人接受。例如，某保险人将其承保的 500 万英镑的业务分为 4 层安排超赔再保险：第一层为超过 10 万英镑以后的 40 万英镑；第二层为超过 50 万英镑以后的 50 万英镑；第三层为超过 100 万英镑以后的 100 万英镑；第四层为超过 200 万英镑以后的 300 万英镑。

3. 赔付率超赔再保险

赔付率超赔再保险（excess of loss ratio or stop loss reinsurance）是按赔款与保险费的比例来确定自负责任额和再保险责任额的一种再保险方式。即在约定的某一年度内，当赔付率超过一定标准时，由再保险人就超过部分负责至某一赔付率或金额。赔付率超赔再保险的赔付按年度进行，有赔付率的限制，并有一定金额的限制。由于这种再保险可以将分出公司某一年度的赔付率控制在一定的标准之内，所以，对于分出公司而言，又有停止损失再保险或损失中止再保险之称。

在赔付率超赔再保险合同中，分出公司的自负责任额和分入公司的再保险责任额都是由双方协商的赔付率标准限制的。因此，正确地、恰当地规定这个标准，是赔付率超赔再保险的关键。议定的标准既要能够在分出公司由于赔款较多、遭受过高损失时给予保障，又不能使分出公司从中谋利，损害分入公司的利益。通常，在营业费用率为30%时，再保险的起点赔付率规定为70%，最高责任一般规定为营业费用率的2倍即60%，也就是说，再保险责任是负责赔付率在70%～130%的赔款。

假设分出公司与分入公司订立了一个超过70%以后的50%的赔付率超赔再保险合同。又假设分出公司某年的净保险费收入为1 000 000元，赔款为800 000元，则赔款分担为：

分出公司负责70%：700 000元

分入公司负责10%：100 000元

(三) 比例再保险与非比例再保险的区别

比例再保险与非比例再保险之间的区别见表9-6。

表9-6 比例再保险与非比例再保险的比较

项目	类别	
	比例再保险	非比例再保险
责任基础	保险金额	赔款
双方责任	按比例分担	不按比例分担
再保险费率	同原保险费率	单独费率制
再保险佣金	有	无
责任准备金	提存未到期责任准备金	不提存未到期责任准备金
赔款的偿付	账户处理按期结算	现金偿付
合同期限	不约定期限	约定期限

二、按照分保安排方式分类

按分保安排方式划分，再保险可以分为临时再保险、合同再保险和预约再保险。

(一) 临时再保险

临时再保险（facultative reinsurance）是最早采用的再保险方式，是指在保险人有分保需要时，临时与再保险人协商订立再保险合同，合同的有关条件也是临时议定的。

临时再保险有两个显著的优点：一是灵活性。在临时再保险关系中，原保险人和再保险人双方对每笔保险业务的分出和分入都有自由选择的权利。原保险人是否办理分保，分出什么险别，分出多少，都可以根据自身承受能力来决定；而再保险人是否接受原保险人分出的业务，接受多少，是否需要调整再保险的条件等，也完全可以根据业务的性质、自身的承受能力以及已接受业务的责任累积情况自主决定。二是针对性。临时再保险通常是以一张保险单或一个危险单位为基础逐笔办理分保，分保的风险责任、摊赔的条件等都具有很强的针对性，便于再保险人了解、掌握业务的具体情况，正确做出分入与否的决策。

临时再保险特别适用于高风险业务、新开办的业务或不稳定的业务。但由于分保是逐笔办理、逐笔审核，所以手续烦琐，工作量比较大，费用开支也比较大，对双方来说在人力、时间及费用上都不经济。而且分保时间性比较强，要求分保及时，否则原保险人将承担较大的风险。因为在分保办妥之前，如果原保险合同已经生效，一旦损失发生，损失将全部由原保险人自己承担。而如果原保险人待与再保险人达成分保协议后才决定接受原保险业务，则可能失去获取业务的良机，从而限制了原保险人的业务接受能力，不利于原保险人对业务的竞争。

（二）合同再保险

合同再保险（treaty reinsurance）也称固定再保险，是由原保险人和再保险人事先签订再保险合同，约定分保业务范围、条件、额度、费用等的保险。在合同期内，对于约定的业务，原保险人必须按约定的条件分出，再保险人也必须按约定的条件接受，双方无须逐笔洽谈，也不能对分保业务进行选择，合同约定的分保业务在原保险人与再保险人之间自动分出与分入。合同再保险是一种长期性的再保险，但订约双方都有终止合同的权利，通常要求终止合同的一方于合同期满前 3 个月以书面形式通知对方，从而终止合同。

由于合同再保险的长期性、连续性和自动性，对于约定分保的业务，原保险人无须逐笔办理，从而简化了分保手续，提高了分保效率。同时，通过合同再保险，分保双方建立了长期稳定的业务关系。一方面使原保险人能及时分散风险，从而增强了原保险人的承保能力；另一方面使再保险人获得稳定的业务来源。因此，目前国际再保险市场广泛采用这种方式安排再保险。临时再保险只是合同再保险的一种补充。

（三）预约再保险

预约再保险（open cover）也称临时固定再保险（facultative obligatory reinsurance），是一种介于临时再保险和合同再保险之间的再保险。它规定对于约定的业务，原保险人可以自由决定是否分出，而原保险人一经决定分出，再保险人就必须接受，不能拒绝。也就是说，对于合同约定的业务，原保险人有选择是否分出的权利，而再保险人则没有选择的权利。这种再保险的特点是：对原保险人没有强制性，而对再保险人则具有强制性。因此，预约再保险对原保险人来说是有利的，既可以享有临时再保险的灵活性，又可以享有合同再保险及时分散风险的优点。但对于再保险人来说则较为不利，因为原保险人可能将业务分给再保险人，也可能不分，使得再保险人业务来源的稳定性较差；而且原保险人通常会选择将风险大、质量欠佳的业务分给再保险人，而再保险人却没有对分入的业务进行选择的权利，业务的质量难以控制，因而预约再保险并不受再保险人的欢迎。

预约再保险实际上是合同再保险的一种补充。有的业务虽然已经列入合同再保险合同，但由于分保额不能满足需要，因而需将溢额另行安排分保。若采用临时再保险，手续烦琐又难以及时分散风险，而若采用合同再保险，业务量又不够，在这种情况下，可以采用预约再保险。

第三节 再保险的组织形式与合同内容

一、再保险的组织形式

当今国际上再保险的组织形式有很多，主要有以下几种形式。

（一）经营直接保险业务的保险公司

经营直接保险业务的保险公司是再保险最早的组织形式。在保险业务经营中，保险人为了进一步分散风险，均衡业务，求得经营的稳定，均需采用再保险。在19世纪中期专业再保险公司产生之前，通常都是由直接承保公司兼营再保险。在现代，经营直接保险业务的保险公司更多的是以互惠交换的方式进行再保险。它们在再保险市场上既是分出公司，也是分入公司。

（二）专业再保险公司

专业再保险公司（professional reinsurer）并不经营直接业务，而是专门接受原保险人分出的业务，有时也将分入的一部分业务进行转分。专业再保险公司的资金雄厚，具有较强的技术能力，信誉好，能够获得原保险人的信任，有稳定的业务来源。目前全球有200多个专业再保险公司，主要集中在一些欧洲国家和美国、日本，例如，德国慕尼黑再保险公司、瑞士再保险公司等都是世界著名的专业再保险公司。

（三）再保险集团

再保险集团（reinsurance pool）是由同一国家或不同国家的多个保险公司联合组成的保险集团。既有全球性的，也有地区性的，如亚非再保险集团、美国核保险集团、英国超额赔款集团等。再保险集团的一般做法是，集团中每一个成员公司都将自己承保的业务全部或在扣除自留额后在成员公司之间分保，各成员公司既可按约定的比例接受，也可根据业务性质的不同，逐笔协商接受，共同分担每一成员公司的分出业务。

（四）专属保险公司

专属保险公司（captive insurance company）是由大企业、大财团设立的保险公司，经营其母公司系统的直接保险业务，并办理再保险。专属保险公司由于资金及风险单位数量有限，无法独立承保母公司系统巨大的风险，也难以在大范围内有效地分散风险，因此在经营中必须依赖再保险。

（五）劳合社承保人

英国劳合社是世界上最大的再保险市场，由水险、非水险、航空险等各类险种的承保人组成。同时劳合社也是英国最大的接受再保险的组织，有些承保人可以通过费率左右伦敦再保险的卖方市场。

二、再保险合同双方的权利与义务

再保险合同是分出公司与分入公司之间的权利和义务关系的协议，它由法律确认并保证实施。在法律关系中，再保险合同双方的权利与义务具有对价性。

（一）分出公司的权利与义务

1. 分出公司的权利

（1）全权负责处理有关保险业务。

（2）有权依照再保险合同的规定向分入公司摊回赔款。

（3）在比例再保险中，有权要求分入公司支付分保佣金并提存保险费准备金和赔款准备金。

（4）有权在遇到巨额赔款、赔偿责任超过约定金额时，要求分入公司以现金摊赔。

2. 分出公司的义务

（1）如实告知、通知的义务。

（2）按照规定支付再保险费的义务。

（3）定期编送业务账单、业务报表和赔款通知书的义务。

（4）在归还保险费准备金和赔款准备金时有支付议定利息的义务。

（5）在有损余收回或向第三者责任方追回款项时，有按分保比例向分入公司退回有关款项的义务。

（二）分入公司的权利与义务

1. 分入公司的权利

（1）有权按规定向分出公司收取再保险费。

（2）有权要求分出公司履行在再保险合同中约定的义务。

（3）当分出公司不履行法定或约定义务时，有权根据具体情况提出解除或终止再保险合同。

（4）在有损余收回或向第三者责任方追回款项时，有权要求分出公司按分保比例退回有关款项。

（5）在必要时有检查的权利。

2. 分入公司的义务

（1）按合同规定向分出公司摊回赔款的义务。

（2）按合同规定支付分保佣金及盈余佣金的义务。

（3）按合同规定对保险费准备金和赔款准备金的提存与管理义务。

（4）对分出公司为维护双方共同利益而支出的合理必要费用有承担义务。

（5）有现金摊赔的义务。

三、再保险合同的主要条款

再保险合同双方约定的权利和义务，是通过再保险合同的条款体现出来的。再保险合同的条款可以分为共同条款与非共同条款。

（一）共同条款

再保险合同的种类繁多，合同条款根据不同的再保险方式和业务类别各有差异。不过，有些条款在国际再保险业务中是通用的，这些条款为保险界所熟知，所以不用事先约定，只需在合同中列明。这些条款可以称为再保险合同的共同条款。共同条款的主要类别如下：

1. 共命运条款

共命运（follow the fortunes）条款通常表述为："兹特约定凡属于本合同约定之任何事宜，再保险人在其利害关系范围内，与原保险人同一命运。"根据该条款，再保险人与原保险人在利益与义务方面共命运。这是由于在再保险业务中，再保险人与原保险人往往位于不同的国家或地区，再保险人难以介入原保险业务，所以将标的审核、费率制定、保险费收取以及赔款支付等诸多事宜都授权给原保险人单独处理，由此产生的一切权利和义务均按双方达成的协议共同分享和分担。不过，由原保险人单方面利益产生的费用，再保险人就无须共命运。此外，共命运是基于再保险合同的保险命运，而不是由原保险人财务问题引发的原保险人自身的商业命运。对于原保险人在财务上出现的困难甚至破产、倒闭，再保险人对原保险人的债务并不承担连带责任。

2. 错误与遗漏条款

再保险合同中普遍订有错误与遗漏（errors and omissions）条款，规定原保险人和再保险人缔约双方不能因为一方在工作中发生了错误、遗漏或延迟而推卸自己对另一方应承担的责任。只要发生的错误、遗漏或延迟不是故意造成的，就不影响再保险合同的有效性。在实务中，发生错误与遗漏的一般情形有：纳入再保险合同的业务未办理分出；应予以登记的业务未登记或登记错误；赔案发生后应通知而未通知或未及时通知等。但是，错误、遗漏一经发现，原保险人应立即采取相应的措施予以纠正。

规定该条款的主要目的在于避免分出公司由于偶然的错误和遗漏而导致对其十分不利的后果，同时对分出公司非故意造成的错误、遗漏或延迟给予弥补的机会，以利于再保险业务的发展。

3. 保护再保险人利益条款

保护再保险人利益条款规定，一切有关本合同的账册、登记本、记录单证和文件，在任何时候均可由分入公司所授权的代表进行检查。该条款的目的在于保护再保险人的利益。在分入公司对合同的经营产生怀疑或发生争执需要查账时，分入公司应先通知分出公司，并承担查账的所有费用。除非分入公司和分出公司之间因存在分歧、发生争执而提交仲裁，否则分入公司仅可指派非公司雇佣人员作为代表进行查账。

4. 仲裁条款

仲裁条款（arbitration clause）规定再保险合同的仲裁范围、仲裁地点、仲裁机构、仲裁程序和仲裁效力等。如果再保险合同双方对合同项下的业务发生争执或分歧，当不能友好解决时，按该条款的规定办理。

（二）非共同条款

与共同条款不同，非共同条款由合同双方当事人约定并写进再保险合同中。

1. 执行条款

执行条款（operative clause）是用以规定再保险方式、再保险业务种类和地区范围以及责任范围和责任限制的条款。

再保险有成数再保险、溢额再保险、险位超赔再保险、事故超赔再保险和赔付率超赔再保险。究竟采取哪一种再保险方式来分出、分入业务，在合同中要做出明确的规定。

保险业务种类包括火险业务、水险业务、责任保险业务、人身保险业务等，分出公司与分入公司究竟对哪一种业务进行分出和分入，在合同中也要有明确的规定。

在再保险合同中要明确规定再保险业务的地区范围，即这些业务是来自某个国家或地区的业务，还是来自世界各地的业务。明确规定再保险业务的地区范围，有利于分入公司控制自己的责任，避免责任过度累积，保持财务上的稳定。

对于责任范围，除应规定保险责任外，还要规定除外责任，进一步明确责任，以免在保险标的发生损失需要分摊赔款时因责任范围不清而产生纠纷。

责任限制是指对分出公司和分入公司的责任限制，即在合同中规定每一危险单位或每一次事故的自负责任额和最高分保责任。这也是在合同中必须明确做出规定的。

2. 佣金条款

佣金条款是比例再保险合同的重要条款。再保险佣金是分入公司根据分保保险费支付给分出公司的一定费用，用以分担分出公司为招揽业务及经营管理等所产生的费用开支。分保佣金有固定佣金、浮动佣金及纯益佣金。对于分保佣金，再保险合同双方都十分重视。对分入公司而言，佣金支出对分保合同的利润有直接影响，对分出公司而言，佣金收入与其收益密切相关，因此再保险合同的当事人应在合同中明确佣金的比例及计算办法。

3. 共同保险条款

共同保险条款是非比例再保险合同的特有条款。设立该条款的目的在于限制分出公司在赔款超过合同规定的自负责任额时，由于不负责任地处理赔案而损害分入公司利益的行为。例如，在合同中规定："分出公司保证和分入公司成为共同再保险的接受人，且自留份额至少为本合同所承保的超赔额的10%。此份额作为分出公司自留的责任而不分保。"由于分出公司也承担一部分超过合同规定的自负责任额的赔偿责任，因而与分入公司有共同的利害关系。这可以促使分出公司在理赔时采取谨慎的态度。

4. 物价指数条款

物价指数条款又称稳定条款（stability clause），是指再保险合同生效时与赔款支付时的货币价值往往不同，超赔再保险合同中通常附加物价指数条款，规定分出公司的自留额和分入公司的分保额要按赔款支付时的物价指数进行调整，赔款受货币价值影响而超出的部分由原保险人和再保险人共同分担。

5. 汇率变动条款

再保险的国际性决定了分保业务往往涉及多种货币，这就给超赔分保的责任计算带来了很多不便。为了使合同的责任限额保持在较为稳定的水平，减少货币兑换的风险，超赔分保合同一般都有汇率变动条款（exchange rate fluctuation clause），规定不同货币要折合成合同规定使用的货币。

6. 除外责任条款

除外责任条款（exclusion clause）主要载明再保险合同不保的危险和责任。除外责任条款因国家、地区、业务种类及分保方式的不同而有所差异，但大多数再保险合同都包括以下除外责任：（1）战争、类似战争行为、敌对行为、武装冲突、罢工、暴动和民变等引起的损失；（2）直接或间接由于核反应、核辐射和放射性污染引起的损失；（3）政府当局的没收、征用等命令造成的损失；（4）被保险人及其代表的故意行为及重大过失引起的损失。

7. 赔款条款

该条款规定了原保险人处理赔案的权利和赔案发生后及时通知再保险人的义务。如果发生巨额赔款，原保险人可向再保险人请求现金摊赔（cash call）。

对于一切赔案，分出人必须按照原保险单条款的规定处理。分入人只对分出人负有法律责任的赔款进行摊付。除非事先征得分入人的同意，若是分出人不按原保险单条款的规定通融处理的赔案，分入人有权拒付赔款。近年来国际保险市场上对通融赔案的处理都十分谨慎，一般都要求事先征得再保险人的同意，才可以做通融赔付处理。

8. 账务条款

账务条款规定关于账单的编制、寄送及账务结算事宜。分出人应在每季度结束后的60天内编制业务账单寄送分入人。分入人在收到业务账单后应予以证实，如果在15天内不予证实，即视为证实。账单按原币编制并按原币结算。

该条款虽然规定由分出人编制业务账单送交分入人，但实际上分出人通常是向经纪人提供保险费、赔款等资料，由经纪人编制业务账单送交分入人。为简化手续，有的合同规定每半年编制并送交一次业务账单。

业务账单有两个作用：一是向分入人提供有关合同项下的保险费、赔款等金额以便统计和核算业务的经营结果；二是为分出人与分入人之间的账务结算提供依据。

9. 保险费条款

保险费条款（premium clause）详细说明了计算再保险费的基础和方法，包括再保险人需要支付给原保险人的税款及其他费用。

10. 期限条款

比例再保险合同与非比例再保险合同都有期限条款，但规定略有不同。比例再保险合同一般只订有起讫日期，而不订明期限，合同具有长期性。任何一方有意终止再保险合同，都必须在年终前3个月向对方发出注销通知，经对方证实后终止。在非比例再保险合同中，由于超赔分保的分入人不愿意承诺长期的责任，所以通常规定合同的期限为 1 年。但险位超赔再保险合同也有不订明合同期限的，只要任何一方不发出注销通知，合同就连续有效。

中国实践

我国再保险的发展之路

新中国成立后，美国等对我国进行严密的经济封锁，海、空军对我国港口和商船进行轰炸，加上国内经济形势不稳，不法商人投机逐利，我国经济面临十分严峻的考验，缺乏橡胶、药品、化工产品等重要物资。其中橡胶的生长环境要求十分严格，喜高温、高湿、静风、沃土，国内当时并没有自主的橡胶种植地，需要从国外购买。

1950 年，我国从国外购买橡胶等物资，租用巴拿马籍货轮“海后”号运输回国，途经台湾海峡时，被台湾当局劫掠，损失巨大！不过，由于这批货物投保了 107 万英镑的保额，又因为再保险业务的及时分保，损失金额的 98%可从国际再保险市场摊回，大大降低了国家外汇补偿的负担。

1963 年 4 月 30 日，我国制造的第一艘万吨级远洋货轮“跃进”号从青岛出发前往日本门司港，航行途中触礁沉没。但是由于投保了 125 万英镑的保额，又因为再保险业务的及时分保，最终从伦敦市场摊回 104 万英镑的赔款，为国家挽回了 83%的财产损失。

“海后”轮和“跃进”轮的“两轮”事件，充分彰显了再保险的社会稳定器作用，不负“保险中的保险”之名！

1996 年，中保再保险有限公司成立，隶属于中国人民保险集团，标志着我国有了自己真正意义上的再保险公司。1999 年，在中保再保险有限公司的基础上，中国再保险公司成立，不再隶属于某个公司或集团，具备了完全独立的法人资格。中国再保险业进入了“国家再保险时代”。

为了更好地与国际接轨，融入国际经济社会，维护我国的经济利益，扩大就业机会，我国从 20 世纪末开始就一直在努力加入世贸组织。2001 年，入世谈判迎来了关键时刻，作为谈判的一项重要条件，世贸组织要求我国法定分保必须在加入世贸组织的四年内从 20%逐年递减至完全取消。

2001 年 12 月 11 日，中国正式加入世贸组织，成为其第 143 个成员，中国再保险业的改革也踏上了征程。2003 年，中国再保险公司进行体制改革，成立中国再保险（集团）股份有限公司，下设中国财产再保险股份有限公司、中国人寿再保险股份有限公司、中国大地财产保险股份有限公司、中再资产管理股份有限公司、中国保险报业股份有限公司、华泰保险经纪有限公司等 6 家子公司，产险和寿险分体，再保与直保互撑，以此应对来自世贸组织的挑战。

到2006年1月1日，法定分保全部取消，中国再保险（集团）股份有限公司的商业再保险业务总量从入世前的7%，上升到了62%，国内再保险业务渡过了入世难关！

如今，中国再保险（集团）股份有限公司已经成为亚洲最大、全球第八大的国际再保险公司，并成为赴香港上市的第一家再保险公司，并在2018年以8.65亿美元收购了全球性（再）保险公司和特种险公司——英国桥社保险集团100%的股份。这是迄今为止国有保险企业最大的跨境主业收购，为国家“一带一路”倡议提供了更有针对性的产品和保障服务。

本章小结

再保险是保险人之间分散风险的一项经营活动，它建立在原保险的基础之上，但又与原保险在保险主体、保险标的和保险合同性质上有所区别。通过再保险，保险人可以进一步分散风险，控制保险责任，扩大经营能力，增加净资产，增进同业交流并形成巨额联合保险基金。按照责任限制分类，再保险分为以保险金额为基础的比例再保险和以赔款为基础的非比例再保险，前者包括成数再保险和溢额再保险，后者包括险位超赔再保险、事故超赔再保险和赔付率超赔再保险；按照分保安排方式分类，再保险分为临时再保险、合同再保险和预约再保险。再保险的组织形式包括经营直接保险业务的保险公司、专业再保险公司、再保险集团、专属保险公司和劳合社承保人。再保险合同是分出公司与分入公司约定权利和义务的协议，合同条款包括共命运条款、错误与遗漏条款、保护再保险人利益条款、仲裁条款等共同条款以及执行条款、佣金条款、共同保险条款、物价指数条款、汇率变动条款、除外责任条款、赔款条款、账务条款、保险费条款、期限条款等非共同条款。

练习题

一、名词解释

1. 分保
2. 自留额
3. 分保额
4. 分保佣金
5. 危险单位
6. 线数
7. 成数再保险
8. 溢额再保险
9. 险位超赔再保险
10. 临时再保险
11. 预约再保险
12. 合同再保险
13. 比例再保险
14. 非比例再保险
15. 再保险合同
16. 现金摊赔
17. 物价指数条款
18. 专业再保险公司
19. 专属保险公司
20. 再保险集团

二、问答题

1. 怎样理解再保险与原保险之间的关系？
2. 再保险有何基本职能和作用？

3. 根据溢额再保险合同，如何分配再保险合同双方的责任？

4. 如何根据事故超赔再保险合同和赔付率超赔再保险合同分配原保险人和再保险人之间的责任？

5. 论述再保险合同双方的权利与义务。

6. 比例再保险与非比例再保险有何区别？

7. 如何理解再保险合同的共命运条款？

8. 简述再保险合同的执行条款。

即学即练

第 10 章

保险市场

学习目标

- 理解保险市场的构成与特征
- 理解保险市场的重要模式
- 区别保险人和保险中介人的各种组织形式
- 识别影响保险市场供给和需求的各种因素

第一节 保险市场的概念、构成、特征与模式

一、保险市场的概念

保险市场既可以指固定的交易场所如保险交易所，也可以指所有实现保险产品让渡的交换关系的总和。本书将保险市场定义为保险产品交换关系的总和或者保险产品供给与需求关系的总和。保险市场的交易对象是保险人为消费者提供的保险经济保障。较早的保险市场出现在英国的保险中心——伦巴第街；后来随着劳合社海上保险市场的形成，参与保险市场交易活动的两大主体——供给方与需求方渐趋明朗，但这种交换关系仍较为简单；之后，随着保险业的不断发展，承保技术日趋复杂化，承保竞争日趋尖锐化，保险产品推销日趋区域化与全球化，仅由买卖双方直接参与的交换关系已经远远不适应市场需求，这时保险市场的中介力量应运而生，使保险交换关系更加复杂，同时也使保险市场趋于成熟；尤其是在当今，信息产业高速发展，通过信息网络，足不出户就可以完成保险市场交易活动。因而，保险市场的含义应从广义上去理解。

二、保险市场的构成

保险市场的交易对象是保险经济保障，即由保险产品供给方向面临不同风险的保险需求方即投保人提供不同的保险产品，以满足他们不同的保险经济保障需求。从投保人的需求来看，有些是对物质财产及相关利益的经济保障需求，有些则是对人的生命及身体的保险保障需求。为满足前一种保障需求，保险人提供以物质财产及相关利益为保险标的的各类保险产品，由此形成的各种交换关系的总和就是财产保险市场（又叫产险市场或非寿险市场）；为满足后一种保障需求，保险人提供以人的生命及身体为保险标的的各类保险产品，由此形成的各种交换关系的总和就是人身保险市场（在国际上习惯称为寿险市场）。

无论是产险市场还是寿险市场，其构成都必须具备如下要素：首先是为交易活动提供各类保险产品的卖者或供给方；其次是实现交易活动的各类保险产品的买者或需求方；最后是具体的交易对象——各类保险产品即保险经济保障。最初的保险市场只要具备这三个要素，交易活动就可以完成，但随着保险业的不断发展，保险市场内部分工的形成，除了保险供给方与需求方必须参加外，为了促成保险交易、往往还需要保险中介方的参与，因而保险中介方也渐渐成为保险市场不可或缺的要素之一。而这些要素归结起来就构成了保险市场必须具备的两大要素，即保险市场的主体与客体。

（一）保险市场的主体

保险市场的主体是指保险市场交易活动的参与者，包括保险产品的供给方和需求方以及充当供需双方媒介的中介方。保险市场就是由这些参与者缔结的各种交换关系的总和。

（1）保险产品的供给方。保险产品的供给方是指在保险市场上提供各类保险产品，承担、分散和转移他人风险的各类保险人。保险人以各类保险组织形式出现在保险市场上，如国有保险人、私营保险人、合营保险人、合作保险人、个人保险人。通常保险人必须是经过国家有关部门审查认可，并获准专门经营保险业务的法人组织。根据《保险法》的规定，保险人的组织形式只能是国有独资公司和股份有限公司，即只能是法人组织，不允许个人经营保险。因而，在我国提供各类保险产品的是各类保险公司，它们构成我国保险市场的供给方。如中国人民保险、中国人寿保险、泰康人寿保险等。目前世界上唯一一个经营保险业务的自然人保险组织是英国的劳合社。

（2）保险产品的需求方。保险产品的需求方是指保险市场上所有现实的和潜在的保险产品的购买者，即各类投保人，他们有各自独特的保险需求，也有各自特有的消费行为。保险产品的需求方就是保险营销学所界定的“保险市场”即“需求市场”。根据保险消费者不同的需求特征，可以把保险产品需求方分为个人投保人、团体投保人或农村投保人、城市投保人等。根据保险需求的层次还可以把保险产品需求方分为当前的投保人与未来的投保人等。

（3）保险市场的中介方。保险市场的中介方既包括活动于保险人与投保人之间，充当双方媒介，把保险人和投保人联系起来并建立保险合同关系的人或机构，也包括独立于保险人与投保人，以第三者身份处理保险事由，受当事人委托办理有关保险业务的公证、鉴定、理算、精算等事项的人或机构。中介方主要包括保险代理人或保险代理公司、保险经纪人或保险经纪公司、保险公证人（行）或保险公估人（行）、保险律师、保险理算师、保险精算师等。

（二）保险市场的客体

保险市场的客体是指保险市场上供求双方交易的具体对象，这个交易对象就是保险经济保障。所以保险市场的客体是保险经济保障。

保险经济保障是保险市场的客体，是一种特殊形态的产品。首先，这种产品是一种无形产品。保险公司经营的是看不见、摸不着的风险，“生产”出来的产品仅仅是对保险消费者的一纸承诺，而且这种承诺只能在约定的事件发生或约定的期限届满时履行，不像一般产品，消费者可以实质性地感受其价值和使用价值。其次，这种产品是一种“非渴求产品”。所谓非渴求产品，是指购买者一般不会想到要去主动购买的产品。通常，很少有人主动购买保险，除非法律有强制性的规定，因为人们总是在风险事故发生前存有侥幸心理。最后，这种产品的消费是一种隐性消费。对于保险产品，人们不具有像有形产品那样的直观感觉，难以体察。

保险产品具有的这些特性，使得必须靠推销才能更好地完成保险市场的交易活动。

三、保险市场的特征

保险市场的特征是由保险市场交易对象的特殊性决定的。保险市场的交易对象是一种特殊形态的产品——保险经济保障，因此，保险市场表现出独有的特征。

（一）保险市场是直接风险市场

这里所说的直接风险市场，是就交易对象与风险的关系而言的。尽管任何市场都存在风险，交易双方都可能因市场风险的存在而遭受经济上的损失，但是，一般商品市场的交易对象并不与风险联系，而保险公司的经营对象就是风险，保险市场的交易对象是保险经济保障，即就投保人转嫁给保险人的各类风险提供保险经济保障，所以本身就直接与风险相关。保险产品的交易过程，本质上是保险人聚集与分散风险的过程。风险的客观存在和发展是保险市场形成和发展的基础和前提。没有风险，投保人或者被保险人就没有通过保险市场寻求保险经济保障的必要。“无风险，无保险”，所以，保险市场是一个直接风险市场。

（二）保险市场是非即时清结市场

所谓即时清结市场，是指一旦市场交易结束，供需双方立刻就能够确切知道交易结果的市场。无论是一般的商品市场，还是一般的金融市场，都是即时清结市场。即使是银行存款，由于利率是事前确定的，交易双方在交易完成时也能立即知道交易的确切结果。而保险交易因风险的不确定性和保险的射幸性使得交易双方都不可能确切知道交易结果，因此，不能立刻清结。相反，还需要通过订立保险合同来确立双方当事人的保险关系，并且依据保险合同行使各自的权利与履行各自的义务。因而，保险单的签发看似是保险交易的完成，实则是保险保障刚刚开始，最终的交易结果则要看双方约定的保险事件是否发生。所以，保险市场是非即时清结市场。

（三）保险市场是特殊的期权交易市场

由于保险的射幸性，在保险市场上所成交的任何一笔交易，都依赖于未来导致经济损失的风险事件发生与否。而被保险人能否按合同约定获得经济补偿，也取决于在约定的时间内是否发生约定的风险事件以及这种风险事件造成的损失是否达到保险合同约定的补偿条件。实际上保险产品可以看作一种针对被保险人财富的看跌期权，只不过在这里期权价格成了保险费，被保险人是期权的买方。因此，保险市场是一种特殊的期权市场。

四、保险市场的模式

当今世界保险市场有多种模式，主要有完全竞争模式、完全垄断模式、垄断竞争模式、寡头垄断模式。

（一）完全竞争模式

完全竞争型保险市场，是指在一个保险市场上有数量众多的保险公司，任何公司都可以自由进出市场。在完全竞争模式下，保险市场处于不受任何阻碍和干扰的状态，同时由于大量保险人的存在，且每个保险人在保险市场上所占份额都很小，因而任何一个保险人都不能单独左右市场价格，而由保险市场自发地调节保险产品价格。在这种市场模式下，保险资本可以自由流动，价值规律和供求规律充分发挥作用。国家保险监管机构对保险公司的管理相对宽松，保险行业公会在市场管理中发挥重要作用。

一般认为完全竞争是一种理想的保险市场模式，它能最充分、最适度、最有效地利用保险资源。因而，保险业发展较早的西方发达国家多为这一类型。但是，自由竞争的发展必然导致垄断。在垄断资本主义出现后，完全竞争已无现实性。在现实中保险市场上存在的竞争往往是一种不完全的竞争（寡头垄断）。

（二）完全垄断模式

完全垄断型保险市场，是指保险市场完全由一个保险公司操纵，这个公司可以是国有的，也可以是私营的。在完全垄断的保险市场上，价值规律、供求规律和竞争规律受到极大的限制，市场上没有竞争，没有可替代产品供投保人选择。因而，这个保险公司可凭借垄断地位获得超额利润。

完全垄断模式还有两种变通形式。一种是专业型完全垄断模式，即在一个保险市场上同时存在两个或两个以上的保险公司，各垄断某类保险业务，相互间业务没有交叉，从而保持完全垄断模式的基本性质。另一种是地区型完全垄断模式，指在一国保险市场上，同时存在两个或两个以上的保险公司，各垄断某一地区的保险业务，相互间业务没有交叉。

（三）垄断竞争模式

在垄断竞争型保险市场上，大小保险公司并存，少数大保险公司在市场上取得垄断地位。竞争的特点表现为：同业竞争在大垄断公司之间、垄断公司与非垄断公司之间、非垄断公司之间激烈展开。

（四）寡头垄断模式

寡头垄断型保险市场，是指在一个保险市场上，只存在少数相互竞争的保险公司。在这种模式的市场中，保险业经营依然以市场为基础，但保险市场具有较高的垄断程度，保险市场上的竞争是国内保险垄断企业之间的竞争，形成相对封闭的国内保险市场。存在寡头垄断型保险市场的国家既有发展中国家，也有发达国家。

第二节 保险市场的组织形式

保险市场的主体包括保险产品的供给方、需求方以及保险市场的中介方。虽然需求方也是保险市场主体的重要组成部分，但本节不做讨论，重点介绍保险人和保险中介人的组织形式。

一、保险人的组织形式

保险人是指依法注册登记、以经营保险为业的组织。在各国保险市场上，保险人的组织可以有多种不同的形态。例如，就经营主体而言，保险人可分为公营保险组织与民营保险组织；就经营目的而言，保险人可分为营利性保险组织与非营利性保险组织。上述四种保险组织的关系是相互交错的，即无论是公营保险组织还是民营保险组织，都有营利与非营利之分。

（一）公营保险组织

公营保险组织是指由政府或其他公共团体经营的保险组织。就经营主体而言，公营保险组织有国家直接经营与国家间接经营之分。前者是国家以法律形式规定某个组织作为保险人，直接经营保险业务，如各国办理社会保险的组织。后者是国家不直接经营，而是以法令规定经营保险业务的全部组织，依此规定，或者由有关社会团体（如职业团体或互助会等）为经营主体直接办理保险业务，或者委托民营保险公司承保，由国家给予补助，或者由国家接受再保险等。

公营保险组织的目的不外乎两种：一是营利，即将保险作为增加财政收入的手段；二是非营利，即将保险作为实施某项政策的手段。公营保险的组织形态一般有任意公营保险和强制公营保险两类。

1. 任意公营保险

任意公营保险也称自愿公营保险，对保险加入者没有强制性，而是由其自主决定。根据经营方式的不同，又可分为：

（1）非独占性公营保险，即与民营保险自由竞争而共同存在的保险。一般来说，公营保险组织大多承保某种特殊的风险，而对于这一特殊风险，民营保险组织要么不愿经营，要么承保条件较为苛刻。但是，对这些险种的经营，公营与民营是并存的。

（2）独占性公营保险。这种保险由公营保险组织独占，不允许民营保险组织参加，但对保险加入者没有强制性。如美国联邦政府开办的银行存款保险、日本政府开办的简单人身保险都属于这种形态。

2. 强制公营保险

这种保险不仅有独占权，而且对保险加入者有强制性。各国实行的社会保险或政策保险通常采用这种形态。我国在20世纪50年代实行的普通保险也采用这种形态。20世纪80年代的相当一部分险种也采用这种形态。

（二）民营保险组织

民营保险组织也有营利与非营利之分，前者主要是个人保险商与股份保险公司，后者主要是各种相互保险社。

1. 个人保险组织

个人保险组织就是以自然人为保险人的保险组织。个人保险组织的历史与保险的起源同步，原因就在于最初的保险业务都由个人承办，且大体上局限于特定的保险部门。目前，只有极少数国家或地区准许个人保险组织存在，其中的主要代表首推英国的劳合社。严格地说，劳合社并不是一个保险公司，而是一个组织。该组织不仅提供使保险交易得以实现的场所，更重要的是提供了保险交易的规则和程序。在劳合社从事交易的保险组织的所有者称为承保记名人（name）。直到20世纪90年代早期，承保记名人都是拥有相当多财富的个人，现在劳合社的运作包括个人承保记名人和公司承保记名人。此外，参与运作的除承保社员之外还有非承保社员、年费社员、准社员、从业人员等组织成员。其中非承保社员主要指保险经纪人的代表；年费社员（annual subscriber）主要是保险经纪商的代表及其重要职员；准社员（associate）主要是提供有关保险专门服务的人，如海损理算师、损失理赔人员、律师、会计师等自由职业人员；从业人员（substitute）是承保社员、非承保社员、年费社员及准社员所雇用的职员，如办事员等。关于劳合社的保险交易，通常是由承保记名人的辛迪加出售保险单并执行。每个辛迪加有一个主承保人，主承保人通常专门从事某一类保险业务（如船舶保险），并由其决定出售什么保险单，规定什么条款。承保记名人可以决定加入哪个辛迪加以及加入的份额。与对股份制保险公司的投资不同，个人承保记名人负有无限责任，即如果辛迪加的保险费收入、投资收入和承保记名人提供的资本金不足以支付所有保险单发生的索赔，那么个人承保记名人将要承担所缺费用。

2. 公司保险组织

经营保险业务的公司组织主要有股份保险公司与相互保险公司两种。

（1）股份保险公司。股份保险公司（stock insurance company）是基于第三者的立场与保险加入者订立保险合同，以追求利润为经营目的的保险公司。股份保险公司具有组织严密、健全等股份制公司的优势，因而成为营利性保险组织的主要形态，且无论是公营保险组织还是民营保险组织，当今各国大多采用。最早成立股份保险公司的是荷兰（1629），法国于1688年设立，此后传遍各国。至今尚存的最古老的保险公司，是英国于1720年成立的伦敦保险公司与皇家交易保险公司。

股份保险公司的形式大多是股份有限公司，持股人数较多，并实行经营与资本的两权分离，因此容易募集巨额资本，且获利的可能性大，损失的风险较小。此外，股份保险公司一向采用定额保险费制，十分符合现代保险的特征及投保人的需要。

（2）相互保险公司。相互保险公司（mutual insurance company）是保险业中特有的公司组织形态，是由预想特定风险可能发生的多数经济单位为实现保险目的而共同组成的非营利性保险组织。这种保险组织是一种中性的社团法人，既不是公益法人，也不是营利法人。相互保险公司的社员必须是保险加入者，即一方面发生社员关系，另一方面发生保险关系。社员与保险合同持有人是同一个人，当保险关系终止时，社员资格也随之丧失。相互保险公司的最高权力机构是社员大会或社员代表大会，但其理事常聘请公司外部人员来担任而不局限于社员，因而可以利用非社员理事的各种社会关系来促进业务的发展。

相互保险公司虽不以营利为目的，但在创立时必须由社员或非社员共同出资，用以支付创立费用以及作为业务费用与担保资金。这种资金与股份公司用作业务费用与担保资金的资金不同，它不属于股本，而是基金，具有负债性质，于创立时借入，在偿还时需支付利息。但是，这种基金债务与普通的单纯性债务也有所不同：一是关于利息的支付必须等弥补了公司承保业务的损失之后才能执行；二是关于基金的偿还必须等全部创立费用与业务费用摊销完毕并减除损失补偿的准备金之后，若还有同额的储蓄金，方可执行。

关于保险费的收取，早期采取不定额保险费（assessment premium）制，即在营业年度终了时，向各社员分配摊收。现在，为避免保险金给付不足时向各社员临时征收的不便，也改用事先缴纳保险费的办法，并与股份保险公司一样采用定额保险费制。

相互保险公司的经营结果是，当有剩余时，因无股东分配，故或者分配给投保人（即社员），或者留作公积金，作为以后保险费的补充；当入不敷出时，则按剩余金、公积金、法定准备金的顺序弥补，若还有不足则因实行定额保险费制而排除了社员的追补义务，故采取减额赔偿制，即削减一部分保险金。

相互保险公司的相互性，本意是由保险加入者对公司的管理实行自治。但是，在大型相互保险公司中，组织复杂，业务繁多，公司自治已非易事，因此公司与加入者之间的关系已是徒有虚名。并且，在经营组织、招揽业务、保险费计算、保险资金运用等经营方面，相互保险公司与股份保险公司已没有什么差别。所以，现代的相互保险公司与当初的相互保险公司已迥然不同，其实质更接近营利性保险公司。

（3）两类保险公司的优点比较。相对于相互保险公司，股份保险公司具有以下优点：

1）具有更灵活的公司结构。在购买和经营其他类型的公司方面，股份保险公司比相互保险公司具有更大的灵活性。股份保险公司可以购买非保险公司，而这些非保险公司不必接受相关的保险监管。如果相互保险公司购买了其他不同类型的公司，则这些公司必须接受与相互保险公司相同的监管。

2）可进入资本市场。股份保险公司可以通过销售额外的股份来增加资本。销售股份所得的现金可以用来购买公司扩张和改革所需的物品。而许多相互保险公司的财富主要来源于积累的盈余，但相互保险公司在盈余的运用上受到限制。

3）具有吸引管理人员的相对优势。为了吸引高层管理人员和关键技术骨干，股份保险公司可以把公司的股份作为一部分奖励或补偿发给员工，而相互保险公司没有这种选择。

4）可激发公司所有者更大的积极性。因为股份保险公司归股东所有，股东对公司的运作比相互保险公司的所有者（保险单持有人）有更大的积极性。许多人认为，由于股东的监察，股份保险公司的管理比相互保险公司更进取、更注重发展、更能适应环境的变化。

当然，相互保险公司也有其优点：

1）实力雄厚。由于历史的原因，国外现存的相互保险公司大多规模庞大，在资本、管理和技术方面具有相当强大的实力。

2）可以有效避免敌意收购。由于相互保险公司不发行股票，其竞争对手无法通过资本市场的操作进行敌意收购。

3）对消费者更有吸引力。与股份保险公司不同，相互保险公司经营所获得的绝大部分利润将返还给保险单持有人，因此消费者能最大限度地降低成本并获得保障。

3. 其他保险组织

民营保险组织除个人保险组织与公司保险组织这两种形式外，还有一些其他形式的组织，但基本上都是非营利性保险组织，其中主要有相互保险社与保险合作社。

（1）相互保险社（mutual insurance society）。相互保险社是保险组织的原始形态，但在当今欧美各国仍较普遍。在德国，这类相互保险社也称小相互保险社，以区别于相互保险公司（大相互保险社）。相互保险社的组织与经营都很简单，以地区范围或职业类别为业务范围，保险单持有人就是该社社员，各保险单的保险金额相差不大，因而每个人对选举理事及高级职员有相等的投票权。通常设一专职或兼职秘书，秘书领受工薪，是相互保险社的实际负责人。所有保险赔偿款项及管理方面的开支均由社员共同分担，但是保险费的计算并无数理基础，而是采用赋课方式。

相互保险社在各个保险领域都存在。例如，在人寿保险方面，有英国的友爱社（Friendly Society）、美国的兄弟社（Fraternal Orders）；在火灾保险方面，有美国的当地相互保险社（乡村或城镇）以及工厂相互保险社；在海上保险方面，有英国的保护与赔偿协会（Protection and Indemnity Association）、船东战争险协会（Shipowner's War Risks Association，和保护与赔偿协会同属船东相互保险协会）。

（2）保险合作社（cooperative insurance society）。保险合作社是由社员共同出资、共同经营并共同享有利益的一种特殊的保险组织形态。它与相互保险社非常相似，因而有人认为它是与相互保险社质同而形异的保险组织。按照保险的发展进行理性推论，可以认为相互保险社是相互保险组织的最初形态，之后随着发展分化为两支：一支依相互保险公司的组织规定而成立，即相互保险公司；另一支依合作社的章程而组织经营，即保险合作社。在欧美各国，有由相互保险社转变为保险合作社的，也有由股份保险公司演变为相互保险公司的，它们的关系错综复杂；而就相互保险公司与保险合作社来说，在拥有较多的准备金、采取定额保险费制、规定长期人寿保险合同的盈余分配等方面，二者是十分接近的。保险合作社与相互保险社及相互保险公司之间的关系如下：

1）相互保险社与相互保险公司都没有股本，而社员在加入保险合作社时必须缴纳一定金额的股本。

2）相互保险社或相互保险公司与社员之间的关系是一种暂时性目的的结合，随着保险关系的终止，社员关系也自动解除；而在保险合作社中，社员关系比较持久，即社员关系与保险关系各自独立，社员关系因缴纳股本入社而产生，保险关系因购买本社的保险而产生，所以保险关系的消灭并不影响社员关系的存在。

3）相互保险社社员所缴纳的保险费依事后的实际损失或需要分担，事先并不确定；保险合作社则采取定额保险费制，事后不再补缴，在这一点上相互保险公司与保险合作社是相同的。

保险合作社的资金来源有两个：一是社员缴纳的股本，二是向社员或非社员借入的基金。保险合作社签订的保险合同通常局限于分红保险合同，理由在于保险合作社是社员结合形成的团体，其社员就应当享有参加盈余分配的权利。

4. 当前我国保险市场的组织形式

自1979年正式恢复保险业务以来，我国保险业得到了飞速发展。最初我国只有一个保险公司，即中国人民保险，这种垄断性经营一直持续到1988年。此后，中国平安保险、中国太平洋保险相继成立，保险市场的独家垄断格局被打破。2007年全年共有15个新的保险公司开业，保险公司达到101个；共有43个外资保险公司，来自20个国家和地区的133个外资保险公司在华设立了195个代表处。截至2018年6月底，在我国保险市场上财产保险公司达到87个，其中中资公司65个；截至2018年底，我国人身保险公司达到91个，其中中资公司63个。

（三）保险组织的特殊形态

以上所述为保险组织的一般形态。除此之外，尚有一些特殊形态的风险承担方式，即自我保险与专属保险。

1. 自我保险

自我保险简称“自保”，是承担风险的一种特殊形态，也是保险组织的特殊形态。它是指企业通过对自己拥有的足够数量的风险单位的损失频率与损失程度的估计预先提存一笔基金以弥补损失的一种财务安排。因此，自保也就是企业运用保险原理与经营技术，主动承担风险的一种风险管理技术。

自保的优势表现在以下几个方面：第一，可以节省保险费支出；第二，损失发生后能迅速获得补偿；第三，可以应对商业保险不保的风险；第四，可获取基金投资利得。自保基金的提存一般都先于损失发生，故企业可利用这一时间差从事投资以获取利得，且实行自保的时间越长，所累积的投资利得就越大。

自保的采用也有局限性：第一，企业拥有的风险单位数量有限。如果企业拥有的同质风险单位不够多，那么就不能准确计算可能的损失，从而也就不宜实行自保。第二，可能发生财务调度困难。自保基金由逐年提存累积而成，如果在累积之初发生超过自保基金的巨大损失，则需以其他财源进行弥补，此时就可能发生财务调度的困难。因此，在自保基金累积初期，可以采取购买超过自保累积额的保险以求保障的处理对策。第三，面临税法的限制。许多国家的税法都规定，保险费可以免税，但自保计划提存的基金不能免税。

2. 专属保险

专属保险也是承担风险的一种特殊形态。为开展专属保险业务而设立的专属保险公司是指若干非保险业的大企业或企业集团为节省费用（主要是租税）及承保自己所拥有的风险单位而投资设立的附属保险机构。由于专属保险公司以母公司系统所有的保险业务为主要业务，因此保险标的的所有人也就是专属保险公司的资产所有人。

自 1950 年以来，专属保险公司的设立逐渐受到重视。跨国公司由于业务规模庞大，资产遍布世界各地，所有风险若完全在当地购买保险则很不经济，因此选择在保险税负较轻的国家或地区设立专属保险公司，可借以减轻租税负担，并可提供传统的保险公司所不能提供的保险保障。

专属保险的优点在于：第一，增加了承保弹性。对于传统保险公司不愿承保的风险，专属保险公司也予以承保，故其承保伸缩性较大，一方面可避免母公司所在地政府的限制，另一方面可拓展保险市场。第二，节省保险成本。与自我保险相同，专属保险可节省各种附加费用，如业务招揽费、税负等。此外，专属保险公司还可在再保险市场上直接对费率进行谈判，获得较国内保险公司有利的地位。第三，减轻租税负担。设立专属保险公司的一个主要动机就是获取租税方面的利益。因此，设立地点的选择，首先考虑的是避税问题。例如，英属地百慕大的有关法律规定：凡缴付给专属保险公司的保险费，可从所得税中扣减；专属保险公司的保险收益可以免缴或缓缴所得税。因此，这里便集中了全世界约 70%的专属保险公司。第四，加强损失控制。这是因为母公司可以利用专属保险公司的专业人才与管理技术处理母公司及其附属机构的各种预防工作，从而更有效地控制损失的发生。

专属保险的缺点在于：第一，业务量有限。第二，风险品质较差。专属保险公司承保的多是一般保险公司不愿承保的风险，容易导致风险的过度集中，增加业务经营的困难。第三，技术与人才实力较弱。专属保险公司通常因规模较小，组织较为简陋，不易聚集人才，也难以采用各种损失预防或财产保护措施，故难以创造良好的业绩，仅能获得税负较轻的利益。第四，财务基础脆弱。专属保险公司的设立资本较小，资金运用常不敷所需，财务基础脆弱。若外来业务品质不齐、来源不稳，则不仅起不到分散经营风险的作用，反易导致财务上的困扰。

二、保险中介人的组织形式

保险中介人是指介于保险人之间、保险人与投保人之间并独立于保险人与被保险人，专门从事保险中介服务并依法获取佣金的单位或个人。狭义的保险中介人主要包括保险代理人、保险经纪人、保险公估人，广义的保险中介人还包括与保险有关的律师、理算师、精算师等。这里主要介绍狭义的保险中介人。

（一）保险代理人及其组织形式

保险代理是代理行为的一种，属于民事法律行为。从经营角度看，保险代理是保险人委托保险代理人扩展保险业务的一种制度。保险代理人是指根据保险人的委托，向保险人收取手续费，并在保险人授权的范围内代为办理保险业务的单位和个人。保险代理人的权力来自保险代理合同规定的保险人的授权。关于保险代理人的分类有以下几种形式：

（1）按保险代理人销售的险种分类，保险代理人可分为产险代理人和寿险代理人。产险代理人是指接受保险人的委托，从事财产保险业务销售的代理人。寿险代理人是指接受保险人的委托，从事人寿保险业务销售的代理人。

（2）按保险业务活动的程序分类，保险代理人可分为承保代理人和理赔代理人。承保代理人是指接受保险人的委托代为办理承保业务的代理人。理赔代理人是指接受保险人的委托，从事保险事故现场检验、赔款计算、追偿和损余处理的代理人。

（3）按职权范围的不同分类，保险代理人可分为专用代理人和独立代理人。专用代理人是指仅为一个保险人代理保险业务的代理人，并且由前者保留占有、使用和控制保险单记录的权利。独立代理人是指同时独立地为多个保险人代理保险业务的代理人。在国际保险市场上，独立代理人的代理权限一般为签发保险单、收取保险费、招揽续保的独占权等，酬金一般比专用代理人低。

（4）我国保险代理人的形式。根据《保险法》及有关规定，我国保险代理人分为保险专业代理人、保险兼业代理人和保险个人代理人三种形式。

1）保险专业代理人，即保险代理公司，是指根据保险人的委托，在保险人授权的范围内代为办理保险业务的单位。我国现行法律规定保险代理公司的组织形式必须为有限责任公司，一般情况下，保险代理公司经授权后可以代理销售保险产品，代理收取保险费，代理保险和风险管理咨询服务，代理损失勘查和理赔等业务。

2）保险兼业代理人，是指根据保险人的委托，在从事自身业务的同时，为保险人代办保险业务的单位。常见的兼业代理人主要有银行代理、行业代理和单位代理三种。

3）保险个人代理人，是指根据保险人的委托，向保险人收取代理手续费，并在保险人的授权范围内代为办理保险业务的个人。

（二）保险经纪人及其组织形式

《保险法》第一百一十八条规定：保险经纪人是基于投保人的利益，为投保人与保险人订立保险合同提供中介服务，并依法收取佣金的机构。在我国，保险经纪人的存在形式是保险经纪公司。保险经纪人有以下几种划分方式。

1. 保险经纪人的种类

一是根据委托方划分，保险经纪人可分为直接保险经纪人和再保险经纪人。

（1）直接保险经纪人。指直接介于投保人和保险人之间、直接接受投保人的委托的保险经纪人。按业务性质的不同，直接保险经纪人又可分为寿险经纪人和非寿险经纪人。

1）寿险经纪人。指在人身保险市场上代表投保人选择保险人、代办投保手续并从保险人处收取佣金的保险经纪人。

2）非寿险经纪人。指为投保人安排各种财产、责任保险，在保险合同双方间斡旋，促成保险合同订立并从保险人处收取佣金的保险经纪人。

（2）再保险经纪人。指促成分出公司与分人公司建立再保险关系的保险经纪人。

二是根据人员的规模划分，保险经纪人可分为小型保险经纪人和大型保险经纪人。

（1）小型保险经纪人。根据英国法律的规定，小型保险经纪人是指员工少于 25 人的保险经纪人。一般地，小型保险经纪人的传统业务有三类：1）个人业务；2）商业业务；3）人寿保险及年金业务。

（2）大型保险经纪人。大型保险经纪人是相对于小型保险经纪人而言的，其特点是人员多、机构全和业务广。

三是根据组织形式划分，保险经纪人可分为个人保险经纪人、合伙保险经纪组织和保险经纪公司。

（1）个人保险经纪人。大多数国家允许个人保险经纪人从事保险经纪业务，个人保险经纪人是保险经纪行业的重要组成部分。但目前《保险法》只认可法人形式的保险经纪人。

（2）合伙保险经纪组织。合伙保险经纪组织是由各合伙人订立合伙协议，共同出资、合伙经营、共享收益、共担风险，并对合伙企业债务承担无限连带责任的营利性组织。

（3）保险经纪公司。一般采用有限责任公司和股份有限公司形式。这是绝大多数国家都认可的保险经纪人组织形式，也是我国认可的形式。

2. 保险代理人与保险经纪人的区别

保险经纪人与保险代理人同属保险中介人范畴，均凭借自身的保险专业知识和优势活跃于保险人与投保人之间，成为保险市场的重要组成部分，都具备金融监督管理部门规定的资格条件，并取得金融监督管理部门颁发的许可证，向工商行政管理部门办理登记，领取营业执照，这样方可从事保险中介服务。但是二者具有明显的区别，表现在以下几个方面：

（1）保险代理人是保险人的代表。保险代理人是受保险人的委托，代表保险人的利益办理保险业务；保险经纪人则是基于投保人的利益从事保险经纪业务，为投保人提供各种保险服务，进行风险评估，选择保险人、保险险别和承保条件等。

（2）保险代理人代理销售的产品由保险人指定。保险代理人通常是代理销售保险人授权的保险产品；保险经纪人则接受投保人的委托为投保人与保险人协商投保条件，向投保人提供保险服务。

（3）保险代理人的代理佣金由保险人支付。保险代理人按代理合同的规定向保险人收取代理手续费；保险经纪人则根据投保人的要求向保险人投保，保险人接受业务后向保险经纪人支付佣金，偶尔投保人根据保险经纪人提供的服务也会给予一定的报酬。

（4）保险代理人的行为被视为保险人的行为。保险经纪人的法律地位和保险代理人的地位截然不同。保险经纪人是投保人的代表，其疏忽、过失等行为给保险人及投保人造成损失，应独立承担民事法律责任；保险代理人的行为则视为保险人的行为。《保险法》第一百二十七条明确规定：保险代理人根据保险人的授权代为办理保险业务的行为，由保险人承担责任。

（5）保险代理人的业务以合同为前提。保险代理人与保险人签订保险代理合同才能从事保险代理业务，保险经纪人开展业务活动需与投保人签订固定合同。

（三）保险公估人及其组织形式

保险公估人是指接受保险合同当事人的委托，为其办理保险标的的评估、勘查、鉴定、估损及理算等业务，并出具证明的保险中介人。保险公估人是保险中介人之一，与保险合同双方都没有利害关系，独立于保险合同当事人，既可以接受保险人的委托，也可以接受投保人或被保险人的委托。保险公估人通常具有各行业专门的知识和技术，同时熟悉金融、保险、法律、会计业务，凭借其专业特长公正地为保险人或者投保人或被保险人提供服务。在我国，保险公估人被称为保险公估机构，保险公估机构在国外被称为保险公估行或保险理算局等。

1. 保险公估人的种类

保险公估人的种类包括：

（1）核保公估人和理赔公估人。根据执业顺序，按保险公估人在执业过程中的先后顺序，保险公估人可以分为两类：一类是核保公估人；另一类是理赔公估人。前者主要从事保险标的的价值评估和风险评估；后者是在保险事故发生后，受托处理保险标的的勘查、鉴定、估损和理算。理赔公估人依其执行业务的性质或范围，又可以细分为损失理算师、损失鉴定人和损失评估人。

（2）保险型公估人、技术型公估人和综合型公估人。根据执业性质的不同，保险公估人可以分为三类：第一类是保险型公估人。英国的保险公估人多属此类。第二类是技术型公估人。该类保险公估人侧重于解决技术方面的问题，其他方面的问题涉及较少。德国的保险公估人多属此类。第三类是综合型公估人。这类保险公估人不仅解决保险性问题，同时解决保险业务中的技术性问题。欧洲其他国家的保险公估人多属此类。

（3）海上保险公估人、火灾及特种保险公估人和汽车保险公估人。根据参与保险公估业务内容的不同，保险公估人可以分为三类：第一类是海上保险公估人。这类保险公估人主要处理海上、航空运输保险等方面的业务。第二类是火灾及特种保险公估人。这类保险公估人主要处理火灾及特种保险等方面的业务。第三类是汽车保险公估人。该类保险公估人主要处理与汽车保险有关的业务。

（4）受托于保险人的保险公估人与受托于投保人或被保险人的保险公估人。根据委托方的不同，保险公估人大体可以分为两类：一类是受托于保险人的保险公估人；另一类是受托于投保人或被保险人的保险公估人。例如，在德国和意大利，保险公估人可以为两者服务，而在法国、日本和韩国，保险公估人不可以为投保人或被保险人服务，只能受聘于保险人。

（5）雇佣保险公估人与独立保险公估人。根据与委托方的关系，保险公估人可分为雇佣保险公估人与独立保险公估人。雇佣保险公估人一般长期固定受雇于某一个保险公司，按照该保险公司的委托或指令处理各项理赔事务，这类公估人一般不能接受其他保险公司的委托。独立保险公估人可以同时接受数个保险公司的委托，处理各项理赔事务。

2. 保险公估人的组织形式

（1）保险公估有限责任公司。保险公估有限责任公司简称保险公估有限公司，是指股东以其出资额为限对公司的债务承担责任、公司以其全部资产对公司的债务承担责任并开展保险公估业务的企业法人。这是保险公估人的主要组织形式。

（2）合伙制保险公估行。合伙制保险公估行是指由各合伙人订立合伙协议，共同出资、合伙经营、共享收益、共担风险，对合伙企业的债务承担无限连带责任，并开展保险公估业务的营利性组织。

以合伙企业的形式存在的保险公估人具有多种优势：与个人独资企业相比，合伙企业可以集中较多的资金，既便于发挥合伙人各自的优势，又有利于形成集体智慧；与法人企业相比，合伙企业形式多种多样，经营方式灵活，便于民主管理；合伙制的组织形式简单，便于快捷、灵活地筹集资金；合伙企业内部关系紧密，成员相对稳定，内部凝聚力强，决策效率高，合伙人对合伙企业的债务承担无限连带责任，激发了合伙人的责任感，并使合伙企业具有较为可靠的商业信用，有利于保护债权人的合法权益。

（3）合作制保险公估行。合作制保险公估行是指包括两个以上投资者，以合作企业方式开展保险公估业务的营利性组织。

合作制保险公估行具有如下特征：

第一，合作制保险公估行是契约式企业。契约式企业是以合同作为确定投资者各方权利、义务关系基础的企业。合作方的投资一般不以货币单位进行计算，也不把投资折算成股份，而是按所持股份比例分享利润和承担风险。合作各方的权利、义务由当事人在合同中自由约定。

第二，合作制保险公估行具有国际性。合作制保险公估行的投资主体拥有不同国籍，属于同一国籍的个人或法人不能成为合作制保险公估行的主体。合作制保险公估行的国际性有利于吸引外国投资者进入本国保险公估市场。

第三，合作制保险公估行的经营管理方式具有较大的灵活性。合作制保险公估行可以设立董事会或联合管理机构，依照合作企业合同或章程的规定决定重大事项。此外，还可以委托合作各方之外的第三者经营管理。

第三节 保险市场的供给与需求

一、保险市场的供给

（一）保险市场供给的含义、形式与内容

1. 保险市场供给的含义

保险市场供给是指在一定的社会经济条件下，保险供给者愿意并且能够提供的保险种类和保险总量。保险市场供给如果用保险市场上的承保能力来表示，即为各个保险公司承保能力之和。

2. 保险市场供给的形式与内容

（1）保险市场供给的形式。保险市场供给的形式分为有形与无形两种。前者是指保险人对遭受损失或损害的被保险人，按照保险合同规定的责任范围给予一定金额的经济补偿或保险给付，体现在物质方面；后者是指保险人为所有被保险人提供的心理上的安全感，体现在精神方面。一般而言，无形的保险经济保障供给是大量的、经常的，而有形的保险经济保障供给则是少量的、局部的。

（2）保险市场供给的内容。保险市场供给的内容包括质和量两个方面。保险市场供给

的质是指保险供给者提供的各种不同的保险产品（即险种）或每一具体保险产品质量的高低；保险市场供给的量是指保险供给者就某一保险产品提供的保险经济保障额度，或所有保险人为全社会提供的保险经济保障总额。

（二）制约保险市场供给的因素

保险供给是以保险需求为前提的，保险需求是制约保险供给的基本因素。在保险需求既定的前提下，保险市场的供给受到以下因素的制约。

（1）保险费率。在市场经济条件下，决定保险供给的因素主要是保险费率，保险供给与保险费率呈正相关关系。保险费率上升会刺激保险供给增加；反之，保险供给则会减少。

（2）保险供给者的数量和素质。保险供给者的数量越多，保险供给越大。在现代社会中，保险供给不但讲求数量，还讲求质量，而质量的高低主要取决于保险供给者的素质。保险供给者的素质高，保险经营管理中的险种开发、条款设计、费率厘定、业务选择、风险管理、准备金提存、再保险、理赔、投资等业务就会开展得比较好。每一项业务水平的高低都会影响保险市场的供给。

（3）保险业利润率。在市场经济条件下，平均利润率规律支配着一切经济活动，保险资本也受平均利润率规律的支配。如果保险业平均利润率高，就会吸引一部分社会资本投入保险业，从而扩大保险供给；反之，就会导致保险人退出保险业，这样就减少了保险供给。

（4）保险市场竞争。保险市场竞争会引起保险供给者数量的增加或减少。如果保险供给者数量增加，在总量上就扩大了保险供给。如果保险供给者数量减少，则分为几种不同的情况：若是由合并引起的数量减少，则并不减少保险供给；若是由破产或退出市场引起的数量减少，则会减少保险供给。同时，一个竞争无序的市场会抑制保险需求，从而减少保险供给；竞争有序，行为规范，则使保险市场信誉提高，从而刺激保险需求，扩大保险供给。

（5）国家政策。国家对保险业发展实施的宏观政策直接影响保险供给。如果国家采取积极的、宽松的宏观保险政策（如政府对保险供给者实施较为优惠的税率），保险供给就会增加；相反，如果国家采取抑制的宏观保险政策，保险供给就会减少。

（三）保险产品供给弹性

1. 保险产品供给弹性的含义

保险产品供给弹性通常指保险产品供给的费率弹性，即由保险费率变动引起的保险产品供给量的变动，它反映了保险产品供给量对保险费率变动的反应程度。一般用供给弹性系数表示，用公式表示为：

$$E_s=\frac{\Delta Q/Q}{\Delta P/P}$$

式中，Q 为保险产品供给量；ΔQ 为保险产品供给量的变动；P 为保险费率；ΔP 为保险费率的变动。

保险产品供给量与保险费率正相关（见图 10-1）。

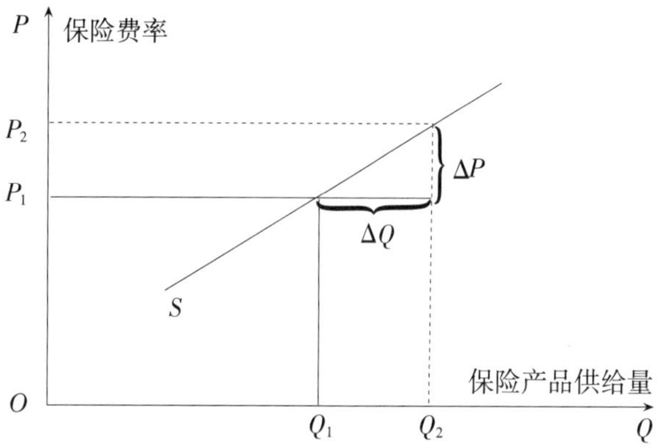

图 10-1　保险产品供给量与保险费率之间的关系

2. 保险产品供给弹性的种类

受各保险产品的有机结构、保险对象、设计难易程度等诸多因素影响，保险产品供给弹性表现出不同的情况：供给具有无弹性，即 $E_s=0$，无论保险费率如何变动，保险产品供给量都保持不变；供给具有无限弹性，即 $E_s=\infty$，即使保险费率不再上升，保险产品供给量也无限增长；供给具有单位弹性，即 $E_s=1$，保险费率的变动率与保险产品供给量的变动率相同；供给富于弹性，即 $E_s>1$，表明保险产品供给量的变动率大于保险费率的变动率；供给缺乏弹性，即 $E_s<1$，表明保险产品供给量的变动率小于保险费率的变动率。

3. 保险产品供给弹性的特殊性

虽然保险产品供给弹性表现为不同的种类，但就保险产品的总体而言，其供给弹性又有自身的特殊性。首先，保险产品供给弹性较为稳定。由于保险产品向人们提供的是风险保障，并且供给与需求几乎同时存在，因而它不易受经济周期的影响，也就是说，无论是繁荣期还是衰退期，保险产品的供给均无明显不同，供给弹性较为稳定。其次，保险产品供给弹性较大。由于保险业属于国民经济第三产业，生产中的固定资产比例较小，供给不必经由调整生产规模就能适应社会需求，因此，保险产品供给弹性较大。

二、保险市场的需求

（一）保险市场需求的概念

需求是针对消费者的购买能力而言的。保险市场需求是指在特定时期内，在各种不同的费率水平上消费者（各类经济单位和个人）对保险的需求。

保险市场需求包括三个要素：（1）有保险需求的人；（2）旨在满足保险需求的购买力；（3）购买意愿。这三个要素相互制约，缺一不可，结合起来构成现实的保险市场需求，决定保险市场需求的规模和容量。人口众多但收入很低，购买力有限，不能形成容量很大的保险市场需求；购买力虽然很大，但人口很少，也不能形成很大的保险市场需求。既有众多的人口，又有很强的缴费能力，才能形成有潜力的保险市场需求。但是，如果保险产品不适应保险消费者的需要，不能引起人们的购买愿望，那么对保险供给者来说，仍然不能成为现实的保险市场需求。所以，保险市场需求是上述三个要素的统一。

（二）影响保险市场需求的主要因素

保险市场需求是一个综合的经济现象，众多的经济、社会因素会对它产生影响。当这些因素发生变化时，保险市场需求将增加或减少。影响保险市场需求的主要因素有：

（1）风险。“无风险，无保险”，风险是保险产生、存在和发展的前提条件，从而也就成为保险需求的触发条件。风险种类越多、风险程度越大，保险需求总量越大、越强烈。

（2）保险费率。保险费率对保险市场需求有一定的约束力，两者一般变化方向相反。从总体上讲，费率上升会导致保险需求减少，费率下降则会导致保险需求增加。保险需求与保险费率反向变化的原因有：一是自保效应。若保险费率过高，保险需求者会选择自己承担部分或全部风险。二是转移效应。随着保险费率的提高，保险需求者会转向保险费率较低的险种。

（3）经济发展水平。保险需求的产生与社会经济发展水平密切相关。经济单位和个人对保险的需求来自对现有财产和人身保障的需要。经济发展水平越高，科学技术越进步，生产的社会财富就越多，保险需求也就越大。

（4）消费者的货币收入。消费者的货币收入直接关系到其保险购买力的大小。当国民收入增加时，作为保险产品的消费者——个人的货币收入、企业的利润会随之增多，会有更强的缴费能力，保险需求随之扩大。因此，消费者的货币收入是影响保险需求的重要因素之一。

（5）文化传统。保险需求在一定意义上受人们风险意识和保险意识的直接影响，而人们的风险意识与保险意识又受特定的文化环境的影响和控制。在某些国家，由于长期受封建文化的影响，对于一些风险，人们有时宁愿求助于神灵的保佑，也不接受保险的保障，从而抑制了保险需求。

（6）强制保险的实施。强制保险是国家以法律或行政的手段，强制性地要求经济单位或个人投保的保险。强制保险的实施人为地扩大了保险需求。

（三）保险产品需求弹性

保险产品需求弹性是指保险需求对诸影响因素变动的反应程度，通常用需求弹性系数表示。即：

$$E_d=\frac{\Delta Q/Q}{\Delta f/f}$$

式中，Q 为保险需求；ΔQ 为保险需求的变动；f 为影响保险需求的因素；Δf 为影响保险需求的因素的变动。

如前所述，影响保险需求的因素有很多，其中保险费率和消费者的货币收入是直接而有效的两个因素。因而，对保险产品需求弹性的分析主要集中在对保险需求的费率弹性和收入弹性的分析上。

1. 保险需求的费率弹性

保险需求的费率弹性是指由保险费率的变动引起的保险需求的变动，它反映了保险需求对保险费率变动的反应程度。用公式表示为：

$$E_p=\frac{\Delta Q/Q}{\Delta P/P}$$

式中，Q 为保险需求；ΔQ 为保险需求的变动；P 为保险费率；ΔP 为保险费率的变动。

保险需求与保险费率负相关（见图 10－2）。

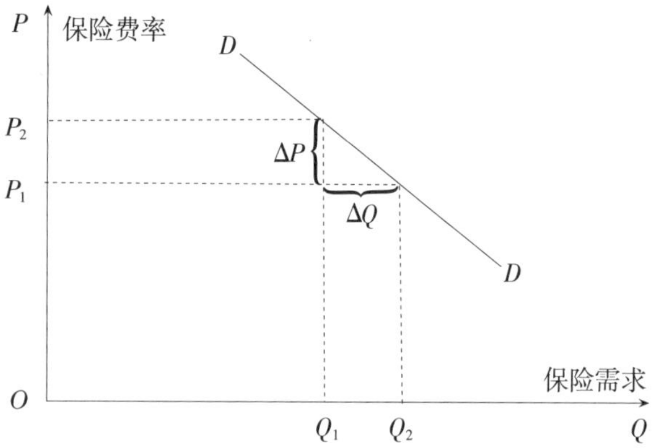

图 10－2　保险需求与保险费率之间的关系

由于保险需求与保险费率负相关，所以保险需求的费率弹性为负值，但在经济学中一般用绝对值表示。当 $|E_d|=0$ 时，称完全无弹性，即保险需求不因费率的上升或下降而有任何变化，如强制保险；当 $|E_d|<1$ 时，称缺乏弹性，即当费率下降时，保险需求的增加幅度小于费率的下降幅度，如大部分责任保险；当 $|E_d|>1$ 时，称富于弹性，即当费率下降时，保险需求的增加幅度大于费率的下降幅度，如大部分汽车保险；当 $|E_d|=1$ 时，称单位弹性，即保险需求的变动率与费率的变动率相等；当 $|E_d|=\infty$ 时，称无限弹性，即费率的微小变化就会引起保险需求无限大的反应。研究保险需求费率弹性的基本目的是了解保险费率与保险费收入之间的关系。当保险费率变动时，保险需求费率弹性的大小与保险费收入密切相关，因为保险费率的变动会引起保险需求的变动，从而引起保险销售量的变动，进而影响保险费收入。不同险种的需求弹性不同，费率变动引起的销售量的变动也不同，从而保险费收入的变动也就不同。保险需求费率弹性、保险需求与保险费收入三者之间的关系可用图 10－3 表示。

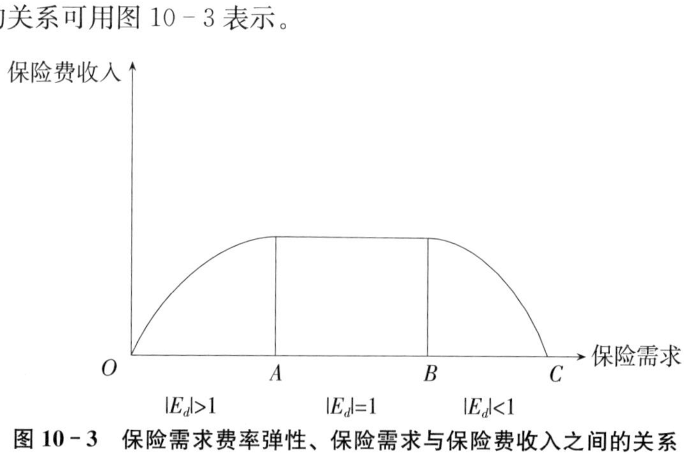

图 10－3　保险需求费率弹性、保险需求与保险费收入之间的关系

图 10-3 表明，在 OA 区间中，$|E_d|>1$，保险需求具有相对费率弹性，费率与保险需求、保险费收入的变动方向相反，即当费率下降时，保险需求与保险收入同步增长。在 AB 区间中，$|E_d|=1$，保险需求具有单位费率弹性，费率下降，则保险需求上升，但保险费收入不因费率下降而下降。在 BC 区间中，$|E_d|<1$，保险需求相对缺乏费率弹性，费率下降，保险需求增加，但保险费收入下降。

2. 保险需求的收入弹性

保险需求与消费者的货币收入正相关（见图 10-4）。

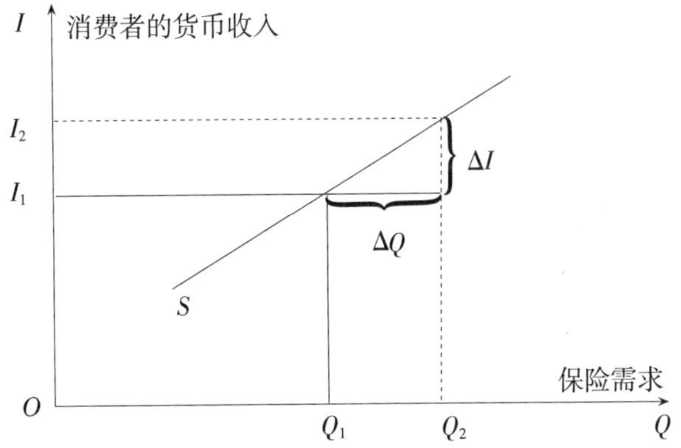

图 10-4 保险需求与消费者的货币收入之间的关系

保险需求的收入弹性是指保险消费者货币收入变动所引起的保险需求的变动，它反映了保险需求对保险消费者货币收入变动的反应程度。用公式表示为：

$$E_i=\frac{\Delta Q/Q}{\Delta I/I}$$

式中，Q 为保险需求；ΔQ 为保险需求的变动；I 为货币收入；ΔI 为货币收入的变动。

一般来讲，保险需求的收入弹性大于一般商品的收入弹性。这是因为：首先，保险产品特别是人身保险产品具有很强的储蓄性。储蓄与消费者的货币收入变动方向相同。消费者货币收入的增加，必然带动储蓄性保险需求的增加。其次，人们的消费结构会随着货币收入的增加而变化，一些高额财产与文化娱乐、旅游等精神消费的支出比例会由此而增大，而与其具有互补作用的保险需求会随着消费者货币收入的增加而增加。例如，汽车保险、家庭财产保险、旅游意外伤害保险等保险的需求会随之增加。

但是，由于各保险产品的有机结构、保险对象不同，在一定的经济条件下，消费者对保险产品的需求也不同，因此，各保险产品需求的收入弹性会出现不同的情况：完全无弹性，即 $E_i=0$；负弹性，即 $E_i<0$。

3. 保险需求的交叉弹性

保险需求的交叉弹性是指其他相关商品的价格变动引起的保险需求的变动，它取决于其他商品对保险产品的替代程度和互补程度，反映了保险需求变动对替代品或互补品价格变动的反应程度。用公式表示为：

$$E_x=\frac{\Delta Q/Q}{\Delta P_g/P_g}$$

式中，Q 为保险需求；ΔQ 为保险需求的变动；P_g 为替代品或互补品的价格；ΔP_g 为替代品或互补品价格的变动。

一般而言，保险需求与替代品价格的变动方向相同，即交叉弹性为正，且交叉弹性越大，替代性也越大。如自我保险与保险就互为替代品。保险需求与互补品价格的变动方向相反，即交叉弹性为负。如汽车保险与汽车具有互补作用，当汽车的价格提高时，汽车保险需求减少。

中国实践

为什么 2008 年又要修订《保险法》？

我国的保险业发展非常快，自 20 世纪 70 年代末恢复保险业务以来到 2008 年已经有 30 多年。现在的保险业务已经遍布城乡，年收保费以千亿元计，保险机构的资产以万亿元计。同时，保险市场不规范的行为很多，而我国加入 WTO 的一些承诺也需要兑现，因此，对《保险法》进行修订非常有必要。2008 年的修订有多个地方是实质性的修订。通过这次修订，内容不仅增加了，也更完整了一些。如保险组织开工形式采取有限责任公司制，允许相互制、合作制；再如删除了对保险、金融、证券混业经营的禁止性条款，这应该说是符合整个保险业发展趋势的。还有对再保险的境外分保限制取消了，这是服从 WTO 的规则。这些实质性的修订，是符合保险业发展规律的。

要修订好这部法律，需要处理好六个方面的关系。第一，法律修订的系统性和前瞻性并重。《保险法》是 1995 年制定的，2002 年主要是针对我国加入 WTO 做了过渡性的修正。2008 年是系统性的修订，要借鉴国外保险法的经验，还要吸收当前的经验，反映社会发展的需要。比如巨灾保险，从国际情况来看，在市场经济比较发达的国家，保险赔付额在巨灾风险中承担 30%～40%的比例，而在我国保险赔付额占灾害直接损失的 1%左右。因此需要用保险的方式来化解巨灾风险，确实应该在《保险法》中有所体现。另外也要考虑前瞻性，比如说为综合性经营留下法律空间很有必要。现在是分业经营、分业管理，但实际上，从保险、银行、证券发展的规律来看，将来会出现综合性的混业经营。修订是要为以后保险业的发展留出一定的空间。第二，明确保险当事人的权责和加强对被保险人利益的保护并重。比如，“自保险合同成立之日起超过 2 年的，保险人不得解除合同”，这是对被保险人的保护，目前在整个保险市场上，保险人和被保险人双方，一个处于强势、一个处于弱势。刚才讲到保险合同的规定，要特别提示的只用很小的字标出来，本来应该用很大的字标出来，推销保险的人把好处夸大，却把应该注意的问题淡化，所以在市场上确实要对被保险人的利益加以保护，这主要是因为双方的信息不对称。第三，推进保险业市场化和防控保险市场风险并重。这次修订在保险业市场化方面，适应了新的要求，比如说业务范围的拓展，还有保险资金使用范围的拓展，这是保险业市场化的两个重要的方向，但是同时也要防控保险市场的风险。现在保险资金的营运总规模达到了 2.7 万亿元，占 GDP 的 11%左右。随着业务范围的突破，市场化程度越来越高，防控保险市场的风险也显得尤为重要，所以这次修订在防控风险方面也有很多措施。我们的股市和房市是不完善的，市场风险很大，所以在立法过程中要特别高度关注市场风险。第四，资金的融通和资金的保值增值并重。为什么这次修订对资金的使用范围有一定的拓展？如果保险融通大量资金，但是这个资金不能保值增值，保险就没有吸引力。我们现在可以看到一种趋势，在我们的股市低迷了以后，老百姓对保险就很关注，所以保险和股市、楼市是互为消长的关系，保险资金的保值增值也是非常重要的，这次拓展范围也是为了保值增值。第五，市场准入和退出机制并重。这次法律的修订提出建立退出机制，非常好。在市场准入方面，对公司的涉密和高管人员有严格的规定。另外，监管部门对退出机制也要高度重视，这次修订有这方面的专门条款。第六，行业外部监管和内部自律并重。行业外部的监管，保监会的行业监管写了很多，主张对保险市场的行为和保险公司的治理结构加强监管。另外还有对人的监管，从业者如果违法违规，要取消任职资格、实行市场禁入的规定。还有内部自律，这次专门提出对保险行业协会及对中介机构加强管理等。政府的监管、社会的监管、中介机构的监管以及保险行业的自律，形成完备的监管和自律的体系。总之，这次保险法的修订和上一次的修正是很不一样的，是比较全面和系统的。我们既要借鉴国外的经验，又要把我们自己的经验上升到法律的高度。保险市场是整个金融市场的一部分，我们对金融风险、保险风险要高度重视，在立法过程中应当特别关注风险防控。

资料来源：摘自 2008 年 8 月 26 日下午，十一届全国人大常委会第四次会议分组审议《中华人民共和国保险法（修订草案）》时委员们的发言。

本章小结

保险市场是保险产品交易关系的总和。保险市场的主体包括保险产品的供给方、需求方和协助完成保险交易的中介方，保险市场的客体是保险组织为保险需求方提供的各种保险经济保障。保险市场呈现出直接风险市场、非即时清结市场和特殊期权交易市场的特征。当前世界保险市场主要分为完全竞争型、完全垄断型、垄断竞争型和寡头垄断型四种模式。

在各国保险市场上，保险人的组织有多种不同的形态。就经营主体而言，保险人可分为公营保险组织与民营保险组织；就经营目的而言，有营利性保险组织与非营利性保险组织。上述四种保险组织的关系是相互交错的，即无论是公营保险组织还是民营保险组织，都有营利与非营利之分。公营保险的组织形态一般有任意公营保险和强制公营保险两类；民营保险组织包括个人保险组织、股份保险公司、相互保险公司、相互保险社和保险合作社。此外还有自我保险和专属保险等特殊形态的风险承担方式。保险中介人主要有保险代理人、保险经纪人和保险公估人三种组织形式。

保险市场供给是指在一定的社会经济条件下，保险市场上的各个保险公司愿意并且能够提供的保险种类和保险总量。它包括质和量两个方面的内容，影响因素包括保险费率、保险供给者的数量和素质、保险业利润率、保险市场竞争以及国家政策。保险市场需求是指在特定时期内，在不同的费率水平上，消费者保险需求的集合，影响因素包括风险、保险费率、经济发展水平、消费者的货币收入、文化传统、强制保险的实施等。

练习题

一、名词解释

1. 保险市场
2. 完全竞争型保险市场
3. 完全垄断型保险市场
4. 垄断竞争型保险市场
5. 寡头垄断型保险市场
6. 保险市场的组织形式
7. 公营保险组织
8. 劳合社
9. 股份保险公司
10. 相互保险公司
11. 自我保险
12. 专属保险
13. 保险代理人
14. 保险经纪人
15. 保险公估人
16. 保险市场供给
17. 保险市场需求

二、问答题

1. 简述保险市场的基本构成要素。
2. 简述保险市场的主要特征。
3. 试述保险市场的主要模式。
4. 试比较并分析几种典型的保险人组织形式。
5. 试比较保险代理人与保险经纪人的异同。
6. 论述保险市场供给与需求的影响因素。

即学即练

第 11 章

保险经营

学习目标

- 理解保险经营的特征
- 了解寿险和非寿险费率厘定的原理
- 了解各种保险展业渠道的优缺点
- 解释核保及承保控制
- 区分保险防灾防损与社会防灾防损
- 说明保险人是如何进行理赔的

保险经营是指保险公司为实现保险分散风险、补偿损失的基本职能和资金融通、社会管理的派生职能所从事业务活动的总称，通常包括承保业务经营和投资业务经营。本章讨论承保业务经营。承保业务经营由保险费率厘定、保险展业、核保与承保、保险防灾防损、保险理赔环节构成。

第一节 保险经营的特征与原则

一、保险经营的特征

保险经营不同于一般工商企业的经营，有自身的特殊性。

（一）保险经营资产的负债性

一般企业的经营资产来自自有资本的比重较大，这是因为它们的经营受自有资本的约束，所以必须拥有雄厚的资本作为经营后盾。保险公司也必须有资本金，尤其是在开业初期需要一定的设备资本和经营资本。正因为如此，《保险法》第六十九条规定：设立保险公司，其注册资本的最低限额为人民币二亿元。但是保险公司的经营资产主要来自投保人按照保险合同向保险公司所缴纳的保险费和保险储金，具体表现为从保险费中提取的各种准备金。保险公司的经营活动就是借所聚集的资本金以及各种准备金而建立起来的保险基金，实现其分散风险、补偿损失的职能。由此可见，保险公司的经营资产有相当大一部分来源于收取的保险费，而这些保险费正是保险公司对被保险人未来赔偿或给付责任的负债。

（二）保险经营活动的特殊性

保险经营是以特定风险的存在为前提，以集合尽可能多的单位和个人风险为条件，以大数法则为数理基础，以经济补偿和给付保险金为基本功能。因此，保险公司所从事的经营活动不是一般的物质生产和商品交换活动，而是一种特殊的劳务活动。首先，这种劳务活动依赖于保险业务人员的专业素质。如果保险公司拥有一批高素质的业务人员，提供承保前、承保时和承保后的一系列配套服务，社会公众则会增强对保险公司的信心，保险公司的竞争力就会进一步提高。其次，这种劳务活动体现在保险公司的产品质量上。保险公司根据保险需求精心设计保险条款，合理规定保险责任，科学厘定保险费率，保险产品就能切合实际，保险合同数量就能逐渐增加；而保险合同数量越多，保险的平均成本就越少，一般来说，保险经营也就越稳定。

（三）保险经营成本、利润核算的专业性

保险经营成本与一般产品成本核算的差异，表现为一般产品成本发生在过去，是确定的，而保险经营成本却发生在未来，具有不确定性。保险产品的现时价格（即保险费率）制定所依据的成本是过去的、历史的、支出的平均成本，而现时价格又是用来补偿将来发生的成本，即过去成本产生现时价格，现时价格补偿将来成本。同时，在确定保险的历史成本时，需要大量的统计数据和资料。事实上，一般保险公司无法获得足够的历史资料和数据，而且影响风险的因素随时都在变化，这就使得保险公司确定的历史成本很难与现时价格相吻合，更难与将来成本相一致。因此，保险经营成本的不确定性决定了保险产品价格的合理性不如其他产品高，保险经营成本与保险产品价格的关系也不如其他产品密切。

此外，保险利润的核算也与一般企业不同。在经营一般产品时，企业只需将产品的销售收入减去成本、税金，剩下的就是利润。由于保险公司在一年当中的任何时候均可能签订保险合同，而保险合同都有一定的存续期，因此在会计年度终了时，保险责任通常并未终结，一些赔案还不能结案，所以在核算保险利润时不能简单地将当年保险费收入减去当年赔款、费用和税金，而必须将未到期责任和未决赔款等考虑进去。在扣除了上述各项准备金之后，剩余的部分才是保险公司的利润。在从保险费收入中扣除当年的赔款、费用和税金之后，还要减去各项准备金和未决赔款。如果提存的各项准备金数额较大，则会对保险利润产生较大的影响。

（四）保险经营影响的广泛性

一般企业的经营过程是对单一产品、单一系列产品或少数几种产品进行生产管理或销售的过程，只涉及社会生产或社会生活的某一方面，即使企业破产倒闭，所带来的影响也

只涉及某一行业或某一领域。保险经营则不然。一般来说，保险公司承保的风险范围之宽、经营险种之多、涉及的被保险人之广是其他企业无法相比的。例如，被保险人包括法人和自然人。就法人来说，包括各种不同所有制的工业企业、农业企业、商业企业、服务业企业和各种事业单位以及国家机关；就自然人来说，有各行各业和各个阶层的人士。无论是自然人还是法人，既可以位于国内的不同地区，又可以位于世界不同国家和地区。一旦保险经营失败，保险公司丧失偿付能力，势必影响到全体被保险人的利益乃至整个社会的安定。所以说，保险经营的过程，既是风险大量集合的过程，又是风险广泛分散的过程。众多的投保人将所面临的风险转嫁给保险人，保险人通过承保将众多风险集合起来，而当发生保险责任范围内的损失时，保险人又将少数人发生的风险损失分摊给全体投保人。

二、保险经营的原则

保险经营的原则是指保险公司从事保险业务的行为准则。由于保险产品除具有一般商品的共性外，还具有自身特性，因此，在经营保险这一特殊商品的过程中，保险公司既要遵循企业经营的一般原则，又要遵循保险经营的特殊原则。

（一）风险大量原则

风险大量原则是指保险人在可保风险的范围内应根据自己的承保能力，争取承保尽可能多的风险和标的。风险大量原则是保险经营的基本原则。这是因为：

第一，保险经营过程实际上是风险管理过程，而风险的发生是偶然的、不确定的，保险人只有承保尽可能多的风险和标的，才能建立起雄厚的保险基金，以保证保险经济补偿职能的履行。

第二，保险经营是以大数法则为基础的，只有承保大量的风险和标的，才能使风险发生的实际情形更接近预先计算的风险损失概率，以确保保险经营的稳定性。

第三，扩大承保数量是保险公司提高经济效益的一个重要途径。承保的标的越多，保险费收入就越多，营业费用则相对越少。

遵循风险大量原则，保险公司应积极组织拓展保险业务的队伍，在维持、巩固原有业务的同时，不断发展新的客户，扩大承保数量，拓宽承保领域，实现保险业务的规模经营。

（二）风险同质原则

风险同质原则是指在保险人承保的同一类业务中，不同保险标的在风险性质上要基本相同。

在现实生活中，保险标的千差万别，风险性质各异，风险发生频率和损失程度各不相同。为了保证保险经营的稳定性，保险人在承保时对风险必须有所选择，尽量使同一类业务在风险性质上基本一致。只有这样，才能满足大数法则的要求，使估算的损失概率趋于可靠和稳定。

（三）风险选择原则

为了保证保险经营的稳定性，保险人在承保时不仅需要签订大量的、以可保风险和标的为内容的保险合同，还需对所承保的风险加以选择。风险选择原则要求保险人充分认识、准确评价保险标的的风险种类与风险程度，以及投保金额恰当与否，从而决定是否接受投保。保险人对风险的选择表现在两个方面：一是尽量选择具有同质风险的保险标的来承保，从而使风险能从量的方面进行测定，实现风险的平均分散；二是淘汰那些超出可保风险条件或范围的保险标的。可以说，风险选择原则否定的是保险人无条件承保的盲目性，强调的是保险人对投保意愿的主动选择，使集中于保险保障之下的风险单位不断趋于质均划一，有利于承保质量的提高。

保险人选择风险的方式有事先选择和事后选择两种。

1. 事先风险选择

事先风险选择是指保险人在承保前考虑决定是否接受投保。此种选择包括对人的选择和对物的选择。所谓对人的选择，是指对投保人或被保险人的评价与选择。例如，在人寿保险中，应了解被保险人的年龄，是否从事危险职业，是否患有慢性疾病或不治之症，必要时应直接对被保险人进行体检等。在财产保险中，应了解被保险人的资金来源、信誉程度、经营能力、安全管理状况和道德风险等因素。所谓对物的选择，是指对保险标的及其利益的评估与选择。例如，对要投保的建筑物，应了解和检查它们的结构、使用情况以及坐落地点等；对要投保的机动车辆、船舶、飞机等运输工具，应了解它们是否属于超龄服役的老车、老船、老飞机，它们的用途及运输区域等。对被保险人和保险标的的风险超出可保风险条件和范围者，保险人应拒绝承保。拒保是一种事先选择风险的常见方法。

但需要指出的是，有时某些保险标的虽然明显存在不良危险，但可以通过某种条件加以控制，保险人也会与投保人协商或调整承保条件，如通过提高保险费率、提高免赔额（率）、附加特殊风险责任或赔偿限制性条款等方式，实行有条件的承保，而不是一概拒保。总之，保险人无论是拒保还是有条件地承保，目的都在于保证对承保风险的有效控制，能够公平合理地承担风险损失。

2. 事后风险选择

事后风险选择是指保险人对保险标的的风险超出核保标准的保险合同做出淘汰的选择。保险合同的淘汰通常有三种方式：第一，保险合同期满后不再续保。第二，按照保险合同规定的事项注销合同。如我国远洋船舶战争险条款规定：保险人有权在任何时候向被保险人发出注销战争险责任的通知，通知在发出后 7 天期满时生效。第三，保险人若发现被保险人有明显的误告或欺诈行为，可以中途终止承保，解除保险合同。《保险法》对上述情况做出了明确规定。

总之，无论保险人是采取事先风险选择还是事后风险选择的方式，都采用了风险管理中规避风险的手段，可见保险经营与风险管理的关系甚为密切。

（四）风险分散原则

风险分散是指由多个保险人或被保险人共同分担某一风险责任。保险人在承保了大量风险后，如果所承保的风险在某个期间或某个区域过于集中，一旦发生较大的风险事故，可能导致保险人偿付能力不足，从而损害被保险人的利益，也会威胁到保险人自身的生存发展。因此，保险人除了对风险进行有选择的承保外，还要遵循风险分散原则，尽可能地将已承保的风险加以分散，以确保保险经营的稳定性。保险人对风险的分散一般采用核保时的分散和承保后的分散两种手段。

1. 核保时的风险分散

核保时的风险分散主要表现在保险人对风险的控制方面，即保险人对将承保的风险责任适当加以控制。控制风险是为了减少被保险人对保险的依赖性，同时也是为了防止因保险而可能产生的道德风险。保险人控制风险的方法主要有以下几种：

(1) 控制保险金额。保险人在核保时对保险标的要合理划分危险单位，按照每个危险单位的最大可能损失确定保险金额。例如，对于市区密集地段的建筑群，保险人应按风险相对独立的情况分成若干地段，并科学估测每一地段的最大可能损失，从而确定对每一地段所能承保的最高限额。如果保险金额超过保险人的承保限额，保险人对超出部分不予承保。这样一来，保险人所承担的保险责任就能控制在可承受的范围之内。

(2) 规定免赔额（率）。即对一些风险造成的损失规定一个额度或比例，由被保险人自负这部分损失，保险人对该额度或比例内的损失不负责赔偿。例如，在机动车辆保险中，对机动车辆每次事故规定有免赔额，只有超过免赔额的部分才由保险人承担赔偿责任。

(3) 实行比例承保。即保险人按照保险标的实际金额的一定比例确定承保金额，而不是全额承保。例如，在农作物保险中，保险人通常按平均收获量的一定成数确定保险金额，如按正常年景平均收获量的6～7成承保，其余部分由被保险人自己承担责任。

2. 承保后的风险分散

承保后的风险分散方法以再保险和共同保险为主要手段。再保险是指保险人将业务中超出自己承受能力的风险转移给再保险人承担。共同保险是由两个或两个以上保险人共同承保某项风险较大的保险标的。

第二节 保险费率的厘定

一、保险费率及其结构

（一）保险费与保险费率

保险费是投保人为获得经济保障而向保险人缴纳的费用或保险人为承担约定的保险赔付责任而向投保人收取的费用。保险费是建立保险基金的主要来源，也是保险人履行赔付义务的基础。在计算保险费时，主要考虑三个因素：一是保险金额；二是保险费率；三是保险期限。保险费与这三个因素正相关，即保险金额越大，保险费率越高，保险期限越长，应缴纳的保险费就越多。但由于保险金额一般是根据保险标的的实际价值或由保险双方协商确定的，保险期限在具体险种中也是事先规定好的，两者的弹性都比较小，因此，保险费的问题也就转化为保险费率的问题。

保险费率又称保险价格，是保险费与保险金额的比率，通常以每百元或每千元保险金额应缴的保险费来表示。一般地，有：

保险金额×保险费率=保险费

（二）保险费率的结构

保险费率由纯费率和附加费率两部分构成。

1. 纯费率

纯费率是保险费率的基本部分。用纯费率计算出来的那部分保险费被用来建立赔付基金。纯费率由保额损失率和稳定系数构成。

保额损失率是一定时期内保险赔款总额与总保险金额的比率，它是保险人根据概率论中的大数法则，根据以往若干年度（一般为5年）的统计资料在平衡年度风险的基础上整理计算出来的平均值。保额损失率可用公式表示为：

保额损失率=保险赔款总额/总保险金额×100%

保额损失率反映了正常的、稳定的损失率，是制定纯费率的依据，根据它计收的保险费可以保证正常的赔偿或给付。

2. 附加费率

附加费率是保险公司经营保险业务的各项费用和适当的利润与纯保险费收入总额的比率。各项费用主要包括办公费、水电费、宣传费、印刷费、防灾减损费、员工工资、手续费等各种管理费用和业务费用。保险利润受政策和市场竞争的影响，一般不能低于社会平均利润。附加费率在保险费率中居次要地位。

在实际中，纯费率和附加费率共同构成毛费率（或称总费率）。

二、保险费率厘定的基本原则

保险人在厘定费率时要遵循权利与义务相平衡的准则。

（一）公平性原则

保险费率的公平性原则主要体现为对保险费率进行合理分类，消除歧视性。对保险人来说，收取的保险费应与承担的危险相当；对投保人来说，负担的保险费应与被保险人获得的保障相对称。在保险经营技术上，费率差别的存在是一种正常现象。各险种的保险费率不在于没有差别，而在于不同的费率是否真正反映风险大小。总之，不能将某一类保险的费率定得过高，将另一类保险的费率定得过低，从而形成一种由前者填补后者的歧视性费率。

（二）足够性原则

保险费等于合理的预期损失与附加费用之和。从保险人的角度看，保险费收入应能支付各项赔款和费用支出，并且以合理的利润与安全系数避免偿付能力不足的情况发生。如果保险费过低，就会降低保险人的偿付能力，结果使保险人的经营处于一种不稳定状态，不利于其稳健发展。在竞争激烈的保险市场上，为了提高自己的竞争力，保险人常常不惜降低保险费率，结果导致盲目竞争。为了贯彻足够性原则，避免恶性竞争，许多国家都对保险费率进行管制，以保证偿付能力。

（三）稳定性原则

稳定性原则是指在一定时期内应保持费率的相对稳定。稳定的费率有利于保险人核算。对投保人来说，稳定的费率可使保险费支出确定，免遭费率变动之苦；如果费率经常上涨，尽管保险人可以获得一定的利润，但势必激起投保人的不满，以至逐步减少对保险的购买。如果保险费率呈下降趋势，投保人也会减少对保险的购买，以等待一个更低的价格。可见，不稳定的价格会给保险人的经营活动带来负面影响，因此，在厘定费率时，要遵循稳定性原则。但这一原则并不是指保险费率一成不变，当危险环境、保险责任以及保险需求发生变化时，费率应及时改变。

（四）促进防灾防损原则

促进防灾防损原则是指保险费率的厘定应有利于促进防灾防损。具体来说，对注重防灾防损工作的投保人采取较低的费率。贯彻这一原则有两个好处：其一，减少了保险人的赔付支出；其二，减少了整个社会财富的损失。

三、非寿险费率的厘定

保险费率的厘定，关键在于纯费率的确定。而纯费率的确定通常有两种方法：一是依据统计资料计算保额损失率，进而确定纯费率；二是在损失分布和赔款条件已知的情况下用赔款金额的期望值 E 除以保险金额 I，从而得到纯费率 r，即 $r=E/I$。

在此我们对第一种方法加以简单说明。假定根据 5 年的统计资料，每年的保额损失率分别为 0.21、0.19、0.23、0.18 和 0.24，则可以求出平均数为 0.21。如果上述保额损失率是在大量损失经验的基础上得到的，则可把 0.21 作为预期损失率。有时，为了安全起见，可在预期损失率的基础上加上一个或两个标准差作为纯费率。在本例中，标准差为 0.023，纯费率可定为 0.233 或 0.256。

上述两种计算纯费率的方法都涉及许多专门知识，在此不详述。但在财产保险实务中，厘定保险费率并不仅仅是计算理论上的费率，更是要确定一定条件下的实用费率。在实务中确定保险费率的方法主要有判断法、分类法和增减法。

（一）判断法

判断法（judgement rating）又称个别法或观察法，是就某一被保风险单独厘定费率，费率在很大程度上取决于保险人的判断。当损失风险形式多样且多变，不能使用分类法时，或者当不能取得可信的损失统计资料时，就会采用这种方法。例如，宇航员进行首次月球登陆时购买了人寿保险，但当时没有外层空间的死亡损失数据，只能使用判断法来厘定费率。在海洋货物运输保险和一些陆上货物运输保险中也广泛使用判断法，这是因为各种船舶、港口、货物和危险水域的情况错综复杂，各不相同。

（二）分类法

分类法（class rating）是依据某些重要的标准，对危险进行分类，并据此将被保险人分成若干类别，根据危险性质把不同的保险标的归入相应类别，分别确定费率的方法。分类法是基于这样一种假设：被保险人将来的损失在很大程度上由一系列相同的因素决定。这一方法有时也被称为手册法，因为各种分类费率都印在手册上，保险人只需查阅手册，便可确定费率。这是一种最常用也最主要的保险费率厘定方法，广泛运用于财产保险、人寿保险和大部分意外伤害保险。对于财产保险，一般根据标的的使用性质分为不同类别，每一类别又可以分为若干等级。不同类别，不同等级，费率各异。对于人身保险，一般按照性别、年龄、健康状况、职业等分类。分类法的思想符合保险运行所遵循的大数法则。大数法则要求保险标的的损失概率相同。只有标的面临同质危险，才能较好地符合这个条件。因此，必须在对危险进行分类的基础上确定不同类别的保险费率。

确立分类费率有两种基本方法：

1. 纯费率法

首先计算出纯保险费：

$$\text{纯保险费}=\frac{\text{已发生的损失总额和理赔费用}}{\text{保险单位数}}$$

式中，已发生的损失总额和理赔费用包括在会计核算期间所有已付赔款和同期已发生但尚未赔付的损失准备金。假定在汽车保险中，某类别下的 50 万辆汽车在 1 年期内已发生的损失总额和理赔费用合计为 3 000 万元，使用上式计算得到的纯保险费是 60 元。即：

$$\text{纯保险费}=\frac{30\ 000\ 000}{500\ 000}=60\text{（元）}$$

下一步是加上附加费用、承保利润和意外准备金。附加费用一般包括佣金、期初承保费用、管理费和保险费税。附加费用、承保利润和意外准备金一般以毛保险费的百分比表示，称为费用率（expense ratio）。计算毛保险费的公式是：

$$\text{毛保险费}=\frac{\text{纯保险费}}{1-\text{费用率}}$$

假定费用率是 40%，则：

$$\text{毛保险费}=\frac{60}{1-0.40}=100\text{（元）}$$

2. 损失率法

在有些情况下，纯费率法不适用。例如分类过多，每一类包含的标的过少，从统计学的角度出发，不符合大数法则的前提条件，无法运用纯费率法。这时需要结合其他损失统计资料对保险费率进行调整。

损失率法指根据实际损失率调整费率。例如，机动车辆保险的预期损失率为 60%，即总保险费的 40%为费用率。而实际损失率为 70%，则保险费率应该提高 16.7%。

$$费率调整比例=\frac{A-E}{E}=\frac{0.7-0.6}{0.6}\times 100\%=16.7\%$$

式中，A 为实际损失率；E 为预期损失率。

（三）增减法

增减法（merit rating）是指在同一类别中，对投保人给予变动的费率。它是在凭借分类法确定基本费率的基础上，依据实际情况进行细分所测定的费率。在增减法下厘定出来的费率有可能高于或低于由分类法确定的费率。增减法主要分为表定法、经验法和追溯法。但无论是何种方法，均适用于较大规模的投保人，这是因为：第一，对小规模投保人而言，费率的少许变动对其影响不大，但对大规模投保人而言，由于保险金额高，费率稍微发生变动就会产生较大的影响。第二，增减费率所花的费用较大。只有在经过调整的保险费率存在较大变动的情况下，调整保险费率的费用支出才可能得到弥补。

1. 表定法

表定法以每一危险单位为计算依据，在基本费率的基础上参考标的的显著危险因素来确定费率。使用表定法，首先要在分类中就各项特殊危险因素设立客观标准。因为典型的被保险人的危险，既可能比被保险人的平均危险高，也可能比被保险人的平均危险低。

2. 经验法

该方法又称预期经验法。它是根据被保险人过去的损失记录，对按分类法计算的保险费率加以增减，但当年的保险费率并不受当年经验的影响，而是以过去数年的平均损失来修订未来年份的保险费率。经验法的理论基础是：凡能影响将来的危险因素，必已影响过去的投保人的经验。其计算公式为：

$$M=\frac{A-E}{E}\times C$$

式中，M 为经验调整数；A 为经验期间被保险人的实际损失；E 为被保险人适用某费率的预期损失；C 为可靠度。

例如，某投保人在过去 3 年经验期间预期损失 5 万元，实际损失 4 万元，可靠度为 80%，则其经验调整数为：

$$M=\frac{4-5}{5}\times 80\%=-16\%$$

3. 追溯法

追溯法与经验法相对，经验法是以过去一段时间保险标的的平均损失为基础，而追溯法是以保险期限内保险标的的实际损失为基础，并依此计算被保险人当期应缴的保险费。由于保险标的当期损失的实际数额要到保险期满后才能得知，因此，确切应缴的保险费只有在保险期满后才能计算出来。因此，在使用追溯法时，在保险期限开始前，以其他类别费率确定预缴保险费；在保险期满后，根据实际损失对已缴保险费进行增减变动。

由于在追溯法下费率的制定程序比其他任何费率的制定程序都要烦琐，不利于保险人大规模地开展业务，因此，这种方法很少被采用。只有规模极大的企业在经营自保业务时，才会为提取保险资金而运用这种方法。

四、寿险费率的厘定

（一）生命表

人寿保险费率与财产保险费率一样，由纯费率和附加费率构成。在确定纯费率时，必须遵循收支平衡的原则，即保险人收取的纯保险费加上利息等于今后应给付的保险金或年金。而生命表就是费率厘定的科学基础。

生命表又称死亡表（mortality table），是根据以往一定时期内各种年龄的死亡统计资料编制，由每个年龄的死亡率组成的汇总表。

生命表可以分为国民生命表和经验生命表两种。前者是根据全体国民或者特定地区人口的死亡统计数据编制的生命表。它主要来源于人口普查的统计资料。后者是根据人寿保险、社会保险以往的死亡记录（经验）编制的生命表。保险公司使用的是经验生命表，主要是因为国民生命表没有经过保险公司的风险选择，一般情况下与保险公司使用的生命表的死亡率不同。

现摘录 1980 年美国经验生命表的一部分列于表 11-1 中。

表 11-1　美国 1980 年男性经验生命表

年龄（x）	q_x	l_x	d_x	e_x
0	0.004 18	10 000 000	41 800	70.84
1	0.001 07	9 958 200	10 655	70.13
2	0.000 99	9 947 545	9 848	69.21
3	0.000 98	9 937 697	9 739	68.27
4	0.000 95	9 927 958	9 432	67.34
5	0.000 90	9 918 526	8 927	66.40
6	0.000 86	9 909 599	8 522	65.46
7	0.000 80	9 901 077	7 921	64.52
8	0.000 76	9 893 156	7 519	63.57
9	0.000 74	9 885 638	7 315	62.62
10	0.000 73	9 878 322	7 211	61.66
11	0.000 77	9 871 111	7 601	60.71
12	0.000 85	9 863 510	8 384	59.75
13	0.000 99	9 855 126	9 757	58.80
14	0.001 15	9 845 370	11 322	57.86
15	0.001 33	9 834 048	13 079	56.93

在生命表中，首先要选择初始年龄且假定在该年龄生存的一个合适的人数，这个数称

为基数。一般选择 0 岁为初始年龄，并规定此年龄的人数，通常取整数如 10 万人、100 万人、1 000 万人等。在生命表中还规定最高年龄，用ω表示，满足 $l_{\omega+1}=0$。一般生命表都包含以下内容：

x 表示年龄。

l_x 表示生存数，是指从初始年龄至满岁尚生存的人数。例如，l_{25} 表示在初始年龄定义的基数中活到 25 岁的人数。

d_x 表示死亡数，是指 x 岁的人在一年内死亡的人数，即指在 x 岁的生存数 l_x 人中，经过一年死亡的人数。已知在 $x+1$ 岁时生存数为 l_{x+1}，于是有 $d_x=l_x-l_{x+1}$。

q_x 表示死亡率，表示 x 岁的人在一年内死亡的概率。显然，

$$q_x=\frac{d_x}{l_x}=\frac{l_x-l_{x+1}}{l_x}$$

p_x 表示生存率，表示 x 岁的人在一年后仍生存的概率，即到 $x+1$ 岁时仍生存的概率。$p_x=\frac{l_{x+1}}{l_x}$，所以 $p_x+q_x=1$。

e_x 表示平均余命或生命期望值，表示 x 岁的人之后还能生存的平均年数。假设死亡发生在每一年的年中，则有：

$$e_x=\frac{1}{l}(l_{x+1}+l_{x+2}+\cdots+l_\omega)+\frac{1}{2}$$

在寿险数理的计算中，还会遇到一些符号：

用${}_tp_x$ 表示 x 岁的人在 t 年末仍生存的概率，则有：

$${}_tp_x=\frac{l_{x+t}}{l_x}$$

用${}_tq_x$ 表示 x 岁的人在 t 年内死亡的概率，则有：

$${}_tq_x=\frac{l_x-l_{x+t}}{l_x}=1-{}_tp_x$$

用${}_{t/u}q_x$ 表示 x 岁的人在生存 t 年后在 u 年内死亡的概率，则有：

$${}_{t/u}q_x=\frac{l_{x+t}-l_{x+t+u}}{l_x}$$

当 u 等于 1 时，用${}_{t/}q_x$ 表示 x 岁的人在生存 t 年后的那一年（$t+1$ 年）死亡的概率，则有：

$${}_{t/}q_x={}_tp_x-{}_{t+1}p_x={}_tp_x\cdot q_{x+t}$$

（二）趸缴纯保险费

趸缴纯保险费是指投保人在保险开始时向保险公司一次性缴清全部应缴的保险费。

为了讨论问题的方便，本书在计算寿险保险费时均做如下假设：（1）被保险人的生死遵循预定生命表所示的生死规律；（2）同一种类的保险合同，全部于该年龄初同时订立；

（3）保险金于每年度末同时支付；（4）保险费按预定利率复利生息，并假定年利率为 i；（5）保险金额均为 1 元（有特别说明者除外），因而所求得的纯保险费就是纯费率；（6）生命表中某一年龄的人都向保险公司投保了某种保险，而不管实际情况是怎样的，因为这并不影响结论的正确性。

如果投保人在保险开始时向保险公司一次性缴清全部应缴的保险费，这样的缴费方式称为趸缴。

1. 定期寿险的纯保险费

假定保险期限为 n 年。按照定期寿险的承保条件，如果被保险人在保险期限内遭遇死亡，则由保险公司按保险金额给付；如果被保险人生存至期满，则保险公司无须支付。

假定被保险人的年龄为 x 岁，年初每个投保人应缴的纯保险费为 $A^1_{x:n}$ 元，则保险公司收取的纯保险费总额为 $l_xA^1_{x:n}$。

依据生命表的规律，第 1 年有 d_x 人死亡，每人给付 1 元，共 d_x 元，给付额的现值为 vd_x 元；第 2 年有 d_{x+1} 人死亡，给付额的现值为 v^2d_{x+1} 元……第 n 年有 d_{x+n-1} 人死亡，给付额的现值为 v^nd_{x+n-1} 元。

依据收支相等原则，保险公司支付保险金的现值总和与期初纯保险费的总和应相等。即有：

$$l_x A^1_{x:n} = vd_x + v^2d_{x+1} + \cdots + v^nd_{x+n-1}$$

式中，$v = \dfrac{l_x}{1+i}$ 为折现率。如果令 $C_x = v^{x+1}d_x$，$D_x = v^xl_x$，则可得到：

$$A^1_{x:n} = (C_x + C_{x+1} + \cdots + C_{x+n})\frac{1}{D_x}$$

2. 终身寿险的纯保险费

终身寿险的保险期间亘于被保险人的一生，仅于被保险人死亡时给付保险金。各个国家的生命表都有一个最终年龄，因此，终身寿险可以看作一种长期的定期寿险，故趸缴纯保险费的计算只需将一般定期寿险的纯保险费中的年做相应的变化即可。假设生命表所定的最终年龄为 ω 岁，则有：

$$A^\omega_x = (C_x + C_{x+1} + \cdots + C_\omega)\frac{1}{D_x}$$

如果令：

$$M_x = C_x + C_{x+1} + \cdots + C_\omega$$

则定期寿险和终身寿险的纯保险费可分别表示为：

$$A^1_{x;n} = \frac{M_x - M_{x+n}}{D_x}$$

$$A^w_x = \frac{M_x}{D_x}$$

3. 纯粹生存保险的纯保险费

生存保险以被保险人在一定时期内继续生存为条件，由保险人负给付保险金的责任。假若被保险人不幸在期内死亡，则合同终止，保险人不做任何给付。故生存保险金给付的多少，由到期时尚生存的被保险人的数量决定。

假定 x 岁的人投保 n 年定期生存保险，所缴的纯保险费为${}_nE_x$ 元，投保时共有 l_x 人，则保险费总额为 $l_x \times {}_nE_x$ 元。n 年后的生存人数为 l_{x+n} 人。考虑利息因素，依据收支相等原则有：

$$l_x \times {}_nE_x = v^n \times l_{x+n}$$

整理后可得：

$${}_nE_x = \frac{D_{x+n}}{D_x}$$

4. 两全保险的纯保险费

两全保险即被保险人不论生存还是死亡，达到一定时间后，保险人均需给付定额保险金。所以，这种保险可以看作定期保险与生存保险的组合。如果把保险期限为 n 年的混合保险的纯保险费记为 $A_{x:n}$，则应有：

$$A_{x:n} = {}_nE_x + A^1_{x:n} = \frac{D_{x+n} + M_x - M_{x+n}}{D_x}$$

(三) 年金保险的纯保险费

年金的意义是每年收取或支付一次款项，数额一般相同。但实际上在约定时期内按一定的时间间隔，如每半年、每季或每月收付一次的，也称为年金。保险公司对年金保险的保险责任是被保险人的终身或者一定时期，被保险人生存时每隔一定时期（一般为一年）由保险公司按期支付一次年金直至被保险人死亡或期满为止。

年金保险的过程可分为两段：从趸缴年金现价时起或分期缴费的第一次缴费时起，直至给付周期开始之前，为第一段，称为“现价积累期”；从给付周期开始至期满停付或死亡停付时止，为第二段，称为“年金给付期”。

年金有即期年金与延期年金之分。在保险合同成立后，立即开始支付年金者，叫即期年金。而延期年金则是在保险合同成立后，要等待一段时间或要到某个年龄才开始支付。不论是即期年金还是延期年金，都有期初支付与期末支付两种情形，保险金在年末同时支付的假定在此不再适用。

1. 即期年金

假定 x 岁的人投保期限为 n 年的年金保险。保险公司每年年初支付的保险金分别为 l_x 元，l_{x+1} 元，…，l_{x+n+1} 元。设投保人应缴的纯保险费为 $a_{x:n}$ 元，将支付的保险金折算成现值，则依据收支相等原则应有：

$$a_{x:n} = \frac{D_x + D_{x+1} + \cdots + D_{x+n+1}}{D_x}$$

如果将给付周期改为终身，则可得到：

$$a_x^w = \frac{D_x + D_{x+1} + \cdots + D_\omega}{D_x}$$

令

$$N_x = D_x + D_{x+1} + \cdots + D_\omega$$

则可将上面两个公式变为：

$$a_{x:n} = \frac{N_x - N_{x+n}}{D_x}$$

$$a_x^w = \frac{N_x}{D_x}$$

仍然假定 x 岁的人投保期限为 n 年的年金保险，但将保险公司每年年初支付保险金改为在年末支付，则保险公司每年年末支付的保险金分别为 l_{x+1} 元，l_{x+2} 元，…，l_{x+n} 元。

用与上面相同的方法可以得到期末支付定期年金的纯保险费为：

$$a'_{x:n} = \frac{N_{x+1} - N_{x+n+1}}{D_x}$$

同理，不难推出期末支付终身年金的纯保险费为：

$$a'_x = \frac{N_{x+1}}{D_x}$$

2. 延期年金

与即期年金不同，对于延期年金，在保险合同成立之后，保险人要在一定时期或被保险人达到一定年龄后才开始给付年金。因此，延期年金的纯保险费的计算，仍需按照对应的即期年金纯保险费的计算方法，对每一次给付金额的现值进行修改即可。

例如，x 岁的人投保期限为 n 年的年金保险，m 年后开始（在期初）给付，即延期 m 年。用 $m|a_{x:n}$ 表示 n 年期初支付定期延期年金的纯保险费，根据收支相等原则有：

$$l_x \cdot m|a_{x:n} = v^m l_{x+m} + v^{m+1} l_{x+m+1} + \cdots + v^{m+n-1} l_{x+m+n-1}$$

整理后可得

$$m|a_{x:n} = \frac{N_{x+m} - N_{x+m+n}}{D_x}$$

用同样的方法可以得到期末支付定期延期年金的纯保险费为：

$$m|a'_{x:n} = \frac{N_{x+m+1} - N_{x+m+n+1}}{D_x}$$

期初支付延期终身年金的纯保险费为：

$$m|a_x^w = \frac{N_{x+m}}{D_x}$$

期末支付延期终身年金的纯保险费为：

$$m|a_x'^{w}=\frac{N_{x+m+1}}{D_x}$$

（四）年度纯保险费

前面所讨论的是被保险人在投保时趸缴纯保险费的情形。但趸缴纯保险费的金额往往较大，可能成为投保人的经济负担。为了解决投保人的这个负担，保险公司一般允许投保人在购买保险时将保险费分期按年、半年、季、月交付一次，而以一年交付一次的方式最为普遍。按年交付的保险费即为年度保险费。

假定 n 年定期死亡保险的纯保险费分 m 年付清，用 $mp_{x:n}$ 来表示年度纯保险费，则保险公司各年收取的纯保险费分别为 $l_x \cdot mp_{x:n}$ 元，$l_{x+1} \cdot mp_{x:n}$ 元，…，$l_{x+m-1} \cdot mp_{x:n}$ 元。不难理解，年度纯保险费的现值之和应与一次性付足的纯保险费的现值相等，即应有：

$$l_x \cdot A_{x:n}^{1}=l_x \cdot mp_{x:n}+v^1 \cdot mp_{x:n}+\cdots+v^{m-1} \cdot mp_{x:n}$$

整理可得：

$$mp_{x:n}=\frac{M_x-M_{x+n}}{N_x-N_{x+m}}$$

用同样的方法可以推导出终身死亡保险和混合保险的年度纯保险费。

寿险纯费率的计算被公认为比其他保险纯费率的准确度高，原因是由生命表提供的死亡率准确度高。前面已经说过，生命表的编制也是寿险精算的重要内容之一，但限于篇幅，我们不在此论述生命表的编制。另外需要注意的是，在寿险费率的计算中，我们采用了 C_x、D_x、M_x、N_x 等换算基数。依据生命表和一定预定利率计算这些换算基数的值，同样也是寿险精算的重要内容之一。

第三节 保险展业

一、保险展业的概念与必要性

保险展业，又称推销保险单，在不少国家被称为“保险招揽”。它是保险公司引导具有同类风险的单位和个人购买保险的行为，展业是保险经营的起点。

保险展业对保险经营具有重要意义。这主要有以下几个方面的原因：

（1）大数法则要求保险经营具有承保风险的大量性。为此，保险公司只有大量招揽业务，才有可能使损失在众多的被保险人之间进行分摊，才能有效发挥大数法则的作用，达到集合风险、分散风险并提供保险保障的目的。

（2）保险产品具有特殊性，其特殊性决定了保险销售的特殊性。一般企业的商品是有形的，在推销这些有形的商品时通过介绍商品的用途、性能、价格及质量等事项，消费者便能凭感官感知商品的使用价值，容易引起消费者的购买欲望。而保险产品则是无形的，人们无法凭借感官来了解保险产品的使用价值，人们认识保险产品需要通过判断、推理等抽象思维。由于保险人承保的风险具有偶然性，因此对于具体的标的、具体的人来说，风险发生与否、风险何时发生、风险在何地发生、风险会导致多大程度的损失都是不确定的。而风险的偶然性又使人们对风险的认识与处理存在侥幸心理。这样，人们对风险的意识与保险人对风险保障的方向是相反的，也就是说，人们往往并不了解自身周围的风险或者总是存在侥幸心理，对风险及其后果的畏惧和对保险的需求总是出现在风险事故发生之后。而保险人所要求的保险合同的订立必须是在风险事故发生之前。由此可见，人们对保险消费的需求心理滞后于保险经营所要求的时间。为此，保险人必须大力进行保险展业。

（3）保险公司大量招揽业务，可以使保险费收入增加，积累雄厚的保险基金，从而能够在保险市场上增强竞争力。

二、保险展业的主要内容

保险公司为开展保险业务并为展业人员奠定良好的展业基础，应该从以下几个方面开展工作。

（一）树立保险产品及保险公司形象

保险展业应该通过大规模的保险宣传扩大影响。这无论是对公众还是对单位都有利于加强他们对保险公司以及保险产品的认同。保险公司应将展业的长期目标与短期目标有效地结合起来进行宣传，使客户在了解保险、公司及险种的基础上自愿投保，即使客户未购买保险，也能增强他们的保险意识和增加他们的保险知识，为今后的展业打下良好的基础。

（二）了解市场信息

保险展业必须掌握信息。有关信息包括：社会经济特征及其发展变化；科学技术进步情况；各行各业的风险情况；消费者对保险需求的偏好；保险供给的方向、总量和结构等。

在了解、掌握市场信息的过程中，应注意搜集、分析以下几个方面的信息：

（1）潜在市场分析。应对潜在客户的规模、他们对保险的需求以及潜在的购买原因做出定性和定量的科学分析。

（2）市场占有率分析。即掌握本公司与竞争对手的市场占有率情况。通过对市场占有率进行总体分析和结构性分析，寻求本公司的市场取向与定位。

（3）销售趋势分析。通过研究客户的购买行为及购买原因，掌握保险市场的需求变化以及竞争对手推销策略的变化动态，为调整经营方向、找寻新的发展机会做好准备。

（三）搜集反馈信息

保险公司应该广泛开通征集渠道，搜集客户反馈信息，听取客户的意见、建议，并尽可能满足客户的合理要求。采纳客户的合理建议与意见，在公司与客户之间建立起友谊、真诚、信赖的桥梁。

另外，在展业过程中应该注意的是商业保险大都属于自愿保险，保险双方当事人的地位是平等的。自愿保险意味着参加保险与否，参加哪种保险，向哪个保险公司投保，是由客户自行决定的。《保险法》第十一条规定：订立保险合同，应当协商一致，遵循公平原则确定各方的权利和义务。除法律、行政法规规定必须保险的外，保险合同自愿订立。因此，保险公司在展业过程中不能用利诱或强迫的手段来招揽业务。

三、保险展业渠道及其特点

保险展业渠道是指保险产品从保险公司向保险客户转移的过程中所经过的途径。保险展业渠道一般包括直接展业渠道与间接展业渠道两大类。直接展业渠道，又称直销制，是指保险公司通过领取薪金的业务人员向保险客户直接提供各种保险产品。间接展业渠道，亦称中介制，是指保险公司通过保险代理人与保险经纪人等中介销售保险产品。

在保险业发展的初期，保险公司大都采用直销制展业。但随着保险业的发展，保险公司仅仅依靠自己的业务人员和分支机构进行保险展业远远不够，同时也不经济。因为无论保险公司的资金实力有多雄厚，都不可能建立起一支足以包容整个保险市场的展业队伍，即使有可能，庞大的工资支出和业务费用也势必提高保险经营的成本。因此，在现代保险市场上，保险公司在依靠自身的业务人员进行直接展业的同时，更广泛地利用保险中介人进行间接展业。

（一）保险公司展业

保险公司展业就是保险公司依靠本企业的专业人员直接承揽业务。这种展业方式的优点表现为：

（1）保险公司的业务人员由于工作的稳定性强又比较熟悉保险业务，因而有利于控制保险欺诈行为的发生，不容易发生因不熟悉保险业务而欺骗投保人的道德风险，从而有利于为保险消费者增加安全感。

（2）保险公司的业务人员直接代表保险公司开展业务，具有较强的公司特征，从而有利于在客户中树立公司良好的外部形象。

（3）如果保险公司的业务人员能完成或超额完成预期的任务，则维持营销系统的成本较低。因为公司员工享有固定的工资和福利，其收入不会因业务超额完成而大量增长，同时员工的培训费用也少于代理人员的同类费用。

由于进行展业需要与大量的目标顾客进行长时间的接触，而保险公司雇用的直销人员总是有限的，因此，直销制的缺点是：

（1）不利于保险公司争取更多的客户。因为有限的业务人员只能提供有限的服务，同时他们任务较重，无法与所有客户建立较为密切的关系，因此，许多客户的潜在保险需求无法转化为现实的购买力，从而会使保险公司失去很多潜在的客户。

（2）不利于扩大保险业务的经营范围。由于直销人员有限，他们只能侧重于某些大型险种的营销活动，如企业财产保险、团体人身保险，而对于某些极有潜力的业务领域却无暇顾及，如个人寿险、家庭财产保险等，因此导致保险公司对市场需求的变化不能做出充分合理的预测而错失发展良机。

（3）不利于发挥业务人员的工作积极性。由于在直销方式下业务人员的收入与自身业务量不发生必然的联系，当其超额完成预定工作任务时没有业务提成或提成过低，因此他们超额完成工作任务的积极性不高。

（二）保险代理人展业

保险代理人是根据保险人的委托，向保险人收取代理手续费，并在保险人授权的范围内代为办理保险业务的单位和个人。

自保险问世以来，保险代理人便随着保险业的发展而发展。如日本财产保险公司的保险代理人达107万人，约占日本全国人口的1%，是保险公司从业人员的10倍，保险公司通过保险代理人获取的保险费收入占全部保险费收入的84%。可见，保险代理人对推动整个保险业的发展起到了十分重要的作用。保险代理人展业的优势具体表现在以下几个方面：

（1）有利于降低保险经营成本，提高保险公司的经济效益。保险公司由于资金限制，要在短期内迅速实现营业机构与人员的合理配置是不现实的。由于保险代理人是按劳取酬，保险公司只需向保险代理人支付代理手续费，就可节约在直销制下必须支付的各项费用，如员工管理费、宣传费、防灾费和员工福利等，从而可以大大降低保险经营成本。可见，保险代理人的工作有利于提高保险公司的经营效率。

（2）有利于增强保险供给能力，促进保险业务的发展。保险代理人有利于拓展保险公司在保险市场上的业务空间，弥补保险公司营业网点少、展业人员不足的缺点，通过“多渠道、广代理”的方式，扩大保险承保范围，满足社会的保险需求，从而也就能够在客观上提高保险公司的供给能力，从而既方便保险消费者购买保险，又促进保险业务的发展。

（3）有利于提高保险服务质量，增强保险公司的竞争力。保险代理人往往具有自身独特的优势，如熟悉某些客户的行业技术，在某个特定的范围内具有良好的业务背景，在当地公众心中有一定的影响力等，保险公司利用保险代理人的行业特点和服务优良的优势，可以弥补自身在保险服务方面的不足，全面提高自身的服务质量。例如，保险代理人与客户联系紧密，容易获得投保人的信任，便于提供投保、交付保险费、防灾防损咨询、损失查勘及损失理算等服务。

（4）有利于沟通保险信息，提高保险公司的经营管理水平。首先，随着社会经济的日益发展，各种新的、更为复杂的保险需求不断涌现，保险代理人在展业过程中，由于接触的客户多，信息灵通，从而有助于保险公司全面、迅速地了解整个保险市场的发展趋势，使保险公司在激烈的市场竞争中站稳脚跟，求得发展。其次，保险公司通过保险代理人对市场信息进行分析，不断完善各种保险单、保险条款及经营策略，以适应市场变化，最终提高自身的服务水平和经营管理能力。

保险代理人展业的缺点主要表现在以下几个方面：

（1）保险公司核保与保险代理人推销之间的冲突难以解决。保险代理人力求推销更多的保险单，以获取更多的代理手续费，而保险人则是在扩展业务的同时更要注意提高承保质量，显然两者的冲突是难免的。保险人是从公司的整体情况来决定对个别风险承保与否，而这正是保险代理人无法做到的。因此，保险代理人认为良好的业务，有可能被保险人拒绝承保，使保险单的推销难度增大，这自然是保险代理人所不愿意看到的。保险代理人与保险人产生利益冲突的原因就在于保险人在承保时总是十分谨慎，从而有可能会减少保险代理人可能获得的代理手续费。

（2）保险代理人单纯为代理手续费而开展业务的做法，会导致保险公司承保质量下降。由于保险代理人的个人收入与保险费挂钩，个别保险代理人为了赚得更多的代理手续费，往往会频繁地利用默示代理权，有时甚至超越代理权或采取欺骗手段推销保险单，从而有可能给保险公司带来一些风险极大的业务，影响保险公司的经营效益。

（3）保险代理人滥用代理权，从而有损于保险人的利益。例如，保险代理人擅自变更保险条款，提高或降低保险费率，或挪用、侵占保险费等，都是有损于保险人利益的行为。尤其是有的保险代理人出于恶意，与投保人或投保人以外的第三人做出虚假申报，骗取高额保险金，不仅会造成保险公司自身的经济损失，而且会极大地损害保险公司的信誉。

（4）保险代理人的行为缺乏规范化管理，从而造成保险代理市场的混乱。例如，对保险代理人缺乏严格的业务培训和资格要求，造成保险代理人业务素质低下；某些兼职代理人的主管部门利用对下属客户的制约关系，强迫客户向指定的保险公司投保；个人代理人队伍庞大，业务素质良莠不齐，管理难度大。

（三）保险经纪人展业

保险经纪人是基于投保人的利益，为投保人与保险人订立保险合同提供中介服务，并依法收取佣金的单位和个人。在保险市场上，尽管保险经纪人是基于投保人的利益，但是在开展业务、订立保险合同时，保险经纪人同样发挥了招揽业务的作用。由于保险经纪人与保险代理人的地位不同，保险经纪人代表的是投保人的利益，更能赢得投保人的信赖，因此，利用保险经纪人展业不失为一条重要途径。

根据委托方划分，保险经纪人可分为寿险经纪人和非寿险经纪人。寿险经纪人必须熟悉保险市场行情、保险标的（被保险人）的情况，掌握较深厚的保险专业知识，懂得法律，知道如何计算寿险费率等。非寿险经纪人主要为投保人介绍财产保险、责任保险和信用保证保险等非寿险业务。他们比寿险市场上的保险经纪人更为活跃。如在海上保险中，保险经纪人的作用十分突出。他们既深谙航海风险，又通晓保险知识，能为投保人寻求最佳的保险保障。再保险经纪人是指专门从事再保险业务的特殊保险经纪人。再保险经纪人不仅介绍再保险业务，提供保险信息，而且在再保险合同有效期内继续为再保险公司服务。由于再保险业务具有较强的国际性，事实上，每个国家的许多巨额再保险业务都是通过再保险经纪人之手促成的，因此，充分利用再保险经纪人就显得十分重要。

保险经纪人展业的优势表现在以下几个方面：

（1）保险经纪人提供服务的专业性强。保险经纪人一般都具有较高水平的业务素质和保险知识，是识别风险和选择保险方面的专家。因此，投保人借助保险经纪人能获得最佳的保险服务，即支付的保险费较低而获得的保障较高。保险经纪人由于具有丰富的保险方面的经验，可以帮助投保人及时发现潜在风险，能够提出消除或减少这种风险的各种可能办法，并帮助投保人在保险市场上寻找最合适的保险人等。

（2）保险经纪人作为投保人的代表，独立承担法律责任。在保险市场上，保险经纪人代表投保人的利益，为投保人与保险人协商保险事宜，办理投保手续，充当了保险顾问的角色。因此，根据法律规定，保险经纪人应对投保人负责，有义务利用自己的知识和技能为委托人安排最佳的保险。如果因为保险经纪人的疏忽致使投保人的利益受到损害，保险经纪人要承担法律责任。

(3) 保险经纪人的服务不会增加投保人的经济负担。保险经纪人虽然是投保人的代理人，但佣金是向保险人收取的。一般来说，保险人从投保人所缴纳的保险费中按一定比例支付佣金给保险经纪人，作为保险经纪人推销保险业务的报酬。因此，利用保险经纪人不会给投保人带来额外开支。

保险经纪人展业的缺点在于，由于保险经纪人不依托某个保险公司进行中介活动，因此如果保险经纪人无视法律、法规的限制，就可能导致保险经纪人以中介为名，行欺诈之实，如提供虚假信息来牟取暴利，使交易者蒙受经济损失，扰乱保险市场的正常秩序。

四、保险展业渠道的选择

保险公司在选择展业渠道时需要考虑的最重要因素，就是能否以最小的代价最有效地将保险产品推销出去。因此，保险公司在评价保险展业渠道并做出决策时，要考虑险种、市场需求、自身条件等因素。自身条件和险种将直接影响保险公司对展业渠道的选择。保险公司准备推销何险种、保险费率为多少、对什么样的目标顾客进行推销等问题，都是选择保险展业渠道时首先要考虑的。市场需求主要是考虑保险消费者的偏好。

有效的展业渠道规划需要决定不同目标市场内的消费者通过该渠道所能得到的相应服务。因为保险公司不可能提供所有的服务，高水准的服务将导致展业成本增加，对消费者而言意味着价格的提高，因此，保险公司必须在消费者的服务需求、符合需求的成本和可行性以及消费者对价格的偏好之间实现平衡。

保险公司自身条件包括展业与营销管理的技能和经验、资信实力以及对展业渠道的控制能力等。如果保险公司自身条件好，就可以采用直接展业渠道，反之，则应该采用间接展业渠道。直接展业渠道适合新成立的、规模较小的保险公司。间接展业渠道一般适合规模较大、市场占有率较高、营销控制能力较强的保险公司。一般来说，对于财产保险公司，宜采取直接展业渠道，以便减少展业成本并加强承保控制；而人寿保险公司则宜采用代理制，以便争取更多的客户，从而不断扩大市场占有率，增强企业竞争力。

总之，保险公司无论选择哪种展业渠道，都必须根据自身条件、保险产品特性和保险市场需求情况，对可供选择的各种渠道的费用、风险和利润进行详细的分析、评价和比较，只有这样才能选出最有效的保险展业渠道。

专栏 11-1

众安在线卖保险——试水虚拟财产保险

2012 年 10 月有消息称，从多个网络科技公司股东上报到中国保监会（现为国家金融监督管理总局）的申报材料中发现，“三马”联手的新公司命名为众安在线财产保险股份有限公司，注册资本金为 10 亿元，注册地为上海，阿里巴巴持股 19.9%、中国平安持股15%、腾讯持股15%。

众安在线的一大特色是，除注册地上海外，全国均不设任何分支机构，完全通过互联网进行销售和理赔服务。早在2009年、2010年间，腾讯和阿里巴巴就分别与国内部分保险公司商谈合作，但最终都不了了之。直至2012年8月24日中国平安的中报业绩发布会现场，中国平安董事长马明哲确认，将与腾讯的马化腾、阿里巴巴的马云及另一名股东谋划在上海成立一个合资公司，探索互联网保险销售新道路。

中国平安有保险产品设计、精算和理赔服务的专业性优势；阿里巴巴和腾讯的主要优势是庞大的客户群和交易量，以及现有的低成本业务销售平台。这是吸引保险试水互联网销售的主要原因。三方的合作不仅体现在销售渠道的创新上，而且延伸到产品研发上。虽然互联网交易金额较小，但网络游戏等所蕴含的虚拟价值不可忽视，保险产品创新可以从“地面”转向“网上”，尝试开发互联网虚拟物品的保险产品。

第四节 核保与承保

一、核保

（一）核保的含义及必要性

核保又称风险选择，是指保险人对投保人提出的投保申请进行评估，决定是否接受这一风险，并在接受风险的情况下依据风险的大小决定费率的过程。

核保的目的在于辨别投保风险的优劣，并使可接受的风险品质趋于一致，从而保证承保业务质量，使保险经营稳定。

保险公司提供的保险产品是面向全社会的，也就是说，任何一个人都有可能向保险公司提出投保申请，然而并不是所有投保人的投保对象即保险标的的预期损失都相等，有的高于平均值，有的低于平均值。

在财产保险中，保险标的的火灾发生率受到许多因素的影响，诸如标的本身的物理性能、防火设施状况、周围环境状况等，这就使财产保险标的的火灾风险各异。同理，在人寿保险中，保险人经营的风险是生存风险与死亡风险。而人的死亡率是受许多因素影响的，尤其是年龄因素，它使每个人在不同年龄的死亡风险不同，而其他因素的影响又使同龄人的死亡风险有所不同。然而，风险的同质性原理要求每个风险单位发生损失的概率相等，即不同保险标的适用的费率应有所不同。因此，在保险经营中，核保是非常重要的环节，保险人通过核保对不同保险标的或大群进行分类，按不同标准进行承保、制定费率。另外，在保险经营中经常会发生逆向选择。为了保证保险经营的稳定，保险人必须进行核保。

（二）核保的主要内容

（1）审核保险客户。保险客户必须具有完全行为能力并对保险标的具有保险利益，只有这样，保险合同才具有法律效力。而且，客户的行为、品格会直接影响保险事故发生的可能性和损失程度。因此，核保人员必须严格控制客户的法律资格，同时有必要考察客户的资信、品格和作风等。

（2）审核保险标的。保险标的是保险人承担危险责任的对象，保险标的的性质、状况及环境与危险大小直接相关。例如，化工厂发生爆炸的可能性比机械厂大，油漆店遭遇火灾的可能性比一般商店大等。即使是同类企业，管理水平的高低也会使危险大小产生差异。因此，保险人对保险标的的控制，主要是审核保险标的的危险状况。对那些危险较大的标的，保险人应拒绝承保或采用较高的保险费率。

（3）控制保险责任。通过对危险的评估，确定保险责任范围，明确对所承保的危险应负的赔偿责任。对于常规危险，一般按照基本条款予以承保，对于特殊危险，保险人必须采用附加条款和特约条款，或是为满足投保人的特殊需要，以加收保险费为条件适当扩展责任，或是加批限制性条款，限制自身的责任。

（4）控制保险金额。保险金额是保险人应承担的最高责任限额。保险金额的确定依据是标的的价值及投保人对标的所具有的保险利益。任何背离这两个依据的保险金额，都可能诱发道德风险。因此，一定要避免超额承保。控制保险金额除了避免超额承保外，对于一些高危险、高保额的业务，应注意控制所承担的保险金额。在实践中，应根据不同业务特点对保险金额进行控制。例如，对于人身保险的高额投保，保险人应注意保险金额的大小与投保人的收入和财产状况一致。

（5）审核保险费率。保险费率是保险产品的价格，它应该与保险标的的风险程度一致。风险程度高，保险人就应收取较高的费率；风险程度低，保险人就应收取较低的费率。

（三）核保要素

1. 财产保险的核保要素

（1）环境。环境是指所投保财产所处的环境。例如，对所投保的房屋，要考察其所处的环境是工业区、商业区还是居民区；附近有无易燃、易爆的危险源；附近救火水源如何以及与消防队的距离如何；房屋是否属于高层建筑，周围道路是否畅通，消防车能否开近；等等。

（2）标的状况。主要是指保险标的的主要风险隐患和关键防护部位及防护措施状况。这是对所投保财产自身风险的考察，即要检查所投保财产可能发生风险损失的各种主客观原因。例如：所投保的财产是否属于易燃品、易爆品或易损品；对温度和湿度的灵敏度如何；机器设备是否超负荷运转；使用的电压是否稳定；建筑物结构状况；等等。

对所投保财产的关键部位要重点检查。例如：建筑物的承重墙体是否牢固；船舶、车辆发动机的保养是否良好。所投保财产的防护情况，也是核保的一项内容。例如：有无防火设施、报警系统、排水排风设施；机器有无过载保护、降温保护措施；货物运输包装是否符合标准；运载方式是否合乎标准；等等。

（3）财产是否处于危险状态。正处于危险状态意味着该财产必然或即将发生风险损失，对于这样的风险保险人一般不予承保。

（4）各种安全管理制度的制定和实施情况。健全的安全管理制度是预防、降低风险发生的保证，可减少保险标的的损失，提高承保质量。因此，核保人员应核查投保人的各项安全管理制度，核查是否有专人负责该制度的执行和管理。如果发现问题，应建议投保人及时解决，并复核其整改效果。倘若保险人多次建议投保人实施安全计划方案，但投保人仍不执行，保险人可调高费率，增加特别条款，直至拒保。

2. 人身保险的核保要素

人身保险的核保要素一般分为影响死亡率的要素和非死亡要素。影响死亡率的要素有年龄和性别，职业、习惯和嗜好，体格和其他身体状况，个人病史和家族病史，等等。非死亡要素包括保额、险种、交费方式、投保人收入状况、投保人与被保险人及受益人之间的关系。在此我们主要介绍影响死亡率的要素的核保要点。

（1）年龄和性别。年龄是核保所要考虑的最重要因素之一。因为死亡率与年龄密切相关，各种死亡原因在不同年龄段的分布是不一样的，各种疾病在不同年龄段的发病率也不相同。因此，保险金给付的频数与程度是有差异的。另外，有关统计资料表明，女性的寿命要长于男性4～6岁，各国生命表中的死亡率充分反映了这一点。因此，性别因素也关系到保险人承担给付义务的不同。

（2）职业、习惯和嗜好。遭受疾病、遭受意外伤害和丧失工作能力的概率在很大程度上受所从事职业的影响。一些职业具有特殊风险，虽然不会影响被保险人的死亡率，但会严重损害被保险人的健康而导致大量医疗费用的支出。

有些职业势必会提高死亡率或遭受意外伤害的概率，如高空作业工人、矿工及接触有毒物质的工作人员。如果被保险人有吸烟、酗酒等不良嗜好或从事赛车、跳伞、登山、冲浪等业余爱好，保险人可以提高费率或将它们列为除外责任。

（3）体格和其他身体状况。体格是遗传所致的先天性体质与后天各种因素的综合表现。体格包括身高、体重等。经验表明，超重会引起生理失调。所以，超重对所有年龄的人而言都会提高死亡概率，对中年人和老年人尤甚。为此，保险公司可编制一张按照身高、年龄、性别计算的平均体重分布表。体重偏轻一般关系不大，但核保人员应注意对近期体重骤减者进行调查，以确定是否由疾病引起。

体格以外的身体状况也是核保时要注意的重要因素。神经、消化、心血管、呼吸、泌尿、内分泌系统失常会引起较高的死亡概率。保险人应搜集各种疾病引发死亡的统计资料，在不同时期引起死亡的疾病的排列顺序是不同的，目前癌症和心血管疾病是引起死亡的最主要原因。

（4）个人病史和家族病史。如果被保险人曾患有某种急性或慢性疾病，往往会影响其寿命，所以，在核保中一般除了要求自述病史外，有时还需要医师或医院出具的病情报告。家族病史主要是了解家庭成员中有无可能影响后代的遗传性或传染性疾病，如糖尿病、高血压、精神病、血液病、结核病、癌症等。另外，还应考虑被保险人本人出生地和居住地是否位于流行病区，有无感染某些传染病的可能。

二、承保

（一）承保的含义

承保是指签订保险合同的过程，即保险人对投保人所提出的投保申请经过审核同意接受的合同行为。

保险承保的基本要求是：既要扩大业务面，又要保证业务质量；既要合理收费，又要保证保险合同所规定义务的履行。对此，在承保中，应重点把握承保控制。

（二）承保控制

承保控制是指保险人在承保时，依据自身的承保能力控制保险责任，尽量防止和避免道德风险和心理风险。

（1）控制逆向选择。所谓逆向选择，是指那些有较大风险的投保人试图以平均的保险费率购买保险。保险人控制逆向选择的方法是对不符合承保条件者不予承保，或者有条件地承保。例如，投保人就自己易遭受火灾的房屋投保火灾保险，保险人承保时就会提高保险费率；又如投保人患有超出正常危险的疾病，保险人不会同意他投保定期死亡保险的要求，而劝他改为投保两全保险。这样一来，保险人既接受了投保申请，又在一定程度上抑制了投保人的逆向选择。

（2）控制责任范围。只有通过风险分析与评估，保险人才能确定责任范围，才能明确对所承保的风险应负的赔偿责任。一般来说，对于常规风险，保险人通常按照基本条款予以承保，对于特殊风险，保险人需要与投保人充分协商承保条件、免赔额、责任免除和附加条款等内容后特约承保。

（3）控制人为风险。人为风险包括道德风险、心理风险。从承保的角度来看，保险人控制道德风险发生的有效方法就是将保险金额控制在适当的额度内。因此，保险人在承保时要注意保险金额是否恰当，尽量避免超额承保。保险人在承保时对心理风险的控制常采用限额承保和规定免赔额（率）的手段，以促进被保险人克服心理风险因素，加强对保险标的的安全维护。

（三）签发保险单

签发保险单，就是保险公司与那些通过核保确认可以承保的投保人签订正式的保险合同。保险单的签发意味着保险经济关系的确立，保险双方将各自行使权利，履行义务。

第五节 保险防灾防损

一、保险防灾防损的含义、意义与内容

（一）保险防灾防损的含义

保险防灾防损简称保险防灾，是指保险人与投保人或被保险人对保险标的采取措施，减少或消除导致风险发生的因素，防止或减少灾害事故所造成的损失，从而降低保险经营成本、增加经济效益的一种经营活动。

保险防灾防损，是社会防灾防损的一个重要组成部分，两者既相互补充、相互促进、共同发挥保障社会财富安全和社会经济稳定的作用，又存在明显的差别。第一，社会防灾

防损的对象十分广泛，而保险防灾防损的对象主要是参加保险的单位和个人；第二，社会防灾防损工作可以由各级政府主管部门根据国家法令和有关规定，对单位和个人防灾防损工作进行督促检查，而保险防灾防损工作则只能根据保险合同规定的权利和义务开展；第三，社会防灾防损可由主管部门对不重视、措施落实不力的单位和个人采用行政手段督促整改，直至给予处罚，而保险防灾防损大多是向投保人或被保险人提出防灾防损建议，若投保人或被保险人拒不整改，则保险人只能解除保险合同或在赔付责任上予以限制。显然，保险防灾防损是社会防灾防损系统的一个子系统，处于参与、配合、组织、推动的地位。

（二）保险防灾防损的意义

保险防灾防损的意义主要体现在如下几个方面：

（1）有利于保障社会财富的安全。通过保险防灾防损活动，可以避免和减少保险财产的损失，这是保险公司开展防灾防损工作的直接成果。由于保险公司承保的标的都是社会财富，如果因灾害事故而遭受损失，就是减少了社会财富；而通过防灾防损，就能减少社会财富损失，减少损失等于相对增加了社会财富，保障了社会财富的安全和社会经济的正常运行。

（2）有利于促进投保单位改善经营管理。根据有关法律和保险条例的规定，投保单位在参加保险之后，有遵守各项安全规定、接受有关部门提出的防灾建议和做好防灾防损工作的义务。保险公司在业务经营过程中，通过防灾防损宣传和检查，对投保人或被保险人提出防灾防损建议和整改措施，使投保人或被保险人在思想上、组织上、制度上重视防灾防损的管理工作，并采取措施，消除隐患，促进公司生产经营的安全管理。

（3）有利于降低保险产品的价格。保险费率是保险产品的价格，保险公司确定保险费率的主要依据是保险标的的出险率和损失率。保险公司通过开展防灾防损活动，防止或减少灾害事故造成的损失，相应减少赔款支付，在降低损失的基础上，逐步为降低保险费率、减轻投保人的保险费负担和增加保险业务创造条件。

（4）有利于提高保险业务的经营水平。结合保险业务的开展，保险公司开展防灾防损工作，随时了解保险标的的安全管理状况，根据保险标的风险程度的变化，及时调整保险费率，对保险合同的有关事项做出相应的规定，从而提高保险业务的质量。

（三）保险防灾防损的内容

保险防灾防损的内容，主要包括以下几项：

（1）加强与各防灾防损部门的联系与合作。保险公司作为社会防灾防损组织体系中的重要一员，以特有的经营性质和技术力量，受到社会各界的重视，发挥着越来越大的作用。因此，保险公司一方面要注意保持和加强与各防灾防损部门的联系，并积极派人参加各种专业防灾防损活动，如消防部门对危险建筑的防灾检查，防汛指挥部门对防汛措施落实情况的检查，商检部门对进出口货物的商品检验等；另一方面要充分利用自己的信息和技术优势，向社会提供各项防灾防损服务，如防灾技术咨询服务、风险评估服务、社会协调服务、事故调查服务、灾情信息服务和安全技术成果推广服务等。

（2）开展防灾防损的宣传教育。目前，人们的风险防范意识还比较薄弱，保险公司应运用各种宣传方式，向投保人或被保险人宣传防灾防损的重要性，提高人们的安全意识，普及防灾防损知识。同时，要加强有关防灾防损的基本知识和技能的宣传教育，使广大投保人或被保险人了解灾害事故的性质、危害，学会识别风险隐患，分析事故原因，掌握风险管理和处置措施（如灭火、抗洪、防震等技术措施），以提高全社会的防灾防损能力。

保险公司还要宣传国家的防灾防损政策与法令法规。国家颁布执行的各种防灾防损法令、法规、条例、政策等，是保险合同订立的基础，是解决保险合同纠纷的重要依据，保险合同双方必须认真执行。保险公司应积极宣传，使各级员工和广大群众提高执法、守法的自觉性，树立以预防为主的指导思想，把防灾防损工作纳入制度化、法制化轨道。

（3）及时处理不安全因素和事故隐患。保险公司要进行经常性的防灾防损检查，并与聘请专家、技术人员进行的定期重点检查相结合。发现不安全因素和事故隐患时，保险公司应及时向投保人或被保险人提出整改意见，并在技术上予以指导和帮助，将不安全因素和事故隐患消灭在萌芽状态。

（4）参与抢险救灾。保险公司在接到重大保险事故通知后，应立即赶赴事故现场，直接参与抢险救灾：一是在灾害蔓延之时，与投保人或被保险人一道组织抢救保险财产，防止灾害蔓延；二是在灾害发生之后，与投保人或被保险人一道对受灾财产进行整理、保护和妥善处理残余物资。为做好抢险救灾工作，保险公司要对全体员工进行抢险救灾技术培训，使其掌握在危险环境中的各种救灾技术，并且能够在救灾过程中有效地保护各种财产和个人生命安全，减少不必要的人员伤亡。

（5）提取防灾费用，建立防灾基金。保险公司每年要从保险费收入中提取一定比例的费用作为防灾专项费用，建立防灾基金，主要用于增加社会防灾设施和应对突发性重大灾害。例如，用于资助地方消防、交通、航运、医疗卫生部门，帮助其添置公共防灾设备，奖励防灾部门和人员。

（6）开展灾情调查，积累灾情资料。保险人除了要做好防灾工作以外，还要经常对各种灾情进行调查研究并积累丰富的灾情资料，掌握灾害发生的规律性，提高防灾工作的效果。例如，有的保险公司要求对资产在500万元以上的投保人建立防灾档案。此外，保险人还应开展防灾技术服务活动，帮助事故发生频繁、损失额度大的投保人开展防灾技术研究。

二、保险防灾防损的方法

（一）法律方法

法律方法是保险防灾防损的重要方法之一。它是指通过国家颁布有关法律来实施保险防灾管理。国际上许多国家的法律规定：投保人如不加强防灾措施，保险人不仅不承担赔偿责任，而且要追究投保人的法律责任。例如，《保险法》第五十一条规定：投保人、被保险人未按照约定履行其对保险标的的安全应尽的责任的，保险人有权要求增加保险费或者解除合同。

（二）经济方法

经济方法是当今世界普遍运用于保险防灾防损的重要方法。保险人在承保时，通常根据投保人采取的防灾措施情况来决定保险费率的高低，从而达到实施保险防灾管理的目的。

（三）技术方法

保险防灾防损的技术方法可以从两个角度来理解：一是通过制定保险条款和确定保险责任等技术来体现保险防灾精神；二是运用科学技术成果来开展保险防灾活动。前者表现在三个方面：首先，在设计保险条款时订明投保人或被保险人的防灾防损义务。例如，我国现行的许多险种的保险条款均规定投保人或被保险人必须保证保险财产的安全。其次，在保险责任的确定上，有防止道德风险的规定。例如，现行的保险条款都规定凡属投保人或被保险人的故意行为所造成的损失，保险人不负赔偿责任。最后，在保险理赔上提出了抢救和保护受灾财产的要求。例如，财产保险合同规定：如果灾害事故发生在保险责任范围内，投保人或被保险人应尽可能采取必要的措施进行抢救，防止灾害蔓延，对未被破坏和损害的财产进行保护和妥善处理。倘若没有履行这一义务而加重了损失，对于加重的损失部分，保险人不负赔偿责任。后者通常是指保险公司专门设立防灾技术研究部门，对防灾技术进行研究。防灾部门运用有关的技术和设备对承保风险进行预测，对保险标的进行监测，研制各种防灾技术和设备并制定有关的安全技术标准。这些防灾活动不仅使保险公司获得了良好的经济效益，而且在社会上获得了良好的声誉。由于保险防灾技术领先于社会防灾技术，从而促进了社会防灾技术的发展。

第六节 保险理赔

一、保险理赔的含义与意义

（一）保险理赔的含义

保险理赔是指保险人在保险标的发生保险事故后，对被保险人提出的赔偿请求进行处理的行为。被保险人发生的经济损失有的是由承保风险引起的，有的是由非承保风险引起的，即使被保险人的损失是由承保风险引起的，因多种因素和条件的制约，保险人也不可能全部偿付。所以，保险理赔涉及保险合同双方的权利与义务的实现，是保险经营的一项重要内容。

（二）保险理赔的意义

投保人投保的主要目的就是在发生保险事故时得到保险保障，所以在保险事故发生后，保险人应及时履行赔偿、给付保险金的责任。因此，保险理赔具有以下重要意义：

（1）保险理赔是保险发挥经济补偿职能最具体和最明显的表现。保险的主要职能是通过业务的开展，建立庞大的保险基金，用以补偿被保险人因特定灾害或意外事故所致的经济损失。对于个人来讲，保险理赔可以使其家庭经济生活获得安定；对于经济组织来讲，可以使其经营活动获得经济保障；对于整个社会来讲，可以使国民经济不因个别地区或部门遭受灾害损失而受影响。

（2）保险理赔工作是加强防灾、减少社会财富损失的重要依据。保险与防灾防损相结合，是社会主义保险的重要标志。保险不仅能在灾害发生之后发挥它的经济补偿职能，而且可以在灾害发生之前进行防灾防损的检查工作，减少社会财富的损失和稳定社会经济生活。保险理赔工作通过对大量灾害事故的实地查勘、案件调查、情况分析、资料积累等一系列活动，能使保险人从中吸取教训，发现投保人或被保险人在财产管理上的缺陷，提出改进建议，防止日后类似事故的发生。同时，保险理赔工作还能通过对大量同类企业、同类案件的归集分析，从中找出并掌握某地区或某行业在同一险种下发生灾害的规律，为日后的防灾工作指明重点，并对一些影响面大、带有共性的灾害进行重点攻关。

（3）保险理赔工作是加强保险经营管理的重要内容。承保、防灾防损和理赔是整个保险经营管理的三项基本内容。理赔工作与承保工作、防灾防损工作有着极其密切的联系，共同对保险经营管理起着制约作用和直接的影响。理赔工作可以对承保工作和防灾防损工作开展的效果好坏起到检验作用；通过理赔工作，保险人可以发现展业工作对条款的宣传解释是否详尽深入、承保手续是否齐全、保险费率是否合理、保险金额是否恰当、保险标的是否合法等方面的问题。平时不易发现和觉察的问题，在理赔工作中也可能被调查出来。在通过理赔工作发现保险经营管理上的问题后，保险人可将问题反馈到各有关业务部门（展业部门、承保部门、防灾部门等），促进这些部门经营管理工作的改善。保险经营管理工作的改善可使保险赔付率降低，最终又可为调低保险费率创造条件。

保险理赔工作主要依靠理赔人员进行。保险理赔人员可以分为两种类型：一是保险公司的专职核赔人员，二是理赔代理人。前者直接根据被保险人的赔偿要求处理保险公司的理赔事务，后者则接受保险公司的委托从事理赔工作。在国际保险市场上就有专门从事赔案处理和检验工作的代理人，他们在某些险种（如海洋货物运输保险、远洋船舶保险等）的理赔工作中对提高理赔工作质量和节省查勘费用起到了一定的作用。

二、保险理赔的原则

保险理赔是一项政策性极强的工作，涉及面广，情况复杂。为了更好地贯彻保险经营方针，提高理赔工作质量，杜绝“错赔、乱赔、滥赔”现象，保险理赔必须遵循以下原则。

（一）重合同、守信用原则

保险理赔是保险人依保险合同履行义务的具体体现。保险合同明确规定了保险人与被保险人的权利和义务，双方当事人都应恪守合同约定，保证合同顺利实施。对于保险人来说，在处理各种赔案时，应严格按照保险合同的条款规定，受理赔案，确定损失。在理算赔偿金额时，保险人应提供充足的证据，在拒赔时更应如此。

（二）实事求是原则

索赔案件形形色色，案发原因也错综复杂。因此，对于一些损失原因极为复杂的索赔，保险人除了按照条款规定处理赔案外，还必须实事求是、合情合理地处理。在评估事故损失时，既不夸大，也不缩小；在补偿事故损失时，既不惜赔，也不滥赔。此外，实事求是原则还体现在保险人的通融赔付方面。所谓通融赔付，是指按照保险条款的规定，本不应由保险人赔付的，由于一些其他原因的影响，保险人给予全部或部分赔付。当然，通融赔付不是无原则的随意赔付，而是对保险损失补偿原则的灵活运用。具体来说，保险人在通融赔付中应掌握的要求有：第一，有利于保险业务的稳定与发展；第二，有利于维护自身的信誉和在市场竞争中的地位；第三，有利于社会的安定团结。

（三）主动、迅速、准确、合理原则

“主动、迅速”，是指保险人在处理赔案时积极主动、不拖延，应及时深入现场进行查勘，及时审理损失金额，对属于保险责任范围的损失，要迅速估算损失金额，及时赔付。“准确、合理”，就是保险人应正确找出致损原因，合理估计损失，科学确定赔付与否及赔付额度。任何拖延赔案处理的行为都会影响保险人在被保险人心中的声誉，给被保险人带来精神损害，从而影响、抑制其今后的投保行为，甚至造成不良的社会影响。因此，保险人在理赔时应主动了解损失情况，及时赶赴现场查勘，分清责任，准确定损，迅速而合情合理地赔偿损失。

为了保护被保险人的利益，贯彻“主动、迅速、准确、合理”的原则，《保险法》第二十三条明确规定：保险人收到被保险人或者受益人的赔偿或者给付保险金的请求后，应当及时做出核定；情形复杂的，应当在三十日内做出核定，但合同另有约定的除外。保险人应当将核定结果通知被保险人或者受益人；对属于保险责任的，在与被保险人或者受益人达成赔偿或者给付保险金的协议后十日内，履行赔偿或者给付保险金义务。《保险法》第二十五条进一步规定：保险人自收到赔偿或者给付保险金的请求和有关证明、资料之日起六十日内，对其赔偿或者给付保险金的数额不能确定的，应当根据已有证明和资料可以确定的数额先予支付；保险人最终确定赔偿或者给付保险金的数额后，应当支付相应的差额。

三、保险赔偿的时效

（一）保险赔偿时效的含义

时效，在民法上是指一定的事实状态经过一定的时间导致一定民事法律后果的制度。根据时效的前提条件和发生后果，时效可分为两种：取得时效和消灭时效。因占有财产经过一定时间发生取得财产权的法律后果的，称为取得时效；因不行使权利的事实状态经过一定时间发生权利消灭或权利不受法律保护的法律后果的，称为消灭时效。在我国，消灭时效就是诉讼时效。《保险法》规定的时效，专指请求权的消灭时效，即诉讼时效，指超过法律规定的行使请求权的期限时，请求权即因超过时效而消灭。很多国家均有关于保险赔偿时效的规定，《保险法》也明确规定了保险时效。

诉讼时效是指权利人于法定期限内不行使请求法院保护其民事权利的权利即丧失该请求权的法律制度。保险合同当事人的权利受法律保护，但是人民法院保护当事人的权利是有一定时间限制的，这一期限也就是诉讼时效期间。权利人只有在诉讼时效期间内行使权

利，才受法律保护，如果超过诉讼时效期间，权利人也就失去了该权利。

（二）保险赔偿时效的期间

在《保险法》公布以前，保险赔偿时效通常规定在各个险种的保险条款中，有的规定为一年，有的规定为两年。针对这种情况，《保险法》对保险赔偿时效做了统一规定。

《保险法》第二十六条规定：人寿保险以外的其他保险的被保险人或者受益人，向保险人请求赔偿或者给付保险金的诉讼时效期间为两年，自其知道或者应当知道保险事故发生之日起计算。人寿保险的被保险人或者受益人向保险人请求给付保险金的诉讼时效期间为五年，自其知道或者应当知道保险事故发生之日起计算。

人寿保险是人身保险中最主要的险种，它是以人的生死为保险事故，保险人按照保险合同的规定负责给付保险金。在人寿保险中，被保险人或受益人有向保险人请求给付保险金的权利，但其权利的行使有一定的特殊性。这是因为人寿保险是为满足人的生存需要而设定的，与其他保险不同，请求权的时效期间应当长一些，所以《保险法》规定为五年；人寿保险以外的其他保险的被保险人或受益人的保险赔偿时效为两年。无论是两年时效还是五年时效，时效期间均自被保险人或受益人知道或应当知道保险事故发生之日起算。如果被保险人不知道保险事故发生，则保险赔偿时效期间不开始起算。

四、保险理赔的程序

保险理赔的程序包括接受损失通知书、审核保险责任、进行损失调查、赔付保险金、损余处理及代位追偿等步骤。

（一）接受损失通知书

在保险事故发生后，被保险人或受益人应将事故发生的时间、地点、原因及其他有关情况以最快的方式通知保险人，并提出赔偿请求。发出损失通知书是被保险人必须履行的义务。发出损失通知书通常有时限要求，根据险种不同，被保险人在保险财产遭受保险责任范围内的损失后，应当在 24 小时内通知保险人，否则保险人有权不予赔偿。此外，有的险种没有明确的时限规定，只要求被保险人在其可能做到的情况下尽快将事故损失通知保险人。如果被保险人在法律规定或合同约定的索赔时效内未通知保险人，可视为其放弃索赔权利。

被保险人发出损失通知的方式可以是口头的，也可以是函电等其他形式，但随后应及时补发正式的书面通知，并提供各种必需的索赔单证，如保险单、账册、发票、出险证明书、损失鉴定书、损失清单、检验报告等。如果损失涉及第三者责任，被保险人还需出具权益转让书给保险人，由保险人代位行使向第三者责任方追偿的权利。

接受损失通知书意味着保险人受理案件，保险人应立即对保险单与索赔内容进行详细核对，安排现场查勘等事项，然后将受理案件登记编号，正式立案。

（二）审核保险责任

保险人收到损失通知书后，应立即审核该索赔案件是否属于自己的责任，其审核的内容包括以下几个方面：

（1）保险单是否仍有效力。例如，我国财产保险基本险条款规定：被保险人应当履行如实告知义务，否则保险人有权拒绝赔偿，或在解约通知书送达15日后终止保险合同。又如，在人身保险合同中，投保人在规定的时期（包括宽限期）内未缴纳保险费，保险合同的效力将中止，除非投保人在两年内补交保险费及其利息，否则保险合同将永久失去效力。因此，保险人在处理赔偿问题时不可忽视这些条款的规定。

（2）损失是否由所承保的风险引起。被保险人提出的损失赔偿不一定都是由所承保的风险引起，因此，保险人在收到损失通知书后，应查明损失是否由所承保的风险引起。如果是，保险人才承担赔偿责任。

（3）损失的财产是否为保险财产。保险合同所承保的财产并不是被保险人的一切财产，即使是综合险种，也会将某些财产纳入不予承保之列。例如，我国财产保险综合险条款规定：土地、矿藏、水产资源、货币、有价证券等就不属于保险标的范围；金银、珠宝、堤堰、铁路等要通过特别约定，并在保险单上载明，否则也不属于保险标的范围。可见，对于被保险人的索赔财产，保险人必须依据保险单仔细审核。

（4）损失是否发生在保险单所载明的地点。保险人承保的损失通常有地点的限制。例如，我国的家庭财产保险条款规定：保险人只对处于保险单载明地点的保险财产所遭受的损失负责赔偿。

（5）损失是否发生在保险单的有效期内。保险单载明了保险的起讫时间，损失只有发生在保险有效期内，保险人才予以赔偿。例如，我国海洋货物运输保险的保险期限通常是以仓至仓条款来限制的，即保险人承担责任的起讫时间，是从保险单载明的起运地发货人仓库运输时开始，直到保险单载明的目的地收货人仓库为止，并以货物卸离海轮后60天为最后期限。

（6）请求赔偿的人是否有权索赔。请求赔偿的人一般应是保险单载明的被保险人，就人寿保险合同而言，应是保险单指定的受益人。因此，保险人在赔偿时，要查明被保险人或受益人的身份，以决定其有无领取保险金的资格。例如，在财产保险合同下，要查明被保险人在损失发生时是否对保险标的具有保险利益。对保险标的无保险利益的人，其索赔无效。

（7）索赔是否有欺诈。保险索赔的欺诈行为往往较难察觉，保险人在理赔时应注意的问题有：索赔单证真实与否；投保人是否有重复保险的行为；受益人是否有故意谋害被保险人的行为；投保日期是否先于保险事故发生日期；等等。

（三）进行损失调查

保险人在审核保险责任后，应派人到出险现场进行实际勘查，了解事故情况，以便分析损失原因，确定损失程度。

（1）分析损失原因。在保险事故中，造成损失的原因通常是错综复杂的。例如，船舶发生损失的原因有船舶本身不具备适航能力、船舶机件的自然磨损、自然灾害或意外事故的影响等。只有对损失原因进行具体分析，才能确定其是否属于保险人承保的责任范围。可见，分析损失原因的目的在于保障被保险人的利益，明确保险人的赔付范围。

（2）确定损失程度。保险人要根据被保险人提供的损失清单逐项加以查证。例如：对于货物短少的情况，要根据原始单据的到货数量确定短少的数额；对于不能确定货物损失的，或受损货物仍有部分完好或经加工后仍有价值的，要估算出一个合理的贬值率来确定损失程度。

（3）认定被保险人的求偿权利。被保险人履行保险合同规定的义务是保险人承担赔偿责任的前提条件。如果被保险人违背了这些事项，保险人可以以此为由不予赔偿。例如：当保险标的的危险增加时，被保险人是否履行了通知义务；在保险事故发生后，被保险人是否采取了必要的、合理的抢救措施，以防止损失扩大等。这些问题足以使被保险人丧失索赔的权利。

（四）赔付保险金

在保险事故发生后，经调查属实并估算赔偿金额后，保险人应立即履行赔付责任。对于人寿保险合同，只要保险人认定寿险保险单是有效的，受益人的身份是合法的，保险事故的确发生了，便可在约定的保险金额内给付保险金。对于财产保险合同，保险人则应在根据保险单类别、损失程度、标的价值、保险利益、保险金额、损失补偿原则等理算赔偿金额后，方可赔付。财产保险赔偿金额的确定，可参阅前面有关章节的介绍。

保险人对被保险人请求赔偿或给付保险金的要求应按照保险合同的规定办理，如果保险合同没有约定，就应按照有关法律的规定办理。赔付的方式通常以货币为多，在财产保险中，保险人也可与被保险人约定其他方式，如恢复原状、修理、重置等。

（五）损余处理

一般来说，在财产保险中，受损的财产会有一定的残值。如果保险人按全部损失赔偿，残值应归保险人所有，或是从赔偿金额中扣除残值部分；如果按部分损失赔偿，保险人可将损余财产折价给被保险人以充抵赔偿金额。

（六）代位追偿

如果保险事故是由第三者的过失或故意行为引起的，第三者对被保险人的损失必须负赔偿责任。保险人可按保险合同的约定或法律的规定先行赔付被保险人。然后，被保险人应当将追偿权转让给保险人，并协助保险人向第三者责任方追偿。如果被保险人已从第三者责任方那里获得了赔偿，保险人可承担不足部分的赔偿责任。

中国实践

政府为什么要修订《保险保障基金管理办法》？

保险保障基金被看作“保险业最后一道风险防线”。根据保险法的规定，保险公司应缴纳保险保障基金，在其被撤销或者被宣告破产时，向投保人、被保险人或者受益人提供救济。2008 年 9 月，中国保监会、财政部、中国人民银行共同颁布《保险保障基金管理办法》，中国保险保障基金有限责任公司成立，依法负责保险保障基金的筹集、管理和使用。截至2022年末，保险保障基金共救助5家保险公司，即新华保险、中华联合保险、安邦保险、天安保险和华夏保险等，发挥了风险处置的重要作用。不过，随着我国保险业不断发展，保险保障基金制度也暴露出一些问题。例如，保险保障基金实行单一费率筹集模式，容易导致保险公司逆向选择，也存在风险管理能力强的保险公司对风险管理弱的保险公司进行补贴的现象。

2022年10月，新修订的《保险保障基金管理办法》在保险保障基金的筹集、管理、使用和监督等方面均做了调整，其中，最大的变化是筹资标准由固定费率调整为“基准费率＋风险差别费率”。这意味着保险保障基金收缴与保险公司风险直接挂钩。在一定基数上，风险高的公司将要多缴纳保险保障基金，风险低的公司则少缴。通过风险导向的基金费率制确保保险保障基金提取充足。同时，将财产保险公司、人身保险公司的暂停缴纳上限分别由占公司总资产的6%、1%调整为占行业总资产的6%、1%。预计资本实力较强、偿付能力充足及合规经营机制完善的险企将会受益。

本章小结

保险经营是指保险公司为实现保险分散风险、补偿损失的基本职能和资金融通、社会管理的派生职能所从事业务活动的总称。保险经营的特征表现为：保险经营资产的负债性，保险经营活动的特殊性，保险经营成本、利润核算的专业性，以及保险经营影响的广泛性。保险经营的特殊原则包括风险大量原则、风险同质原则、风险选择原则以及风险分散原则。保险经营由保险费率厘定、保险展业、核保与承保、保险防灾防损、保险理赔环节构成。保险费率是保险产品的价格，由纯费率和附加费率构成。保险费率厘定是否准确、合理，直接关系到保险经营的稳定性；保险展业是保险经营的起点，包括保险公司直接展业和保险代理人、保险经纪人展业；核保是保险公司对风险进行选择和评估，若投保风险符合保险人的承保标准，保险人就出具保险单；保险公司为了保证保险标的的安全性，降低赔付率，要进行防灾防损；当保险标的发生保险单约定的事故时，保险人必须按合同理赔。保险理赔的程序包括：接受损失通知书，审核保险责任，进行损失调查，赔付保险金，损余处理，以及代位追偿。

练习题

一、名词解释

1. 保险经营　　2. 保险费率　　3. 纯费率
4. 附加费率　　5. 生命表　　6. 保险展业
7. 核保　　8. 承保　　9. 逆向选择
10. 防灾防损　　11. 理赔　　12. 诉讼时效

二、问答题

1. 保险经营与一般企业的经营有何不同？
2. 保险经营应遵循哪些原则？
3. 为什么保险人要进行核保？
4. 保险展业有何必要性？保险展业的各种渠道各有什么样的适应性？
5. 简述保险理赔与承保、防灾防损之间的关系。
6. 保险公司应从哪些方面进行承保控制？
7. 保险公司应如何进行防灾防损？
8. 分别论述财产保险和人身保险的核保要素。
9. 在实务中确定非寿险费率的方法有哪几种？
10. 简述保险理赔的原则与程序。

即学即练

第 12 章

保险投资

学习目标

- 解释保险投资的必要性与可能性
- 识别保险投资资金的来源与特点
- 说明保险投资的原则与形式
- 了解保险投资的策略
- 区分保险投资的各种组织模式

第一节 保险投资及其意义

一、保险投资的概念

保险投资，也称保险资金运用，是指保险公司在组织经济补偿的过程中，利用保险资金收支的时间差，对集聚起来的保险资金进行有偿运营，使其增值的活动。在此，保险公司是保险投资的主体，保险资金是保险投资的客体，获取稳定的投资收益是保险投资的目标。

二、保险投资的必要性与可能性

保险经营的特点要求保险公司必须进行积极的保险投资。一方面，由于保险风险自身的特点，保险资金会有部分闲置。我们知道，资金的闲置就意味着损失。因此，保险资金具有保值和增值的内在要求，而保险投资就是实现这一内在要求的资金运动形式。另一方面，在保险经营中，激烈的价格竞争使得保险业承保利润日益减少，甚至有些年份会出现亏损。在这种情况下，为保持保险经营的稳定性，保证保险组织有足够的偿付能力，就需依靠保险资金的投资收益来弥补经营亏损。因此，保险投资是保险组织健康发展、稳健经营所必需的。

保险投资的可能性在于保险经营是一种负债经营。保险资金运动具有特殊性。保险的经济补偿职能决定了保险资金运动表现为收取保险费和支付保险金两个阶段。按照保险收支相等原则，从长期来看，收取的保险费与各种赔付支出应当相等，但因赔付支出的发生以保险事故的发生为前提条件，而保险事故的发生及形成的损失程度具有随机性，因此从某一时点来看，保险资金不可能在同一时点全部赔付出去，那么在某一时点，由收取的保险费所累积的保险资金就会出现部分沉淀，成为暂时闲置的存量资金。在会计年度末，这部分闲置资金便形成各种准备金，以应对保险公司未来的赔付责任。在保险经营连续进行的条件下，保险公司不断收取保险费，在保险资金运动中，总有一定数额的资金处于闲置状态并不断扩大，从而使保险资金运动呈现三个阶段：收入阶段、积累阶段和支出阶段。保险资金的这种特殊运动形式为保险投资提供了可能性。

三、保险投资的意义

保险投资是维持保险公司偿付能力的重要保证，对保险公司健康运营以及金融市场健康发展都具有重要的意义，主要表现在以下几个方面：

（一）降低保险产品的价格，增强保险公司的竞争力

保险产品的价格是保险公司之间展开竞争的手段之一。同样的保险保障和服务，哪个公司的产品价格低，哪个公司就能赢得客户的青睐。而保险产品价格制定的假设之一是对保险资金未来投资收益率的假定。如果保险公司能够在其他条件保持不变的情况下通过对保险资金的合理运用获得超过假设的投资收益率，那么保险公司就可以在实现利润目标的前提下通过降低保险产品价格来吸引更多客户，增强自身的总体竞争力。世界各国的现实表明，理想的保险资金投资收益不仅能够增加保险公司的利润，而且能够使得保险公司在激烈的竞争中保持较强的竞争优势。因此，保险投资对保险竞争力的加强具有重要意义。

（二）促进金融市场的健康发展

保险业已经成为现代金融业的重要组成部分，保险业的健康发展能够促进金融业的持续繁荣，而金融市场的完善成熟也为保险资金的合理运用提供了良好的平台。保险资金只有通过投资资本市场和债券市场，才能实现保值增值的目的。此外，保险资金的积极介入也促进了资本市场和债券市场的稳定繁荣。实践证明，保险业与资本市场是良性互动的。以美国为例，美国的保险业是全世界最发达的，同时，其资本市场也是全世界最发达的，对美国的经济发展起到了很大的促进作用。美国的保险基金投资随 20 世纪 90 年代美国股市长达 10 年的大牛市而快速增加。2000 年后，随着网络股泡沫的破灭，股价出现了明显回落，各主要指数的回落幅度在 20％以上。与这种金融市场环境相适应，美国保险基金投资股票的比重也出现了回落的现象。2006 年，美国保险业资产结构比重由大到小依次为：公司债券、股票、政府债券、抵押贷款、保险单贷款和不动产。保险基金是美国资本市场

中最大的机构投资者，也是长期稳定资金的重要来源。保险基金作为重要的资金来源，与证券市场具有一种相互促进的良性关系：证券市场为保险基金提供较高的投资收益，而保险基金的证券投资也有利于稳定证券市场。保险基金投资一般是在专业化操作下进行的长线投资，必然要求有一个发达、成熟且规范的证券市场。因此，总体而言，对保险资金的合理运用将能推动资本市场和债券市场的完善和成熟，从而促进金融市场的健康发展。

（三）增加社会资金的供应量，促进国民经济发展

规模庞大的保险资金投资于金融市场，通过资本市场和债券市场的投资行为，不仅有利于金融市场的发展完善，而且间接地为微观企业提供了大量的资金支持，有效地解决了企业资金短缺问题。同时保险资金也常常直接投资于基础设施建设，为国民经济的健康和快速发展提供了资金支持。

第二节 保险投资资金的来源与特点

一、保险投资资金的来源

保险公司在经营过程中形成闲置的保险资金是保险投资的必要条件，保险资金的规模决定了保险投资的规模。一般来说，保险资金中的70%可用于投资，随着保险资金的增加，保险投资规模也在增大。

保险投资的资金来源，从总体上说主要包括以下几个：

（一）自有资本金

保险公司的自有资本金也称开业资本金或备用资本金，各国政府一般都对保险公司的开业资本金规定一定的数额。例如在加拿大，按保险公司的业务经营范围，规定财产-责任保险公司的资本金为150万加元，人寿保险公司的资本金为200万加元；在日本，对国内保险公司和外国保险公司分别做出规定，前者为3 000万日元的实收资本，后者为1 000万日元的存款准备金；我国的法律规定，在我国设立保险公司，实收资本金不得低于人民币2亿元。

保险公司自有资本金的另一特性是备用资本金，当发生特大自然灾害、各种准备金不足以支付时，可动用资本金来承担给付责任。但在正常情况下，保险公司的资本金除按规定上缴部分保证金外，绝大部分处于闲置状态，从而成为保险投资资金的重要来源。

（二）责任准备金

责任准备金是保险公司为保障被保险人的利益从收取的保险费中提取的资金。它是保险公司对广大投保人或被保险人的负债（总准备金除外），是保险公司在未来某一时期必须偿付的资金。从资金来源来看，责任准备金包括保险费准备金、赔款准备金和总准备金。

1. 保险费准备金

保险费准备金又称未到期责任准备金，是指在每个会计年度决算时，保险公司对于保险责任尚未满期的保险单，将属于未到期责任部分的保险费提取出来而形成的责任准备金。也就是说，保险公司在某一会计年度内收取的保险费，在会计年度末不能全部视为已赚保险费，因为还有一部分属于未赚保险费，将作为以后会计年度的赔付。因此应将这部分未赚保险费提取出来作为未到期责任准备金。

2. 赔款准备金

赔款准备金是指在会计年度末保险公司进行决算时，为在本会计年度末之前发生的应付而未付的保险赔款所提取的准备金。保险公司提取和结转责任准备金的具体办法，由国务院保险监督管理机构制定。赔款准备金包括：

（1）未决赔款准备金。在每一会计年度结束时，被保险人已向保险人索赔，但保险人对这些索赔案件尚未确定是否属于保险责任以及保险赔付金额，称为未决赔案。对这些未决赔案提取的责任准备金即为未决赔款准备金。未决赔款准备金的提取方法有逐案估计法和平均估计法。逐案估计法即对未决赔案逐个估计在将来结案时需要支付的赔款数。这种方法适用于业务规模较小的保险公司。平均估计法即根据以往的保额损失经验，预先估计出某类业务的每件赔案的平均赔付额，再乘以该类未决赔案的件数，取得未决赔款准备金数额。这种方法适用于业务规模足够大、索赔案件数较多的保险公司。

（2）已发生未报告赔款准备金。一些保险损失在年内发生，但被保险人或受益人可能要等到下一年才向保险人索赔。这些赔案因为发生在本会计年度，仍属本年度支出，故称已发生未报告赔案，为其提取的责任准备金即为已发生未报告赔款准备金。由于已发生未报告赔案件数和金额都是未知的，只能由每个保险公司根据不同业务的不同经验来确定。最简单的办法是用若干年该项赔款额占这些年份发生并报告的索赔额的比例来确定提取数。

（3）已决未付赔款准备金。保险人对索赔案件已经理算完结，应赔金额也已确定，但保险金尚未实际赔付给被保险人或受益人，或尚未向其支付全部款项，称为已决未付赔案，为其提取的责任准备金则为已决未付赔款准备金。该项是赔款准备金中最确定的部分，只需逐笔计算即可。

3. 总准备金

总准备金是指保险公司为满足年度超常赔付以及巨灾损失赔付的需要而提取的准备金。它一般是按照管理当局的规定，从税前利润中提取，逐年累积而成。总准备金不用于平时的小额赔付，而只有在当年保险业务经营发生亏损并且当年投资利润不足以弥补业务亏损时才可动用。所以，在正常情况下，总准备金是不断积累的。保险公司每年留存总准备金，经长期积累后数量十分可观。同时，总准备金既不受企业年度预算、决算的影响，也不像银行存款那样受存款期限的制约，是非常适合保险公司长期运用的一项资金来源。

（三）寿险准备金

寿险的各种准备金，是经营寿险业务的保险公司为保障未来时期的给付责任而提取的责任准备金。国外一般按长期寿险保险单的价值净额提取准备金，我国的通常做法是将本业务年度的寿险项总额抵补本业务年度的全部寿险支出后的差额全数转入寿险准备金。

（四）储金

储金是一种返还性的保险形式，它以客户存入资金的利息充缴保险费。在保险期间若发生保险事故，保险公司给予赔付；若未发生保险事故，则到期偿还本金。这笔存入的资金就可作为一项可运用资金。

（五）其他资金

其他资金是指除以上介绍的各项来源之外的其他可运用资金。这部分资金随保险人业务规模的不同而有所差异，通常包括保留盈余、结算中形成的短期负债等。保留盈余是指平时的保险费收支结余。随着保险经营的科学化和合理化，这部分资金在一般情况下是稳步增长的。它除了抵补某些年度的保险费不足赔付外，一般可长期运用。通常，大型保险公司运用的比例较高。结算中形成的短期负债是指资产负债表中流动负债项下的应付账款、拟派股息等。这笔资金虽然数额不大，且需在短期内归还，但仍可作为一种补充的资金来源。保险公司在运用这笔资金的过程中应注意它的变现性和风险性，以避免因投资活动而损害自身信誉。

此外还有企业债券、借入资金、信托资金和其他融入资金等，这些资金一般都是在经营中为某些目的而有偿借入的，也是一种补充的资金来源，在投资运用时必然受到期限和收益率的约束。

二、保险投资资金的基本特征

（一）筹集的广泛性和使用的专项性

保险资金的筹集主要是单个投保人缴纳的保险费，众多投保人来自各行各业，这使得保险资金的筹集具有广泛性的特点。同时由于保险公司经营的险种和每一险种的保险责任、赔付方法及金额都不相同，需要对各类保险资金分别管理、专项使用。例如，对于财产保险和人寿保险，由于二者的保险责任、赔付期限截然不同，因此对相应的保险资金的管理就有不同的要求，这也是《保险法》规定财产保险与人身保险分业经营的原因之一。

（二）资金的长期性和增值性

由于保险赔付的前提是保险事故的发生，而保险在整个保险期间都是有效的，因此在保险期间结束之前，都有发生保险赔付的风险。同时又由于各类保险事故的发生具有不可预测性，从而保险资金具有长期性的特点。这一特点使保险资金的保值增值显得特别重要。众所周知，保险资金是保险公司的负债，在进行保险产品定价时就已经对未来的投资收益率做了假设，因此只有通过保险资金的增值，保险公司才有可能履行未来的赔付责任，保证保险公司的正常运营。对于保险公司而言，拓宽投资渠道，实现保险资金的增值，意义非常重大。

（三）资金的科学性和合理性

保险资金的主要来源是投保人缴纳的保险费，保险公司收取的保险费多少是由保险费率决定的。而保险费率是保险公司精算部门依据概率论和大数法则，根据以往积累的大量保险统计数据和保险标的的风险状况，采用科学的方法确定的。保险公司对风险进行分级分类，对不同的风险收取不同的保险费，并且在保险事故发生概率明显改变的情况下，也会及时调整保险费率来反映这一变化，从而保证了保险费率的科学性与合理性，这样形成的保险资金同样也具备了科学性与合理性的特点。

三、保险资金来源对保险投资的约束

从资金流动的整体特性来看，大量资金不断交错往复地处于从起点到终点的循环流动过程中，必然会形成一个最小规模的资金存量，这一资金存量不仅使保险投资成为可能，而且对保险投资的形式及规模加以约束。这种约束既体现在规模上，也体现在结构上。

（一）规模约束

保险资金的来源可能对投资规模造成约束。根据替代原理，结构与规模之间存在一定的替代性，即一定初始规模的存量资金可通过结构管理的方式增大存量规模，从而扩大资金运用范围；如果保险资金来源充分，结构本身受到的制约就会小得多。大量的短期资金可通过分散化的方式变短为长，成为长期资金来运用，长期资金转化为短期资金进行运用则更加容易。

资金的投资运用必须有最小的初始规模，并尽量使资金在运转过程中保持一个经常的可预测的存量规模。无论是初始规模还是存量规模，在量上都表现为对投资的总量约束，即规模约束，但是决定二者的因素并不相同。

就保险公司而言，初始规模是由自有资本金、保险费收入等构成的。在自有资本金规模一定的情况下，保险费收入受到国家的各种法律和政府规定的限制，也只能限制在一定的规模之内。因此，对初始规模的界定主要体现为在一定的自有资本金前提下实现保险费收入的最大化。

存量规模则不同，它是保险公司在不断进行资金收入与支出的基础上利用资金流动的“时间差”积累起来的可经常运用和支配的资金。也就是说，对时间差的利用效果决定了所积累的存量资金的最小规模。

同样，如果对初始规模的资金流出与流入控制管理得好，经常可利用的存量资金规模就比较大。比如，某保险公司有两笔均为 8 万元的保险费收入，如果均在当天收入、第二天支付，那么初始规模为 16 万元，存量规模为 0 元；而如果两笔资金的支出时间不一样，假如第二笔资金在第三天支出，那么初始规模仍为 16 万元，但存量规模变为 8 万元。虽然保险公司的保险费收入没有变化，但总体可利用的资金规模扩大了。这个例子说明保险公司可以在既定的资金流量条件下实现存量规模最大化，以增强自己在时间和规模上对资金的支配力。换言之，资金来源对资金运用的规模约束主要体现在对初始规模的约束上而不是对存量规模的约束上。

（二）结构约束

保险资金来源对保险投资的结构约束体现在两个方面：一是对投资结构的约束。根据结构对称原理，一定结构的资金来源对应于一定结构的资金运用，即短期资金来源与短期资金运用相对应，中长期资金来源与中长期资金运用相对应。这是从期限结构来考察的。二是对收益率结构的约束。如果保险公司不能满足即时赔付的需要，则必须将长期资产变现，这样就必然存在收益率损失的风险。资金来源结构对投资的约束最直接的体现是对投资方式的约束，这种约束就是要依照既定的资金来源结构确定投资方式，以实现期限结构、收益率结构与风险结构的统一。

（1）结构与直接投资。直接投资即股权性投资，以获得长远利益为目标，直接投资者所处的地位使其能获得超过资本收入的更多利益（如管理费或者其他各种对留存利润的分配）。从这个意义上讲，直接投资注重的是收益性，因而期限较长，相应地，风险也较高，这就要求保险公司根据既有的资金来源结构组织用于直接投资的资金规模与结构。从偿还期的约束来看，可用于直接投资的是资本金、总准备金及保险费结存等。

（2）结构与间接投资。间接投资主要是非股权性的证券投资。进行证券投资注重的是资金的安全性以及资本的增值和回报率，这就要求保险公司预测所投资公司的经营前景，并根据对投资前景的判断改变投资方向。一般而言，证券投资的期限不长，而且经常根据市场的变化不断易手以获取收益，因而进行证券投资主要是利用短期闲置资金，如各种责任准备金。

（3）结构与实物资产投资。保险公司不是生产性公司，而进行生产性投资主要是希望所投资资产产生的未来现金流的现值超过初始的资本投入。这一特点使保险公司的实物资产投资范围受到了很大的限制。从发达国家的经验来看，保险公司的实物资产投资主要是房地产投资，但保险公司进行房地产投资并不是要在未来持有该房地产的产权，而是将其出售或者出租获益。从这种意义上讲，保险公司的房地产投资也具有偿还期较短、占用资金规模大、风险高的特点。

第三节 保险投资的原则、形式与策略

一、保险投资的原则

依据各国具体情况的不同和保险公司所处环境的差异，保险投资原则有所不同。但一般包括如下几项原则。

（一）安全性原则

保险资金的增值性特点要求对它进行投资运用，但保险资金是保险公司对被保险人或受益人的负债，当保险事故发生时，保险资金将用于保险赔付。本质上，保险公司对保险资金只有使用权而没有所有权，大部分保险资金还是要以各种形式返还给被保险人或受益人。因此，对于保险投资而言，安全性原则是最重要、最根本的原则。只有在保证安全性的前提下，才能谋求保险资金的增值。《保险法》第一百零六条规定：保险公司的资金运用必须稳健，遵循安全性原则。而要实现保险投资的安全性，可以采用两种方法：一是对于风险高的投资项目，禁止保险资金进入。二是在进行投资时，保险资金在投资项目上的分配要尽量分散，以求分散风险，达到保险资金运用安全性的目标。

（二）收益性原则

保险投资最直接的目的是实现保值增值，保险公司在对保险产品进行定价时，已经对保险资金的未来投资收益率进行了假设。为了保证履行未来的保险责任，保险资金的运用必须能够为保险公司带来超过收益率假设的盈利。因此，收益性原则是保险投资的指导性原则，具有重要意义。

（三）流动性原则

保险公司承担的保险责任具有不确定的特点，也就是说，保险事故具有发生时间和损失程度上的不确定性，保险公司并不能确定任意时刻需要做出的保险赔付数额。这就要求保险资金在运用时保持一定的流动性，能够保证在必要时有一定数量的资金得以无成本或低成本地兑现。保险投资的流动性原则对人身保险与财产保险的要求是不一样的。由于人身保险的保险期限比较长，并且大量的满期给付都是可以预测的，所以对保险投资的流动性要求就比较低。而财产保险的保险期限比较短，一般在一年以内，这对保险投资的流动性提出了较高的要求。因此对二者要区别对待，对保险投资要保持一个恰当的流动性。

二、保险投资的形式

依据保险投资的三原则和各类保险资金的特点来选择合适的投资渠道及投资对象，是保险投资的重要一环。可供保险公司选择的保险投资形式主要有以下几种：

（一）银行存款

银行存款是指将保险资金存放于银行。这种投资方式较好地满足了保险资金安全性、流动性的要求，但它的收益率非常低。除非该国的金融市场非常落后，可供选择的投资形式很少，否则，银行存款是不能作为保险投资的主要形式的。而保险公司将小部分保险资金存放在银行主要是为了便于随时支付赔款。

（二）债券

债券是表明债权债务关系的凭证，债券持有人可以在约定的时期内要求债券发行人还本付息。购买债券也是对保险资金进行投资的一种方式。依据发行主体的不同，债券分为以下几种：

（1）国家债券。顾名思义，国家债券是指由国家作为债务人发行的债券。这种债券以国家信用作为担保，而且各国的国债二级市场一般都比较活跃，因此国债的安全性和流动性比较好。但这种投资形式的收益率甚至低于银行存款。

（2）金融债券。金融债券是指由金融机构作为债务人发行的债券。能够发行债券的金融机构的信用一般都比较好，并且金融债券的收益率较高。

(3) 企业债券。企业债券是指由企业作为债务人发行的债券。这种债券的风险相对于前两种债券要高，但它的收益率也比较高。

由于债券的种类较多，不同类型债券的风险和收益也不同，这给保险资金的运用提供了多种选择。保险公司可以根据保险资金对收益性和流动性的不同要求，将保险资金在不同的债券种类中进行搭配。各国的实践表明，债券投资已经成为保险投资的重要形式之一。

(三) 股票

股票是股份公司发给股东的股权凭证，投资者购买了公司的股票之后，便成为公司的股东，享有参与公司决策及分红派息的权利。股票投资具有高风险、高收益的特点，同时股票的流动性很好，因此它可以作为保险公司进行短期或长期投资的选择。但由于股票的系统性风险在很大程度上受到一国资本市场成熟度的影响，因此，保险监管机构对保险资金通过投资股票进入资本市场是十分慎重的。

(四) 不动产投资

不动产投资包括两种：一种是通过购买涉及不动产的债券或股票来实现对不动产的间接投资；另一种是直接购买不动产。保险资金一般是直接进行不动产投资。不动产投资的周期比较长，安全性较好，但是流动性较差，因此保险公司对不动产的投资比较谨慎。

(五) 贷款

保险资金用于贷款主要表现为两种形式：一般贷款和保险单质押贷款。一般贷款是指保险公司作为非银行金融机构向单位或个人提供贷款。保险公司的这种贷款非常注意限制风险，一般为抵押贷款，而不发放信用贷款。保险单质押贷款是指保险公司以具有现金价值的寿险保险单作为质押向保险单所有人提供的贷款。这种贷款的安全性很高，但收益率较低。贷款额一般不超过保险单现金价值的一定比例。

三、保险投资的策略

保险投资的策略是指在保险投资过程中，保险公司针对不同性质的保险资金在投资规模、投资结构和投资形式上所进行的决策。保险投资的总策略是首先让资产在期限、结构、收益率等方面与负债大致相匹配，然后对市场环境特点和各种影响因素做出积极的反应，从而在资金保值的基础上取得资金的增值。

在进行保险投资时，在投资安排上首先按资金的可运用期限将投资分为短期、中期和长期三部分，满足保险经营中资金流动和赔付的需要，保证在进行保险投资时资金数量和结构的相对稳定性，然后根据资金性质选择相应的投资工具和投资策略，取得相应的投资收益。这样，即使是发生巨额赔付，也能够将资产逐级变现，并在变现过程中将资产损失降到最低限度，保持投资组合的相对稳定。

财险、寿险资金在来源、结构上的差异，必然导致它们投资策略的不同。

第一，从资金规模来看，财险公司可投资资金的初始规模和存量规模都比较小，因而总体上其资金运用规模相对较小，而且财险保险费收入与赔款支出都比较频繁，资金积累的存量规模有很大的不确定性。这种不确定性一方面要求资金流动性较高，另一方面会制约财险公司的投资规模。寿险公司正好相反，其资金的初始规模和存量规模都较大，且存量资金的来源稳定，因而资金运用规模相应较大，流动性要求相应较低。

第二，从期限结构来看，财险公司从收取保险费到支出赔款之间的时间间隔较短，资金很难进行长期运用，因而是以短期投资运用为主；相对来说，寿险大多是长期性险种，寿险公司从收取保险费到给付之间的时间间隔较长，因此，资金以长期投资运用为主。

第三，从收益结构来看，财险资金主要是用作保险责任范围内的赔款，可能通过谨慎选择保险标的和合理制定费率来实现这一要求，因而对投资收益率的要求不是很高；而寿险具有补偿和储蓄的双重功能，寿险资金必然要求较高的投资收益率。

第四，从风险结构来看，财险的高潜在负债风险必然要求在投资时小心谨慎，寿险则可根据保险单基本上确定给付时间及数量，因而投资约束相对较小。虽然长期投资经常会遇到流动性风险的问题，但只要进行合理的流动性管理，这一风险就可以降到最低。

总之，财险公司在投资时主要注意资金的期限结构和风险结构的管理，并追求合理的投资收益；而寿险公司则主要追求较高的投资收益，并兼顾资金的期限结构和风险结构的管理。

一般而言，财险公司的短期资金运用比例超过 50%，而寿险公司低于 20%。在证券投资上，寿险公司的比例略低于财险公司。但具体到每种证券的投资比例，因各国市场发育水平和保险投资监管程序的不同而不同。例如，日本保险法规定保险公司投入股市的资金不能超过其总资产的 30%，而在英国则没有具体限制。

第四节 保险投资的组织模式

一、保险投资组织模式的类型

从世界各国的实际情况来看，保险投资效果与所采用的保险投资组织模式有很大的关系。现在，世界上比较常见的保险投资组织模式主要有三种。

（一）专业化控股投资模式

这种模式是在一个保险集团或控股公司之下设立保险子公司和投资子公司。保险子公司经营日常的保险业务，保险投资的职能完全由投资子公司来完成，而集团或控股公司则只负责日常资金安全与正常运作的计划、协调和风险控制，如美国国际集团（见图 12-1）。

专业化控股投资模式是目前世界各国大型保险集团普遍采用的一种组织模式，其优点是：既能够有效地防范投资风险，又在投资经营上具有较高的透明度，资金进出速度快，能够取得较好的投资收益。其缺点是：要求集团或控股公司有较高的控制力度，且保险子公司与投资子公司之间的关系比较松散。

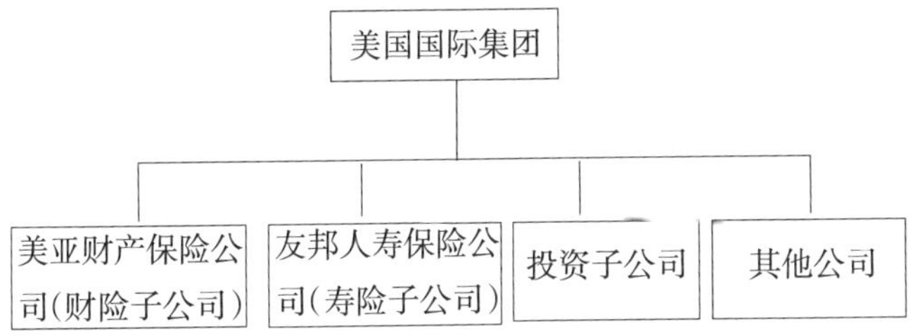

图 12－1　美国国际集团投资组织模式

(二) 保险投资职能内置模式

这种模式是在保险公司内部设立专门的部门来履行保险资金运用职能，其组织结构如图 12－2 所示。

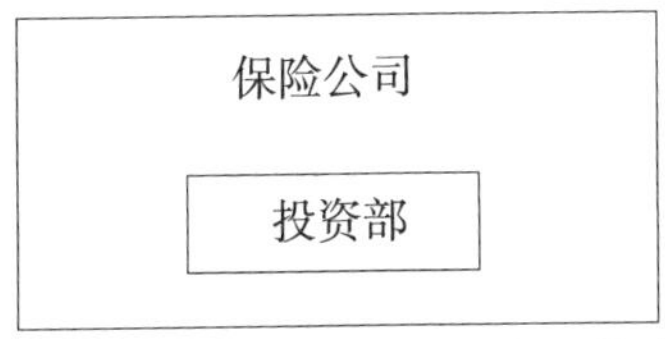

图 12－2　保险投资职能内置模式

这种模式的优点在于加强了保险公司对保险投资的控制。缺点是内置投资部门容易产生内部暗箱操作，导致较大的风险。这种组织模式在中小保险公司中比较常见。

(三) 外部委托投资模式

这种模式是指保险公司不自己进行投资，而是将保险投资职能委托给保险公司以外的专业投资公司来履行，保险公司则按照保险投资资金的规模向委托的投资公司支付管理费用。其组织结构如图 12－3 所示。

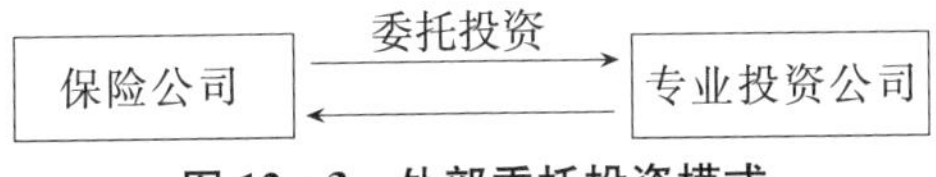

图 12－3　外部委托投资模式

这种组织模式的优点是提高了保险投资的专业性，并使得保险公司能够集中力量从事险种开发及保险服务。但是在这种模式下保险公司对资金运用的控制是三种模式中最弱的，保险公司承担的风险较大，不仅要承担投资失败的风险，还要承担外部投资机构的操作风险，如交易作弊、非法挪用资金等。

二、保险投资组织模式的选择

上述三种保险投资组织模式各有利弊，分别适用于不同的情形。保险公司在进行选择时，必须依据自身的实际情况和资本市场的情况进行合理选择，才能更好地发挥保险投资的作用，提高投资收益。

从发达国家保险业的投资组织模式来看，多数保险公司是通过选择专业化控股投资模式来进行投资活动的。如英国保诚集团、美国国际集团、美国信诺保险集团、美国大都会人寿保险公司、美国普天寿保险集团、加拿大宏利保险公司、瑞士丰泰保险公司等，都是在同一集团或控股公司下，通过设立专业的财险子公司、寿险子公司和投资子公司，由投资子公司进行专业的保险投资活动。

发达国家的保险公司之所以较为普遍地选择专业化控股投资模式，与美国、日本在保险投资组织模式选择方面的教训有关。在美国，1929—1933 年的经济大萧条导致许多投资公司破产，而保险公司在危机中受到牵连，三分之二的美国保险公司被迫破产清算或者合并。这些公司倒闭的原因不是自身经营不善，而是将保险资金普遍委托给外部投资公司管理，因此，危机过后，美国有实力的保险公司纷纷收购或组建自己的投资子公司，以便有效地将投资风险控制在自己可以掌控的范围之内。日本在 1926—1945 年则经历了保险公司数量急剧减少的情形。当时全日本的保险公司数量由 95 个减少到 37 个，其中就有保险公司将保险资金委托给外部投资机构运作造成成本过高等原因的影响。在 20 世纪 90 年代的亚洲金融危机中，1997 年日本日产生命保险公司和 1999 年日本东邦生命保险公司的破产，在很大程度上也是由保险投资出现问题所致。

与美国和日本的教训形成鲜明对比，欧洲保险公司的规模很大，竞争力很强，目前欧洲保险业采取集团或控股的组织形式，形成金融集团，往往将银行、证券、保险等专业公司纳入同一集团或控股公司的掌控之下，形成保险投资的规模效益和协同竞争的优势，从而赢得了保险投资与保险业的稳健发展。

中国实践

新时代保险资金运用工作取得积极成效

党的十八大以来，保险资金运用监管部党支部坚决贯彻落实党中央、国务院决策部署，在中国保险监管机构的坚强领导下，持续推动保险资金运用市场化改革，赋予市场主体更多的投资自主权，引导保险基金发挥长期投资优势，服务经济高质量发展。同时，加强保险资金运用和保险资产管理公司监管，着力防范化解金融风险，取得了积极的工作成效。

保险资金投资理念更加审慎稳健。在新发展理念指引下，全行业对保险资金属性特点的理解进一步深化，对保险资金运用规律的认识进一步深刻，对保险资金运用的价值链及职责分工进一步细化，长期投资、价值投资、稳健投资的理念进一步树牢，资产负债管理的制度体系进一步健全，实现了保险资金安全性、收益性和流动性的平衡。新时代 10 年，保险资金运用余额由 6.27 万亿元增长至 25.08 万亿元，年均增速为 14.87%。在行业大类资产配置中，固定收益类资产占比始终保持三分之二以上，债券投资中超七成为国债和金融债，公司信用类债券中近九成为 AAA 级，银行存款超七成集中于国有大行和股份制银行，股票配置以大盘蓝筹股为主。行业整体投资文化审慎，风险管理体系完备，资产质量比较高。

保险基金服务保险保障能力不断增强。随着金融供给侧结构性改革的持续深化，保险业进一步聚焦主责主业，坚持保险保障与资产管理并重，坚守“社会稳定器”和“经济减震器”定位，充分发挥经济补偿、资金融通和社会管理职能，满足人民群众丰富多样的风险转移和财富管理需求，行业规模、承保能力和整体实力取得了长足的发展。营业收入（保费）在前、成本支出（理赔）在后是保险业的经营特点，有效管理和运用保险资金是保险公司的主要业务，利差益是保险公司盈利的主要来源之一。新时代10年，我国保险业积极拓展资金运用渠道和领域，不断提升跨市场、跨周期投资管理能力，有效实现了保险资金长期保值增值目标，为履行合同承诺、兑付保单价值、实现可持续发展奠定了扎实的基础。保险基金年均财务收益率为5.3%，在资产规模年均增长16%的情况下，实现了持续稳定的正收益，有效覆盖了负债资金成本，且收益率波动性远低于其他机构投资者。

保险基金服务实体经济质效大幅提升。随着金融市场的发展和可投资品种的增加，保险基金服务实体经济的方式和工具日趋多元，渠道不断畅通，效率显著提升。新时代10年，保险基金在传统的银行存款、债券、股票和公募基金等基础上，稳步拓宽了沪港通、深港通、科创板、北交所等股票投资和金融衍生品、证券出借、基础设施公募REITs、资产管理产品、创业投资基金等投资，逐步形成了涵盖传统资产与另类资产、境内投资与境外投资的多元化配置格局。截至2022年11月末，保险基金为实体经济提供中长期资金22万亿元，10年间增长了4.5倍。保险资产管理机构为保险基金量身定制的债权投资计划、股权投资计划、保险私募基金等产品累计规模达6万亿元，这些产品因期限较长、安全性较高、收益率稳定，特别是投资链条较短，直接对接基础设施、重大项目、战略性新兴产业、绿色发展等领域，深受保险基金等机构投资者青睐。

保险基金运用市场化改革成效显著。坚决贯彻落实国务院工作部署，持续深化“放管服”改革，在保险机构投资管理能力建设、保险基金债券投资和股权投资、保险资管产品设立等领域，推出系列改革措施，不断激发行业积极性，释放市场活力。取消保险机构投资管理能力事前备案，改为公司自我评估与信息披露相结合，引入市场约束；取消保险基金财务性股权投资行业范围限制，放宽投资股权投资基金和创业投资基金的规模等条件，为实体经济提供更多股权性资本；优化权益类资产配置规则，针对不同公司设置差异化监管比例，最高可达公司总资产的45%，助力资本市场稳定发展；取消保险基金投资金融机构债券的主体及信用评级限制，放宽投资非金融企业债券的信用评级约束；取消保险机构55项监管报告事项，减轻公司报送负担；取消组合类保险资管产品首单核准，推进保险资管产品登记制改革，产品登记平均时长由15.22个工作日缩短为3.14个工作日，效率提升79.36%。

保险资金运用监管制度体系更加完善。坚持问题导向，持续弥补监管制度短板，不断提升保险资金运用规范化、专业化、法治化水平。中国银保监会成立以来，共修订发布各类保险资金运用监管规章制度27项，对外答复政策咨询160余个。在保险资金运用监管方面，修订发布《保险资金运用管理办法》，出台《保险资产负债管理监管办法》和5项配套规则，集中删除一批不适应新形势的条款，始终保持监管规则的科学性、有效性。在保险资产管理公司监管方面，修订发布《保险资产管理公司管理规定》，出台《保险资产管理公司监管评级暂行办法》，建立健全机构监管和法人监管框架，引导行业改进和完善公司治理，增强经营管理独立性，巩固和提升长期资金管理核心竞争力；落实“资管新规”，出台《保险资产管理产品管理暂行办法》和3个配套细则，引导行业全面融入大资管市场，积极创新产品形态，通过产品化、策略化运作，培育和输出大类资产配置、绝对收益获取、长期资产创设等特色化投资管理能力。在行业自律组织和基础设施方面，中国保险资产管理业协会和资产登记平台从无到有，大幅提升了同业交流的频度、产品登记的效率、教育培训的力度和从业人员的专业水平。

资料来源：国家金融监督管理总局网站，2023-01-09.

本章小结

保险投资是指保险公司在组织经济补偿的过程中，利用保险资金收支的时间差，对集聚起来的保险资金进行有偿运营，使其增值的活动。保险投资作为保险公司的一项资产业务，是现代保险经营的重要组成部分，它对降低保险产品的价格、增强保险公司的竞争力，促进金融市场的健康发展，增加社会资金的供应量、促进国民经济发展具有重大意义。保险投资的资金来源于保险公司的自有资本金和各项准备金。保险投资资金具有筹集的广泛性和使用的专项性、资金的长期性和增值性、资金的科学性和合理性等特点。保险资金的来源约束着保险投资的规模和结构。

保险投资必须遵循安全性、收益性、流动性等原则。保险投资的主要形式有银行存款、债券、股票、不动产投资和贷款等。保险投资的总策略是在让资产与负债相匹配的基础上，对市场环境特点及各种影响因素做出积极反应，从而实现资金的增值。在国际上保险投资的组织模式有专业化控股投资模式、保险投资职能内置模式和外部委托投资模式，各种模式各有利弊，分别适用于不同的情形。保险公司在进行选择时，必须依据自身的实际情况和资本市场的情况进行合理选择。

练习题

一、名词解释

1. 保险投资　2. 自有资本金　3. 责任准备金
4. 保险费准备金　5. 赔款准备金　6. 未决赔款准备金
7. 已发生未报告赔款准备金　8. 已决未付赔款准备金　9. 总准备金
10. 储金　11. 专业化控股投资模式

二、问答题

1. 论述保险投资的必要性与可能性。
2. 试说明保险投资的原则和意义。
3. 保险投资资金具有哪些特点?
4. 列举保险投资的形式，并进行比较。
5. 简述财险、寿险投资策略的区别。
6. 比较保险投资的组织模式。

即学即练

第13章

保险监管

学习目标

- 解释保险监管产生的原因
- 了解保险监管的目标和方式
- 说明保险监管体系的构成
- 理解偿付能力监管是保险监管的核心

第一节 保险监管概述

一、保险监管的含义及产生原因

保险监管分为广义的保险监管与狭义的保险监管。广义的保险监管是指在一国范围内，为达到一定目标，从国家（其代表是政府有关部门）、社会、保险业、保险公司自身等各个层次上对保险公司、保险经营活动及保险市场的监督与管理。狭义的保险监管则仅指国家对保险公司、保险经营活动及保险市场的监督与管理。无论是广义的还是狭义的保险监管，都可以理解为对保险业的监管。

国家对保险业的监管，是国家管理经济的职能在保险业中的体现。国家通过法律、经济和行政手段对保险公司的组织、业务经营、财务等各项活动及保险市场的秩序进行直接或间接的指导、协调、监督和干预。这种宏观层次的监管强调国家的宏观调控职能，国家负责保险业立法，为保险市场的健康发展提供一个良好的法律环境。国家把重点放在对保险市场的准入和退出的监管上，并以保险公司偿付能力监管为核心，在不同程度上对保险合同的格式与条款、保险费率以及保险资金运用等方面进行监管。

综观世界各国，无论是发达国家还是发展中国家，无论是崇尚自由经济的国家还是鼓励政府积极干预经济的国家，无不对保险业实施监管。保险监管之所以具有国际普遍性，主要是由保险业的性质及经营特点决定的。

（一）保险事业的公共性

建立在相互扶助观念基础上的保险事业的公共性主要体现在保险经营具有负债性、保障性和广泛性三大特征上。所谓负债性，是指保险公司通过收取保险费而建立的保险基金，很大一部分是保险公司用于未来支付的准备金。准备金是保险公司对客户的负债，而不是保险公司的资产，在保险合同期满之前不为保险人所有。大数法则和收支相等原则是保险公司稳健经营的基本准则。因为保险经营的这一特征，不能任凭市场的力量使保险公司自生自灭。所谓保障性，是指保险的基本职能在于经济补偿或给付保险金，并通过这种补偿或给付保证社会生产和人民生活在遭受灾害事故造成损失时，能够及时得到恢复和弥补。如果保险公司经营不善，不能正常履行补偿或给付职能，将会直接影响社会再生产和人民生活的安定。所谓广泛性，是指保险业对整个社会有较大的影响和渗透。从范围来看，一个保险公司可能涉及众多家庭和企业的安全问题；从期限来看，一张保险单可能涉及投保人的终身保障。如果安全网出现问题，比如一个保险公司经营失败，众多的家庭和企业将失去保障，进而造成社会动荡。保险事业的公共性决定了国家监管的必要性，以维护众多家庭和企业的利益，保证社会的稳定。

（二）保险合同的特殊性

与一般商业合同相比，保险合同的特殊性在于其所具有的附合性和射幸性。

(1) 保险合同的附合性与保险监管的关系。根据合同订立过程中双方所处的地位，合同可以分为议商合同和附合合同。前者是指在订立合同时，双方平等协商共同订立合同条款；后者是指在订立合同时，一方受到严格限制，另一方不受任何限制。保险合同之所以具有附合合同的性质，是因为它的条款是保险人一方事先印就的标准合同条款，投保人不得不在既定的条件下接受合同。产生这种情况的历史原因是随着保险业的普及发展、各国保险业的交叉经营与协作，保险合同逐渐出现技术化、定型化和标准化的趋势。保险合同的内容即主要条款由保险人一方确定。保险人根据本身的承保能力和技术特点确定承保的基本条件，规定双方的权利与义务。投保人只能依据保险人设定的不同险种的标准合同进行选择，一般情况下难以对合同的内容进行变更。从表面上看，保险合同是保险双方自愿签订而成立的，实际上，这种保险关系是保险合同双方当事人在一种信息不对称、交易力量不对称的基础上建立起来的。在这种情况下，政府从保护投保人的权益出发，对保险合同条款、保险费率等内容进行严格审核，以达到公平合理的目的。

(2) 保险合同的射幸性与保险监管的关系。单个保险合同的投保人在缴纳了保险费之后，能否得到保险人的赔付是不确定的，因为保险事故是否发生、发生的时间等都不确定。有的人可能只缴纳了少许保险费，却得到了很多的赔偿；有的人可能缴纳了巨额保险费，却得不到任何的赔偿。因此，必须通过政府监管，以确保保险合同交易的公平合理。

（三）保险技术的复杂性

保险技术的复杂性主要体现在保险承保的对象涵盖生产资料和人两大社会生产要素。

保险承保的范围包括财产、责任、利益及人的生命和身体等。保险费率是以大数法则为基础，根据过去的经验数据对未来进行预测而计算出来的。另外，为调整保险关系而形成的保险法规、保险条款和保险惯例，因其内容涉及专门术语和技术，并非一般投保人所能完全了解，因而需要保险监管机构对保险单条款和费率水平进行审核，以保护投保人的利益。

二、保险监管的目标

国家对保险业的监管目标，是指保险监管机构对保险业进行监管所要达到的要求或效果。保险业是一个特殊行业，国家的监管目标主要有以下几项：

（一）维护保险市场秩序

按照《保险法》的规定，保险合同的订立必须遵守最大诚信原则，双方当事人对影响合同的重要事项有如实告知义务，即保险合同当事人必须在公平合理的前提下享受权利、承担义务。然而从目前我国保险市场的实际情况看，通常只是保险人要求投保人履行如实告知义务，而一些保险人对保险合同内容、费率计算方式及理赔注意事项等并未翔实告知投保人，因而导致理赔纠纷，对保险双方都产生了不利的影响。通过保险监管，减少投保人因缺乏保险知识而可能受到的不平等待遇，可以达到保障投保人权益的目的。

实现保险监管的目标，不仅可以维护保险人与投保人之间的公平，而且可以为保险人之间的公平竞争提供良好的环境。竞争作为保险人进步的助推器，能够激励保险人为投保人提供优质服务。不合理的恶性竞争，不但会提高企业经营成本，导致无效率运作，而且容易导致保险人丧失偿付能力。目前，我国保险市场上存在的放佣、错价和不按费率规章随意加减费用的情况均属于不合理竞争，破坏了保险业的形象，影响了保险市场的秩序。保险业因自身的特点，并不完全适合自由竞争的市场机制，这在客观上为保险监管提供了空间。通过监管可以防止市场独占或过度竞争，减少破产保险公司的数量，保证合理的价格水平，最终促进保险业的健康发展。

利用保险进行欺诈是破坏保险市场秩序的一种表现。利用保险进行欺诈的手法有很多，归纳起来主要有三个方面：一是保险人方面的欺诈，二是投保人方面的欺诈，三是社会方面的欺诈。保险人方面的欺诈包括：保险人缺乏必要的偿付能力，超出核定的业务经营范围经营保险业务；不具备保险人资格，擅自经营保险业务；利用自己制定保险条款和保险费率的优势，欺骗投保人或被保险人。针对保险人的欺诈行为，国家主管机关可以通过资格审查和市场准入等制度予以防范。投保人利用保险欺诈，花样多端，手法各异，主要表现在投保人利用保险谋取不当利益，如故意制造保险事故、故意夸大保险事故造成的经济损失等。对此，各国保险法大都通过规定保险利益原则、损失补偿原则和保险人的责任免除原则等方式加以杜绝。社会方面的欺诈包括：保险公司以外的单位或个人未经主管机关批准，非法从事保险经营活动，盗用保险人或代理人的名义骗取客户；保险公司工作人员内外勾结，编造假案，骗取保险金；等等。对于社会方面的保险欺诈，各国保险法以及相关法规均规定了具体罚则，以打击和制止此类违法犯罪行为。

（二）保证保险人的偿付能力

偿付能力是指保险人对被保险人负债的偿还能力。在保险经营中，保险人先收取保险费，之后才补偿损失或给付保险金。一旦保险人经营失败，丧失偿付能力，广大被保险人将蒙受重大损失，并有可能造成全社会的经济混乱，因此，保证保险人的偿付能力，是保险监管的基本目标。保险监管机构对保险人偿付能力的监管，主要是通过对偿付能力额度的直接管理，或对影响保险人偿付能力的因素如保险费率、保险资金运用等进行管理来实现的。由于偿付能力在保险公司的经营中具有举足轻重的地位和作用，因此，可以通过立法制定各种专门条款，如保险公司的设立必须满足最低资本金要求，保险业务的经营必须按规定提存各种准备金，为保证保险经营的稳健性必须安排法定再保险、建立预警系统等，以保证保险人的偿付能力。

（三）提高保险业的经济效益和社会效益

通过保险监管，实现企业经济效益和社会效益的统一，并保证保险公司适度的规模经营，以减少资金占用，扩大承保范围，满足经济发展和社会稳定对保险保障的需要。

在现代经济中，保险保障对促进社会经济发展是必不可少的。当保险公司的经济效益与社会效益发生冲突时，国家通过干预、管理和协调可以在某种程度上达到两种效益的统一。

三、保险监管的方式

一个国家或地区采用什么方式来对保险业实施监管，在国际上没有形成固定的、统一的标准，不同的国家或地区根据不同的经济环境和法律环境选择不同的方式。通常使用的方式有以下三种。

（一）公示监管方式

公示监管作为保险监管中一种宽松的监管方式，是指政府对保险业的经营不进行直接监管，只是规定保险人按照政府规定的格式及内容，将经营结果定期呈报主管机关，并予以公布。关于保险业的组织形式、保险合同格式的设计、保险资金的运用等，均由保险人自行决定，政府不做过多干预。保险经营的好坏，由投保人及一般大众自行判断。公示监管的内容包括：（1）公告财务报表；（2）规定最低资本金与保证金；（3）订立边际偿付能力标准。这种监管方式将政府与大众结合起来，有利于保险人在较为宽松的环境中自由发展，但也存在一些弊端。由于投保人和一般大众属于信息不对称的不利的一方，因此他们很难掌握评判保险人优劣的标准，对不正当经营表现出无能为力。因此，一国采用这种监管方式必须具备一定的条件，包括国民经济一定程度的发展、保险机构的普遍存在、投保人选择保险人的可能性。具体来说，包括：保险公司具有一定的自制能力，保险市场具有平等的竞争条件和良好的职业道德，社会大众具有较高的文化水准和较强的参与意识，投保人对保险公司的优劣具有适当的判断能力和评估标准，等等。英国曾采用这种方式。按照英国的规定，经营保险业不需要执照或其他特别批准。如果是公司经营，仅需按照一般方式办理公司登记；如果是个人经营，仅需取得劳合社的会员资格即可。随着现代保险业的发展，尤其是20世纪六七十年代保险公司破产现象的不断出现，英国对保险监管方式的看法发生了改变，公示监管方式也因不利于切实有效地保证被保险人的利益而被放弃。

（二）准则监管方式

准则监管，又称规范监管或形式监管，是指国家对保险业的经营制定一定的准则，要求保险业者共同遵守的一种监管方式。政府规定的准则仅涉及重大事项，如保险公司的最低资本额、资产负债表的审查、法定公布事项的主要内容、监管机构的仲裁方式等。这种方式强调保险经营形式上的合法性，因此，与公示监管方式相比，准则监管方式具有更大的可操作性，曾被视为适中的监管方式。但是，由于这种监管方式仅从形式出发，难以适应所有保险机构，加之保险技术性强，涉及的事物复杂多变，所以仅通过某些基本准则难以起到严格有效的监管作用。

（三）实体监管方式

实体监管，亦称严格监管或许可监管，是指国家制定完整的保险监管规则，主管机构根据法律法规赋予的权限对保险市场尤其是保险公司进行全面监管的一种方式。这种监管方式最早由瑞士创立，现已被许多国家采用。实体监管的过程大致可分为三个阶段。第一阶段为保险业设立时的监管，即保险许可证监管，保险主管机构依照法律规定核准设立企业的营业登记并颁发营业执照，监管内容包括新公司、合资公司、分公司的设立及增设分支机构等需要的最低资本金、保证金等。第二阶段为保险业经营期间的监管，此阶段监管为实体监管的核心，因此，采用实体监管方式的国家，大都由保险法、保险业管理法、外国保险业许可管理法等对保险经营过程予以规范，并对保险业进行实体监督和检查。第三阶段为保险业破产的监管，即在保险公司经营失败时，对其破产和清算进行监管。

第二节 保险监管体系与监管内容

一、保险监管体系

保险业的管理可以分为国家对保险业的管理和保险业的自我管理。国家对保险业的管理通常称为保险监管，保险业的自我管理通常称为行业自律。严格地说，保险监管不包括后者。然而，在现实生活中，国家对保险业的管理构成保险监管的基础，保险业的自我管理是对保险监管的补充。从这个意义来说，保险监管体系包括保险监管法规、保险监管机构和保险行业自律组织三大部分。

（一）保险监管法规

保险监管法规，又称保险业法，是指调整国家在对保险业进行管理的过程中所形成的权利与义务关系的一种法律规范。其内容可以分为两个部分：一是对保险监管对象的规定；二是对保险监管机构授权的规定。保险监管法规作为保险法律体系的一个组成部分，一般是以单行法规的形式出现。有些国家和地区按保险监管的不同内容分别立法，构成保险监管的法律体系，如英国、日本等；也有些国家和地区将保险监管与保险合同合并立法，如中国、美国的纽约州等。

随着保险业的不断发展和变化，保险监管法规也在不断修改和完善。英国是保险立法最为先进的国家之一，在1870年制定《寿险公司法》后，于1909年将它的有关规定扩展到其他险种，推出《保险公司法》，后来又经修订，现行的保险立法是引入欧盟指令后的《保险公司法》。英国的保险监管法规是一个体系，除了上述法规外，还有1975年的《保单持有人保护法》、1977年的《保险经纪人法》、1981年的《保险公司管理条例》、1983年的《保险公司（财务和报表）管理条例》等。

我国保险监管法规建设起步较晚，但发展较快。为适应保险业恢复初期的发展需要，我国于1985年颁布了新中国成立以来的第一部保险业法规，即《保险企业管理暂行条例》。该条例对当时的保险监管起到了一定的积极作用。但该条例属于临时性、行政性管理措施，法律效力不明显。加之该条例对保险企业的设立及经营、财务等方面均无具体规定，对当时全国唯一的一个保险公司即中国人民保险公司的垄断性过于保护，缺乏对外资保险公司、保险中介人的管理规定等，于是，1995年颁布了《保险法》。虽然该法是一部将保险合同法与保险业法合二为一的法律，但对保险监管做了比较充分的规定。与此相配套的保险监管法规还有1992年颁布的《上海外资保险机构暂行管理办法》、1996年颁布的《保险管理暂行规定》、1997年颁布的《保险代理人管理规定（试行）》和1998年颁布的《保险经纪人管理规定（试行）》等。

随着我国经济的迅速发展和社会主义市场经济体制的逐步确立，保险业发展的外部环境和内部结构都发生了深刻的变化。1995年颁布的《保险法》中的许多规定已不适应新的情况，需要修改。2002年10月28日，第九届全国人大常委会第三十次会议表决通过了《关于修改〈中华人民共和国保险法〉的决定》，修正后的《保险法》自2003年1月1日起施行。本次修正《保险法》的指导思想是有利于履行我国加入WTO的承诺，加强保险监管，支持保险业的改革和发展。

2009年2月28日，第十一届全国人大常委会第七次会议修订通过了《保险法》。修订后的《保险法》自2009年10月1日起施行。这次对《保险法》的系统性修订，不仅是我国保险法制建设的一个重大事件，也是完善社会主义市场经济法律体系的一个重要举措，对全面提升保险业法治水平、促进保险业又好又快发展产生了积极而深远的影响。

此后，《保险法》又分别于2014年8月31日和2015年4月24日做了修正。修正后的《保险法》吸收了近年来我国在保险业改革发展中积累起来的宝贵经验，针对保险业发展站在新起点、进入新阶段的实际，对行业发展和保险监管做出了许多新规定，进一步完善了商业保险的基本行为规范和国家保险监管制度的主体框架，对促进保险事业健康发展具有重要意义。

与上述国家不同的是，美国的保险法（包括保险监管法）由各州自行制定，负责协调各州保险立法的全国保险监督官协会只是定期召开会议，讨论修改各州保险法规，并拟定样板法规和条例，供各州进行保险立法时参考。

尽管各国保险监管法规建设的形式不尽相同，但内容基本一致，主要包括对如下方面的法律规定：（1）保险业务许可；（2）保险公司的组织形式；（3）最低偿付能力；（4）保险准备金；（5）再保险安排；（6）保险资金的运用；（7）保险公司的资产评估；（8）保险会计制度；（9）保险审计制度；（10）财务报表；（11）破产与清算；（12）保险中介人的管理。

（二）保险监管机构

保险监管机构作为一国保险的主管机构，形式多样，名称不一。不同的国家有不同的称谓，在同一国家的不同时期有不同的主管机构。例如，英国的保险监管机构是金融服务监管局，负责监管及核准在英国经营保险业务的保险公司。它的监管目标包括：一是营造保险经营环境，促进保险业健康发展；二是在国际上营造一个开放且具竞争特点的保险市场；三是确保保险市场稳健经营，使保险单持有人在保险公司无法履行义务的情况下能够获得保障。美国的保险监管机构主要是州保险监督局，局长大部分由州长任命，由参议院批准。另外，美国有成立于1971年的全国保险监督官协会，其主要作用是协调各州保险立法。日本的保险业由财务省负责管理，财务省银行局下设保险课。保险课下分第一保险处和第二保险处，分别对人身保险和非人身保险进行监管。其他国家或地区的保险监管机构与上述情况大同小异。例如：法国保险业由国家保险委员会进行管理，受财政部领导；澳大利亚的保险监管机构是保险和年金委员会，其监督官由总督任命，向财政部负责；新加坡的保险监管机构是金融管理局下设的保险监理处；韩国的保险业由财政部下的保险监督局进行监管；在马来西亚由中央银行行使保险监管职能，保险监督官由中央银行总裁兼任；泰国的保险业则由商业部下设的保险局监管。

总之，国外保险监管机构的设置分为两种情况：一是设立直属政府的保险监管机构；二是在直属政府的机构下设立保险监管机构，执行保险监管的部门隶属财政部、商务部、中央银行、金融管理局等。

财政部和中国人民银行等曾是我国的保险监管机构，1995年《保险法》颁布后，中国人民银行内部进行机构调整，成立保险司，专门负责保险市场的监管。1998年成立中国保监会，该委员会是国务院直属事业单位，是全国商业保险的主管机构，根据国务院的授权，履行行政管理职能，依照法律、法规统一监管中国保险市场。其任务是：拟定商业保险的政策法规和行业规划；依法查处保险公司违法违规行为，保护被保险人的利益；维护保险市场秩序，培育和发展保险市场；完善保险市场体系，推进保险改革，促进保险公司公平竞争；建立保险业风险的评价和预警系统，防范和化解保险业风险，促进保险公司稳健经营与业务的健康发展。中国保监会下设八个部门，具体负责履行保险监管职能。

为深化金融监管体制改革，解决现行体制存在的职责不清晰、监管交叉和空白等问题，强化综合监管，优化监管资源配置，更好地统筹系统重要性金融机构的监管，逐步建立符合现代金融特点的现代金融监管框架，2018年3月第十三届全国人大第一次会议表决通过国务院机构改革方案，根据方案，将中国银监会和中国保监会的职责整合，组建中国银保监会，作为国务院直属事业单位。将中国银监会和中国保监会拟定银行业、保险业重要法律法规草案和审慎监管基本制度的职责划入中国人民银行，不再保留原来的中国银监会和中国保监会。基于“银行”和“保险”业务在资本充足率、偿付能力以及自身风险匹配能力方面的相似性，两者都需要管理自身的资本收益匹配、风险收益匹配和久期匹配，因此合并这两个行业的监管机构。

随着中国式现代化建设的快速推进，必须实现金融现代化才可以支撑中国产业的升级迭代和经济结构调整。金融现代化的核心要义是，金融功能的多样性、金融业态的多元性、金融机构的多元化。为了促进金融现代化建设，我国进一步整合金融监管架构，于2023年5月成立国家金融监督管理总局，不再保留中国银保监会。这是我国金融监管机构的重大改革，扩大了原来中国银保监会的监管职能，职责范围纳入了投资者权益保护等。

（三）保险行业自律组织

通常以保险同业公会或行业公会的形象出现的保险行业自律组织，是保险人或保险中介人自己的社团组织，具有非官方性。保险行业自律组织对保险监管发挥着政府保险监管机构所不具备的平行或横向协调作用。在发达经济体的保险市场上，保险同业公会比较普遍。保险同业公会的地位大致可以分为两种情况：一种是保险同业公会充当政府与保险人、被保险人及社会大众之间的桥梁。如香港保险市场上的保险公司，按业务性质组成许多行业公会，这些行业公会又组成香港保险业联合会、香港保险总会和香港寿险总会三个组织，通过这三个保险行业组织与政府管理部门进行沟通。台湾地区原台北市产物保险商业同业公会除了发挥上述作用外，还担负设计新险种保险单、修订保险费率、研究开发新险种等职责，具有一定的管理职能和行业权威。另一种是保险同业公会不具有某种约束力，保险人参加与否皆取决于自身，保险同业公会只是提供同业沟通的场所，本身不具有管理职能。英国是这种情况的典型代表。在英国，公众多数偏好自我管理而不是政府管理。例如，当政府认为必须对保险经纪人进行管理时，保险界就主动成立行业自律组织——英国保险经纪人协会。另外，在寿险组织协会在有关佣金支付方面的协商失败后，政府并不出面干预，只是督促有关方面重新协商。

尽管各国保险行业自律组织在保险监管中所处地位不尽相同，但作用是一致的。保险行业自律组织的作用主要是代表会员对政府有关保险业管理立法施加影响；协调会员在市场竞争中的行为规范；制定供市场统一使用的保险单及费率最低标准等。

保险行业自律组织虽然在维护保险市场秩序、增强保险市场活力、弥补政府行为的不足等方面发挥着不可忽视的作用，但这样的作用毕竟是有限的。这是由保险业自律的特点决定的。保险业的自律只能出于自愿而不能加以强制，管理的范围只是保险市场上的一部分而不是全部，成立保险行业自律组织的目的在于保障或增进保险公司自身的利益，而不是为了被保险人或受益人的利益，所以，保险监管主体仍然是国家或政府，行业自律组织只能是政府监管的一种补充。

二、保险监管内容

（一）保险组织监管

1. 申请设立的许可

创设一个保险公司必须得到主管机构的批准，这是当今世界各国的普遍做法。申请设立者必须向主管机构递交有关文件，以证明自己具备从事保险经营的资格。但在需要递交何种文件上，各国的做法不尽相同。

《保险法》第六十八条的规定："设立保险公司应当具备下列条件：（一）主要股东具有持续盈利能力，信誉良好，最近三年内无重大违法违规记录，净资产不低于人民币二亿元；（二）有符合本法和《中华人民共和国公司法》规定的章程；（三）有符合本法规定的注册资本；（四）有具备任职专业知识和业务工作经验的董事、监事和高级管理人员；（五）有健全的组织机构和管理制度；（六）有符合要求的营业场所和与经营业务有关的其他设施；（七）法律、行政法规和国务院保险监督管理机构规定的其他条件。"另外，《保险法》第七十条规定了申请设立保险公司应当提交的文件和资料。

从横向来看，设立监管的内容包括保险公司设立的标准，外国保险公司经营许可标准及管理办法，外国保险公司设立代表处的审核条件，保险代理人、保险经纪人、保险公估人的资格及营业执照的取得，保险展业人员资格的取得等。从纵向来看，设立监管包括申请设立至营业开始，需要经过以下四个程序：

（1）申请核准。保险公司的成立必须事先得到主管机构的核准。中国保险业的主管机构为国家金融监督管理总局。国务院保险监督管理机构审查保险公司的设立申请时，应当考虑保险业的发展和公平竞争的需要。

（2）营业登记。保险公司在开始营业之前必须依法进行营业登记，并申领营业执照。保险公司申请营业登记及申领营业执照，除依照《保险法》的规定外，也适用《中华人民共和国公司法》的有关规定。

（3）缴存保证金。保险公司设立时，应按照资本或基金实收总额的一定比例缴存保证金，以确保自身的偿付能力。

（4）领取营业执照。保险公司的营业登记申请经主管机构核准后，即可领取营业执照。申请设立者只有在领到营业执照后才能开始营业。

保险监管部门对保险机构设立进行监管的目的在于：（1）规定和落实保险机构开业资本金；（2）限制和选择保险机构的组织形式；（3）规定保险机构的营业范围；（4）保证保险机构管理人员、专业技术人员的质量。在审批过程中，通过对保险公司董事会、管理人员和精算专业技术人员等进行资格限制，保障保险公司的正常经营。

2. 组织形式的限制

对于保险人以何种组织形式进行经营，各个国家可以根据本国国情做出具体的规定。如美国规定的保险组织形式是股份有限公司和相互公司两种；日本规定的保险组织形式是株式会社（股份有限公司）、相互会社（相互公司）以及互济合作社三种；英国除股份有限公司和相互保险社外，还允许劳合社采用个人保险组织形式；中国的保险组织形式是股份有限公司和国有独资公司两种。

3. 从业人员的资格认定

保险从业人员一方面指保险公司的高级管理人员，另一方面指保险专业部门的经营人员。由于保险经营的专业性、技术性强，从业人员的素质对企业经营效果、财务状况有着重大影响，因此，专业人员的学识经验、资格条件成为保险监管的重要内容。各国保险法大都规定保险公司内具有经营决策权的管理人员必须具备一定的条件，不符合国家规定条件者不能担任领导职务；没有达到法定的合格管理人员数量者不得开业。保险公司管理人员的条件包括文化程度、保险实践经验和道德素质等。保险公司的专业人员包括核保员、理赔员和精算师等。

4. 保险中介人的监管

保险中介人监管的内容包括资格监管、业务监管和报表账簿监管等。

5. 停业解散的监管

政府对保险公司进行监管的基本目的是避免保险公司破产，以保障被保险人的合法权益。对经营不当、发生财务危机的保险公司，政府一般采取扶助政策，利用各种措施帮助其渡过难关，促进其继续正常营业。但是，保险公司若违法经营或有重大失误，以至不得不申请破产时，政府便以监管者身份责令其停业或发布解散令，选派清算员，直接介入清算程序。具体监管措施包括整顿、接管、解散与清算等。

6. 外资保险公司的监管

外资保险公司是指外国保险公司在本国设立的分公司、独资公司或合资公司。对外资保险公司的监管，是以本国保险市场对外开放为前提的，然而一国保险市场是否对外开放，又取决于一国社会制度、经济发展水平和民族保险业发展程度等因素。一般发达国家对此的限制较少，而发展中国家为维护本国利益，对外资保险公司的开业条件、业务经营范围、投资方向和纳税等都有严格要求。

我国有关法律和法规规定，外国保险机构在我国设立营业性机构必须具备以下条件：（1）经营保险业务 30 年以上；（2）提出申请前一年年末的资产总额在 50 亿美元以上；（3）在中国境内设立代表机构 2 年以上。

（二）保险经营监管

1. 经营范围的监管

经营范围的监管，是指政府通过法律或行政命令，规定保险公司所能经营的业务种类和范围，内容包括两个方面：一是兼业问题，即保险公司可否兼营保险以外的其他业务，非保险公司可否兼营保险或类似保险的业务；二是兼营问题，即同一保险公司可否经营性质不同的数种保险业务。

关于兼业问题，为保障广大被保险人的利益，绝大多数国家均通过立法确立商业保险专营原则，未经国家主管机构批准，擅自开办保险业务的法人或个人属于非法经营，国家主管机构可勒令其停业并给予其经济上乃至刑事上的处罚。但也有例外，如英国以及美国的纽约等四个州允许兼业。

关于兼营问题，多数国家禁止保险公司同时经营性质不同的数种保险业务，主要是指财产保险与人寿保险不得兼营。由于财产保险与人寿保险在经营技术基础、承保手续、保险费计算方式、准备金的计提方式以及保险金支付条件和方法等方面迥然不同，为避免业务混乱与经营繁杂，保证保险公司的偿付能力，保护被保险人的权益，各国保险法一般规定保险公司实行财产保险、人寿保险分业经营，但也有个别国家或地区例外。

《保险法》第六条明确规定："保险业务由依照本法设立的保险公司以及法律、行政法规规定的其他保险组织经营，其他单位和个人不得经营保险业务。"保险人不得兼营人身保险业务和财产保险业务，但是，经营财产保险业务的保险公司经国务院保险监督管理机构批准，可以经营短期健康保险业务和意外伤害保险业务。保险公司应当在国务院保险监督管理机构依法批准的业务范围内从事保险经营活动。

2. 保险条款的监管

保险合同是一种专业性很强的技术合同，投保人不可能充分了解合同中的每个条款，从而与保险人处于平等地位。这就在客观上要求主管机构对保险合同及其条款进行审定。这样做会对保险双方产生积极的影响：一方面，可以避免投保人接受不公平的条件，保护被保险人或受益人的权益；另一方面，可以避免保险人因竞争压力而被迫对投保人做出不合理的承诺，确保保险人的偿付能力。

对保险条款的监管，首先是对保险条款内容的监管。一般各国保险监管部门都对保险条款的内容加以规范。《保险法》规定，保险条款的内容主要包括保险标的、保险责任与责任免除、保险金额、保险费及支付办法、保险期限、保险金赔偿或者给付办法、违约责任及争议处理、订立合同日期等。除对内容进行监管外，不少国家还对保险条款的格式、条件和用词有严格的规定。对保险条款的监管，主要是通过保险条款的审批和备案进行操作。如《保险法》规定商业保险主要险种的条款和费率由金融监督管理机构制定。其他险种的保险条款应由总公司报国家金融监督管理总局备案，未经总公司授权，保险公司的分支机构不得自行拟定保险条款。如果保险公司报备的保险条款违反法律、法规的禁止性规定，违反国家财经政策，损害社会公共利益，内容显失公平，具有种族歧视的倾向，可能危及保险公司的偿付能力等，国家金融监督管理总局可以要求保险公司进行修改，也可以要求保险公司停止使用。

3. 保险费率的监管

保险费率的厘定和执行是国家对保险市场进行监管的重要内容之一，目的在于：确立保险费率管理政策及其制定的原则，规范保险费率的管理范围；引导保险市场向合理竞争与健康方向发展；促使保险公司致力于费用管理，提高经营效率；避免保险公司偿付能力不足的情况发生，维护被保险人的权益。

保险费率的监管方式因保险业务的性质不同而不同，即使是同一性质的保险业务，不同国家也有不同的做法。归纳起来，保险费率的监管方式大致可以分为强制费率、规章费率、事先核定费率、事先报批费率、事后报批费率和自由竞争费率等。多数国家并不直接管理人寿保险费率，各保险公司的人寿保险费率因竞争而有高有低，但间接控制还是普遍存在的。至于财产保险费率的厘定和调整，各国大多规定必须先经过核定，方可使用。

《保险法》第一百三十五条规定：关系社会公众利益的保险险种、依法实行强制保险的险种和新开发的人寿保险险种等的保险条款和保险费率，应当报国务院保险监督管理机构批准。国务院保险监督管理机构审批时，应当遵循保护社会公众利益和防止不正当竞争的原则。其他保险险种的保险条款和保险费率，应当报保险监督管理机构备案。

（三）保险财务监管

1. 资本金的监管

保险公司申请开业必须有一定数量的开业资本金，达不到法定最低资本金限额者，不得开业。对资本金进行严格监管的目的在于：提高保险公司的承保、再保及投资能力，避免偿付能力不足的情况发生；提高承保及投资预期与非预期损失的弥补能力；调节责任准备金、投资准备金或资金变动的影响；维护被保险人的权益，促进保险公司社会责任的履行。

《保险法》规定：设立保险公司，其注册资本的最低限额为人民币 2 亿元。保险公司的注册资本必须为实缴货币资本。保险公司注册资本达到人民币 5 亿元，在偿付能力充足的情况下，设立分公司不需要增加注册资本。

2. 准备金的监管

保险准备金是指保险人根据有关法律规定或业务的特定需要，从保险费收入或盈余中提存的一定数量的资金。准备金是保险公司的负债。各国之所以对保险公司的准备金提存做出限制性规定，目的是充实保险公司的营运资金，提高其投资能力，促进保险业的健康发展；维持保险公司适当的偿付能力，保障被保险人的权益；确立适当的准备金提存标准及评估制度，稳定保险公司的财务；加强保险业的社会责任感，促进社会生活的安定。

对准备金的监管主要体现在提存准备金的种类和数额上，因险种而异。一般来说，财产保险应提存的准备金主要有未到期责任准备金、未到期保险费准备金和特别准备金等。

《保险法》第九十八条规定：保险公司应当根据保障被保险人利益、保证偿付能力的原则，提取各项责任准备金。保险公司提取和结转责任准备金的具体办法，由国务院保险监督管理机构制定。《保险法》第九十九条规定：保险公司应当依法提取公积金。此外，《保险法》第一百条规定：保险公司应当缴纳保险保障基金。保险保障基金应当集中管理，并在下列情形下统筹使用：（1）在保险公司被撤销或者被宣告破产时，向投保人、被保险人或者受益人提供救济；（2）在保险公司被撤销或者被宣告破产时，向依法接受其人寿保险合同的保险公司提供救济；（3）国务院规定的其他情形。保险保障基金筹集、管理和使用的具体办法，由国务院制定。

3. 资金运用的监管

保险资金来源于自有资金和外来资金两个方面。国家对保险资金运用进行监管的目的在于：确保资金运用的安全，维护保险公司的偿付能力；提高资金运用的收益，增强保险公司的经营能力；提高资金运用的流动性，维持保险公司的变现能力；防止投机性或不当投资行为的发生，促进保险业履行社会责任。

我国法律规定，保险公司的资金运用必须稳健，遵循安全性原则，并保证资产的保值增值。保险公司的资金运用，限于银行存款、买卖政府债券及金融债券和国务院规定的其他资金运用形式。保险公司的资金不得用于设立证券经营机构，不得用于设立保险业以外的企业。保险公司运用的资金和具体项目的资金占资金总额的具体比例，由保险监督管理机构规定。

4. 偿付能力的监管

（1）影响偿付能力的因素。

2005 年，中国保监会提出了中国保险监管的“三支柱”监管理念，即市场行为监管支柱、偿付能力监管支柱和公司治理监管支柱。就偿付能力监管支柱而言，应理解为主要通过资本充足率的量化监管手段来实现监管目标，包括对最低偿付能力资本的设置，对实际资本或认可资产与认可负债的评估，以及对责任准备金的评估及管理等重要内容。2013 年，中国保监会正式发布《中国第二代偿付能力监管制度体系整体框架》，确立了“三支柱”框架体系。该框架体系以风险为导向，兼顾保险业资本使用效率和效益，有效引导保险公司识别和化解各类风险，提升保险业的竞争力。

由于实际索赔总是偏离索赔期望，因此保险公司必须在总资产和准备金构成的负债之间保持一个足够大的容量，以应对可能发生实际索赔大于索赔期望时的赔偿或给付责任。这个容量被称为保险公司的偿付能力额度。从不同的管理需要角度出发，可以将偿付能力额度细化为以下三个概念。1）实际偿付能力额度（actual solvency margin）是保险公司实际具备的偿付能力额度。一般公司的实际偿付能力额度低于所要求的最低偿付能力额度时不意味着该公司会立刻破产。但是由于实际偿付能力额度体现的是公司真实的财务能力，所以通过对不同公司实际偿付能力额度与最低偿付能力额度的比较，可以确切地看出保险公司实际偿付能力的大小。2）最低偿付能力额度（minimum solvency margin）是保险公司为了承担赔付保户的责任，在理论上应该保持的最低偿付能力额度。3）法定偿付能力额度（statutory solvency margin）是保险监管机构要求保险公司必须具有的最低偿付能力额度。

导致保险公司偿付能力不足的原因主要有：1）保险费率过低。保险市场与其他商品市场一样，是一个竞争的市场。各保险公司为了在市场上处于有利地位，卖出较多的保险单，获得较大的市场份额，经常利用价格进行竞争。这样很可能造成保险费率过低，在未来保险事件发生时，保险费收入不足以支付保险赔款而形成偿付能力不足。2）准备金估算不当。准备金是对未来事件的一种资金准备，它是建立在对未来风险的估计上的。如果估计方法不当，就会出现准备金与实际承担的保险责任不匹配的情况，这样也会形成偿付能力不足。3）风险的变动程度。保险公司以各种风险作为经营对象，它通过保险条款规定自己的义务，并确定自己的权利。如果对未来各种风险因素对保险事件的影响程度估计不准确，一旦风险发生异常变动，就会造成保险公司的偿付能力不足。

保险公司的偿付能力是其履行保险合同的基础。如果保险公司丧失偿付能力，将损害广大被保险人及受益人的利益，因此，各国保险监管部门为了保证保险公司经营的稳定性，保障被保险人及受益人的利益，都对保险公司的偿付能力进行严格监管。事实上，偿付能力监管是保险监管的核心。

（2）偿付能力的监管手段。

从各国保险监管实践看，偿付能力的监管手段主要有以下几种：第一，规定资本充足率要求。即要求保险公司设立时具有一定金额的实收资本金与公积金，在经营过程中要满足一定的风险资本管理要求。第二，非现场检查。即由保险监管部门制定一系列保险公司偿付能力信息监管指标，由保险监管人员对保险公司经营状况进行检查分析，及时掌握监管信息，制定监管措施。第三，现场检查。即保险监管部门派人到保险公司，对其经营管理活动及业务、财务情况进行检查，重点检查其资产和负债的真实性、资产和负债的匹配性以及偿付能力的适当性。现场检查一般分为常规检查（如年度检查）、特别检查和专项检查。

（3）我国对保险公司偿付能力的规定。

我国在相关保险立法中对保险公司的偿付能力做了如下规定：

1）保险公司实际偿付能力的定义。保险公司的实际偿付能力为会计年度末实际资产减去实际负债的差额。保险公司的实际资产为总资产减除以下项目后的余额：①除预付赔款外的各种预付款；②递延资产；③无形资产；④低值易耗品；⑤应收款中实际已形成呆账的部分；⑥有价证券取得成本超过当前市场价格的部分；⑦资金运用中已形成呆账的部分；⑧不动产、固定资产的十分之一；⑨经认定的其他不能在规定时间内变现的资产，或在保险过程中可能遭受损失的部分。保险公司的实际负债为总资产减除实收资本金、公积金、公益金与未分配盈余后的余额。

2）财产保险、短期人身保险业务的最低偿付能力额度。财产保险、短期人身保险业务的最低偿付能力额度为下述两项中较大的一项：①本会计年度自留保险费减保险费税收后人民币1亿元以下部分的18%和1亿元以上部分的16%。②最近3年年平均赔付金额人民币7 000万元以下部分的26%和7 000万元以上部分的23%。

对于经营时间不满3年的保险公司，采用第一项标准。

3）长期人身保险业务的最低偿付能力额度。长期人身保险业务的最低偿付能力额度为下述两项之和：①一般寿险业务会计年度末寿险责任准备金的4%和投资连结类业务会计年度末寿险责任准备金的1%。②保险期间小于3年的定期死亡保险风险保额的0.1%，保险期间为3～5年的定期死亡保险风险保额的0.15%，保险期间超过5年的定期死亡保险和其他险种风险保额的0.3%。

在统计中未对定期死亡保险区分保险期间的，统一按风险保额的0.3%计算。

4）保险公司实际偿付能力低于上述标准的处理。保险公司实际偿付能力低于上述标准的按下列方式处理：

① 实际偿付能力额度低于最低偿付能力额度的，保险公司应当采取有效措施，使其偿付能力达到最低偿付能力标准，并向国家金融监督管理总局做出说明。

② 实际偿付能力额度低于最低偿付能力额度的50%的，或实际偿付能力额度连续两年低于最低偿付能力额度的，国家金融监督管理总局可将该公司列为重点监督检查对象。

保险公司在被列为重点监督检查对象期间，不得申请设立分支机构或支付任何红利、分红，国家金融监督管理总局可以责令其采取办理再保险、业务转让、停止接受新业务、增资扩股、调整资产结构等方式改善自身偿付能力状况。

③ 实际偿付能力低于最低偿付能力额度的30%的，或被列为重点监督检查对象的保险公司财务状况继续恶化，可能或已经危及被保险人和社会公众利益的，国家金融监督管理总局可以对该保险公司实行接管。

中国实践

监管机构对保险业预定利率的监管

预定利率、死亡率、费用率是保险公司定价最核心的三个指标。其中预定利率一直是监管机构监管的重点。死亡率是由生命表决定的。如果某个公司的费用率很高，产品自然没有竞争力，所以保险公司有降低费用率的动机。保险产品是所有金融工具里唯一可以终身锁定利率的产品，可是利率的特征往往是经济越发达利率越低，但是保险产品一旦售出，保险公司是不可以调低利率的。也就意味着如果保险公司把利率定高，产品带给消费者的回报会更高，保险公司需要在整个保单周期按照预定利率履行承诺。可是如果未来市场上整体利率都很低，那意味着投资回报率降低，保险公司投资端的回报变低，保险端的承诺利率高，就会出现利差损，带来行业的系统性金融风险。因此，自 1998 年 11 月中国保监会成立以来，对保险产品的预定利率的监管经历了几个阶段。

从 1985 年到 1999 年对利率无监管，保险公司自由定价。从 1999 年到 2013 年，保险公司的预定利率为 2.5%。从 2013 年到 2019 年，保险公司的预定利率为 3.5%，其中年金险可以采用 4.025%的预定利率。从 2020 年开始保险业全面进入预定利率 3.5%的时代。随着全球经济发展遇冷，当时有人预计有可能会在 2023 年进一步下调保险业的预定利率。

本章小结

保险监管主要是指国家对保险公司、保险经营活动及保险市场的监督与管理。需要加强保险监管的原因包括：一是保险事业的公共性；二是保险合同的特殊性；三是保险技术的复杂性。保险监管的目标包括：一是维护保险市场秩序；二是保证保险人的偿付能力；三是提高保险业的经济效益和社会效益。保险监管的方式主要有公示监管方式、准则监管方式和实体监管方式。保险监管体系由保险监管法规、保险监管机构和保险行业自律组织三大部分构成。保险监管法规的内容包括保险业务许可、保险公司的组织形式、最低偿付能力、保险准备金、再保险安排、保险资金的运用、保险公司的资产评估、保险会计制度、保险审计制度、财务报表、破产与清算、保险中介人的管理等。保险监管机构在不同地方有不同的名称。保险行业自律组织是保险人或保险中介人自己的社团组织，在保险市场中发挥着横向协调作用。保险监管的内容分为保险组织监管、保险经营监管和保险财务监管等。

练习题

一、名词解释

1. 保险监管制度　　2. 偿付能力　　3. 保险行业自律
4. 兼营　　5. 资本金　　6. 保险准备金
7. 责任准备金　　8. 特别准备金　　9. 公示监管方式
10. 准则监管方式　　11. 实体监管方式

二、问答题

1. 简述保险监管的含义及产生原因。
2. 保险监管的目标是什么？

3. 比较分析三种保险监管方式的优劣。
4. 简述保险监管体系及其构成。
5. 简述保险监管的内容。
6. 为什么说偿付能力监管是保险监管的核心？
7. 试述我国对保险公司偿付能力的有关规定。

即学即练

参考文献

1. 布莱克，斯基珀. 人寿保险：第12版. 北京：北京大学出版社，1999.

2. 陈恳. 迷失的盛宴：中国保险史1978—2014. 杭州：浙江大学出版社，2014.

3. 陈欣. 保险法. 北京：北京大学出版社，2000.

4. 陈纯菁. 生老病死的生意：文化与中国人寿市场的形成. 上海：华东师范大学出版社，2020.

5. 杜鹃，陈玲. 再保险. 3版. 上海：上海财经大学出版社，2020.

6. 郭振华. 保险公司经营分析：基于财务报告. 上海：上海交通大学出版社，2018

7. 郭振华. IFRS17内在原理及新财务报告. 上海：上海交通大学出版社，2022.

8. 李玉泉. 保险法学. 北京：中国金融出版社，2020.

9. 刘俊青，宋立温. 财产保险实务. 2版. 北京：中国人民大学出版社，2022.

10. 宁威. 我国商业人寿保险所得税法律制度研究. 北京：经济科学出版社，2022.

11. 彭兴韵. 金融投资学通识. 北京：中信出版社，2022.

12. 瑞达麦克纳马拉，拉伯尔. 风险管理与保险原理：第14版. 北京：中国人民大学出版社，2023.

13. 孙祁祥. 保险学. 7版. 北京：北京大学出版社，2021.

14. 庹国柱. 保险学. 10版. 北京：首都经济贸易大学出版社，2021.

15. 王绪瑾. 财产保险. 3版. 北京：北京大学出版社，2022.

16. 魏华林，林宝清. 保险学. 5版. 北京：高等教育出版社，2023.

17. 魏巧琴. 保险公司经营管理. 5版. 上海：上海财经大学出版社，2016.

18. 魏巧琴. 新编人身保险学. 5版. 上海：同济大学出版社，2021.

19. 徐爱荣. 保险学. 3版. 上海：复旦大学出版社，2020.

20. 许飞琼. 经典保险案例分析100例. 北京：中国金融出版社，2020.

21. 许谨良. 风险管理. 5版. 北京：中国金融出版社，2022.

22. 阎建军，于颖. 中国健康保险发展报告（2022）. 北京：社会科学文献出版社，2022.

23. 杨静平. 寿险精算基础. 北京：北京大学出版社，2003.

24. 杨静平. 非寿险精算学. 北京：北京大学出版社，2006

25. 袁宗蔚. 保险学：危险与保险. 北京：首都经济贸易大学出版社，2000.

26. 泽利泽. 道德与市场：美国人寿保险的发展. 上海：华东师范大学出版社，2019.

27. 张苗，白云. 国际货物运输与保险. 北京：清华大学出版社，北京交通大学出版社，2022.

28. 中国再保险有限公司. 中国再保险行业发展报告（2022）. 北京：中国金融出版社，2022

29. 最高人民法院民事审判第二庭. 最高人民法院关于保险法司法解释（四）：理解与适用. 北京：人民法院出版社，2018.

30. Emmett J. Vaughan，Therese Vaughan，*Fundamentals of Risk and Insurance*，John Wiley & Sons，Inc.，2007.

31. George E. Rejda，*Principles of Risk Management and Insurance*，11e，Pearson Education Group，2011.

32. Mark S. Dorfman，*Introduction to Risk Management and Insurance*，9e，Prentice Hall，2007.

33. Mark S. Dorfman. 当代风险管理与保险教程：第 7 版. 北京：清华大学出版社，2002.

教学支持说明

1. 教辅资源获取方式

为秉承中国人民大学出版社对教材类产品一贯的教学支持，我们将向采纳本书作为教材的教师免费提供丰富的教辅资源。您可直接到中国人民大学出版社官网的教师服务中心注册下载——http://www.crup.com.cn/Teacher。

如遇到注册、搜索等技术问题，可咨询网页右下角在线 QQ 客服，周一到周五工作时间有专人负责处理。

注册成为我社教师会员后，您可长期根据您所属的课程类别申请纸质样书、电子样书和教辅资源，自行完成免费下载。您也可登录我社官网的“教师服务中心”，我们经常举办赠送纸质样书、赠送电子样书、线上直播、资源下载、全国各专业培训及会议信息共享等网上教材进校园活动，期待您的积极参与！

2. 高校教师可加入下述学科教师 QQ 交流群，获取更多教学服务

经济类教师交流群：781029042

财政金融教师交流群：766895628

国际贸易教师交流群：162921240

税收教师交流群：119667851

3. 购书联系方式

网上书店咨询电话：010－82501766

邮购咨询电话：010－62515351

团购咨询电话：010－62513136

中国人民大学出版社经济分社

地址：北京市海淀区中关村大街甲 59 号文化大厦 1506 室　100872

电话：010－62513572　010－62515803

传真：010－62514775

E-mail：jjfs@crup.com.cn